COMO SE TRANSFORMAR EM UM OPERADOR E INVESTIDOR SUCESSO

COMO SE TRANSFORMAR EM UM OPERADOR E INVESTIDOR DE SUCESSO

PSICOLOGIA
CONTROLE DE RISCO
FERRAMENTAS E SISTEMAS DE TRADING
GERENCIAMENTO DE OPERAÇÕES
DISCIPLINA

Dr. Alexander Elder

ALTA BOOKS
EDITORA
Rio de Janeiro, 2021

Como Se Transformar em um Operador e Investidor de Sucesso – Edição Atualizada
Copyright © 2021 da Starlin Alta Editora e Consultoria Eireli. ISBN: 978-85-508-1172-7

Translated from original The New Trading for a Living. Copyright © 2014 by Dr. Alexander Elder. ISBN 978-1-118-44392-7. This translation is published and sold by permission of John Wiley & Sons, Inc., the owner of all rights to publish and sell the same. PORTUGUESE language edition published by Starlin Alta Editora e Consultoria Eireli, Copyright © 2021 by Starlin Alta Editora e Consultoria Eireli.

Todos os direitos estão reservados e protegidos por Lei. Nenhuma parte deste livro, sem autorização prévia por escrito da editora, poderá ser reproduzida ou transmitida. A violação dos Direitos Autorais é crime estabelecido na Lei nº 9.610/98 e com punição de acordo com o artigo 184 do Código Penal.

A editora não se responsabiliza pelo conteúdo da obra, formulada exclusivamente pelo(s) autor(es).

Marcas Registradas: Todos os termos mencionados e reconhecidos como Marca Registrada e/ou Comercial são de responsabilidade de seus proprietários. A editora informa não estar associada a nenhum produto e/ou fornecedor apresentado no livro.

Impresso no Brasil — 1ª Edição, 2021 — Edição revisada conforme o Acordo Ortográfico da Língua Portuguesa de 2009.

Produção Editorial Editora Alta Books	**Produtor Editorial** Illysabelle Trajano Thiê Alves	**Marketing Editorial** Livia Carvalho Gabriela Carvalho marketing@altabooks.com.br	**Editor de Aquisição** José Rugeri j.rugeri@altabooks.com.br
Gerência Editorial Anderson Vieira	**Assistente Editorial** Rodrigo Dutra	**Coordenação de Eventos** Viviane Paiva comercial@altabooks.com.brw	
Gerência Comercial Daniele Fonseca			
Equipe Editorial Ian Verçosa Luana Goulart Maria de Lourdes Borges Raquel Porto Thales Silva	**Equipe de Design** Larissa Lima Marcelli Ferreira Paulo Gomes	**Equipe de Comercial** Daiana Costa Daniel Leal Kaique Luiz Tairone Oliveira Vanessa Leite	
Tradução Carolina Gaio	**Copidesque** Paulo Portinho	**Revisão Gramatical** Fernanda Lutfi Vivian Sbravatti	**Diagramação** Lucia Quaresma

Publique seu livro com a Alta Books. Para mais informações envie um e-mail para autoria@altabooks.com.br

Obra disponível para venda corporativa e/ou personalizada. Para mais informações, fale com projetos@altabooks.com.br

Erratas e arquivos de apoio: No site da editora relatamos, com a devida correção, qualquer erro encontrado em nossos livros, bem como disponibilizamos arquivos de apoio se aplicáveis à obra em questão.

Acesse o site www.altabooks.com.br e procure pelo título do livro desejado para ter acesso às erratas, aos arquivos de apoio e/ou a outros conteúdos aplicáveis à obra.

Suporte Técnico: A obra é comercializada na forma em que está, sem direito a suporte técnico ou orientação pessoal/exclusiva ao leitor.

A editora não se responsabiliza pela manutenção, atualização e idioma dos sites referidos pelos autores nesta obra.

Ouvidoria: ouvidoria@altabooks.com.br

Dados Internacionais de Catalogação na Publicação (CIP) de acordo com ISBD

E37c Elder, Dr. Alexander
Como Se Transformar em um Operador e Investidor de Sucesso – Edição Atualizada: Psicologia -Controle de Risco - Ferramentas e Sistemas de Trading - Gerenciamento de Operações
Disciplina / Dr. Alexander Elder ; traduzido por Carolina Gaio. - Rio de Janeiro : Alta Books, 2021.
304p. : il. ; 17cm x 24cm.

Inclui bibliografia e índice.
ISBN: 978-85-508-1172-7

1. Economia. 2. Mercado financeiro. 3. Operador. 4. Investidor. I. Gaio, Carolina. II. Título.

2020-3264
CDD 330
CDU 33

Elaborado por Vagner Rodolfo da Silva - CRB-8/9410

Rua Viúva Cláudio, 291 — Bairro Industrial do Jacaré
CEP: 20.970-031 — Rio de Janeiro (RJ)
Tels.: (21) 3278-8069 / 3278-8419
www.altabooks.com.br — altabooks@altabooks.com.br
www.facebook.com/altabooks — www.instagram.com/altabooks

Em memória de Lou Taylor —
trader, sábio e amigo.

SUMÁRIO

Agradecimentos		xi
Apresentação		xiii
Prefácio		xix

Introdução ... 1

1. Viver como Trader — A Última Fronteira ... 1
2. A Psicologia É o Segredo ... 3
3. As Probabilidades Estão Contra Você ... 5

Um   **Psicologia Individual** ... 9

4. Por que Operar no Mercado? ... 9
5. Realidade versus Fantasia ... 10
6. Autodestrutividade ... 17
7. Psicologia das Operações de Mercado ... 20
8. Lições dos AA sobre o Trading ... 21
9. Perdedores Anônimos ... 24
10. Vencedores e Perdedores ... 28

Dois   **Psicologia de Massa** ... 33

11. O que É Preço? ... 33
12. O que É Mercado? ... 35
13. O Cenário das Operações de Trade ... 38
14. A Multidão do Mercado e Você ... 41
15. A Psicologia de Tendências ... 45
16. Gestão versus Previsão ... 49

Três   **Análise Técnica Clássica** ... 53

17. Gráficos ... 54
18. Suporte e Resistência ... 59
19. Tendências e Faixas de Operação ... 65
20. Caudas de Canguru ... 71

COMO SE TRANSFORMAR EM UM OPERADOR E INVESTIDOR DE SUCESSO

Quatro	Análise Técnica Computadorizada	75
	21. Os Computadores no Trading	75
	22. Médias Móveis	80
	23. Convergência-Divergência de Média Móvel (MACD) e Histograma MACD	88
	24. O Sistema Direcional	97
	25. Osciladores	102
	26. Estocástico	103
	27. Índice de Força Relativa	107

Cinco	Volume e Tempo	111
	28. Volume	111
	29. Indicadores Baseados no Volume	116
	30. Índice de Força	121
	31. Interesse Aberto	127
	32. Tempo	131
	33. Time Frames	136

Seis	Indicadores Gerais de Mercado	143
	34. O Índice NH-NL	143
	35. Ações Acima da MM de 50 Dias	149
	36. Outros Indicadores do Mercado de Ações	150
	37. Indicadores de Consenso e Compromisso	153

Sete	Sistemas de Trade	161
	38. Testando Sistemas, Paper Trading e as Três Principais Demandas de Toda Operação	163
	39. Sistema de Operação com Três Telas	166
	40. O Sistema Impulse	175
	41. Sistemas de Operação de Canais	179

Oito	Ativos	187
	42. Ações	189
	43. ETFs	190
	44. Opções	193
	45. CFDs	200
	46. Futuros	202
	47. Forex	209

Nove	**Gestão de Risco**	213
	48. Emoções e Probabilidades	213
	49. As Duas Principais Regras do Controle de Risco	218
	50. A Regra dos 2%	219
	51. A Regra dos 6%	225
	52. Retornando de um Drawdown	228
Dez	**Detalhes Práticos**	233
	53. Metas de Lucro: "Basta" É a Lei	234
	54. Como Definir Stops: Diga Não à Ilusão	237
	55. Isso É um Trade A?	244
	56. Avaliando Possíveis Trades	249
Onze	**Manutenção de Registros**	253
	57. Sua Lição de Casa Diária	254
	58. Criando e Avaliando Planos de Trade	258
	59. Diário do Trade	264
	Uma Jornada sem Fim: Como Continuar Aprendendo	269
	Referências	273
	Sobre o Autor	277
	Índice	279

AGRADECIMENTOS

Ninguém nasce sabendo. Conquistamos nossas realizações após aprender com os outros e receber ajuda. Assim, se fizermos um bom trabalho, poderemos basear-nos no que aprendemos, avançar alguns passos e compartilhar nosso conhecimento com aqueles que nos seguirão.

Este livro é dedicado a Lou Taylor, a pessoa mais notável que conheci. Ele foi um homem brilhante, destemido e visionário, com uma história de vida tão incrível (morreu em 2000) que merecia virar livro.

Como Se Transformar em um Operador e Investidor de Sucesso reflete como penso, sinto e atuo nos mercados. Fico tentado a agradecer a cada um dos que me ajudaram a ser quem sou hoje, e talvez tripudiar sobre os que teriam adorado me ver fracassar. Se eu ceder a essa tentação, isso se tornará uma autobiografia, em vez de um breve agradecimento. Então, deixe-me mencionar apenas aqueles que direta e substancialmente me ajudaram durante os últimos 18 meses, enquanto eu trabalhava neste livro.

Kerry Lovvorn foi meu aluno, mas tornou-se sócio e amigo. Enquanto minha formação é em psiquiatria, a dele é em siderurgia. À medida que ele compreendia melhor os aspectos psicológicos, eu me tornei mais organizado e orientado a dados. Temos uma ótima parceria, e administrar a SpikeTrade é hoje a alma da minha vida intelectual.

Jeff Parker, um velho amigo, leu e criticou atentamente este livro, bem como seu *Guia Prático* — é um crítico exigente, mas cortês. Chip Anderson, da StockCharts.com, não só me ajudou a dominar seu software, como também converteu meus gráficos pessoais no formato adequado para o livro. Meu agente, Ted Bonanno, cuidou dos negócios, enquanto Nancy Dimitry e Gabriella Kadar, da D&P Editorial Services, fizeram um trabalho hercúleo convertendo meus arquivos para o livro físico. Foi um prazer trabalhar com a John Wiley & Sons novamente, e agradeço muito o que Paul diNovo, diretor criativo, fez pelo visual deste livro. Carol Keegan Kayne ainda é a revisora de todos os meus livros, incluindo este, para lhes conferir clareza e precisão.

Concluindo, um grande obrigado a dois grupos: a SpikeTraders, que me motiva com suas perguntas, e aos graduados do Trader's Camps, que aguçaram minhas habilidades de ensino.

Obrigado e até breve!

Dr. Alexander Elder
Nova York — Vermont 2014

APRESENTAÇÃO

Caro leitor,

Obrigado por abrir meu livro mais recente e mais importante. Nele, compartilho com você as principais lições que aprendi durante várias décadas de trade. Este guia completo cobre todos os aspectos do nosso ofício: a psicologia, a análise de mercado, o controle de riscos e a autogestão.

    Apresentar-lhe este livro é uma honra inenarrável, pois visitei seu país várias vezes. Também ganhei um bom dinheiro operando ações brasileiras (listadas nos EUA). Eu lhe mostrarei um resumo das minhas duas campanhas de trade no Brasil – elas ilustram como a combinação de análise fundamental e técnica funciona em qualquer país. Os quatro gráficos que mostro aqui vêm do Trade Journal que mantenho para todos os meus trades.

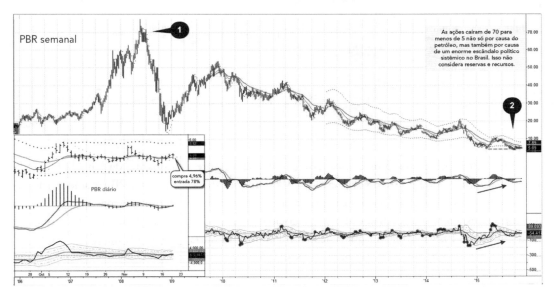

Em uma conferência em São Paulo, em 2008, fui questionado sobre qual seria meu trade favorito no Brasil. Achei que o mercado estava extremamente sobrecomprado e respondi: "Venda a descoberto de PBR." As ações da Petrobrás, vendidas por cerca de US$70 na época, eram as mais populares do país (ponto 1 do gráfico). Então eu não fiz o trade, mas a observei, enquanto afundava. Sete anos depois, em uma conferência em Macau, alguém me pediu para dar uma olhada na PBR. Naquela época, as ações estavam sendo vendidas abaixo de US$5, com enormes divergências de alta (tema que abordo no livro). Eu sabia que a PBR não fecharia – era uma grande empresa internacional de energia com um valor real. Os sinais técnicos pareciam excelentes e imediatamente comprei milhares de ações (ponto 2 no gráfico).

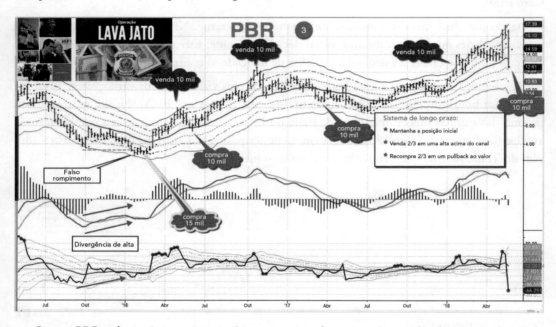

Operei PBR pelos próximos 2 anos. Isso aconteceu durante a campanha da Lava Jato, e toda vez que algum grande político era preso, a PBR se manifestava. Entendi a PBR como uma empresa valiosa que havia sido explorada por políticos corruptos. Como as pessoas que abusavam da empresa estavam indo para a cadeia, o negócio estava se recuperando. Coloquei um canal em meu gráfico de PBR e, toda vez que a ação atingia o limite superior, eu obtinha lucros parciais e comprava novamente quando caía para a média móvel.

A PBR encontrou uma forte resistência em torno de US$17 e, depois de um tempo, fiquei entediado com ela. Vendi toda a minha posição, obtendo milhares de dólares de lucro, e me concentrei novamente nas ações dos Estados Unidos. Mas, no ano seguinte, eu estava de volta às ações brasileiras.

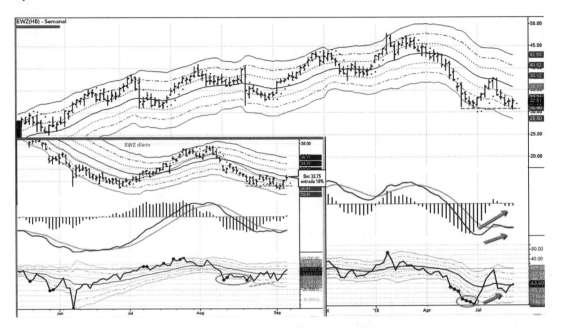

Em junho de 2018, fui palestrante em uma conferência em Chicago e jantei com meu grande amigo Nilton da Silva, ex-capitão do Exército Brasileiro. Ele explicou que Jair Bolsonaro, outro ex-oficial, tinha grandes chances de ser eleito presidente. O passado mostrou-me que, quando um indivíduo nacionalista de livre mercado é eleito para liderar um país, a consequência é um mercado em alta (isso aconteceu na Índia, após a eleição de Modi; e nos EUA, com Trump). Comecei a acompanhar o EWZ, um ETF brasileiro operado nos Estados Unidos.

Em setembro, reconheci meu padrão favorito na borda direita dos gráficos semanais e diários do EWZ – um falso rompimento com uma divergência (revisaremos esse padrão em detalhes no livro). Comprei milhares de ações da EWZ, junto com algumas outras ações brasileiras listadas nos Estados Unidos, como as do BBD (Banco Bradesco).

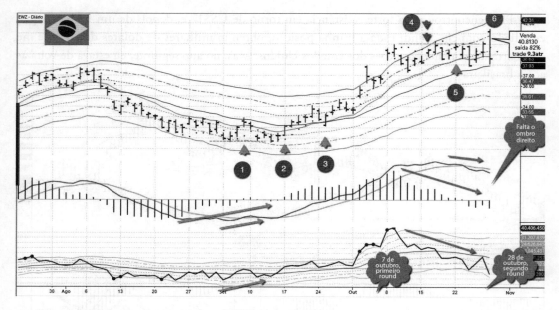

Comprei minha posição inicial no EWZ na área 1, depois acrescentei as áreas 2 e 3. Tive lucros parciais na área 4, pois o EWZ parecia ter dificuldade na linha superior do canal, e então acrescentei minha posição novamente perto da média móvel na área 5. Depois que Bolsonaro venceu, no segundo turno, o EWZ abriu uma lacuna, virou-se e começou a escorregar. Vendi na área 6 – foi o fim da minha campanha. Estou lhe mostrando esses trades reais para ilustrar que as ferramentas técnicas desenvolvidas nos Estados Unidos funcionam em todo o mundo.

Para se tornar um trader de sucesso, você precisa reconhecer os topos e os fundos, bem como as tendências e as reversões do mercado. É necessário projetar e seguir um sistema de trade para entradas e saídas, metas de lucro e stops de proteção. Deve aprender a controlar os riscos, para que nenhuma sequência de trades ruins prejudique sua conta. O mais importante – você precisa desenvolver disciplina e administrar a si mesmo.

Os mercados estão cheios de pessoas que ganham um pouco de dinheiro, tornam-se arrogantes, começam a operar de forma descuidada e perdem seus lucros e até mesmo seu capital. Descobri que manter bons registros é a melhor ferramenta para desenvolver a disciplina. Neste livro, mostro exatamente quais registros manter: dever de casa diário, planos de trade e avaliações de desempenho.

Agradeço à Alta Books, minha editora no Brasil, com a qual já tenho anos de uma grande e positiva parceria. Agradeço às várias empresas brasileiras pelos convites para ensinar em seu país maravilhoso, mas desafiador. E, claro, ao meu amigo Nilton da Silva, que revisou a versão inicial desta tradução em português e a aprovou.

Repetindo o primeiro parágrafo do meu livro, operar pode torná-lo livre. Você não terá patrão e nenhuma preocupação com as contas. Você pode morar e trabalhar em qualquer lugar do mundo, ser independente da rotina e não responder a ninguém. Esta é a beleza do trade: tudo de que você precisa é conhecimento, disciplina e uma internet razoavelmente rápida.

Espero que meu livro o ajude a se tornar um trader melhor e a alcançar a sua liberdade pessoal.

Dr. Alexander Elder

New Hampshire, EUA

Dezembro de 2020

PREFÁCIO

Como Se Transformar em um Operador e Investidor de Sucesso foi publicado em 1993 e se tornou um best-seller internacional. Ainda encabeça muitas listas de leitura, pessoas o recomendam aos amigos, e bancos e corretoras o fornecem aos recém-contratados. Durante todos esses anos, resisti em revisá-lo, porque confiava e gostava de sua lógica. Operei, viajei, escrevi outros livros e dei algumas aulas. Vinte e um anos depois, concordei em atualizar meu livro mais popular para que você se beneficie das novas tecnologias, bem como das lições que aprendi.

Meu falecido grande amigo Lou Taylor, a quem dedico este livro, brincava: "Se eu ficar meio porcento mais inteligente a cada ano, serei um gênio quando morrer." Revisar meu primeiro livro foi como reviver minha juventude com o benefício da experiência.

Ao planejar esta atualização, eu me baseei em um complexo de edifícios em Viena, na Áustria, chamado Gasometer [gasômetro]. Em seu núcleo, há tanques de armazenamento de vários andares, construídos por pedreiros austríacos em 1927. Quando a tecnologia moderna tornou os enormes cilindros de gás obsoletos, os arquitetos os transformaram em apartamentos modernos. Eles perfuraram amplas aberturas nas paredes, criando vistas panorâmicas, instalaram pisos e elevadores, e acrescentaram tetos de vidro. Eu costumava ficar em um deles e queria que meu novo livro seguisse esse modelo de misturar antigas técnicas com a nova tecnologia.

Antes de começar a ler este livro, pergunte-se: Qual é o passo mais importante para se tornar um trader bem-sucedido?

A psicologia é muito importante. Como eu praticava a psiquiatria quando escrevi o *Como Se Transformar em um Operador e Investidor de Sucesso* original, minha experiência contribuiu para que essa perspectiva, aqui presente, resistisse ao teste do tempo, então mudei muito pouco desse aspecto nesta edição.

A análise de mercado é muito importante —, mas lembre-se de que, ao avaliar um gráfico, lidamos apenas com cinco dados — abertura, máximo, mínimo, fechamento e volume. O acúmulo de excessos de indicadores e padrões sobre esses cinco parâmetros só serve para aumentar a confusão. Menos, muitas vezes, é mais. Se leu a primeira edição do *Como Se Transformar em um Operador e Investidor de Sucesso*, verá que reduzi o número de capítulos técnicos. Por outro lado, adicionei vários capítulos que se concentram em novas ferramentas, com destaque para o sistema Impulse. Também adicionei uma seção sobre stops, metas de lucro e outros detalhes práticos.

A gestão do dinheiro é extremamente importante, porque o mercado financeiro é muito arriscado. Essa foi a parte mais fraca do original, e a reescrevi completamente. Uma das muitas ferramentas que descobrirá será o Triângulo de Ferro do controle de risco.

Psicologia, táticas de trading e gestão de dinheiro são os três pilares de sucesso, mas há o quarto fator que os une. Esse fator — que integra todos os outros — é a manutenção de registros.

Identificar os parâmetros relevantes de suas operações e manter registros precisos deles permitirá aprender com suas experiências. Isso o ajudará a sair do círculo vicioso de pequenos ganhos e grandes perdas, correndo como um hamster em uma gaiola, suando e se estressando, sem chegar a lugar nenhum. Manter bons registros permite que você seja seu próprio professor e um trader melhor. Mostrarei vários tipos de registros que precisa manter e compartilharei vários dos meus diários de operação.

Se você é um novo leitor, seja bem-vindo à jornada. Se já leu *Como Se Transformar em um Operador e Investidor de Sucesso*, espero que ache este novo livro duas décadas mais inteligente do que o primeiro.

Dr. Alexander Elder
Nova York — Vermont, 2014

Para melhor entendimento, as figuras coloridas estão disponíveis no site da editora Alta Books. Acesse: www.altabooks.com.br e procure pelo nome do livro ou ISBN.

Introdução

1. Viver como Trader — A Última Fronteira

Você pode ser livre. Viver e trabalhar em qualquer lugar do mundo. Pode se livrar da rotina e não prestar contas a ninguém.

Essa é a vida de um trader bem-sucedido.

Esse é o sonho de muita gente, mas poucos chegam lá. Os amadores olham para uma tela de um home broker e veem milhões de dólares cintilando. Conseguem ganhar algum dinheiro — e o perdem. Conseguem novamente — e perdem ainda mais. Perdem pela dificuldade do jogo, por ignorância ou por falta de disciplina. Se esse é seu caso, escrevi este livro para você.

Como Me Tornei um Trader

No verão de 1976, dirigi de Nova York para a Califórnia. Levei comigo alguns livros de psiquiatria (era meu primeiro ano como médico-residente), vários romances e um exemplar de *How to Buy Stocks*, de Engel, na mala do meu velho Dodge. Mal sabia eu que o livro de páginas marcadas pelo uso, emprestado por um amigo advogado, mudaria o rumo da minha vida. Esse amigo, por sinal, era o inverso de Midas — todo investimento em que tocava virava pó. Mas essa é outra história.

Devorei o livro de Engel em vários acampamentos em que estive pelos Estados Unidos, terminando-o em La Jolla, uma praia na costa do Pacífico. Não sabia nada sobre o mercado de ações, e a ideia de ganhar dinheiro pensando logo se apoderou de mim.

Cresci na União Soviética, em uma época em que o país era, nas palavras de um ex-presidente dos Estados Unidos, "o império do mal". Odiava o sistema soviético e queria sair de lá, mas a emigração era proibida. Entrei na universidade aos 16 anos, formei-me em medicina aos 22 anos, completei a residência e ingressei na tripulação de um navio como médico. Agora, podia escapar! Fugi do navio soviético em Abidjan, na Costa do Marfim.

Corri para a embaixada norte-americana pelas ruas lotadas e empoeiradas de uma cidade portuária da África, sendo perseguido por colegas tripulantes. A embaixada me colocou em um esconderijo e, por fim, em um avião para Nova York. Desembarquei no aeroporto J.F.K. em fevereiro de 1974, chegando da África com US$25 no bolso. Arranhava no inglês, mas não conhecia ninguém.

Não tinha ideia do que eram ações, títulos, mercado futuros ou de opções e, às vezes, tinha uma sensação estranha só de olhar as notas de dólar na minha carteira. No país em que cresci, ser flagrado com algumas delas era o suficiente para uma temporada de três anos na Sibéria.

A leitura de *How to Buy Stocks* me abriu um mundo completamente novo. De volta a Nova York, comprei minha primeira ação, da KinderCare. Algo muito ruim aconteceu — ganhei dinheiro com minha primeira operação e, depois, com a segunda, ficando com a ilusão de que ganhar dinheiro no mercado era fácil. Levei alguns anos para me livrar dessa preconcepção.

Minha carreira na medicina seguia em paralelo. Concluí a residência em um grande hospital universitário, estudei no New York Psychoanalitic Institute[1] e fui editor do principal jornal de psiquiatria dos EUA. Ainda tenho a licença, mas hoje em dia atendo no máximo uma ou duas horas por mês, pois estou ocupado operando, desfrutando de viagens e ensinando.

Aprender a ser trader foi uma longa jornada — com altas vertiginosas e baixas dolorosas. Ao avançar — ou andar em círculos —, várias vezes bati com a cara na parede e reduzi a quase zero minha conta de investimentos. Sempre que voltava a exercer alguma função no hospital, juntava dinheiro, lia, pensava, fazia alguns testes e voltava a operar no mercado.

Meu desempenho melhorava aos poucos, mas o grande avanço ocorreu quando percebi que o segredo do sucesso estava na minha mente, não no disco rígido de um computador. A psiquiatria me proporcionou algumas sacadas sobre operações que compartilharei com os leitores.

Você Quer Mesmo Ser Bem-sucedido?

Há 17 anos, tenho um amigo cuja esposa é gorda. Ela se veste com elegância e faz dieta desde que a conheço. Garante que quer perder peso e não come bolo nem batata frita na frente dos outros —, mas, quando a encontro por acaso na cozinha, sempre a vejo atacando alguma guloseima. Ela jura que quer emagrecer, mas continua gorda como quando a conheci.

Para ela, o prazer imediato de comer é mais forte do que a satisfação prolongada do emagrecimento, incluindo os benefícios para a saúde. A mulher do meu amigo me lembra muitos dos traders de mercado que sempre reafirmam a intenção de ganhar dinheiro, mas continuam fazendo operações impulsivas — rendendo-se à emoção efêmera de apostar no mercado.

As pessoas se enganam e brincam consigo mesmas. Mentir para os outros é péssimo, mas iludir-se é insensatez. As livrarias estão cheias de livros sobre dietas, mas o mundo, apinhado de gente gorda.

Este livro o ensinará a analisar e operar nos mercados, controlar os riscos e lidar com a própria mente. No entanto, só posso lhe dar o conhecimento. Somente você é capaz de suprir sua motivação.

E, lembre-se: um atleta que quer praticar esportes radicais deve seguir as regras de segurança. Ao reduzir riscos, você desenvolve um tino de realização e controle. O mesmo vale para as operações de mercado.

---

1 NT: Instituto Psicanalítico de Nova York, em tradução livre.

O sucesso no trading só é alcançado quando ele é tratado como uma séria busca intelectual. Operar com base nas emoções é letal. Para garantir o sucesso, pratique a gestão financeira defensiva. Um bom trader observa o capital com o cuidado que um mergulhador profissional observa seu suprimento de ar.

2. A Psicologia É o Segredo

Você lembra como se sentiu na última vez em que emitiu uma ordem de operação? Estava ansioso para mergulhar de cabeça ou com medo de perder? Hesitou ou ganhou tempo antes de teclar o ENTER e colocar a ordem no home broker? Ao fechar a operação, sentiu-se animado ou angustiado? Os sentimentos de milhares de investidores se fundem em enormes ondas psicológicas que movimentam o mercado.

Saindo da Montanha-russa

A maioria dos investidores gasta boa parte do tempo em busca de oportunidades. Ao entrar no mercado, eles não se preocupam em assumir o controle, apenas sofrem com as derrotas ou vibram com as vitórias. Assim, passam por uma montanha-russa emocional e se esquecem do elemento crucial para a vitória — a gestão das emoções. A incapacidade de gerenciar a si mesmos leva à má gestão de risco e às perdas.

Se a sua mente não está sintonizada com o mercado, ou se ignora as mudanças na psicologia de massa, você não tem chance alguma de ganhar dinheiro como trader. Todos os profissionais vitoriosos estão conscientes da enorme importância do fator psicológico nas operações. A maioria dos amadores fracassados a ignora.

Amigos e alunos que me conhecem como psiquiatra me perguntam se essa formação me ajuda como trader. As boas práticas de psiquiatria e de operações de mercado têm um importante princípio em comum. Ambas focam a realidade e insistem em ver o mundo como ele é, em vez de como gostaríamos que fosse. Para ter uma vida saudável, é preciso vivê-la sem lentes cor-de-rosa. Para ser um bom trader, é necessário operar com olhos atentos, reconhecer as verdadeiras tendências e reversões e não perder tempo e energia com arrependimentos e devaneios.

Jogo de Homens?

Os registros das corretoras indicam que os traders de mercado, em sua maioria, são homens. Os arquivos de minha empresa, Elder.com, confirmam que mais ou menos 90% deles são do sexo masculino. A porcentagem de mulheres entre meus clientes, no entanto, mais do que dobrou desde que a primeira edição de *Como Se Transformar em um Operador e Investidor de Sucesso* foi escrita, há 20 anos.

Considerando a concordância da língua portuguesa, "ele" funciona melhor do que usarmos "ele(a)" ou alternarmos entre os dois pronomes. Para facilitar a leitura, usarei o pronome masculino ao longo deste livro. Naturalmente, isso não representa uma desqualificação das traders.

INTRODUÇÃO

Na verdade, acho que a porcentagem de traders bem-sucedidos é maior entre as mulheres. De forma geral, elas tendem a ser mais disciplinadas e menos arrogantes do que os homens.

Como Este Livro Está Organizado

Os três pilares do sucesso nas operações de mercado são psicologia, análise de mercado e gestão de risco. A boa manutenção dos registros das operações os une. Este livro o ajudará a explorar esses três alicerces.

O Capítulo 1 apresenta um método para gerenciar suas emoções como trader, que descobri na prática psiquiátrica. Ele é muito útil para mim e também será para você.

O Capítulo 2 descreve a psicologia de massa nos mercados. O comportamento de massa é mais primitivo do que o individual. Ao compreender como a massa se comporta, é possível lucrar com as variações de humor nos mercados e evitar ser levado pelas emoções.

O Capítulo 3 mostra como os padrões refletidos nos gráficos revelam o comportamento de massa. A análise técnica clássica é psicologia social aplicada, como as pesquisas de opinião. Suportes, resistências, rompimentos e outros padrões gráficos refletem bem o comportamento de massa.

O Capítulo 4 ensina métodos modernos de análise técnica computadorizada. Os indicadores de tendências expõem melhor a psicologia de massa do que os gráficos clássicos, e identificam tendências de mercado, ao passo que os osciladores mostram reversões iminentes.

Os volumes de negociações e o interesse em aberto (a descoberto) também refletem o comportamento da massa. O Capítulo 5 foca esses aspectos e o tempo do mercado. O ciclo de atenção da massa é muito breve, e o trader que relaciona mudanças de preço e tempo ganha uma vantagem competitiva.

O Capítulo 6 foca as melhores técnicas dos analistas do mercado de ações, que são bastante úteis para traders de futuros de índices de ações e de opções.

O Capítulo 7 apresenta vários sistemas de operação. Começaremos com a tela tripla, que se tornou amplamente aceita, e analisaremos os sistemas de operação Impulse e Channel.

O Capítulo 8 discutirá várias classes de ativos. Ele descreve vantagens e desvantagens de especular com ações, futuros, opções e moeda (forex), enquanto afasta o nevoeiro promocional que mistifica a compreensão de alguns desses mercados.

O Capítulo 9 aborda o importante tópico da gestão de dinheiro. Esse aspecto crucial das operações bem-sucedidas é negligenciado pelos amadores. Se o sistema for brilhante, mas a gestão de risco for ruim, uma pequena sequência de perdas destrói a conta. Com o Triângulo de Ferro de controle de risco e outras ferramentas, o trader se torna mais seguro e eficaz.

O Capítulo 10 se aprofunda no âmago das operações do trader — estabelecendo stops, metas de lucro e filtros. Esses detalhes práticos o ajudarão a implementar qualquer sistema de que goste.

O Capítulo 11 o guia pelos princípios e modelos para uma boa manutenção de registros. Sua qualidade é o melhor preditor do sucesso. Apresento downloads gratuitos dos modelos que gosto de usar.

Por último, mas não menos importante, este livro tem um *Guia Prático* separado, com mais de 100 perguntas, vinculadas a seções específicas do livro. Todas as perguntas objetivam testar seu nível de compreensão e descobrir pontos cegos. Após ler cada capítulo deste livro, veja o *Guia Prático* e responda a perguntas relevantes para o capítulo em particular. Se os resultados do teste não forem excelentes, não se preocupe, releia a seção do livro e tente novamente.

Você está prestes a investir muitas horas na leitura deste livro. Quando se deparar com ideias valiosas para sua situação específica, submeta-as a um teste crucial — a experiência. Esses conhecimentos serão sedimentados depois que questioná-los e testá-los.

3. As Probabilidades Estão Contra Você

Por que será que a maioria dos traders perde dinheiro e some do mercado? Duas razões são emoção e insensatez nas operações, mas há uma terceira. Os mercados são feitos para que a maioria dos investidores perca dinheiro. O setor é capaz de levar traders à ruína com comissões (custos de transação cobrados pelos intermediários, tais como corretagens, emolumentos etc.) e slippage.

Pagam-se comissões para entrar e sair das operações. A slippage é a diferença entre o preço de uma ordem e o preço pelo qual ela é executada. Quando se emite uma ordem limitada, ela é executada ao preço estipulado ou a preço superior, ou não é executada. Quando você fica ansioso para entrar ou sair do mercado e acaba colocando uma ordem a mercado, ela frequentemente é executada a um preço pior do que o vigente no momento da colocação.

A maioria dos amadores não tem consciência do dano causado pelas comissões e slippages, assim como os camponeses medievais não imaginavam que pequenos germes invisíveis pudessem matá-los. Ignorar a slippage e operar em uma corretora que cobra custos elevados é agir como um camponês que bebe água de um poço comunitário durante uma epidemia de cólera.

As operações especulativas de curto prazo (indústria do trade) são responsáveis por grande parte da liquidez dos mercados. Bolsas, reguladores, corretoras e assessores vivem à custa dos mercados, enquanto gerações de traders continuam desaparecendo. Os mercados precisam de novas levas de perdedores, assim como os construtores das antigas pirâmides do Egito necessitavam de novas provisões de escravos. Os perdedores abastecem o mercado de dinheiro, o que é necessário para a prosperidade do setor.

Jogo de Soma Negativa

Os vencedores em um jogo de soma zero ganham tanto quanto os perdedores perdem. Se apostarmos US$20 no próximo movimento de 100 pontos no Dow Jones, um de nós receberá US$20 e o outro perderá. Uma única aposta tem um componente de sorte, mas a pessoa mais experiente continuará ganhando com mais frequência do que perdendo ao longo do tempo em que permanece apostado.

6 INTRODUÇÃO

As pessoas acreditam na propaganda do setor de renda variável sobre a *soma zero*, mordem a isca e abrem contas de investimentos. Não veem que ele é um jogo de soma negativa. Os ganhadores recebem menos do que os perdedores perdem porque os intermediários sugam dinheiro dos mercados.

A roleta dos cassinos é um jogo de soma negativa, porque ele embolsa de 3% a 6% de todas as apostas. Essa característica torna a roleta imbatível no longo prazo. Você e eu entramos em um jogo de soma negativa se apostarmos os mesmos US$20 na próxima variação de 100 pontos do Dow Jones, mas, em vez de transacionarmos diretamente um com o outro, aceitarmos a intermediação de corretoras. Quando acertarmos as contas, o perdedor pagou US$23 e o ganhador recebeu US$17, enquanto duas corretoras sorriem felizes no doce balanço a caminho do banco.

Comissões, taxas, emolumentos, corretagens e slippage são para os traders o que a morte e os impostos são para todos nós. O trader precisa sustentar as corretoras e o sistema das bolsas de valores antes de começar a ganhar. Por isso, ser "melhor do que a média", não é suficiente. Você precisa se destacar na multidão para ganhar em um jogo de soma negativa.

Comissões

As comissões diminuíram nas últimas duas décadas. Há 20 anos, ainda havia corretoras que cobravam comissões unilaterais entre 0,5% e 1% do valor da transação. A compra de mil ações da GE a US$20 por ação, com um valor total de US$20 mil, custaria entre US$100 e US$200 para entrar — e depois novamente ao sair. Felizmente, as taxas de corretagem despencaram.

As taxas extorsivas não desapareceram completamente. Enquanto preparava este livro para publicação, recebi um e-mail de um cliente na Grécia com uma pequena conta, cujo corretor — um grande banco europeu — lhe cobrava um mínimo de US$40 em qualquer transação. Comentei sobre o meu corretor, cujo valor mínimo cobrado para 100 ações é de apenas US$1.

Sem o devido cuidado, mesmo números pequenos criam uma enorme barreira para o sucesso.

Veja um trader razoavelmente ativo com uma conta de US$20 mil, fazendo um day trade por dia, 4 dias por semana. Ao pagar US$10 por perna da operação, em uma semana, ele gasta US$80 em comissões: US$40 em entradas e US$40 em saídas. Se fizer isso 50 semanas por ano (se durar isso tudo), gasta em um ano US$4 mil em comissões. Isso seria 20% da conta dele!

George Soros, um gestor de dinheiro de ponta, oferece uma média de 29% de retorno anual. Ele não estaria onde está se pagasse 20% por ano em comissões! Mesmo uma "pequena comissão" cria uma barreira importante para o sucesso! Ouvi os corretores rindo enquanto fofocavam sobre clientes que fazem mil malabarismos para, no final, ficar na mesma.

Empenhe-se para conseguir comissões mais baixas. Não tenha vergonha de barganhar. Já ouvi muitos corretores se queixarem da falta de clientes —, mas poucos clientes se queixam da falta de corretores. Diga a sua corretora que é do interesse dela cobrar comissões mais baixas, pois você sobreviverá e continuará cliente por muito tempo. Desenvolva um sistema de operação com transações menos frequentes.

Quando negocio, mantenho uma conta com uma corretora que me cobra US$7,99 para negócios de tamanho ilimitado e outra com uma que cobra US$0,01 por ação, com um mínimo de US$1. Quando negocio ações caras, situações em que compro menos de 800 ações, coloco a ordem na corretora de US$0,01 por ação; caso contrário, trabalho com a corretora de US$7,99. Um trader iniciante, dando seus primeiros passos, deve procurar uma corretora que cobre bem pouco para negociar. Um trader de mercado futuro costuma pagar bem pouco por uma operação de day trade.

Slippage

Slippage significa ter suas ordens executadas a um preço diferente do que viu na tela quando o fez. É como pagar R$0,50 por uma maçã em uma mercearia, embora o preço seja R$0,49. Um centavo não é nada —, mas, se você está comprando mil maçãs ou mil ações com slippage, ela chegará a R$10 por pedido, um valor às vezes superior ao da comissão.

Há dois tipos principais de ordens: a mercado e limitada. A possibilidade de slippage vai depender do tipo usado.

Uma ordem limitada diz: "Me dê essa maçã a R$0,49." Ela garante o preço, mas não o resultado. Você não pagará mais do que R$0,49, mas poderá acabar sem a maçã.

Uma ordem a mercado diz: "Me dê essa maçã." Ela garante o resultado, mas não o preço. Se os preços das maçãs estiverem subindo quando o pedido for feito, você poderá pagar mais do que viu na tela ao apertar o botão de compra; ou seja, a slippage o atingiu.

A slippage nas ordens aumenta com a volatilidade do mercado. Quando o mercado começa a se mover, ela caminha junto.

Você tem alguma ideia do quanto ela lhe custa?

Há apenas uma maneira de descobrir: anote o preço no momento em que colocou uma ordem, compare-o com seu resultado e multiplique a diferença pelo número de ações ou contratos. Desnecessário dizer que você precisa de um bom sistema de contabilidade de operações, como uma planilha com colunas para cada um dos números a que nos referimos. Ofereço uma planilha para os traders como um serviço público em www.elder.com [conteúdo em inglês].

Você lerá "registre isso" e "registre aquilo" ao longo deste livro. Lembre-se de que uma boa manutenção de registros é essencial para o sucesso. Mantenha um olho nas vitórias e um olhar ainda mais atento nas perdas, porque se aprende muito mais com elas.

Aqui está uma proporção chocante, que os registros confirmam: um trader médio gasta três vezes mais em slippage do que em custos de transação.

Falamos sobre a taxa de corretagem e comissões em geral aumentando a barreira para o sucesso. A barreira da slippage é três vezes maior. É por isso que, por mais tentadora que seja a operação, evite comprar "a mercado".

Você deve ficar no controle e operar apenas a preços que lhe agradem. Existem milhares de ações e dezenas de contratos futuros. Se perder uma operação devido a uma ordem limitada, haverá inúmeras outras oportunidades. Não pague demais! Quase sempre uso ordens limitadas e recorro a ordens a mercado apenas quando coloco stops. Quando um nível de stop é atingido, ele se torna uma ordem a mercado. Quando uma operação está fervendo, não é hora de economizar. Entre devagar, mas saia rápido.

Para reduzir a slippage, atue em mercados com liquidez e alto volume e evite mercados com pouca operação e alta volatilidade. Opere "comprado" [long] ou "vendido" [short] quando o mercado estiver tranquilo. Use ordens limitadas. Compre ou venda a preços específicos. Anote os preços vigentes na hora em que emitir a ordem e faça com que o corretor lute na sala de operações em seu favor, sempre que necessário.

Spreads Bid-Ask

Sempre que o mercado está aberto, há dois preços para qualquer ativo — um ofertado (bid) e um solicitado (ask). A oferta (bid) é o que as pessoas estão oferecendo para pagar por aquele ativo naquele momento; o solicitado (ask) é o que os vendedores estão exigindo para vendê-lo. Uma oferta é sempre menor; e um pedido, maior, e o spread entre eles varia costantemente.

O spread bid-ask varia entre diferentes mercados e, às vezes, inclusive no mesmo mercado em momentos diferentes. Eles são mais altos em ativos sutis, pois os profissionais que dominam tais mercados exigem altas taxas de quem quer se unir a eles. Os spreads bid-ask costumam ser muito sutis, às vezes apenas um tick (um centavo ou a menor variação permitida para o ativo) em um dia calmo para uma ação, futuro ou opção negociada ativamente. Eles crescem à medida que os preços se aceleram, para cima ou para baixo, e podem se tornar enormes — dezenas de ticks — após uma queda severa ou uma alta muito forte.

Ordens a mercado são executadas no lado ruim dos spreads bid-ask. Uma ordem a mercado compra na alta [ask] e vende na baixa [bid]. Não é de admirar que muitos traders profissionais ganhem dinheiro operando apenas no lado vencedor das ordens a mercado. Não alimente os lobos — use ordens limitadas sempre que possível!

As Barreiras para o Sucesso

Slippages e comissões tornam a prática do trade semelhante a nadar em um rio infestado de piranhas. Outras despesas também drenam o dinheiro dos traders. O custo de computadores e do acesso a bancos de dados, taxas de serviços de consultoria e livros — incluindo o que está lendo agora — é proveniente dos fundos que você vai usar para suas operações.

Procure uma corretora com as taxas mais baratas e observe-a como um falcão. Desenvolva um sistema de operação que forneça sinais com pouca frequência e permita que entre nos mercados durante os períodos de pouca volatilidade. Use ordens limitadas quase exclusivamente — exceto quando for colocar ordens com stops. Tenha cuidado com as ferramentas com as quais gasta dinheiro: não há soluções mágicas. O sucesso não se compra, apenas se conquista.

CAPÍTULO 1

Psicologia Individual

■ 4. Por que Operar no Mercado?

Operar nos mercados parece fácil. Um iniciante pode entrar com cautela, ganhar algumas vezes e se sentir brilhante e invencível. Então ele passa a correr riscos extremos e acaba sofrendo grandes perdas.

As pessoas operam nos mercados por muitas razões — algumas racionais e muitas irracionais. Operações de trade são uma oportunidade de ganhar muito dinheiro em pouco tempo. E dinheiro simboliza liberdade para muitas pessoas, ainda que não saibam o que fazer com ela.

Se souber operar no mercado, poderá fazer o próprio horário, viver e trabalhar onde quiser e nunca depender de um chefe. A vida como trader é uma busca intelectual fascinante: xadrez, pôquer e videogame, tudo em uma única mesa; é fascinante para quem gosta de desafios.

Essa vida atrai quem assume riscos e repele quem os evita. As pessoas comuns acordam cedo, vão para o trabalho, almoçam, voltam para casa, tomam uma cerveja, jantam, assistem televisão e dormem. Quando ganham um pouco mais de dinheiro, aplicam a sobra na poupança. Os traders trabalham em horários estranhos e arriscam o capital. Muitos são solitários que abandonaram a certeza da rotina e mergulharam no desconhecido.

Autorrealização

A maioria das pessoas tem um impulso inato para dar o melhor de si e desenvolver ao máximo suas habilidades. Esse impulso, além de fomentar o prazer pelo jogo e a atração pelo dinheiro, impele os traders a desafiarem os mercados.

Os bons traders são dedicados, astutos e estão abertos a novas ideias. Paradoxalmente, seu objetivo não é ganhar dinheiro, mas operar bem. Se operar bem, o dinheiro será uma consequência natural. Os traders bem-sucedidos aprimoram continuamente suas habilidades. Dar o melhor de si e realizar todo o seu potencial é mais importante do que ganhar dinheiro.

Um trader profissional, do Texas, convidou-me a seu escritório e disse: "Mesmo que alguém passe o dia sentado do outro lado da mesa me observando enquanto opero, não saberá se estou ganhando ou perdendo." Ele chegou a um nível em que ganhar não o animava e perder não o deprimia. Estava tão concentrado em operar bem e em melhorar suas habilidades que o dinheiro não afetava suas emoções.

O problema da autorrealização é a tendência à autodestruição que muitas pessoas demonstram. Os motoristas propensos a acidentes continuam destruindo seus carros, da mesma maneira que os traders autodestrutivos arrasam suas contas de investimentos. Os mercados oferecem oportunidades infinitas para a autossabotagem, assim como para a autorrealização. A exteriorização dos conflitos internos no mercado cobra seu preço.

Os traders que não estão em paz consigo mesmos tentam realizar seus anseios contraditórios no mercado. Se não sabe para onde está indo, terminará em um lugar onde não quer estar.

■ 5. Realidade versus Fantasia

Se um amigo com pouca experiência em agricultura disser que planeja se alimentar com produtos cultivados em um terreno de mil metros quadrados, é natural temer que ele passe fome; sua produção será limitada pelo pequeno pedaço de terra. Há, no entanto, uma área na qual os adultos dão asas a suas fantasias — os mercados.

Um ex-funcionário comentou comigo que pretendia se sustentar com uma conta de investimentos de US$6 mil. Quando tentei mostrar a inviabilidade de seu plano, ele logo mudou de assunto. Embora seja um analista brilhante, recusa-se a perceber que sua "agricultura intensiva" é suicida. Em seu esforço desesperado para ser bem-sucedido, ele assume posições arriscadas demais — e, nesse cenário, um pequeno aumento na volatilidade dos mercados lhe acarretará problemas.

O trader bem-sucedido é realista. Conhece seus limites. Vê o que está acontecendo no mercado e sabe reagir aos fatos. Analisa os mercados sem recorrer a atalhos, observa as próprias reações e faz planos realistas. O trader profissional não se dá ao luxo de alimentar ilusões.

Quando um amador leva algumas pauladas e recebe as primeiras chamadas de margem, perde a confiança, sente medo e começa a desenvolver algumas ideias estranhas sobre o mercado. Os perdedores compram, vendem ou perdem oportunidades graças a essas ideias utópicas. Agem como crianças que têm medo de passar pelo cemitério ou de olhar embaixo da cama à noite por medo de fantasmas. O ambiente caótico do mercado facilita o desenvolvimento de fantasias.

A maioria das pessoas criadas na civilização ocidental tem fantasias semelhantes. Elas são tão difundidas que, quando estudei no New York Psychoanalitic Institute, uma das disciplinas era "Fantasias Universais". Muitas pessoas cultivam na infância a fantasia de que foram adotadas, e não concebidas pelos pais. Isso parece explicar o mundo hostil e impessoal em que elas vivem. Esse sentimento consola as crianças, mas impede que tomem consciência de uma realidade que preferem não ver, que talvez seus pais não sejam tão perfeitos. As fantasias influenciam nossos comportamentos, mesmo que não estejamos conscientes delas.

Conversando com centenas de traders, sempre percebia que eles tinham várias fantasias universais, que distorciam a realidade e impediam que as operações fossem bem-sucedidas. O trader bem-sucedido deve identificar suas fantasias e livrar-se delas.

O Mito do Cérebro

Os perdedores que sofrem do "mito do cérebro" dizem: "Perdi porque não conhecia os segredos das operações." Muitos acham que os traders bem-sucedidos têm informações secretas. Essa fantasia sustenta um próspero mercado de serviços de assessoria e pacotes prontos de sistemas de operação.

O trader desmoralizado, a toda hora, pega o cartão de crédito e vai às compras em busca dos "segredos do trading". São os mais propensos a enviar US$3 mil a charlatães para adquirir "imperdíveis" sistemas computadorizados testados em dados passados. Quando o sistema se deteriora, não hesita em gastar outra remessa de dinheiro para receber um "manual científico" que explica como parar de perder e passar a ganhar a partir da contemplação da Lua, de Saturno e até de Urano.

Em um clube de investimentos que tínhamos, em Nova York, costumava encontrar um famoso astrólogo financeiro. Ele pedia isenção da entrada porque não podia pagar uma modesta taxa pela reunião e por uma refeição. Sua principal fonte de renda era cobrar de amadores esperançosos por previsões astrológicas sobre o mercado.

Os perdedores não percebem que a lógica das operações é bastante simples. É muito mais fácil do que extrair o apêndice, construir uma ponte ou defender uma causa nos tribunais. Os bons traders são astutos, mas poucos são formados; alguns sequer têm ensino médio.

Pessoas inteligentes e esforçadas que alcançaram o sucesso em suas carreiras se sentem atraídas pelas operações.

Por que elas fracassam com tanta frequência? O que separa os vencedores dos perdedores não é inteligência nem segredos, e certamente não é escolaridade.

O Mito da Subcapitalização

Muitos perdedores acham que os resultados de suas operações seriam melhores se suas contas fossem maiores.

Todos os perdedores são expulsos do jogo depois de uma sequência de perdas ou após uma grande perda pontual. Em geral, depois que o amador está fora do jogo, o mercado se reverte e se movimenta na direção esperada. Então ele se enfurece: se tivesse sobrevivido mais uma semana, teria ganhado uma bolada!

Os perdedores interpretam essas reversões tardias como validação tardia de seus métodos. E então começam tudo de novo, ganham, economizam ou pegam dinheiro emprestado para abrir outra pequena conta. E a história se repete: o perdedor perde seu investimento, o mercado se reverte e "comprova" que o perdedor estava certo, apenas um pouco atrasado — e, de novo, ficou sem dinheiro. E aí nasce a fantasia: "Se eu tivesse mais dinheiro, teria permanecido um pouco mais no mercado e ganharia muito dinheiro."

Alguns perdedores levantam dinheiro com parentes e amigos, mostrando-lhes os registros de seus investimentos. Tudo parece indicar que teriam feito uma fortuna se tivessem mais dinheiro. No entanto, quando conseguem, apenas perdem mais dinheiro, e é como se o mercado risse deles!

Um perdedor não é subcapitalizado — sua mente é subdesenvolvida. Um perdedor destrói uma conta grande tão rapidamente quanto uma pequena. Um conhecido uma vez detonou mais de US\$200 milhões em um dia. Seu corretor disse que era lucro certo — e então o mercado virou. Ele processou o corretor e disse: "Se eu tivesse uma conta maior…" Aparentemente, US\$200 milhões eram pouco.

O verdadeiro problema de um perdedor não é o tamanho da conta, mas o overtrading e a má gestão do dinheiro. Ele assume riscos grandes demais para o tamanho de sua conta, seja ela pequena ou grande. Não importa quão bom seu sistema seja, uma série de maus negócios o tira do jogo.

Os amadores não esperam perder nem estão preparados para administrar operações perdedoras. Rotular-se de subcapitalizado é uma desculpa que os ajuda a evitar duas verdades dolorosas: a falta de um plano realista de gestão de dinheiro e a falta de disciplina.

O trader que pretende sobreviver e prosperar deve ter controle sobre o seu potencial de perda. Consegue-se isso investindo apenas uma pequena fração do seu patrimônio em uma única operação (veja o Capítulo 9, "Gestão de Risco"). Aprenda a partir de erros baratos em contas pequenas.

A única vantagem de uma grande conta é que o preço dos equipamentos e serviços representa uma pequena porcentagem de seu dinheiro. O gestor de um fundo de US\$1 milhão que gasta US\$5 mil com seminários, softwares, cursos e livros consumiu apenas 0,5% de seus recursos, ao passo que a mesma despesa representa 25% do capital de um trader com uma conta de US\$20 mil.

O Mito do Piloto Automático

Os traders que acreditam no mito do piloto automático acham que é possível automatizar a busca da riqueza. Alguns desenvolvem sistemas de operação automática; outros os compram no mercado. Quem passou anos cultivando suas habilidades como advogado, médico ou empresário acaba pagando muito caro por soluções "enlatadas". Deixam-se levar por ganância, preguiça ou ignorância matemática.

Tais sistemas eram apresentados em folhas de papel, mas hoje são baixados da nuvem. Alguns são primitivos; outros, sofisticados, com recursos de otimização e regras de gestão de dinheiro. Muitos traders gastam milhares de reais à cata de soluções mágicas que convertam algumas linhas de programa de computador em fluxos intermináveis de dinheiro. As pessoas que adquirem esses sistemas de operação automática são como cavaleiros medievais que pagavam aos alquimistas pelo segredo para converter metal comum em ouro.

As atividades humanas complexas não combinam com automação. Os sistemas de aprendizado computadorizados não substituíram os professores, e os softwares para a elaboração de declarações de imposto de renda não dispensaram os contadores. A maioria das atividades humanas exige o julgamento; as máquinas e os sistemas ajudam, mas não substituem os seres humanos.

Se fosse possível comprar um sistema automático bem-sucedido, você poderia se mudar para o Taiti e passar o resto da vida em atividades de lazer, sustentado por cheques de seu corretor. Até agora, as únicas pessoas que ganharam dinheiro com esses programas foram os próprios fornecedores. Eles são um setor pequeno, mas poderoso. Se esses softwares funcionassem, por que os venderiam? Eles mesmos iriam para o Taiti, recebendo cheques de seus corretores! Mas todos os vendedores têm uma resposta pronta. Dizem que gostam mais de programar do que de operar. Ou alegam que vendem para levantar capital ou até em prol do bem da humanidade.

Porém, os mercados mudam e derrotam os sistemas de operação. As regras rígidas de ontem mal funcionam hoje e não servirão amanhã. Um trader competente ajusta seus métodos ao detectar problemas. Os sistemas automáticos são menos adaptáveis e autodestrutivos.

As empresas de aviação pagam altos salários aos pilotos, embora os aviões tenham pilotos automáticos, porque só os seres humanos sabem lidar com imprevistos. Quando o teto de um avião explode sobre o Pacífico, ou quando uma aeronave fica sem combustível sobre Manhattan, apenas seres humanos conseguem lidar com a crise. Essas emergências foram noticiadas pela imprensa, e, em todas, pilotos experientes conseguiram aterrissar as aeronaves improvisando soluções. Nenhum piloto automático é capaz de tais proezas. Apostar dinheiro em sistemas de operação é como confiar a vida a pilotos automáticos. O primeiro evento inesperado destruirá sua conta.

Há bons sistemas de operação por aí, mas eles precisam ser monitorados e ajustados com base na capacidade de julgamento pessoal. É preciso ficar de olho — não dá para transferir a responsabilidade pelo sucesso para o sistema de operação.

Os traders acometidos pela fantasia do piloto automático tentam repetir o que sentiam quando crianças. Inspirados pela imagem da mãe, que atendia às suas necessidades de comida, carinho e conforto, tentam agora recriar a experiência, no anseio de ficar de papo para o ar e receber o fluxo de lucro, como desfrutavam do aconchego do leite materno, morno e gratuito. O mercado não é sua mãe. Ele é constituído por homens e mulheres duros na queda, que buscam maneiras de tirar dinheiro de você em vez de o alimentar com leite morno.

O Culto da Personalidade

Quando a maioria das pessoas fala sobre liberdade e independência, é da boca para fora. Quando se veem sob pressão, mudam o tom e começam a buscar "lideranças fortes". Os traders aflitos recorrem à orientação dos gurus.

Durante minha infância, na extinta União Soviética, ensinavam às crianças que Stalin era nosso grande líder. Depois descobrimos o grande monstro que ele era; mas, enquanto estava vivo, muitos gostavam de seguir sua liderança. Ele os eximia de pensar por si mesmos.

Há "pequenos Stalins" em todas as áreas da sociedade — na economia, arquitetura, pesquisa científica, e assim por diante. Quando vim para os EUA e comecei a operar, fiquei espantado de ver quantos traders buscavam um guru — seu "pequeno Stalin" do mercado. A fantasia de que alguém nos tornará ricos está sempre conosco.

PSICOLOGIA INDIVIDUAL

Existem três tipos de gurus nos mercados financeiros: gurus dos ciclos de mercado, gurus dos métodos mágicos e gurus mortos. Os gurus dos ciclos preveem importantes viradas de tendência do mercado. Os gurus dos métodos promovem novas estradas para as riquezas. Ainda há aqueles que escaparam das críticas e conclamaram os seguidores pelo simples fato de terem morrido.

Gurus dos Ciclos de Mercado

Há décadas, o mercado de ações dos EUA segue um ciclo de 4 anos. O amplo mercado de ações passou 2,5 ou 3 anos subindo, e 1 ou 1,5 caindo. Um novo guru dos ciclos de mercado surge em quase todos os principais ciclos de ação, a cada 4 anos. A fama de um guru dura de 2 a 3 anos. Seu período de glória coincide com um longo período de alta nos mercados dos EUA.

Esse guru prevê ralis e quedas. Cada previsão correta aumenta sua fama e leva ainda mais pessoas a comprar ou vender quando ele emite seus pronunciamentos. Um guru dos ciclos de mercado tem uma teoria predileta sobre o mercado — ciclos, volume, Ondas de Elliott, não importa, desenvolvida ao longo de vários anos antes do estrelato. De início, o mercado se recusa a seguir a teoria do aspirante a guru. Então, muda e acaba, em algum momento, engrenando e se alinhando a tese do guru por anos. É quando a estrela do guru atinge o apogeu e brilha com todo o esplendor no firmamento do mercado.

Compare isso ao que acontece com os modelos de beleza, à medida que o gosto do público varia. Em um ano, as loiras são populares; no outro, as ruivas. De repente, a estrela loira do ano passado não é mais procurada para as capas das principais revistas femininas. Todos querem uma modelo negra, ou quem sabe uma que tenha alguma marca de nascença no rosto. As modelos não mudam — o que varia é o gosto do público.

Os gurus costumam vir da "periferia" da análise de mercado. Nunca são analistas do *establishment*. Os empregados das grandes instituições costumam jogar com segurança, protegendo suas carreiras, raramente atingindo resultados espetaculares, pois todos usam métodos semelhantes. Os gurus dos ciclos de mercado são forasteiros que criam teorias mirabolantes.

Os gurus continuam famosos enquanto o mercado reflete sua teoria — que dura menos que os quatro anos de um ciclo de mercado. Lá para as tantas, o mercado muda e marcha em um ritmo diferente. O guru continua a usar os velhos métodos, que funcionaram no passado, e logo perde os discípulos. Quando suas previsões já não acertam na mosca, a admiração do público vira ódio. Para esses desacreditados, é impossível retornar à fama do passado.

Todos os gurus dos ciclos de mercado têm traços em comum. Tornaram-se ativos no negócio de previsões vários anos antes de alcançarem o estrelato. Cada um tinha, de início, uns poucos seguidores e desfrutava de certa credibilidade, consequência de ter sobrevivido por anos nesse mercado de assessoria. O fato de a teoria do guru não ter funcionado durante anos é ignorado pelos adeptos. Quando a teoria se confirma, a mídia de massa logo passa a enaltecê-la. Assim que a teoria é questionada pelos fatos, a adulação em massa converte-se em ódio ou desprezo coletivo.

Quando se constata o surgimento de um guru bem-sucedido, pode ser rentável se juntar à caravana. Mais importante ainda é reconhecer quando o guru atingiu o auge. Todos os gurus um dia caem — e, por definição, despencam dos píncaros da fama. A aceitação pela mídia de massa é sinal de que ele chegou ao apogeu. Os principais meios de comunicação são cautelosos com forasteiros. Quando várias revistas de massa abrem espaço para um novo guru de mercado, seu fim está próximo. Enquanto a psicologia de massas for dessa forma, gurus continuarão a surgir e a influenciar traders.

Gurus dos Métodos Mágicos

Enquanto os gurus dos ciclos de mercado são criaturas do mercado de ações, os "gurus dos métodos" destacam-se com derivativos, sobretudo nos mercados de futuros. Um "guru dos métodos" irrompe no cenário financeiro depois de descobrir um novo método de análise ou de trade.

Os traders sempre buscam um trunfo, uma vantagem sobre os colegas. Como cavaleiros à procura de uma espada, estão dispostos a pagar caro por suas ferramentas de operação. Nenhum preço é alto se lhes permitir explorar o pipeline financeiro.

Os gurus dos métodos mágicos vendem um novo molho de chaves para abrir as comportas do lucro. O método pode ter alguma vantagem no início, mas assim que certo número de pessoas se familiariza com ele e o testa nos mercados, ele inevitavelmente se deteriora e começa a perder popularidade. Os mercados estão em constante mutação, e os métodos que funcionaram ontem não funcionarão hoje, muito menos amanhã.

O estranho é que, mesmo nesta era de rápidas conexões globais, a reputação muda lentamente. Um guru cuja imagem tenha sido destruída no próprio país ainda consegue ganhar dinheiro mascateando suas teorias além-fronteiras. Esse ponto ficou claro para mim depois que um guru comparou sua popularidade contínua na Ásia com o destino de cantores e artistas norte-americanos decadentes. Não conseguem atrair público nos EUA, então ganham a vida cantando no exterior.

Gurus Mortos

O terceiro tipo de guru de mercado é o guru morto. Seus livros são reimpressos; seus cursos sobre mercados analisados por novas gerações de traders ansiosos; e a lenda das proezas e da fortuna pessoal do analista falecido floresce no pós-morte. O guru morto, obviamente, não capitaliza a fama. Outros promotores lucram com sua reputação e com os direitos autorais prescritos. Um desses gurus falecidos é R. N. Elliott, mas o melhor exemplo dessa espécie é W. D. Gann.

Vários oportunistas vendem "cursos de Gann" e "software de Gann". Alegam que Gann foi um dos melhores traders de todos os tempos, que deixou um espólio de mais de US$50 milhões etc. Entrevistei o filho de W. D. Gann, analista de um banco de Boston. Ele me disse que o famoso pai não conseguia sustentar a família com as operações de mercado e que ganhava a vida escrevendo e vendendo cursos. Ele não podia pagar uma secretária, então fez o filho trabalhar para ele. Quando W. D. Gann morreu, na década de 1950, seu espólio, inclusive a casa, foi avaliado em pouco mais de US$100 mil. A lenda de W. D. Gann, o gigante dos investimentos, foi perpetuada por aqueles que vendem cursos e toda uma parafernália de penduricalhos a clientes crédulos.

Os Seguidores de Gurus

Os gurus precisam produzir pesquisas originais durante vários anos e torcer para que o mercado vire a seu favor. Alguns estão mortos, mas os que estão vivos variam desde tipos acadêmicos sérios até grandes organizadores de espetáculos. Para saber sobre os escândalos que cercaram muitos gurus, leia *Winner Take All*, de William R. Gallacher.

Quando pagamos a um guru, esperamos receber mais do que gastamos. Agimos como alguém que aposta alguns trocados contra um prestidigitador de cartas de baralho em alguma esquina. O apostador espera ganhar mais do que pôs sobre a carta virada. Só ignorantes e gananciosos mordem essa isca.

Há quem recorra aos gurus em busca de um líder forte, à caça de um provedor onisciente. Conforme um amigo observou: "Eles andam com o cordão umbilical na mão, procurando algum lugar no qual o conectar." O fornecedor inteligente oferece esse receptáculo, por um preço.

O público quer gurus, e os gurus o acolherão. Como um trader inteligente, você precisa entender que, no longo prazo, nenhum guru o tornará rico. Você tem que trabalhar por conta própria.

Com frequência, quando palestro ou apareço na TV, alguém me apresenta como um "guru famoso". Estremeço com essas palavras e interrompo a apresentação. Um guru é alguém que afirma liderar as multidões através do deserto para uma dádiva. Não tem nada disso aqui!

Sempre começo explicando que não existem métodos mágicos, que a área de operação de mercado é tão grande e diversa quanto a da medicina, onde é preciso escolher uma especialidade e trabalhar pesado para se tornar bom. Escolhi meu caminho há muito tempo, e o que faço na frente de uma turma é pensar em voz alta, compartilhando meus métodos de pesquisa e tomada de decisão.

Opere nos Mercados com os Olhos Abertos

O pensamento otimista é mais forte que o dinheiro. Pesquisas recentes provaram que as pessoas têm uma capacidade prodigiosa de mentir para si mesmas e evitar a verdade.

Dan Ariely, professor da Universidade de Duke, descreve um experimento inteligente. Um grupo de pessoas recebe um teste de inteligência, mas metade dele recebe, "por acidente", uma folha de respostas, permitindo que procurem as respostas corretas antes de registrar as próprias. É desnecessário dizer que eles pontuam acima dos outros. Em seguida, pede-se a todos que prevejam suas notas no próximo teste de QI, no qual não haverá folha de cola — e quem acertar será pago. Surpreendentemente, a metade do grupo que pontuou mais alto usando a cola previu resultados melhores para o próximo teste. Os trapaceiros queriam acreditar que eram muito espertos, mesmo que suas previsões incorretas lhes custassem dinheiro.

Um trader bem-sucedido não se permite ter pensamentos otimistas — precisa ser realista. Não há folha de cola no mercado — a verdade reside nos registros das operações de trade e nas curvas dos ativos.

Para vencer no mercado, precisamos dominar três componentes essenciais da operação: psicologia sólida, um sistema de operação lógico e um plano efetivo de gestão de risco. São como as pernas de um banquinho — remova uma, e ele cairá. É um típico erro de iniciante se concentrar apenas em indicadores e sistemas de operação.

Você precisa analisar seus sentimentos ao operar para ter certeza de que suas decisões são sólidas. Seus trades devem ser baseados em regras bem definidas. Você tem que estruturar sua gestão de dinheiro para que nenhuma sequência de perdas o expulse do jogo.

6. Autodestrutividade

Operar nos mercados é um jogo difícil. Os traders que pretendem alcançar o sucesso duradouro precisam encaram seu ofício com seriedade. Não se dão ao luxo de ser ingênuos ou de investir em função de algum interesse psicológico oculto.

Entretanto, operar quase sempre exerce uma forte atração sobre pessoas impulsivas, sobre apostadores e sobre quem acha que o mundo deve lhes prover os meios de sobrevivência. Quem opera nos mercados pela empolgação tende a realizar transações com chances adversas e a aceitar riscos desnecessários. Os mercados são implacáveis, e os investimentos emocionais resultam em perdas.

Aposta

Apostar significa jogar em jogos de azar ou de habilidades. Elas existem em todas as sociedades, e a maioria das pessoas já apostou em algum momento da vida.

Freud achava que a aposta exerce uma atração universal por ser um substituto da masturbação. A atividade repetitiva e vibrante das mãos, a pressão irresistível, a decisão de parar, a qualidade inebriante do prazer e o sentimento de culpa ligam a aposta à masturbação.

O Dr. Ralph Greenson, eminente psicanalista da Califórnia, dividiu os apostadores em três grupos: as pessoas normais, que apostam pela diversão e conseguem parar quando querem; o apostador profissional, que escolhe a aposta como meio de vida; e o apostador neurótico, que aposta sob o impulso de necessidades inconscientes e é incapaz de parar.

O apostador neurótico ou se considera sortudo ou quer testar sua sorte. A vitória lhe transmite uma sensação de poder. Sente-se bem, como o bebê que se alimenta no seio materno. Ele sempre perde, pois tenta recriar esse sentimento onipotente de bem-aventurança em vez de se concentrar em um plano de aposta realista de longo prazo.

A Dra. Sheila Blume, do programa de tratamento de apostadores compulsivos do hospital de South Oaks, em Nova York, chama a aposta de "dependência sem droga". A maioria dos apostadores é formada por homens que apostam pela ação. As mulheres tendem a apostar como meio de fuga. Os perdedores ocultam as perdas e tentam parecer e agir como vencedores, mas são afligidos pelas dúvidas a respeito de si mesmos.

Operar no mercado, com ações, futuros e opções, provoca no apostador a mesma sensação de êxtase, mas sem dúvida parece muito mais respeitável do que apostar em cavalos. Além disso, apostar no mercado financeiro tem uma aura de sofisticação e proporciona uma diversão intelectual mais refinada do que apostar em números com um agenciador.

PSICOLOGIA INDIVIDUAL

Os apostadores ficam felizes quando o jogo vira a seu favor. Por outro lado, ficam arrasados quando perdem. Diferem dos profissionais bem-sucedidos, que focam os planos em longo prazo e não ficam chateados ou empolgados em razão de suas atividades de trade.

O principal sinal de estar atuando como apostador nas operações de mercado é a incapacidade de resistir à tentação de apostar. Se você sentir que se dedica demais às operações de mercado, com resultados insatisfatórios, pare de investir durante um mês. Essa pausa lhe dará a chance de reavaliar sua ação como trader; se o impulso para especular for forte a ponto de não conseguir se afastar dessa atividade por esse mês, é hora de visitar o Jogadores Anônimos local ou começar a seguir os princípios dos Alcoólicos Anônimos, apresentados adiante, neste capítulo.

Autossabotagem

Depois de praticar a psiquiatria por anos, convenci-me de que a maioria dos fracassos na vida resulta da autossabotagem. Fracassamos em nossas carreiras, vidas pessoais e nos negócios não por ignorância ou incompetência, mas para realizar o desejo inconsciente de fracassar.

Um amigo meu, brilhante e espirituoso, tem toda uma história de vida de aniquilar o próprio sucesso. Quando jovem, era um farmacêutico bem-sucedido que acabou arruinado; tornou-se corretor e chegou quase ao topo da empresa, mas foi processado; começou a investir, mas quebrou, enquanto ainda tentava se desvencilhar dos fracassos anteriores. Atribuiu a culpa de seus infortúnios a chefes invejosos, a reguladores incompetentes e à esposa pouco solidária.

Em dado momento, chegou ao fundo do poço. Não tinha emprego nem dinheiro. Pegou emprestado um terminal de cotações de outro trader falido e levantou capital com algumas pessoas que conheciam seu passado de bom operador. Ele sabia operar nos mercados e ganhou um bom dinheiro para seu grupo, assim, a notícia se espalhou. Meu amigo estava bem. A certa altura, foi a um congresso na Ásia, mas continuou a operar durante a viagem. Por fim, desviou-se do itinerário para visitar um país famoso por suas prostitutas, deixando em aberto uma posição muito grande, sem stop de proteção. Quando retornou, o mercado dera uma grande virada e o dinheiro do pool de investidores sumira do mapa. Depois de tudo isso, será que, ao menos, avaliou o problema? Procurou mudar? Não — culpou o corretor! Depois, ajudei-o a conseguir um bom emprego em uma importante empresa de dados de mercado, mas ele não vestiu a camisa e foi demitido. No final, esse homem brilhante acabou vendendo painéis de alumínio de porta em porta — enquanto outros ganhavam dinheiro com suas técnicas.

Quando certos traders enfrentam problemas, tendem a culpar outras pessoas, a má sorte ou qualquer outro fator. É doloroso se ver como o responsável pelo fracasso.

Um trader proeminente me procurou para uma consultoria. Seu patrimônio estava sendo destruído pela forte alta no dólar, em que assumira uma grande posição vendida. Analisando seus antecedentes, descobri que fora criado às turras com um pai abusivo e arrogante. Tornara-se conhecido pelos próprios méritos ao apostar muito dinheiro em reversões de tendências. Esse trader continuou a aumentar a posição vendida, pois não podia admitir que o mercado, que para ele representava o pai, fosse maior e mais forte do que ele.

Esses são só dois exemplos de como as pessoas agem em decorrência de tendências auto-destrutivas. Sabotamo-nos quando agimos como crianças impulsivas, e não como adultos inteligentes. Aferramo-nos a nossos padrões agressivos. Mas isso tem tratamento — o fracasso é uma doença curável.

A bagagem mental da infância influencia o sucesso nos mercados. É preciso identificar os pontos fracos para mudá-los. Mantenha um diário sobre suas operações de mercado — anote nele as razões que o levaram a entrar ou a sair de todas as posições. Busque padrões repetitivos de sucesso ou fracasso.

O Dérbi da Demolição

Todos os membros da sociedade fazem pequenas concessões para se proteger das consequências de seus erros. Quando dirigimos, evitamos bater nos outros veículos, assim como os demais motoristas evitam bater em nós. Se alguém abre de repente a porta de um carro estacionado, damos uma guinada brusca para nos desviar do obstáculo repentino. Se alguém nos corta em uma rodovia, até podemos xingá-lo, mas freamos o carro para não bater. Evitamos colisões porque são dispendiosas para ambas as partes.

Quase todas as profissões formam redes de segurança para seus membros. Seus chefes, colegas e clientes o avisarão quando se comportar mal ou de maneira autodestrutiva. Não existe rede de segurança no trade, o que o torna mais perigoso do que a maioria dos empreendimentos humanos. Os mercados são uma fonte de oportunidades para as pessoas se autodestruírem.

Comprar na alta é abrir a porta do carro com tráfego intenso. Quando a ordem de compra chega à sala de operações, outros traders correm para lhe vender — arrancar sua porta e levar junto seu braço. Os outros traders torcem pelo seu fracasso, porque ficam com o dinheiro que você perdeu.

Os mercados operam sem a solidariedade humana padrão. Todo trader acaba se envolvendo em colisões, sendo ou não o responsável por elas. A autoestrada dos trades está apinhada de carcaças de veículos acidentados. As operações de trade são o mais perigoso empreendimento humano, quase tanto quanto a guerra.

Controlando a Autodestrutividade

A maioria das pessoas passa a vida cometendo os mesmos erros, década após década. Algumas estruturam suas vidas para ter sucesso em uma área, enquanto lutam com os conflitos internos em outras.

Você precisa ter consciência de sua tendência de se sabotar. Pare de atribuir a culpa pelas perdas à má sorte ou aos outros, e assuma a responsabilidade pelos resultados. Comece um diário — um registro de todas as suas operações, com os motivos para entrar e sair delas. Busque padrões repetitivos de sucesso e fracasso. Quem não aprende com o passado está condenado a repeti-lo.

Um trader precisa de uma rede de segurança psicológica, como um alpinista de um equipamento de sobrevivência. Os princípios dos Alcoólicos Anônimos, descritos a seguir, ajudam em um estágio inicial de desenvolvimento de traders. As regras rígidas de gestão de dinheiro também criam a rede de segurança, enquanto o diário o ajuda a aprender com seus erros e sucessos.

■ 7. Psicologia das Operações de Mercado

O sucesso ou fracasso como trader depende do controle das emoções. Mesmo que seus métodos sejam brilhantes, arrogância, medo e irritação fazem a conta sofrer. Se você perceber que está sob o efeito do medo, da ganância ou da euforia de apostador, encerre suas operações.

Na operação de trade, competimos com as mentes mais afiadas do mundo. Comissões e slippage viram o jogo contra você. Agora, se além disso, você ainda permitir que suas emoções interfiram na operação, a batalha está perdida. Meu amigo e sócio da SpikeTrade.com, Kerry Lovvorn, diz: "Já é difícil saber o que o mercado vai fazer; se não sabemos o que faremos, o jogo está perdido."

Ter um bom sistema de operação não basta. Muitos traders com bons sistemas desaparecem, porque não estão psicologicamente preparados para vencer.

Flexibilizando as Regras

Os mercados oferecem enormes tentações, como caminhar por um cofre de ouro ou por um harém. Eles provocam grandes ondas de ganância e ondas ainda maiores de medo de perder o que temos. Esses sentimentos obscurecem nossas percepções sobre a realidade do mercado.

A maioria dos amadores se sente um gênio após uma pequena sequência de vitórias. É emocionante acreditar que você é tão bom que todos os seus negócios serão vencedores. É aí que os traders começam a se desviar das regras e a prejudicar suas contas.

Os traders ganham um pouco de conhecimento, vencem, suas emoções entram em ação e eles acabam se destruindo. A maioria devolve prontamente suas "boladas" aos mercados, que estão cheios de histórias de desempenhos que vão da penúria à riqueza e novamente para a penúria. A marca registrada de um trader de sucesso é a capacidade de acumular capital.

É preciso tornar suas operações o mais objetivas possível. Mantenha um diário de todas as operações, com gráficos de "antes e depois", crie uma planilha com o resumo de todos os investimentos, abrangendo comissões e slippage, e observe as regras rigorosas sobre a gestão do dinheiro. No início de sua carreira de trader, talvez seja necessário dedicar tanta energia à análise de si mesmo quanto à dos mercados.

Quando eu estava aprendendo a operar nos mercados, li todos os livros que encontrei sobre psicologia de investimentos. Muitos autores ofereceram conselhos sensatos. Alguns salientaram a disciplina: "Não se deixe controlar pelos mercados. Não tome decisões durante as operações em si. Planeje a operação e aja de acordo com o planejado." Outros destacaram a flexibilidade: "Não entre no mercado com noções preconcebidas. Mude seus planos quando os mercados mudarem." Também há especialistas que sugerem isolamento — nada de notícias sobre negócios, não leia jornais especializados, não ouça outros traders, é apenas você e o mercado. Outros aconselham manter-se aberto a novas ideias, promover o relacionamento com outros traders e buscar ideias criativas. Cada orientação parecia fazer sentido, mas eram contraditórias entre si.

Continuo a ler, a operar e a me concentrar no desenvolvimento de sistemas. Também continuo a praticar a psiquiatria. Nunca imaginei que os dois campos se interligassem — até que tive uma ideia repentina. A ideia que mudou minha maneira de investir veio da psiquiatria.

A Ideia que Mudou Minha Maneira de Operar

Como a maioria dos psiquiatras, sempre tive pacientes com problemas de alcoolismo. Também atuei como consultor de grandes programas de reabilitação para viciados em drogas. Não demorei muito para perceber que os alcoólatras e os viciados tinham uma probabilidade maior de se recuperar em grupos de autoajuda do que nos contextos psiquiátricos clássicos.

Psicoterapia, medicamentos e clínicas ou hospitais dispendiosos curam um porre, mas não evitam outros. Os viciados têm muito mais chances de recuperar-se quando se tornam membros ativos dos Alcoólicos Anônimos (AA) ou de outros grupos de ajuda mútua.

Quando percebi que os membros do AA tinham mais chances de ficar sóbrios e recompor suas vidas, tornei-me um grande fã dos Alcoólicos Anônimos. Comecei, então, a recomendar pacientes com problemas de bebida para os AA ou para grupos semelhantes. Agora, se um alcoólatra me procura para tratamento, insisto em que também recorra aos AA. Digo-lhe que agir de outra maneira seria perda de tempo e de dinheiro.

Certa noite, anos atrás, passei pelo escritório de um amigo a caminho de uma festa em nosso departamento de psiquiatria. Ainda tínhamos duas horas, e meu amigo, alcoólatra em recuperação, perguntou: "Você quer ir ao cinema ou a uma reunião dos AA?" Já recomendara muitos pacientes aos AA, mas nunca tinha estado em uma reunião, pois nunca enfrentara problemas com bebida. E agarrei-me àquela chance de participar de uma reunião dos AA — foi uma nova experiência.

A reunião ocorreu na seção local do centro de apoio da YMCA. Cerca de uma dúzia de homens e umas poucas mulheres estavam sentados em cadeiras dobráveis, em uma sala vazia. A reunião durou cerca de uma hora. Fiquei espantado com o que ouvia — parecia que falavam sobre minhas operações!

O tema era o álcool, mas, se eu substituísse "álcool" por "perda", boa parte do que diziam aplicava-se a mim! Minha conta de investimentos ainda avançava e recuava naqueles dias. Saí daquela sala certo de que teria de lidar com as minhas perdas da maneira como os AA lidam com o álcool.

8. Lições dos AA sobre o Trading

Qualquer alcoólatra é capaz de ficar sóbrio por alguns dias. Em breve, contudo, a necessidade de beber o domina e ele volta às garrafas. Não consegue resistir à pressão porque ainda se sente e pensa como alcoólatra. A sobriedade começa e termina na mente das pessoas.

Os Alcoólicos Anônimos (AA) têm um sistema para mudar a maneira como as pessoas se sentem e pensam sobre a bebida. Os membros do AA usam um programa de 12 passos para mudar suas atitudes. Esses 12 passos, descritos no livro *Doze Passos e Doze Tradições*, referem-se às 12 fases do crescimento pessoal. Os alcoólatras em recuperação participam de reuniões com outros alcoólatras em recuperação, apoiando-se na busca da sobriedade. Qualquer membro pode ter um padrinho — outro membro dos AA a quem pede apoio quando se sente na iminência de beber.

A instituição AA foi fundada na década de 1930 por dois alcoólatras — um médico e um caixeiro-viajante. Eles se encontravam e se apoiavam para que ficassem sóbrios. E assim desenvolveram um sistema tão eficaz que começou a atrair outras pessoas. Os AA têm apenas um objetivo — ajudar os membros a ficarem sóbrios. Não promovem arrecadação de fundos, não assumem posições políticas e não realizam campanhas promocionais. Os AA continuam crescendo apenas por meio da propaganda boca a boca, devendo seu sucesso apenas à própria eficácia.

Também há grupos de 12 passos para filhos de alcoólatras, fumantes, jogadores e outros. Estou convencido de que os traders parariam de perder dinheiro nos mercados se aplicassem os princípios básicos dos Alcoólicos Anônimos às suas operações.

Negação

Quem bebe socialmente gosta de um drinque, de uma taça de vinho ou de um copo de cerveja, mas para quando acha que já bebeu bastante. A química de um alcoólatra é diferente. Quando toma a primeira dose, o alcoólatra logo sente a necessidade de beber mais, até ficar bêbado ou seu dinheiro acabar.

O bêbado sempre diz que precisa parar, mas não admite que o hábito está fora de controle. Em geral, nega que seja alcoólatra. Tente dizer a um parente, amigo ou empregado alcoólatra que seu hábito de beber está sem controle e que prejudica sua vida, e você se deparará no ato com uma muralha de negação.

Os alcoólatras dizem: "Meu chefe me demitiu porque eu cheguei de ressaca e atrasado. Minha mulher pegou as crianças e saiu de casa porque não tem noção de nada. Meu senhorio está tentando me despejar do apartamento porque atrasei o aluguel. Vou reduzir a bebida e tudo voltará ao normal."

Esse homem perdeu a família e o emprego e está a ponto de não ter onde morar. Ele está perdendo o controle de sua vida, mas continua dizendo que consegue maneirar na bebida. Isso é negação!

Os alcoólatras negam o problema enquanto sua vida se despedaça. Enquanto alimentarem a fantasia de serem capazes de "controlar a bebida", continuarão ladeira abaixo. Nada mudará, ainda que arranjem novo emprego, mulher e senhorio.

Os alcoólatras negam que estejam sob o controle do álcool. Quando falam em beber menos, estão tratando de algo impossível. São como o motorista que perde o controle do carro em uma serra. Quando o carro despencar de um penhasco, será tarde demais para prometer dirigir com mais cuidado. A vida do alcoólatra foge do controle enquanto ele nega que é alcoólatra.

É chocante a semelhança entre um alcoólatra e um trader cuja conta de investimentos foi destruída pelas perdas. Enquanto muda suas táticas de investimentos, age como um alcoólatra que tenta resolver seu problema trocando cachaça por cerveja. O perdedor nega que perdeu o controle de seu rumo no mercado.

O Fundo do Poço

O bêbado inicia a jornada de recuperação apenas depois que admite ser alcoólatra. O fundamental é admitir que o álcool controla sua vida, e não o contrário. A maioria dos viciados em álcool não consegue reconhecer essa dura realidade. Enfrentam a verdade apenas depois de chegar ao fundo do poço.

Alguns alcoólatras descem ao fundo do poço quando desenvolvem uma doença grave. Outros, após serem rejeitados pela família ou perderem o emprego. O alcoólatra precisa descer a profundezas hediondas, chafurdar na lama, sentir uma dor insuportável para conseguir romper a barreira da própria negação.

A dor de chegar ao fundo do poço faz com que o alcoólatra se dê conta do quanto se atolou. Então ele se defronta com uma escolha simples e inequívoca — ou muda sua vida ou morre em pouco tempo. Apenas nessas condições o alcoólatra está pronto para iniciar a jornada de recuperação.

Os lucros fazem com que os traders se sintam poderosos e em êxtase. Eles buscam novamente a mesma euforia, precipitam-se em operações impulsivas e devolvem seus lucros ao mercado. A maioria não suporta a dor de uma sequência de perdas e quase todos encerram suas carreiras como traders depois de atingirem o fundo do poço e serem arrasados pelo mercado. Os poucos sobreviventes constatam que o principal problema não está nos métodos; mas na mentalidade. Eles são capazes de mudar e transformar-se em traders bem-sucedidos.

O Primeiro Passo

O alcoólatra que quiser se recuperar deve superar 12 passos — fases de crescimento pessoal. Precisa mudar a forma de pensar e se sentir, revendo a maneira como se relaciona consigo e com os outros.

O primeiro passo dos AA é o mais difícil: admitir sua impotência em relação ao álcool. É preciso admitir que a vida ficou incontrolável, que o álcool é mais forte. A maioria dos alcoólatras não consegue dar esse passo, abandona o programa e continua a destruir sua vida.

Se o álcool é mais forte do que você, é evidente que não pode mais beber uma gota de álcool pelo resto de sua vida. Precisa parar de beber para sempre. A maioria dos viciados em álcool não quer abrir mão desse prazer. Prefere destruir sua vida a dar o primeiro passo dos AA. Apenas a dor de estatelar-se no fundo do poço proporciona motivação suficiente para dar o primeiro passo.

Um Dia de Cada Vez

Você já viu adesivos em para-choques dizendo: "Um dia de cada vez", ou, "Devagar e sempre"? Esses são slogans dos AA, e esses motoristas provavelmente são alcoólatras em recuperação.

Planejar a vida sem álcool parece impossível. Essa é a razão para os AA estimularem seus membros a viverem sóbrios um dia de cada vez.

O objetivo de todo membro dos AA é manter-se sóbrio hoje e ir para a cama sóbrio esta noite. Aos poucos, os dias se transformam em semanas, meses e anos. As reuniões e as outras atividades dos AA ajudam cada alcoólatra em recuperação a ficar sóbrio, um dia de cada vez.

PSICOLOGIA INDIVIDUAL

Os alcoólatras em recuperação recebem — e dão aos outros — apoio e companheirismo inestimáveis nessas reuniões. Elas são realizadas a qualquer hora, em todo o mundo. Os traders têm muito a aprender com essas reuniões.

Uma Reunião dos AA

Uma das melhores atitudes para um trader é ir a uma reunião dos AA. Fiz essa recomendação a certo trader que enfrentava uma sequência de perdas. Entre em contato com os AA e pergunte sobre a "próxima reunião de abertura" ou "reunião para iniciantes".

Cada reunião dura cerca de uma hora. Você pode se sentar no fundo da sala e ouvir com atenção. Ninguém o pressiona a falar nem pergunta seu sobrenome.

No início de cada reunião, um veterano se levanta e fala sobre sua luta para superar o alcoolismo. Vários outros membros compartilham suas experiências. Por fim, faz-se uma coleta para cobrir as despesas — contribua se puder. O que tem a fazer é ouvir com cuidado e sempre que escutar a palavra "álcool" substituí-la por "perda". Terá a impressão de que todos na reunião estão falando sobre operações de mercado!

■ 9. Perdedores Anônimos

Quem bebe socialmente gosta de um drinque uma vez ou outra, mas o alcoólatra anseia por álcool. Ele nega que o álcool controle e destrua sua vida — até enfrentar uma grave crise pessoal. Pode ser uma doença que envolva risco de vida, desemprego, abandono de um membro da família ou outro evento que provoque dor insuportável. Os AA chamam essa situação de "fundo do poço".

A dor de chegar ao fundo do poço rompe a barreira de negação do alcoólatra. Ele se defronta com uma escolha dura — afogar-se ou dar uma virada e nadar até a superfície em busca de ar. O primeiro passo para a recuperação é admitir a impotência em relação ao álcool. Um alcoólatra em recuperação nunca mais pode beber.

A perda é para o perdedor o que o álcool é para o alcoólatra. Uma pequena perda é como uma dose isolada. Uma grande perda é como um porre. Uma série de perdas é como a devoção ao álcool. Os perdedores alternam-se o tempo todo entre diferentes mercados, gurus e sistemas de operações. Seu patrimônio encolhe, enquanto tentam recriar a sensação inebriante da vitória.

Os traders fracassados pensam e agem como alcoólatras, exceto que sua fala não é arrastada. Os dois grupos são tão parecidos que é até possível prever as atitudes do perdedor com base no modelo dos alcoólatras.

O alcoolismo é uma doença curável — assim como perder dinheiro nas operações de mercado. Os perdedores podem mudar de vida se começarem a usar os princípios dos Alcoólicos Anônimos.

A Compulsão Por Operar

Os traders bem-sucedidos tratam as perdas como quem bebe socialmente lida com o álcool: não incorrem em excessos e sabem parar. Quando sofrem prejuízos, interpretam a situação como sinal de que algo está errado: é hora de parar e repensar suas análises e métodos. Os perdedores não param — continuam porque são viciados e nutrem a esperança de uma grande vitória.

Um eminente assessor de investimentos escreveu que o prazer de operar nos mercados é mais intenso do que o do sexo ou o de pilotar um jato. Do mesmo modo como o alcoólatra descamba do hábito social para a embriaguez constante, os perdedores assumem riscos cada vez maiores. Eles transpõem a linha entre assumir riscos calculados e aceitáveis (businessman risks) e apostar por compulsão. Muitos perdedores nem sabem da existência dessa linha.

Os perdedores sentem a necessidade de operar nos mercados assim como os alcoólatras se sentem compelidos a beber. Realizam operações compulsivas, entregam-se a farras de operações e continuam a fazer trades desesperadamente na tentativa de sair do buraco.

As contas dos perdedores se esvaem. A maioria desaparece do mercado por falta de recursos, mas alguns se transformam em gestores do dinheiro alheio, depois que perdem o próprio; outros ainda vendem serviços de assessoria, como os bêbados arruinados acabam lavando copos em um bar.

A maioria dos perdedores oculta suas perdas de si e do mundo. Manipulam o dinheiro, não mantêm registros de suas operações e jogam fora os extratos das corretoras. O perdedor é como o alcoólatra que não quer saber quantas garrafas esvaziou.

Cavando Mais o Buraco

Os perdedores operam no escuro e nunca sabem por que perdem. Se soubessem, já teriam feito algo para se tornar ganhadores. Os perdedores tentam gerenciar as operações no mercado como os alcoólatras administram a bebida.

A esperança desesperada dos perdedores por soluções mágicas ajuda consultores a vender seus serviços para o público. Mudam de sistemas de operações, compram novo software ou seguem as dicas de outro guru.

À medida que as perdas aumentam e o capital diminui, um perdedor fica desesperado e converte posições descobertas (outright) em travas de spreads (spread trading), dobra posições perdedoras, reverte sua posição e opera na direção oposta, e assim por diante. Tudo isso é como mudar de licor para vinho em prol de ajudar um alcoólatra.

Um trader perdedor sai de controle ao tentar administrar o inadministrável. Os alcoólatras têm morte prematura, e a maioria dos traders sai dos mercados e nunca mais volta. Novos métodos de operação, dicas quentes e software aprimorado não ajudarão uma pessoa que não consegue lidar consigo.

Um perdedor continua inebriado pela euforia da operação, enquanto seu capital diminui. Tentar dizer a ele que é um perdedor é como tentar tirar uma garrafa de um bêbado. Um perdedor tem que bater no fundo do poço para que o processo de recuperação comece. Você tem que mudar seu modo de pensar para parar de perder e começar sua recuperação como um trader.

O Fundo do Poço do Trader

A sensação de bater no fundo do poço é horrível. É dolorosa e humilhante. Chega-se lá quando se perde mais dinheiro do que se tem. Quando dilapida todas suas economias no jogo dos mercados. A situação típica é aquela em que você se gaba de sua esperteza com os amigos e depois lhes pede dinheiro emprestado. E até parece que o mercado está nos seus calcanhares gritando: "Seu idiota!"

Alguns atingem o fundo do poço após apenas algumas semanas de operação. Outros continuam adicionando dinheiro em suas contas para adiar o dia do acerto de contas. Dói ver um perdedor no espelho. Passamos a vida inteira construindo nossa autoestima. A maioria de nós nos temos em alta conta. Seu primeiro impulso pode ser esconder, mas lembre-se: você não está sozinho. Quase todo trader já passou por isso.

A maioria das pessoas que chega ao fundo do poço "morre" como trader. Muitos dos que hoje operam nos mercados sumirão em um ano, se não antes. Baterão no fundo do poço, sairão machucados e desaparecerão. E tentarão esquecer as operações de mercado como se faz com um pesadelo.

Alguns perdedores lambem as feridas e esperam que a dor diminua. E então voltam aos mercados, tendo aprendido pouco. Mas sentem medo, e esse medo acaba prejudicando as operações.

Poucos traders aprenderão o processo de mudança e crescimento. Nesses raros casos, a dor de atingir o fundo do poço interromperá o círculo vicioso de inebriar-se com as vitórias, e então perder tudo e naufragar. *Ao admitir que há um problema pessoal que o leva a perder, você consegue construir uma nova vida de trader e desenvolver a disciplina dos vencedores.*

O Primeiro Passo do Trader

O alcoólatra precisa admitir que não controla o vício. O trader também deve reconhecer que não controla suas perdas. Precisa aceitar que tem um problema psicológico com as perdas e que está destruindo sua conta de investimentos. O primeiro passo de um membro dos AA é dizer: "Sou alcoólatra e não consigo controlar o álcool." Como trader, você também deve dar o primeiro passo e dizer: "Sou um perdedor; sou impotente em relação às perdas."

O trader pode recuperar-se usando os princípios dos Alcoólicos Anônimos. Os alcoólatras em recuperação lutam para se manter sóbrios um dia de cada vez. Você também deve se empenhar para operar sem prejuízo, um dia de cada vez.

Você talvez ache que isso é impossível. E se comprar e o mercado cair? E se vender a descoberto na baixa e o mercado subir? Até os melhores traders perdem dinheiro em algumas operações.

A resposta é traçar uma linha entre risco calculado do negócio e prejuízo. O trader deve assumir riscos calculados e aceitáveis, mas nunca sofrer prejuízos superiores a esse risco predeterminado.

O lojista assume riscos sempre que estoca nova mercadoria. Se não vendê-la, perderá dinheiro. Entretanto, o trader inteligente só assume os riscos que não o tirarão do negócio, ainda que cometa vários erros em seguida. Estocar duas caixas de mercadorias parece um risco sensato, mas estocar um caminhão inteiro talvez seja uma aposta arriscada.

Como trader, você opera nos mercados. Precisa definir o que você mesmo entende por risco aceitável — a quantia máxima que está disposto a arriscar em uma única operação. Nesse caso, não há padrão, do mesmo modo como não há negócio padronizado. O risco aceitável depende, antes de tudo, do tamanho da conta de investimentos. Também depende do método de operação e de sua tolerância à dor.

O conceito de risco mudará sua maneira de gerir o dinheiro (veja o Capítulo 9). O trader sensato nunca arrisca mais de 2% da conta de investimentos em uma única operação. Se a conta for de R$30 mil, não arrisque mais de R$600 por operação. Se for de R$10 mil, o limite é de R$200 por operação. Caso a conta seja muito pequena, restrinja-se a operar em mercados mais baratos ou a operar com minicontratos. Se identificar uma operação atraente, mas o limite mínimo for superior a 2% da conta — não faça a operação. Evite arriscar mais de 2% em uma operação, da mesma maneira como o alcoólatra em recuperação evita os bares. Caso tenha dúvidas sobre o limite do risco, erre para menos.

Ao culpar a corretora pelas altas taxas e os outros traders pelo excesso de slippage, o trader estará renunciando ao controle sobre suas operações de mercado. Tente reduzir ambas, mas assuma a responsabilidade. Se perder um centavo além de seu limite de risco, incluindo comissões e slippage, você é um perdedor.

Você registra com cuidado as operações? O desleixo nos registros é característica dos apostadores e dos perdedores. Os bons traders mantêm registros precisos. Os registros das operações devem incluir a data e o preço de cada entrada e saída, a slippage, a comissão, os stops, todos os ajustes de stops, os motivos da entrada, os objetivos da saída, o maior lucro não realizado [paper profit], a maior perda não realizada [paper loss] e qualquer outra informação necessária.

Perder em uma operação dentro do limite de risco faz parte dos ossos do ofício ou da rotina dos negócios. Não é preciso barganhar, esperar pela virada, rezar pela reversão. No entanto, perder um centavo além do limite de risco é como ficar bêbado, entrar em uma briga, vomitar na volta para casa e acordar jogado na sarjeta, com dor de cabeça. É algo que jamais deve acontecer.

Reunião para Um

Quando se vai a uma reunião dos AA, veem-se pessoas que não bebem há anos se levantarem e dizerem: "Oi, meu nome é tal e sou alcoólatra." Por que essas pessoas se denominam alcoólatras depois de anos de abstenção? Porque, se acharem que superaram o alcoolismo, beberão de novo. Se a pessoa não se considerar alcoólatra, tomará uma dose, depois outra, e acabará mais uma vez na sarjeta. Se quiser continuar abstêmia, é preciso se julgar alcoólatra pelo resto da vida.

Os traders podem se beneficiar de nossa organização de ajuda mútua específica — eu a chamo de Perdedores Anônimos. Por que não Traders Anônimos? Porque um nome forte ajuda a concentrar a atenção nas tendências autodestrutivas. Afinal, os Alcoólicos Anônimos não se intitulam Bebedores Anônimos. A partir do momento em que você se autodenomina perdedor, sua motivação para evitar as perdas é muito maior.

PSICOLOGIA INDIVIDUAL

Vários traders contestaram o que consideraram a "conotação negativa" de Perdedores Anônimos. Uma aposentada do Texas, trader bem-sucedida, descreveu-me sua abordagem. Ela é muito religiosa e acha que Deus não ficaria contente caso ela perdesse o dinheiro Dele. Assim, ela interrompe suas perdas com muita rapidez. Acho que nosso método é semelhante. O objetivo é interromper os prejuízos em face de algum objetivo ou regra externa.

Operar nos mercados dentro dos limites de risco é como viver sem álcool. O trader precisa admitir que é um perdedor, do mesmo modo como o bêbado deve reconhecer que é um alcoólatra. Assim, estará em condições de iniciar sua jornada de recuperação.

Essa é a razão por que todas as manhãs, antes de começar a operar nos mercados, sento-me em frente à tela de cotações em meu escritório e digo: "Bom dia, meu nome é Alex e sou um perdedor. Minha propensão é causar fortes danos financeiros em minha conta." É como uma reunião dos AA. Mantém-me concentrado nos princípios. Ainda que hoje eu ganhe do mercado milhares de dólares, amanhã direi de novo: "Bom dia, meu nome é Alex e sou um perdedor."

Um amigo meu brincou: "Quando sento em frente ao home broker, digo: 'Meu nome é John e vou rasgar sua garganta hoje.'" Esse tipo de pensamento gera tensão. Já a mentalidade dos "Perdedores Anônimos" produz serenidade. O trader que se sente tranquilo e relaxado se concentra em operações melhores e mais seguras. Quando um abstêmio e um bêbado participam de uma corrida, sabe-se quem tem maiores chances de sair vitorioso. O bêbado ganha de vez em quando, graças à sorte, mas o abstêmio é a melhor aposta. Sem dúvida, você quer ser o abstêmio na corrida.

▓ 10. Vencedores e Perdedores

Chegamos ao mercado por diferentes caminhos e trazemos a bagagem mental de nossa criação e de nossas experiências. Quase todos achamos que, se atuarmos no mercado da maneira como agimos em nossa vida pessoal, perderemos dinheiro. Acima de tudo, seu sucesso ou fracasso depende de sua capacidade de usar o intelecto em vez de agir com base nas emoções. Um trader que se sente muito feliz quando vence e deprimido quando perde fica à mercê dos movimentos do mercado e não acumula capital.

Para vencer no mercado, é preciso se conhecer e agir com frieza e responsabilidade. A dor da perda induz as pessoas a buscar métodos mágicos. Ao mesmo tempo, essas mesmas pessoas em busca de milagres descartam boa parte do que é útil em seus antecedentes profissionais e de negócios.

Como um Oceano

O mercado é como um oceano: sobe e desce independentemente de seus desejos. Você talvez fique feliz quando compra uma ação e ela dispara em uma alta do mercado. Também é possível que se sinta dominado pelo medo quando vende a descoberto e o mercado sobe, corroendo seu patrimônio em cada ponto de alta. Esses sentimentos não têm nada a ver com o mercado. Estão dentro de você.

O mercado não sabe de sua existência. Você não tem poder de o influenciar. O oceano não liga para seu bem-estar, tampouco tem o desejo de afogar você. Resta-lhe apenas a alternativa de controlar seu comportamento.

O navegante não controla o oceano, mas é capaz de controlar a si mesmo. Ele estuda as correntes e os padrões meteorológicos. Aprende técnicas de navegação segura e ganha experiência. Sabe quando levantar âncora e quando reforçar as amarras. O navegante bem-sucedido usa a inteligência.

O oceano pode ser útil — fornece peixes e funciona como hidrovia. Mas também é perigoso — emborca embarcações e afoga pessoas. Quanto mais racional sua abordagem for, maior é a probabilidade de que chegue a seu destino e realize seus objetivos. Por outro lado, quando deixa que as emoções sejam sua bússola, não consegue se concentrar na realidade do oceano.

O trader precisa estudar as tendências e as reversões no mercado como o navegante perscruta o oceano. Deve operar em pequena escala enquanto aprende a lidar consigo mesmo e com o mercado. Jamais se consegue controlar o mercado, mas se aprende a controlar a si mesmo.

Depois de uma série de operações lucrativas, um iniciante acha que anda sobre as águas. Ele começa a correr riscos e explode sua conta. Por outro lado, um amador que sofre várias perdas seguidas se sente tão desmoralizado que não consegue emitir uma ordem mesmo quando seu método de trading lhe dá um sinal para comprar ou vender. Se a operação o faz se sentir exaltado ou assustado, você não conseguirá ser totalmente racional. Quando a alegria o tira do chão, você faz negócios irracionais e perde. Quando o medo o dominar, perderá negócios lucrativos.

Um marinheiro cujo barco está sendo golpeado pelos ventos oceânicos reduz a área das velas. O primeiro remédio para um trader atacado pelo mercado é reduzir o tamanho de seus negócios. Faça operações pequenas enquanto está aprendendo ou quando estiver estressado.

O trader profissional usa a cabeça e mantém a calma. Só os amadores ficam eufóricos ou deprimidos com as operações. As reações emocionais são um luxo a que ninguém pode se permitir.

Operações Emocionais

A maioria das pessoas anseia por excitação e entretenimento. Cantores, agentes e atletas profissionais geram rendas muito mais altas que trabalhadores banais, como médicos, motoristas ou professores universitários. As pessoas adoram sentir adrenalina — compram bilhetes de loteria, voam para Las Vegas e diminuem a velocidade para observar acidentes de trânsito.

Operações emocionais são muito viciantes. Mesmo aqueles que perdem dinheiro nos mercados têm sua parcela de diversão.

O mercado é um esporte de espectador e de participação reunidos em um só jogo. Imagine ir a um jogo de futebol da liga principal em que você não está confinado às arquibancadas. Você pode pagar alguns reais e ser autorizado a correr para o campo e participar do jogo. Se acertar a bola corretamente, será pago como profissional.

Você pensaria duas vezes antes de correr para o campo nas primeiras vezes. Essa atitude cautelosa é responsável pela famosa "sorte de principiante". Uma vez que um iniciante acerta a bola algumas vezes e recebe o pagamento, é provável que se ache tão bom quanto os profissionais, ou

PSICOLOGIA INDIVIDUAL

ainda melhor, e que seria capaz de viver disso. Amadores gananciosos começam a correr para o campo com muita frequência, mesmo quando não há boas oportunidades de jogo. Antes que eles saibam o que os atingiu, uma pequena sequência de perdas destrói suas contas.

O mercado está entre os lugares mais interessantes da face da Terra, mas decisões emocionais são letais. Se alguma vez for a uma pista de corrida, observe os seres humanos em vez dos cavalos. Os apostadores batem os pés, pulam e gritam com cavalos e jóqueis. Milhares de pessoas expressam suas emoções. Os vencedores se abraçam e os perdedores rasgam seus ingressos com desgosto. A alegria, a dor e a intensidade do pensamento positivo são caricaturas do que acontece nos mercados. Um bom apostador, que ganha a vida na pista, não fica empolgado, não grita nem aposta todo seu cacife em uma única corrida, ou mesmo em um único dia.[1]

Os cassinos adoram apostadores bêbados. Por isso, servem bebida de graça aos jogadores, pois os ébrios são mais impulsivos e se arriscam mais. Pela mesma razão, tentam se livrar dos jogadores frios. Serve-se menos bebida de graça em Wall Street do que nos cassinos, mas pelo menos aqui não o chutam porta afora por ser um bom trader.

Responsável por Sua Vida

Quando um macaco machuca o pé em um tronco, tem um acesso de raiva e começa a chutar a madeira furiosamente, você ri do macaco. Mas será que também ri de si mesmo quando age da mesma maneira? Se o mercado cai quando está comprado, você pode dobrar a posição perdedora ou tenta flipar operando vendido para neutralizar a perda. Isso significa que você passou a agir emocionalmente, em vez de usar a razão. Qual é a diferença entre o trader que tenta se vingar do mercado e o macaco que chuta a árvore? Agir na base da raiva, medo ou empolgação destrói sua chance de sucesso. Você deve analisar seu comportamento no mercado, em vez de se deixar levar pelos sentimentos.

Ficamos com raiva do mercado, temos medo dele, desenvolvemos superstições tolas. Enquanto isso, o mercado mantém seus ciclos de altas e baixas, como o oceano que passa por períodos de tempestades e calmarias. Mark Douglas escreve em *The Disciplined Trader* que, no mercado: "Não há começo, meio e fim — apenas o que você cria em sua mente. Como parte de nossa educação, não aprendemos a operar em uma arena que permite completa liberdade de expressão criativa, sem nenhuma estrutura externa para a restringir de alguma maneira."

Tentamos engambelar ou manipular o mercado, agindo como o antigo imperador Xerxes, que ordenou a seus soldados que chicoteassem o mar por afundar sua frota. A maioria de nós não sabe quão manipuladores somos, como barganhamos, como extravasamos nossos sentimentos no mercado. Quase todos nos consideramos o centro do universo e achamos que todas as pessoas ou grupos são bons ou maus conosco. Isso não se aplica ao mercado, que é completamente impessoal.

---

1 Levo na minha carteira um passe de graça para a pista de Belmont, em Nova York, que pertenceu ao meu falecido grande amigo Lou Taylor. Parece um cartão de empregado, mas na linha de "posição" diz vencedor. Ele ganhou muitos campeonatos e continuou a tirar dinheiro da pista até poucos meses antes de morrer.

Leston Havens, psiquiatra da Universidade de Harvard, escreve: "O canibalismo e a escravidão são as manifestações mais antigas da predação e da submissão humana. Embora ambas sejam desencorajadas, sua existência contínua sob formas psicológicas demonstra que a civilização alcançou grande sucesso em evoluir do concreto e do físico para o abstrato e para o psicológico, embora mantendo os mesmos propósitos." Os pais ameaçam os filhos, valentões os surram na escola e os professores tentam moldar seus desejos e objetivos. Não admira que a maioria de nós cresça se escondendo em uma concha ou aprendendo a lidar com os outros apenas como uma estratégia de autodefesa. Agir com independência não parece natural para nós, mas essa é a única maneira de alcançar o sucesso no mercado.

Douglas adverte: "Se o comportamento do mercado parece misterioso para você, é porque seu próprio comportamento é misterioso e indomável. Não há como determinar o que o mercado fará, se você nem mesmo sabe como agirá em seguida." Em última instância: "Você só consegue controlar a si mesmo. Como trader, tem o poder de dar dinheiro para si mesmo ou para os outros traders." E acrescenta: "Os traders capazes de ganhar dinheiro de maneira consistente [...] atuam sob uma rígida disciplina mental."

Todos nós temos nossos demônios a exorcizar no esforço de nos tornarmos profissionais bem-sucedidos. Compartilho várias regras que foram eficazes para mim, à medida que evoluía de amador insensato para semiprofissional errático e, finalmente, para trader profissional. Altere a lista para melhor adaptá-la a sua personalidade.

1. Decida que está no mercado com propósitos duradouros — ou seja, quer continuar sendo trader daqui a 20 anos;

2. Aprenda tanto quanto possível. Leia e ouça os especialistas, mas preserve certo grau de ceticismo sadio a respeito de tudo. Pergunte e não aceite ao pé da letra tudo o que afirmarem;

3. Não se torne ambicioso nem se precipite em suas operações. Não se apresse em aprender. Os mercados continuarão lá, com outras oportunidades promissoras, nos meses e anos vindouros;

4. Desenvolva um método para analisar o mercado — ou seja: "Se A acontecer, é provável que B também aconteça." O mercado tem muitas dimensões — use vários métodos analíticos para confirmar as operações. Teste todas as hipóteses com base em dados históricos e depois no mercado, usando dinheiro de verdade. Os mercados sempre mudam. As ferramentas são diferentes para se operar no mercado em alta, em baixa e nas transições, bem como os métodos para distinguir as diferenças entre as situações (veja as seções sobre análise técnica);

5. Desenvolva um plano de gestão do dinheiro. Seu primeiro objetivo deve ser a sobrevivência em longo prazo; o segundo, o crescimento constante do capital; e o terceiro, gerar altos lucros. A maioria dos traders coloca o terceiro objetivo em primeiro lugar e ignora os objetivos 1 e 2. (Veja o Capítulo 9, "Gestão de Risco");

6. Saiba que o operador é o elo mais fraco em qualquer sistema de trade. Compareça a uma reunião dos Alcoólicos Anônimos para aprender a evitar perdas ou a desenvolver o próprio método para evitar operações impulsivas;

PSICOLOGIA INDIVIDUAL

7. Os vencedores pensam, sentem e agem de maneira diferente dos perdedores. Olhe para si mesmo, deixe de lado as ilusões e mude as velhas maneiras de ser, pensar e agir. A mudança é difícil, mas, se quiser ser um trader profissional, empenhe-se em mudar sua personalidade.

Para ter sucesso, é preciso ter motivação, conhecimento e disciplina. O dinheiro é importante, mas menos do que essas qualidades. Se tiver motivação para trabalhar neste livro, ganhará muito conhecimento, e, depois, fecharemos o círculo retornando à disciplina, nos capítulos finais.

CAPÍTULO 2

Psicologia de Massa

Wall Street tem esse nome por causa de um muro [wall] que impedia os animais de se afastarem demais de um assentamento na ponta de Manhattan. O fato é que o legado rural perdura na linguagem dos traders. Quatro animais, em especial, são mencionados com frequência em Wall Street: touros [bulls], ursos [bears], porcos [hogs] e ovelhas [sheeps]. Os traders dizem: "Os touros e os ursos ganham dinheiro, mas os carneiros são abatidos."

O touro luta arremessando o adversário para o alto com os chifres. O touro é o comprador — pessoa que aposta na alta do mercado e lucra com o aumento dos preços dos ativos. O urso luta derrubando o adversário com as patas. O urso é o vendedor — aposta na baixa e lucra com a queda dos preços.[1]

Porcos são gananciosos. Alguns compram ou vendem posições muito grandes para o tamanho de suas contas e são abatidos por um pequeno movimento adverso do mercado. Outros ultrapassam suas posições — continuam esperando pelos lucros mesmo depois que a tendência se reverte. Ovelhas são seguidores passivos e medrosos de tendências, dicas e gurus. Às vezes, colocam chifres de touro ou vestem pele de urso e tentam se arriscar. Mas seu balido de lamento, quando o mercado se torna volátil, é inconfundível.

Sempre que o mercado está aberto, os touros compram e os ursos vendem, e os porcos e os carneiros são pisoteados pelas manadas, enquanto os indecisos esperam fora da arena. Home brokers de todo o mundo mostram um fluxo constante de cotações — os últimos preços de qualquer operação. Milhares de olhos estão focados em cada cotação, à medida que se decidem as operações.

▦ 11. O que É Preço?

Há três tipos de traders: compradores, vendedores e indecisos. Os compradores querem pagar o mínimo, e os vendedores, pedir o máximo. O conflito se reflete nos spreads bid-ask, discutidos na Introdução. Ask (pedido) é o que o vendedor pede. Bid (oferta) é o que o comprador oferece.

O vendedor tem uma escolha: esperar que o preço suba ou aceitar uma oferta mais baixa. O comprador também tem escolha: esperar que os preços baixem ou se dispor a pagar mais.

A operação ocorre quando duas mentes se acertam em termos monetários: um touro ansioso concorda com os termos do vendedor e paga mais, ou um urso ansioso concorda com os termos do comprador e vende um pouco mais barato.

33

A presença de traders indecisos pressiona os touros e os ursos. Compradores e vendedores devem se movimentar com muita rapidez quando negociam na bolsa de valores, pois sabem que estão cercados por uma multidão de traders indecisos que poderão interferir na operação a qualquer momento fisgando os negócios que estão na mesa.

O comprador sabe que, se pensar muito, outro trader entra em cena e fica com o negócio. O vendedor também sabe que, se insistir em um preço mais alto, outro trader se adiantará e venderá a um preço menor. A multidão de traders indecisos aumenta a propensão a fechar negócio para os compradores e vendedores. A operação concretiza-se quando se chega a um denominador comum no que se refere ao preço.

Um Consenso de Valor

Cada tick no home broker representa uma operação realizada entre um comprador e um vendedor.

Os compradores compram porque esperam que os preços vão subir. Os vendedores vendem porque esperam que os preços vão cair. Compradores e vendedores estão cercados por multidões de traders indecisos que os pressionam porque também podem se tornar compradores e vendedores a qualquer momento.

Comprar como touros deve empurrar os mercados para cima, vender como ursos, para baixo, e os traders indecisos aceleram tudo, criando um senso de urgência ainda maior em compradores e vendedores.

Traders chegam de todo o mundo: pessoalmente, por intermédio de computadores ou de seus corretores. Todo mundo tem a chance de comprar e vender. *Cada preço é um consenso momentâneo de valor entre todos os participantes do mercado, expresso na prática*. Os preços são criados por massas de traders — compradores, vendedores e pessoas indecisas. Os padrões de preços e volume refletem a psicologia de massa dos mercados.

Padrões de Comportamento

Grandes multidões negociam nos mercados de ações, commodities e opções — em pessoa ou representadas por corretoras. Dinheiro grande, dinheiro miúdo, dinheiro inteligente, dinheiro burro, dinheiro institucional e dinheiro privado, investidores de longo prazo e traders de curto prazo, todos se encontram nas telas de operações das bolsas de valores. *Cada preço representa um fugaz consenso de valor entre compradores, vendedores e traders indecisos no momento da operação. Por trás de cada padrão gráfico que aparece nas telas, há uma multidão de traders.*

O consenso da massa muda a todo momento. Às vezes, forma-se em ambiente comedido; outras, em contextos turbulentos. Em tempos tranquilos, os preços movimentam-se em pequenos incrementos. Quando as multidões ficam apavoradas ou empolgadas, os preços dão um salto. Imagine-se tentando comprar um colete salva-vidas em um navio que esteja afundando — é como se comportam os preços quando massas de traders se tornam emocionais sobre determinada tendência. O trader astuto tenta entrar no mercado em tempos tranquilos e realiza lucro em tempos conturbados. Isso, obviamente, é o extremo oposto de como os amadores agem: eles entram ou saem do jogo quando os preços se movimentam muito, mas ficam entediados e perdem o interesse quando os preços variam pouco.

Padrões de gráficos refletem guinadas da psicologia de massa no mercado financeiro. Cada sessão de operações é uma batalha entre touros, que ganham dinheiro quando os preços sobem, e ursos, que lucram quando caem. O objetivo de um verdadeiro analista técnico é descobrir o equilíbrio de poder entre touros e ursos e apostar no grupo vencedor. Se os touros forem mais fortes, deve-se comprar e manter. Se forem os ursos, deve-se vender e vender a descoberto. Se ambos os campos tiverem a mesma força, o trader sábio fica de fora. Deixa que os touros e ursos lutem e opera apenas quando estiver razoavelmente seguro quanto ao provável vencedor.

Preços e volume, junto com seus indicadores, refletem o comportamento da multidão. A análise técnica é semelhante à pesquisa de opinião. Ambas combinam ciência e arte: a parte científica envolve usar métodos estatísticos e computadores e a parte artística se deve ao julgamento pessoal e à experiência para interpretar as descobertas.

12. O que É Mercado?

Qual é a realidade por trás de símbolos, preços, números e gráficos? Ao verificar preços, observar cotações e spreads ou plotar um indicador em um gráfico, o que se vê? Qual *é* o mercado que se quer analisar e operar?

Os amadores agem como se o mercado fosse um evento gigantesco, um jogo de futebol em que entram em campo, juntam-se aos profissionais e ganham dinheiro. Os traders com formação científica ou em engenharia o tratam como um evento físico. Aplicam-lhe os princípios de processamento de sinais, redução de ruído e ideias semelhantes. Por outro lado, todos os traders profissionais sabem muito bem que o mercado é uma enorme massa de pessoas.

Todo trader tenta tirar dinheiro dos outros traders superando-os em suas estimativas quanto aos rumos prováveis do mercado. Os membros da multidão do mercado vivem em diferentes continentes. O elemento de ligação entre eles são os modernos meios de telecomunicações, que utilizam no esforço de extrair lucro de outros traders sendo mais inteligentes que eles. *O mercado é uma enorme multidão. Cada membro da multidão tenta tirar dinheiro dos outros participantes, sendo mais inteligente do que os demais.* O mercado é um ambiente extremamente cruel, pois todos estão contra você e você luta contra todos.

Além de cruel, o mercado é demasiado oneroso, pois se paga um alto preço para entrar e sair. É preciso transpor grandes barreiras — comissões e slippage — antes de ganhar dinheiro. No momento em que coloca a ordem, você já deve comissão à corretora. Antes de começar, já está perdendo o jogo. Em seguida, formadores de mercados (market makers) tentam atingi-lo com a slippage no momento em que sua ordem chega. E ainda procuram dar outra mordida em sua conta quando você sai da posição. *No trading, você compete com algumas das mentes mais brilhantes do mundo, ao mesmo tempo em que luta para manter distância das piranhas que querem comer seus lucros com as comissões e a slippage.*

Multidões em Todo o Mundo

Antigamente, os mercados eram pequenos, e muitos traders se conheciam. A Bolsa de Valores de Nova York surgiu em 1792, como um clube de corretores. Nos dias de sol, operavam à sombra de um choupo e, nos de chuva, na Fraunces Tavern. A primeira coisa que os corretores fizeram após organizá-la foi estabelecer comissões fixas ao público, o que perdurou pelos 180 anos seguintes.

Hoje, os poucos traders que se encontravam cara a cara estão em extinção. A maioria de nós está ligada ao mercado por meios eletrônicos. Ainda assim, enquanto observamos as mesmas cotações em nossas telas e lemos os mesmos artigos na mídia financeira, tornamo-nos membros da multidão do mercado — mesmo que vivamos a milhares de quilômetros um do outro. Graças aos modernos meios de telecomunicações, o mundo está cada vez menor, e os mercados, em amplo crescimento. A euforia de Londres flui para Nova York, e a melancolia de Tóquio infecta Frankfurt.

Quando se analisa o mercado, o que se examina, na verdade, é o comportamento da multidão. As massas se comportam da mesma maneira, em diferentes culturas, em todos os continentes. Os psicólogos sociais descobriram várias leis que governam o comportamento das multidões. O trader precisa compreender como as multidões do mercado influenciam sua mente.

Grupos, Não Indivíduos

A maioria das pessoas sente uma necessidade premente de juntar-se à multidão e "agir como todo o mundo". Essa compulsão primitiva reduz sua capacidade de julgamento quando se coloca uma ordem. O trader bem-sucedido precisa pensar com independência. Deve ser bastante forte para analisar o mercado sozinho e para executar suas decisões sobre investimentos.

A multidão tem o poder de criar tendências. Ela é burra, mas é mais forte do que você. Jamais vá contra uma tendência. Se a tendência for de alta, você deve comprar ou ficar fora. Nunca venda a descoberto apenas "porque os preços estão muito altos" — nunca discuta com a multidão. Você não precisa se juntar a ela —, mas nunca deve enfrentá-la.

Respeite a força da multidão, mas não a tema. As massas são poderosas, mas primitivas; seu comportamento é simples e repetitivo. Um trader que toma decisões por conta própria pode tirar dinheiro da multidão.

A Fonte de Dinheiro

Já parou para pensar de onde o lucro vem? O dinheiro dos mercados resulta dos grandes lucros das empresas, das taxas de juros mais baixas ou da boa safra de soja? *Todo dinheiro do mercado decorre da presença de outros traders que injetam dinheiro nele. O dinheiro que você quer ganhar é de outras pessoas que não têm a intenção de lhe dar dinheiro de mão beijada.*

Operar nos mercados é tentar tirar o dinheiro de outras pessoas, enquanto elas lutam para ficar com o seu — é por isso que esse é um negócio extremamente difícil; porque os corretores e os traders tiram dinheiro tanto de perdedores quanto de vencedores.

Tim Slater comparou as operações às batalhas medievais. Os cavaleiros iam para as liças com lanças e espadas e tentavam matar os adversários, que também usavam lanças e espadas para abatê-lo. O vencedor ficava com as armas, propriedades e a mulher do perdedor, e vendia os filhos como escravos. Agora, pelejamos nas bolsas, em vez de nas arenas. Tirar dinheiro de alguém não é diferente de sugar seu sangue. Ele pode perder a casa, outros bens, a esposa, e os filhos talvez sofram.

Um amigo meu, muito otimista, observou em tom jocoso que a arena estava apinhada de adversários mal preparados: "90% a 95% dos corretores ignoram a base de qualquer pesquisa. Não sabem o que fazem. Nós temos o conhecimento e alguns pobres coitados que não o têm estão distribuindo dinheiro como caridade." Essa teoria parece boa, mas está errada — não há dinheiro fácil no mercado.

Há muita ovelha inocente por aí, esperando ser tosquiada ou abatida. De fato, são presas fáceis —, mas para ficar com um pedaço da carne delas você precisa lutar com alguns adversários muito perigosos. E não faltam profissionais: pistoleiros norte-americanos, cavaleiros ingleses, mafiosos italianos, samurais japoneses, mercenários franceses e outros guerreiros, todos correndo atrás da mesma ovelha desditosa e indefesa. Operar nos mercados significa combater multidões de rivais hostis e ao mesmo tempo pagar pelo privilégio de entrar e sair da luta: vivo, ferido ou morto.

Informação Privilegiada

Pelo menos um grupo de pessoas recebe informações antes dos demais. Os registros mostram que os insiders corporativos costumam ganhar dinheiro operando ações das empresas onde trabalham. Mas essas são operações legítimas, comunicadas à Securities and Exchange Commission (SEC, ou CVM no Brasil) pelos executivos que receberam as informações, mas fizeram operações dentro das regras do regulador. Essas, porém, são apenas a ponta do iceberg, pois se realizam muitas operações privilegiadas ilegítimas no mercado de ações.

As pessoas que negociam informações privilegiadas roubam nosso dinheiro. A justiça norte-americana mandou alguns dos mais notórios insiders para a prisão. As condenações por insider trading continuam a um ritmo constante, especialmente depois do colapso dos mercados em alta. Após a derrocada de 2008, um grupo de executivos do fundo Galleon, liderado pelo CEO, foi condenado a longas penas de prisão, enquanto um ex-membro de várias corporações ficou dois anos atrás das grades e, recentemente, um gerente de fundos da SAC Capital foi condenado.

As pessoas condenadas foram apanhadas porque ficaram gananciosas e descuidadas. A ponta do iceberg foi cortada, mas sua massa imersa continua a flutuar, pronta para acertar qualquer conta que encontrar pelo caminho.

Tentar reduzir o insider trading é como tentar se livrar de ratos em uma fazenda. Os pesticidas os mantêm sob controle, mas não os erradicam. Um executivo-chefe aposentado de uma empresa de capital aberto me explicou que um homem inteligente não negocia informações privilegiadas, mas as dá a seus amigos de golfe em um clube de campo. Mais tarde, eles lhe dão informações privilegiadas sobre suas empresas, e ambos lucram sem serem detectados. A rede de insiders é segura desde que seus membros sigam o mesmo código de conduta e não sejam muito gananciosos. O uso de informações privilegiadas é legal nos mercados futuros, e até recentemente era legal para congressistas, senadores e seus funcionários.

Os gráficos refletem todos os trades de todos os participantes do mercado — incluindo insiders. Eles deixam pegadas como todos os outros — e é nosso trabalho, como analistas técnicos, segui-los até o banco. A análise técnica ajuda a detectar compras e vendas de insiders.

■ 13. O Cenário das Operações de Trade

Os seres humanos operam no mercado desde a aurora da humanidade — era mais seguro negociar com os vizinhos do que os atacar. Com o desenvolvimento da sociedade, o dinheiro tornou-se o meio de troca. Os mercados de ações e commodities estão entre os marcos das sociedades avançadas. Um dos primeiros avanços econômicos na Europa Oriental, depois do colapso do comunismo, foi a formação de bolsas de ações e de commodities.

Hoje, os mercados de ações, futuros e opções estão espalhados pelo mundo. Marco Polo, um mercador medieval italiano, levou 15 anos para ir da Itália à China e voltar. Agora, quando um trader europeu quer comprar ouro em Hong Kong, consegue fazê-lo em segundos. Há centenas de bolsas de ações e futuros em todo o mundo. Todas as operações devem atender a três critérios, desenvolvidos nas ágoras da Grécia antiga e nas feiras medievais da Europa Ocidental: um local estabelecido, regras para classificação de mercadorias e termos contratuais definidos.

Traders Individuais

Os traders individuais entram no mercado após atingirem sucesso em suas carreiras. Em média, nos EUA, estão na casa dos 50 anos, são casados e têm nível universitário. Os dois maiores grupos ocupacionais de traders em mercados futuros são de fazendeiros e engenheiros.

As pessoas operam nos mercados por motivos racionais e irracionais. Entre os racionais está o desejo de auferir altos retornos sobre o capital. Entre os irracionais encontram-se o anseio de jogar e a busca por emoção. Esses traders nem sempre estão cientes de seus motivos irracionais.

Aprender a operar exige tempo, trabalho duro, energia e dinheiro. Poucos se tornam profissionais capazes de sustentar-se com suas operações no mercado. Os profissionais são extremamente sérios em sua atuação como traders. Eles satisfazem suas necessidades irracionais fora do mercado, ao passo que os amadores as extravasam nele.

O principal papel econômico do trader é sustentar o corretor — ajudá-lo a pagar o financiamento da casa e a escola particular dos filhos. Além disso, a função do especulador é ajudar as empresas a levantar capital com ações e a se proteger do risco do preço nos mercados de commodities, permitindo que os produtores se concentrem na produção. Esses importantes objetivos econômicos estão longe da mente do especulador quando ele coloca uma ordem em seu home broker.

Traders Institucionais

Os institucionais são responsáveis por um grande volume de operações, e seus bolsos profundos conferem muitas vantagens. Pagam baixas comissões, dão-se ao luxo de contratar os melhores pesquisadores e traders. Um amigo, que chefia a mesa de operações de um banco, baseia algumas de suas decisões em relatórios fornecidos por um grupo de ex-agentes da CIA. Ele baseia algumas de suas melhores ideias nesses relatórios. Os vultosos honorários pagos não são nada perto dos milhões das operações resultantes. A maioria dos traders privados não tem essas oportunidades.

Algumas grandes empresas de investimento têm redes de inteligência que lhes permitem agir antes do público. Um dia, quando os futuros de petróleo subiram em resposta a um incêndio em uma plataforma no Mar do Norte, telefonei para um amigo. O mercado estava em polvorosa, mas ele mantinha-se calmo — comprara futuros meia hora antes da explosão nos preços, pois recebera uma mensagem de um agente na área do incêndio antes da divulgação do acidente. As informações oportunas são inestimáveis, mas apenas as grandes empresas podem pagar por essa rede de inteligência.

Um conhecido que operava com êxito para um banco de investimentos em Wall Street enfrentou dificuldades quando passou a operar por conta própria. Descobriu que seu sistema de cotações em tempo real, instalado em seu apartamento na Park Avenue, não lhe transmitia as notícias com tanta rapidez quanto o da sala de operações de sua antiga empresa. Corretores de todo o país telefonavam-lhe com notícias recentes, porque competiam para receber suas ordens de operação. "Quando se opera em casa, nunca se é o primeiro a saber das notícias", diz.

As organizações que operam tanto nos mercados futuros quanto nos mercados à vista têm duas vantagens. Contam com a verdadeira informação privilegiada e não se sujeitam aos limites de posições especulativas que existem em muitos mercados de futuros. Recentemente, visitei um conhecido em uma empresa de petróleo multinacional. Após passar por procedimentos de segurança mais rigorosos do que os dos aeroportos, percorri corredores entre cubículos envidraçados. Grupos de traders apinhavam-se em torno de monitores, negociando derivativos de petróleo. Quando perguntei se eles estavam fazendo hedge ou especulando, ele olhou-me nos olhos e respondeu: "Sim." Perguntei de novo e recebi a mesma resposta. As empresas oscilavam entre operações de hedge e especulativas, com base nas informações privilegiadas.

Além da vantagem informacional, há um fator psicológico — eles ficam mais relaxados porque o próprio dinheiro não está em risco. Quando os jovens me falam de seu interesse em trading, digo a eles que arrumem um emprego em uma trader e aprendam com o dinheiro de outra pessoa. As empresas quase nunca contratam traders com mais de vinte e poucos anos.

Como um indivíduo que chega mais tarde ao jogo compete contra as instituições e vence?

O calcanhar de Aquiles da maioria das instituições é *ter* que negociar, enquanto um trader pode ficar fora do mercado quando quer. Os bancos precisam estar ativos no mercado de títulos e os produtores de grãos precisam estar ativos no mercado de grãos a praticamente qualquer preço. Um trader individual é livre para esperar pelas melhores oportunidades.

A maioria dos traders privados desperdiçam essa fantástica vantagem com o overtrading. Um indivíduo que queira ter sucesso contra os gigantes deve desenvolver paciência e eliminar a ganância. *Lembre-se, seu objetivo é negociar bem, não negociar com frequência.*

Traders institucionais bem-sucedidos recebem aumentos e bônus. Mesmo um bônus alto é insignificante para quem ganha milhões para a empresa onde trabalha. Traders institucionais bem--sucedidos falam em desistir e ir para a operação por conta própria, mas poucos fazem a transição.

A maioria dos traders que saem de instituições se perdem em medo, ganância, exaltação e pânico quando começa a arriscar o próprio dinheiro. Eles raramente operam bem sozinhos — outro sinal de que a psicologia está na raiz do sucesso ou fracasso do trading. Poucos traders institucionais percebem em que medida devem seu sucesso a seus gerentes de risco e compliance, que controlam seus níveis de risco. Ficar por conta própria significa tornar-se seu próprio gerente. Voltaremos a isso em um capítulo posterior, quando nos concentrarmos em como organizar sua maneira de operar.

Os Fabricantes de Espadas

Como os cavaleiros medievais compravam as espadas mais afiadas, os traders modernos buscam as melhores ferramentas de operação. O crescente acesso a bons softwares e o declínio das comissões criam um campo de atuação mais nivelado. Um computador permite acelerar a pesquisa e seguir mais indicações (leads). Isso o ajuda a analisar mais mercados e em maior profundidade. Voltaremos aos computadores e softwares em "Os Computadores nas Operações", mas aqui está em resumo.

Há três tipos de software para operações: caixas de ferramentas (toolboxes), caixas-pretas (black boxes) e caixas-cinza (gray boxes). A **caixa de ferramentas** permite a visualização dos dados, o desenho de gráficos, a plotagem de indicadores, a mudança de parâmetros e até o teste do seu sistema de trades. As caixas de ferramentas para os traders em opções incluem modelos de avaliação de opções. Adaptar uma boa caixa de ferramentas a suas necessidades é tão fácil quanto ajustar o banco de seu carro.

Em 1977, comprei a primeira caixa de ferramentas para análise técnica computadorizada. Custou US$1.900 mais taxas de dados mensais. Hoje, softwares baratos e até gratuitos estão acessíveis a todos. Ilustrei a maioria dos conceitos deste livro usando Stockcharts.com porque queria que meu novo livro fosse útil para o maior número possível de traders.

O Stockcharts.com equilibra o campo de jogo para os traders. É claro, intuitivo e rico em recursos. Sua versão básica é gratuita, embora eu tenha usado sua versão barata, disponível apenas para membros, para gráficos de alta qualidade. Ainda me lembro de como foi difícil no começo e quero mostrar a quanto poder analítico você tem acesso de graça, ou a um custo mínimo.

O que acontece dentro de uma **caixa-preta** é secreto. Você alimenta os dados e ela informa o que e quando comprar e vender. É como mágica — uma maneira de ganhar dinheiro sem pensar. Caixas-pretas geralmente são vendidas com excelentes dados históricos. O que é natural porque elas foram criadas para usar dados históricos. Os mercados continuam mudando e as caixas-pretas continuam explodindo, mas as novas gerações de perdedores continuam comprando-as. Se você está a procura de uma caixa-preta, lembre-se de que há um cara no Brooklyn que tem uma ponte à venda.

Caixas-cinza se encaixam entre as caixas de ferramentas e as caixas-pretas. Esses pacotes geralmente são disponibilizados por personalidades proeminentes do mercado. Elas revelam a lógica geral de seu sistema e permitem que você ajuste alguns dos seus parâmetros.

Consultores

Algumas newsletters fornecem ideias úteis e indicam aos leitores oportunidades de trade. Algumas têm valor educativo. A maioria vende uma ilusão de ser um insider. Newsletters são um bom entretenimento. Sua assinatura lhe dá direito a um parceiro de correspondência que envia cartas divertidas e interessantes e nunca pede nada em troca, exceto o pagamento no momento da renovação. A liberdade de imprensa nos Estados Unidos permite que até um criminoso condenado entre online e comece a enviar uma newsletter de assessoria financeira. Muitos deles o fazem.

Os registros históricos (track records) de diversas newsletters são, em grande parte, um exercício de futilidade, porque quase ninguém faz o que a newsletter sugere. Os serviços que classificam esses boletins informativos (agências de rating) têm fins lucrativos e são dirigidos por pequenos empresários cujo bem-estar depende do bem-estar do setor de consultoria. As agências de rating, ocasionalmente, desaprovam um consultor, mas dedicam a maior parte da energia para fazer estardalhaço e propaganda.

Eu escrevia uma newsletter décadas atrás: trabalhava duro, era bastante franco e honesto e recebia boas avaliações. Vi de dentro o enorme potencial para enganação. Esse é um segredo muito bem guardado do setor de consultoria.

Após olhar minhas newsletters, um proeminente consultor disse que eu devia gastar menos tempo em pesquisa e mais em marketing. O primeiro princípio é: "Se tiver que fazer previsões, faça várias." Sempre que uma previsão der certo, dobre o volume de correspondência promocional para divulgar esse acerto.

14. A Multidão do Mercado e Você

O mercado é uma multidão unida por laços frouxos, cujos membros apostam que os preços subirão ou cairão. Uma vez que cada preço representa o consenso dessa multidão, todos os traders apostam no ânimo dessa massa no futuro. Essa multidão oscila entre otimismo, indiferença e pessimismo. Ou entre esperança e desespero. A maioria das pessoas não segue os próprios planos de operação, pois deixa que a multidão influencie seus sentimentos, pensamentos e ações.

À medida que os touros e ursos batalham no mercado, o valor de seus investimentos sobe e desce, dependendo das iniciativas de agentes totalmente estranhos. Você não pode controlar o mercado. Somente decide se e quando entrar e sair de determinada operação.

A maioria dos traders fica agitada quando coloca uma ordem. Sua capacidade de julgamento fica obscurecida pelas emoções depois que se juntam à multidão do mercado. Essas emoções induzidas pela massa desviam os traders de seus planos e os levam a perder dinheiro.

Especialistas em Multidões

Charles Mackay, advogado escocês, escreveu seu clássico, *Ilusões Populares e a Loucura das Massas*, em 1841. Nessa obra, ele descreveu várias loucuras de massa, como a Mania da Tulipa, na Holanda, em 1634, e a bolha de Investimentos dos Mares do Sul, na Inglaterra, em 1720.

A mania das tulipas começou com a alta dos preços dos bulbos de tulipa. A longa duração da tendência convenceu os prósperos holandeses de que perduraria. Muitos abandonaram seus negócios para cultivar tulipas, negociá-las no mercado ou tornar-se corretores. Os bancos passaram a aceitar tulipas como garantia de empréstimos e os especuladores ganharam muito dinheiro. Então, a mania entrou em colapso em ondas de venda provocadas pelo pânico, deixando muitos na miséria e o país em choque. Lamenta-se Mackay: "As pessoas enlouquecem em massa, mas recuperam a razão aos poucos, uma a uma."

Em 1897, Gustave LeBon, filósofo e político francês, escreveu *Psicologia das Multidões*, um dos melhores livros sobre psicologia de massa. O trader que o ler hoje verá seu reflexo em um espelho de 100 anos.

LeBon escreveu que, quando as pessoas se aglomeram, "não importam os indivíduos, nem quão semelhantes ou diferentes sejam os estilos de vida, ocupações, personalidade e inteligência, o fato de terem se tornado multidão confere-lhes uma mente coletiva, que os faz sentir, pensar e agir de maneira diferente de seu modo de sentir, pensar e agir como indivíduo, caso estivessem isolados".

As pessoas mudam quando se juntam à multidão. Tornam-se mais crédulas e impulsivas, buscam ansiosamente um líder e reagem de maneira emocional, em vez de usarem a razão. O indivíduo que se envolve com um grupo torna-se menos capaz de pensar por conta própria.

Os membros do grupo pegam algumas tendências, mas são aniquilados quando elas revertem. Os traders bem-sucedidos são pensadores independentes.

Por que Se Juntar?

Desde o início dos tempos, as pessoas se juntam por motivos de segurança. Se um grupo de caçadores for atacado por um tigre-dentes-de-sabre, a maioria sobrevive. Mas um caçador sozinho tem chances remotas. Assim, os solitários morriam, reduzindo a prole. Como os grupos tinham maiores chances de viver e procriar, a tendência de se reunir acabou sendo instilada na natureza humana.

Nossa sociedade glorifica a liberdade e o livre-arbítrio, mas abrigamos impulsos primitivos sob esse tênue verniz de civilização. Por motivos de segurança, formamos grupos fortes, com líderes poderosos. Quanto maior a incerteza, mais intenso nosso desejo de nos reunir e de sermos liderados.

Os tigres-dentes-de-sabre não mais vagueiam por Wall Street, mas você decerto teme por sua segurança financeira. E os seus receios tornam-se mais intensos em face de sua incapacidade de controlar as mudanças nos preços dos ativos financeiros. O valor de suas posições sobe e desce ao sabor das compras e vendas efetuadas por pessoas e instituições totalmente estranhas. Essa incerteza leva muitos traders a procurar um líder que lhes diga o que fazer.

Você talvez tenha decidido racionalmente assumir posições compradas ou vendidas, mas no momento em que efetua uma operação a multidão o suga. Você perde a independência quando observa os preços como um gavião e fica exultante quando estão a seu favor ou deprimido quando lhe são contrários. Você está com problemas ao confiar nos gurus mais do que na própria capacidade e impulsivamente reforça as posições perdedoras ou as reverte. Você perde a sua independência quando não segue o próprio plano de investimentos. Ao perceber que isso está acontecendo, recupere o bom senso; se não conseguir reassumir a compostura, pare de operar até que consiga.

Mentalidade da Multidão

Quando as pessoas se juntam às multidões, seu pensamento se torna primitivo e tendem a agir por impulso. Multidões oscilam do medo para a alegria, do pânico para a euforia. Um cientista pode ser tranquilo e racional no laboratório, mas fazer negócios desenfreados após ser arrastado pela histeria em massa do mercado. A multidão é capaz de sugá-lo, quer você esteja operando em um escritório de corretagem lotado ou em uma montanha remota. Quando os outros influenciam suas decisões, sua chance de sucesso vira fumaça.

A lealdade ao grupo é essencial para a sobrevivência de caçadores pré-históricos. Sindicalizar-se o ajuda a manter o emprego, ainda que seu desempenho não seja dos melhores. Mas nenhum grupo o protege no mercado.

Muitos traders ficam intrigados com a reversão do mercado tão logo abandonam a posição perdedora. Isso acontece porque os membros da multidão são dominados pelo mesmo medo — e debandam das mesmas posições ao mesmo tempo. Após um surto de vendas, o mercado só pode subir. O otimismo retorna, a multidão se deixa levar pela ganância de novo e inicia-se mais uma euforia de compras.

A multidão é maior e mais forte do que você. Por mais inteligente que seja, você não consegue argumentar com a multidão. Você só tem uma escolha — juntar-se a ela ou agir com independência.

As multidões são primitivas e estratégias de operação do trader consciente nos mercados devem ser simples. Não é preciso ser um gênio para conceber métodos de operação eficazes. Se o mercado se virar contra você, corte as perdas e corra. Nunca vale a pena brigar com a multidão — simplesmente recorra a sua capacidade de julgamento para decidir quando entrar e quando sair.

A natureza humana o leva a abrir mão de sua independência em situações de estresse. Quando opera, deseja imitar os outros, ignorando sinais objetivos. É por isso que é preciso anotar e seguir seu sistema e as regras de gestão de dinheiro, que representam suas decisões individuais racionais, feitas antes de começar uma operação.

Quem Lidera?

Um trader inexperiente sente uma intensa alegria quando os preços se movem a seu favor. E, irritado, deprimido e com medo quando os preços se movem contra ele, esperando ansiosamente para ver o que o mercado fará em seguida. Os traders se tornam capturados pela multidão quando se sentem estressados ou ameaçados. Atingidos por emoções, eles perdem sua independência e começam a imitar outros membros do grupo, especialmente o líder.

44 PSICOLOGIA DE MASSA

Quando as crianças se sentem assustadas, elas querem que lhes digam como agir e recorrem aos pais e outros adultos. Em seguida, passam a agir assim em relação aos professores, médicos, sacerdotes, chefes e especialistas. Os traders, por sua vez, recorrem a gurus, fornecedores de sistemas de operação, colunistas de jornais e outros líderes do mercado. Mas, como Tony Plummer observou com brilhantismo em seu livro *Forecasting Financial Markets*, o principal líder do mercado é o preço.

O preço é o líder da multidão do mercado. Traders em todo o mundo seguem as altas e baixas do mercado. O preço parece dizer aos traders: "Sigam-me e lhes mostrarei o caminho para a riqueza." Quase todos os traders consideram-se independentes. Poucos se dão conta da intensidade com que se concentram no comportamento do líder do grupo.

Uma tendência a seu favor é como um convite generoso de seus pais para compartilhar uma refeição. Já a tendência contrária às suas posições é como receber uma severa punição dos pais. Quando você é dominado por esses sentimentos, é fácil ignorar os sinais objetivos que lhe dizem para manter ou abandonar uma operação. Sua reação talvez seja a de desafiar, barganhar ou implorar perdão — evitando a atitude racional de aceitar a perda e abandonar a posição perdedora.

Independência

Você precisa basear suas operações em um plano cuidadosamente preparado em vez de pular de forma reativa a cada mudança na tendência dos preços. Um plano adequado é um plano escrito. Você deve saber exatamente sob que condições entrar ou sair de determinada posição. Não tome decisões sob a pressão do momento quando está vulnerável a ser sugado para dentro da multidão.

O sucesso de suas operações depende de seu raciocínio e de sua atuação como indivíduo e não como massa. A parte mais frágil de qualquer sistema é o trader em si. Os traders fracassam quando operam sem um plano ou quando se desviam do plano original. Enquanto os indivíduos sensatos desenvolvem planos racionais, os membros instáveis de uma multidão volúvel se entregam a operações impulsivas.

Você deve observar-se constantemente e manter-se atento às mudanças em seu estado mental enquanto opera. Anote seus motivos para entrar em determinada posição e as regras para sair dela, incluindo aquelas referentes à gestão do dinheiro. Você não deve mudar o seu plano enquanto estiver em uma posição em aberto.

Sereias eram criaturas marinhas de mitos gregos que cantavam tão lindamente que os marinheiros pulavam ao mar e nadavam até elas, apenas para serem mortos. Quando Odisseu quis ouvir as canções das sereias, ordenou a seus homens que selassem as próprias orelhas com cera de abelha e que o amarrassem ao mastro. Odisseu ouviu o canto das sereias, mas sobreviveu porque não conseguiu pular no mar. Você garante sua sobrevivência como um trader quando em um dia claro você se prende ao mastro de um plano de operação e regras de gestão de dinheiro.

Um Grupo Positivo

Você não precisa ser ermitão — afastar-se da impulsividade da multidão não significa que precisa negociar na solidão total. Embora alguns de nós prefiram fazer dessa maneira, grupos inteligentes e produtivos existem. Porém, sua principal característica deve ser a tomada de decisão independente.

Este conceito é claramente explicado no livro *A Sabedoria das Multidões*, do jornalista financeiro James Surowiecki. Ele reconhece que os membros da maioria dos grupos constantemente influenciam uns aos outros, criando ondas de sentimentos e ações compartilhadas. Um grupo inteligente é diferente: todos os membros tomam decisões independentes sem saber o que os outros estão fazendo. Em vez de impactar uns aos outros e criar ondas emocionais, os membros de um grupo inteligente se beneficiam da combinação de seu conhecimento e perícia. A função de um líder desse tipo de grupo é manter essa estrutura e levar as decisões individuais para votação.

Em 2004, um ano antes de ler *A Sabedoria das Multidões*, organizei um grupo de traders com o objetivo de ser um grupo produtivo. Eu continuo a gerenciá-lo com meu amigo Kerry Lovvorn — o grupo SpikeTrade.

Fazemos uma competição de operação, na qual cada rodada dura uma semana. Após o mercado fechar, na sexta-feira, a seção de coleta de ações do site fecha para visualização pelos membros às 15h de domingo. Nesse período, qualquer membro envia uma escolha de ações ou de ativos para a semana seguinte — sem saber o que os outros membros do grupo estão fazendo. A seção de escolhas do site reabre no domingo à tarde, permitindo que todos os membros vejam a escolha de ativos dos outros membros. A competição começa na segunda-feira e termina na sexta-feira, com prêmios para os vencedores.

Durante a semana, os membros trocam comentários e respondem a perguntas. O site foi criado para incentivar a comunicação, exceto aos finais de semana, quando se trabalha de forma independente. Os resultados dos principais membros do grupo, postados no site, foram espetaculares.

O ponto-chave é que todas as decisões sobre seleção de ação e da direção (compra/venda) devem ser feitas de forma independente, sem ver o que os líderes ou outros membros estão fazendo. O compartilhamento começa depois que todos os votos foram depositados. Essa combinação de tomada de decisão independente com o compartilhamento traz "a sabedoria das multidões", aproveitando a sabedoria coletiva do grupo e seus líderes.

15. A Psicologia de Tendências

Cada preço é o consenso momentâneo entre os participantes do mercado sobre o valor de determinado ativo. Cada tick revela a votação mais recente a respeito do valor de um objeto de operação. Todo trader vota, emitindo uma ordem de compra ou venda, ou recusando-se a negociar ao preço vigente.

Cada barra ou candle no gráfico reflete a batalha entre touros e ursos. Quando os touros se sentem mais vigorosos, eles compram com mais ansiedade e empurram o mercado para cima. Quando os ursos se sentem mais vigorosos, eles vendem com mais disposição e puxam o mercado para baixo.

O preço mostra a ação ou inércia dos traders, e os gráficos, a psicologia de massa. Quando analisados, vê-se o comportamento dos traders. Os indicadores tornam essa análise objetiva.

A análise técnica é psicologia social aplicada ao lucro.

Sentimentos Fortes

Pergunte à maioria dos traders por que os preços subiram e a resposta será igual — mais compradores do que vendedores. Isso não é verdade. O número de instrumentos operados — ações ou futuros, comprados ou vendidos — é sempre igual.

Se quiser comprar 100 ações do Google, alguém precisa vendê-las. Se quiser vender 200 ações da Amazon, alguém tem que comprá-las. É por isso que o número de ações compradas e vendidas é igual no mercado de ações. Além disso, o número de posições compradas e vendidas nos mercados de futuros é sempre igual. Os preços sobem ou descem não por causa de números diferentes comprados ou vendidos, mas por causa de mudanças na intensidade da ganância e do medo entre compradores e vendedores.

Quando a tendência é de alta, os touros sentem-se otimistas e concordam em comprar mais caro, pois esperam que as cotações continuem subindo. Os ursos, por outro lado, sentem-se tensos e só se dispõem a vender por um preço mais alto. Quando touros gananciosos e otimistas se encontram com ursos receosos e defensivos, o mercado sobe. Quanto mais intensos forem os sentimentos, mais forte será a alta. A alta termina apenas quando muitos touros perdem o entusiasmo.

Quando os preços cedem, os ursos sentem-se otimistas e não se incomodam de vender a descoberto a preços mais baixos. Os touros ficam temerosos e compram apenas com desconto. Enquanto os ursos se considerarem vencedores, vendem a preços mais baixos, e a tendência prossegue. Ela só termina quando os ursos começam a sentir-se inquietos e se recusam a vender a preços ainda mais baixos.

Ralis e Quedas

Poucos traders agem como seres humanos puramente racionais. Constata-se alta dose de atividade emocional nos mercados. A maioria dos participantes do mercado age com base no princípio do "onde a vaca vai, o boi vai atrás". Ondas de medo e ganância levam de roldão os touros e os ursos.

A intensidade do rali depende de como os traders se sentem. Se os compradores se sentem mais fortes que os vendedores, o mercado sobe lentamente. Quando se sentem muito mais fortes, o mercado sobe rápido. É trabalho do analista técnico descobrir quando os compradores estão fortes e quando começam a perder fôlego.

Os vendedores a descoberto sentem-se encurralados pelos mercados em alta, à medida que os lucros derretem e viram perdas. Quando eles correm para comprar e cobrir suas posições descobertas, o rali pode assumir a forma de uma parábola. O medo é uma emoção mais forte do que a ganância.[2] Ralis provocados por venda a descoberto são especialmente íngremes, mas não duram muito.

Os mercados caem por causa da ganância dos ursos e do medo dos touros. Os ursos preferem vender a descoberto nas altas, mas, se esperam ganhar muito na baixa, não se importam em operar a descoberto durante uma queda. Os compradores receosos só compram abaixo do preço de mercado. Enquanto os vendedores a descoberto se dispuserem a atender a essas demandas e vender ao preço proposto (bid), a queda continua.

À medida que os lucros dos touros derretem e se convertem em perdas, eles entram em pânico e vendem a qualquer preço. Estão tão ansiosos para sair que aceitam as propostas de compra abaixo do mercado. Os mercados caem com muita rapidez quando atingidos pelo pânico de venda.

Choques de Preço

A lealdade ao líder é a cola que une os grupos. Os membros do grupo esperam que os líderes os inspirem e os recompensem quando são bons, mas os punam quando são maus. Alguns líderes são muito autoritários, outros são bastante democráticos e informais, mas cada grupo tem um líder — não existe grupo sem líder. O preço funciona como o líder de toda a multidão do mercado.

Os vencedores se sentem recompensados quando o preço se move a seu favor, e os perdedores, punidos quando se movem contra eles. Os membros da multidão iludem-se e não veem que, ao se concentrarem no preço, criam seu próprio líder. Os traders que se sentem hipnotizados pelos preços criam seus próprios ídolos.

Quando a tendência é de alta, os touros se sentem recompensados por um pai generoso. Quanto mais duradoura a tendência de alta, mais confiantes se sentem. Quando o comportamento de uma criança é recompensado, ela repete o comportamento. Quando os touros ganham dinheiro, eles aumentam as posições compradas. Enquanto novos touros entram no mercado, os ursos sentem que estão sendo punidos por venderem a descoberto. Muitos deles cobrem vendas a descoberto (comprando ações) e juntam-se aos touros.

Comprar de touros satisfeitos e vender para ursos com medo reforça e amplifica as tendências. Os compradores se sentem ainda mais recompensados, e os vendedores, ainda mais punidos. Ambos se sentem envolvidos, mas poucos traders percebem que estão eles próprios criando a tendência de alta e instituindo o próprio líder.

Em algum momento, há um choque de preços — uma grande oferta de venda chega ao mercado e não há compradores suficientes para dar conta. A tendência de alta acaba se transformando em um mergulho. Os touros passam a se sentir maltratados, como uma criança que levou uma bronca do pai, mas os ursos sentem-se encorajados.

Um choque de preços planta as sementes de uma reversão de tendência de alta. Mesmo que o mercado se recupere e atinja um novo patamar, os touros ficam mais nervosos e, os ursos, mais ousados. Essa falta de coesão no grupo outrora dominante e o crescente otimismo entre o grupo oponente faz com que a tendência de alta seja revertida. Vários indicadores técnicos identificam os topos dessa tendência traçando um padrão chamado divergência de baixa (veja o Capítulo 4). Ocorre quando os preços atingem um novo recorde, mas o indicador atinge um pico mais baixo do que na subida anterior. As divergências de baixa marcam os fins das tendências de alta e representam algumas das melhores oportunidades de curto prazo para venda a descoberto.

Quando a tendência é baixa, os ursos se sentem como bons filhos, elogiados e recompensados por sua esperteza. Ficam confiantes, aumentam as vendas, e a tendência continua. Novos ursos chegam ao mercado. As pessoas admiram os vencedores, e a mídia ainda os entrevista durante a baixa.

Os touros perdem dinheiro na baixa, e se sentem mal. Começam a abandonar suas posições, e alguns trocam de lado para se juntarem aos ursos. Sua venda empurra os mercados ainda mais para baixo.

Depois de um tempo, os ursos ficam confiantes e, os touros, desmoralizados. De repente, há um choque de preço. Uma sucessão de grandes ordens de compra absorve as parcas ordens de venda no book de ofertas do ativo e levanta o mercado. Agora, são os ursos que se sentem como crianças levando uma severa bronca.

O choque de preços planta as sementes para a reversão da baixa, porque os ursos ficam temerosos e, os touros, ousados. Quando as crianças começam a duvidar da existência do Papai Noel, raramente voltam a acreditar plenamente. Ainda que os ursos se recuperem e os preços caiam para novas mínimas, vários indicadores técnicos ajudam a identificar as fraquezas desse novo movimento de baixa traçando um padrão denominado divergência de alta. Ela ocorre quando os preços caem para uma nova mínima, mas um indicador determina um fundo mais raso do que o anterior. As divergências de alta oferecem as melhores oportunidades de compra.

Psicologia Social

O ser humano é dotado de livre-arbítrio e é difícil prever seu comportamento. Os comportamentos de grupo são previsíveis e mais primitivos. Quando se analisam os mercados, analisam-se comportamentos de grupo. Basta identificar a direção em que se movimentam os grupos e suas mudanças.

Os grupos nos sugam e obscurecem nosso julgamento. O problema para a maioria dos analistas é acabar na armadilha da mentalidade das massas que são objeto de seus estudos.

Quanto mais longa for a alta, mais os técnicos se deixam levar pela euforia de alta, ignoram os sinais de perigo e não se dão conta da reversão. Quanto mais prolongada for a baixa, mais os técnicos se prendem à melancolia de baixa e ignoram os sinais de alta. Essa é a razão por que é importante ter um plano por escrito para analisar os mercados. Precisamos definir antecipadamente quais indicadores observaremos e como os interpretaremos.

Os profissionais usam várias ferramentas para rastrear a intensidade dos sentimentos da multidão. Observam sua capacidade de romper os níveis recentes de suporte e resistência. Os traders de pregão físico (floor) costumavam ouvir as mudanças no tom e volume do burburinho da sala de operações. Com o pregão físico sendo coisa do passado, você precisará de ferramentas especiais para analisar o comportamento de multidões. Felizmente, seus gráficos e indicadores refletem a psicologia de massa em ação. *Um analista técnico é um psicólogo social aplicado, geralmente munido de um computador.*

16. Gestão versus Previsão

Um dia, encontrei um cirurgião muito gordo em um seminário. Ele me disse que perdera um quarto de milhão de dólares em três anos, operando com ações e opções. Quando lhe perguntei como tomava suas decisões sobre investimentos, ele apontou meio acanhado para a sua enorme pança. Ele apostava com base na intuição e recorria à sua renda profissional para sustentar o hábito. Existem duas alternativas para o uso do instinto: uma é a análise fundamentalista; a outra é a análise técnica.

Analistas fundamentalistas estudam as ações do Banco Central, acompanham relatórios de lucros, examinam relatórios de safras e assim por diante. Os grandes movimentos de alta e baixa nos mercados refletem mudanças fundamentais nas posições de oferta e demanda. No entanto, ainda que se conheçam esses fatores, é possível perder dinheiro nas operações de mercado quando se está fora de sintonia com as tendências de médio e curto prazos, pois elas dependem das emoções da multidão.

Os analistas técnicos acreditam que os preços refletem o mercado, inclusive seus fundamentos. Cada preço representa o consenso de seus participantes sobre o valor de determinado objeto de operação — grandes traders institucionais, pequenos especuladores, analistas fundamentalistas e técnicos, insiders e apostadores.

A análise técnica é um estudo de psicologia de massa. É em parte ciência e em parte, arte. Os especialistas da área usam métodos científicos, inclusive conceitos matemáticos de teoria dos jogos, probabilidades etc. Quase todos usam computadores para rastrear indicadores sofisticados.

A análise técnica também é uma arte. As barras ou candles nos gráficos juntam-se em padrões e formações. Quando os preços e indicadores se movimentam, produzem um senso de fluxo e ritmo, de tensão e beleza, que ajuda o analista a perceber o que está acontecendo e como operar nos mercados.

O comportamento individual é complexo, diversificado e quase imprevisível. O comportamento de grupo é primitivo. Os técnicos estudam os padrões de comportamento das multidões do mercado e operam quando reconhecem um padrão que no passado precedeu certos movimentos do mercado.

Pesquisas de Opinião

Os políticos desejam saber suas chances de ser eleitos ou reeleitos. Eles fazem promessas aos eleitores e contratam pesquisadores para mensurar a resposta do público. A análise técnica é semelhante à pesquisa de opinião na política, ambas têm a intenção de interpretar a intenção das massas. Os pesquisadores atuam para ajudar seus clientes a vencerem uma eleição, enquanto os analistas técnicos buscam o ganho financeiro.

Os pesquisadores de opinião usam métodos científicos: estatística, procedimentos de amostragem etc. Também precisam de um jeito todo especial de entrevistar e de formular perguntas; em outras palavras, precisam estar sintonizados com as correntes emocionais de seus partidos. As pesquisas de opinião pública são uma combinação de ciência e arte. Quando um pesquisador de opinião afirmar que é um cientista, pergunte-lhe por que, nos EUA, a maioria deles é membro do Partido Democrata ou do Partido Republicano. A verdadeira ciência é apartidária.

Os analistas técnicos devem se manter imunes a filiações "partidárias" no mercado. Não devem ser touros nem ursos, apenas buscar a verdade. O touro tendencioso olha para o gráfico e diz: "Onde eu posso comprar?" O urso tendencioso olha para o mesmo gráfico e tenta descobrir em que ponto deve operar a descoberto. Um excelente analista está acima dos vieses de alta e de baixa.

Há um truque para ajudá-lo a detectar sua parcialidade. Se quiser comprar, vire o gráfico de cabeça para baixo e veja se ele recomenda venda. Se ele ainda sugerir compra, mesmo ao contrário, você deve empenhar-se em se livrar de seu olhar tendencioso de alta. Se, ao contrário, ambos os gráficos parecerem indicar venda, você precisa trabalhar para expurgar sua predisposição em enxergar baixas.

A Bola de Cristal

A maioria dos traders acredita que deve prever os preços futuros. Em quase todos os campos, os amadores pedem previsões, e os profissionais gerenciam as informações e tomam decisões baseadas nas probabilidades. Veja o caso da medicina. Um paciente é levado para a sala de emergências com uma faca fincada no peito — e os ansiosos membros da família fazem apenas duas perguntas: "Ele sobreviverá?", e, depois: "Quando irá para casa?" Pedem previsões aos médicos.

Mas o médico não faz previsões — ele lida com os problemas à medida que surgem. Sua primeira função é evitar a morte do paciente em consequência de choque, e assim lhe dá analgésicos e terapia de hidratação venosa para compensar a perda de sangue. Em seguida, remove a faca e sutura os tecidos lesionados. A próxima preocupação é evitar a infecção. Assim, monitora o estado do paciente e prescreve medicamentos para evitar complicações. Ele está gerenciando — não prevendo. Quando a família insiste em previsões, é até possível que as forneça, mas sua utilidade prática é baixa.

Para ganhar dinheiro com trading, não é necessário prever o futuro. O importante é extrair informações do mercado e verificar quem controla a situação — se os touros ou os ursos. É preciso medir a força do grupo dominante e determinar a probabilidade de permanência da tendência vigente. Também é necessário planejar a gestão conservadora do dinheiro, visando à sobrevivência de longo prazo e à acumulação de lucro. Também é importante observar o funcionamento de sua mente e não descambar para a ganância ou para o medo. O trader que fizer tudo isso tem mais chances de sucesso do que qualquer previsor de preços de mercado.

Leia o Mercado, Gerencie a Si Mesmo

Um enorme volume de informações transborda do mercado durante as horas em que está aberto. As mudanças dos preços narram as batalhas entre touros e ursos. Seu trabalho é analisar essas informações e apostar no grupo de mercado dominante.

Sempre que ouço previsões drásticas, a primeira coisa que me vem à mente é "truque de marketing". Consultores fazem esse tipo de previsão para atrair atenção, para levantar dinheiro ou vender serviços. Boas previsões atraem clientes pagantes, enquanto as más previsões são logo esquecidas. Meu telefone tocou enquanto escrevia este capítulo. Um guru famoso, na época passando por um período de má sorte, disse-me que havia identificado "uma dessas oportunidades de compra que só acontece uma vez na vida" no mercado de milho. Ele me pediu para ajudá-lo a levantar dinheiro e garantiu que o multiplicaria por 100 em 6 meses! Não sei quantos tolos ele fisgou, mas as previsões exageradas sempre foram boas para depenar incautos. A maioria das pessoas não muda. Ao trabalhar nesta atualização, 21 anos depois, li no *Wall Street Journal* que esse mesmo "guru" foi recentemente punido por má conduta profissional pela National Futures Association.

Use o bom senso ao analisar os mercados. Quando uma nova ocorrência o intrigar, compare-a à vida fora do mercado. Por exemplo, indicadores podem lhe dar sinais para dois mercados diferentes. Você deve comprar no mercado que caiu muito antes do sinal de compra ou no que caiu menos? Compare essa situação com o que acontece com alguém depois de um tombo. Se rolou um lance de escada, se levantará, sacudirá a poeira e voltará a correr. Mas se caiu da janela do terceiro andar, dificilmente voltará a correr tão cedo; precisará de tempo para se recuperar. Os preços raramente sobem com muito vigor imediatamente depois de um declínio acentuado.

Um trading bem-sucedido apoia-se em três pilares. É preciso analisar o equilíbrio de poder entre touros e ursos. É fundamental praticar a boa gestão do dinheiro. É imprescindível seguir seu plano de operações e evitar empolgar-se nos mercados.

CAPÍTULO 3

Análise Técnica Clássica

Quando comprei minha primeira ação, a análise clássica era a única opção. Eu usava papel milimetrado e um lápis afiado para atualizar meus gráficos, a mão. Alguns anos depois, as calculadoras de bolso foram inventadas e, com isso, passei a calcular médias móveis simples. Posteriormente, a calculadora programável passou a ter a opção de inserir pequenas tiras magnéticas em sua fenda para realizar cálculos mais complexos, como os de médias móveis exponenciais e do sistema direcional.

Até que o PC da Apple apareceu em cena: um joystick movia um cursor que desenhava linhas de tendência. Os traders de hoje têm acesso a um poder analítico imenso a um custo muito baixo.

Embora os principais conceitos da análise clássica permaneçam válidos, muitas de suas ferramentas foram eclipsadas por métodos computadorizados muito mais eficientes. A melhor qualidade da análise técnica informatizada é a objetividade. Uma média móvel ou qualquer outro indicador está subindo ou descendo, e não se discute sua direção. Você pode ter dificuldade em interpretar, mas os sinais em si são claros como a luz do dia.

A análise clássica em si, por outro lado, é bastante subjetiva e induz ao raciocínio motivado e ao autoengano. Você pode traçar uma linha de tendência por meio de preços extremos ou por meio das zonas de congestão, o que alterará seu ângulo assim como a mensagem que o gráfico passa. Se estiver com vontade de comprar, você pode acabar desenhando a linha de tendência um pouco mais inclinada para cima. Se estiver com vontade de vender e ficar de olho em determinado gráfico, "identificará" um padrão ombro-cabeça-ombro. Nenhum desses padrões é objetivo e, devido a sua subjetividade, tornei-me cada vez mais cético em relação a afirmações sobre formações clássicas, como flâmulas, ombro-cabeça-ombro etc.

Depois de analisar centenas de milhares de gráficos, concluí que o mercado desconhece diagonais. O que ele conhece são níveis de preços, e é por isso que as linhas horizontais de suporte e resistência fazem sentido, mas as linhas de tendência diagonais são subjetivas e induzem à autossabotagem.

Quando faço um trade, uso apenas uma pequena quantidade de padrões gráficos que são objetivos o suficiente para confiar. Presto atenção às áreas de suporte e resistência, com base nos níveis horizontais de preços. A relação entre os preços de abertura e fechamento e entre os pontos

53

54 ANÁLISE TÉCNICA CLÁSSICA

altos e baixos de uma barra de preço ou de um candle também são objetivos. Reconheço "fingers", também chamados de "caudas de canguru" — barras muito longas que se projetam de uma faixa estreita de preços. Vamos explorar esses e alguns outros padrões nesta seção.

■ 17. Gráficos

Os analistas gráficos estudam os dados do mercado para identificar padrões de preço recorrentes e lucrar com base neles. A maioria dos grafistas trabalha com gráficos de barras ou de candlesticks, que indicam o preço máximo, o preço mínimo, o preço de abertura, o preço de fechamento e o volume. Trades de mercado futuro também observam o interesse aberto. Os analistas gráficos que se baseiam em gráficos de ponto e figura mapeiam apenas as mudanças nos preços, e ignoram tempo, volume e o interesse aberto.

A análise clássica exige apenas papel e lápis, e comunica bem às pessoas mais visuais. Quem plota dados à mão desenvolve uma sensibilidade física em relação aos preços. Um dos custos da digitalização dessas técnicas foi a perda dessa sensibilidade.

O maior problema da análise clássica é que ela induz ao raciocínio motivado (wishful thinking). Os traders tendem a encontrar padrões de alta ou de baixa influenciados por sua intenção de comprar ou vender.

No começo do século XX, Herman Rorschach, psiquiatra suíço, desenvolveu um teste para explorar a mente. Derramou tinta em 10 folhas e as dobrou na metade, criando borrões simétricos. Quase todos que as olham descrevem o que veem: partes da anatomia, animais, edifícios etc. Na verdade, são só borrões! Cada um vê o que está em sua mente. A maioria dos traders usa os gráficos como um gigantesco teste de Rorschach. Projetam neles esperanças, medos e fantasias.

Breve Histórico

Os primeiros grafistas dos Estados Unidos apareceram na virada do século XIX para o século XX. Entre eles estão Charles Dow (1851–1902), autor de uma famosa teoria do mercado de ações, e William Hamilton, que sucedeu a Dow como editor do *Wall Street Journal*. A famosa máxima de Dow era: "As médias descontam tudo." O que ele quis dizer é que todo o conhecimento sobre a economia pode ser obtido por meio dos índices Dow Jones (à época índices da indústria e das ferrovias).

Dow nunca escreveu um livro, apenas editoriais para o *Wall Street Journal*. Hamilton assumiu o cargo após a morte de Dow e expôs os princípios de sua teoria em *The Stock Market Barometer*. Ele escreveu um famoso editorial, "The Turn of the Tide", após a crise de 1929. Robert Rhea, um editor de boletins informativos, trouxe a teoria ao seu ápice em seu livro de 1932, *The Dow Theory*.

A década de 1930 foi a Era de Ouro da análise gráfica. Muitos inovadores se viram com tempo disponível após a crise de 1929. Schabacker, Rhea, Elliott, Wyckoff, Gann e outros publicaram livros durante a década. Eles seguiram duas direções distintas. Alguns, como Wyckoff e Schabacker, viam os gráficos como um registro de oferta e demanda. Outros, como Elliott e Gann, procuraram uma ordem perfeita nos mercados — um empreendimento fascinante, porém inútil (veja a Seção 5).

Em 1948, Edwards (que era genro de Schabacker) e Magee publicaram *Technical Analysis of Stock Trends*. Eles popularizaram conceitos como triângulos, retângulos, ombro-cabeça-ombro, além de outras formações gráficas, como linhas de suporte, resistência e linhas de tendência. Outros analistas gráficos aplicaram esses conceitos às commodities.

Os mercados mudaram muito desde os dias de Edwards e Magee. Na década de 1940, o volume diário de operações de uma ação bem negociada na Bolsa de Valores de Nova York era de apenas várias centenas. Já na década de 1990 não raro excedia milhões de ações negociadas. O equilíbrio de poder no mercado de ações mudou e passou a favorecer os touros (bulls). Os primeiros grafistas escreveram que os topos no mercado de ações eram pontiagudos e efêmeros, enquanto os fundos formavam-se mais devagar e eram mais duradouros. Isso era verdade naqueles tempos deflacionários, mas o oposto tem sido a realidade desde a década de 1950. Hoje, os fundos tendem a se formar rapidamente, enquanto os topos costumam durar mais tempo.

O Significado dos Gráficos de Barras

Os padrões gráficos refletem os níveis de ganância e medo entre os traders. Grande parte dos gráficos deste livro são diários, com cada barra representando um dia de trading. Porém, as regras para a leitura de gráficos semanais, diários e intraday são muito semelhantes.

Lembre-se deste princípio fundamental: *"Cada preço é um consenso momentâneo de valor entre todos os participantes do mercado manifestado em ação."* Baseado nisso, cada barra de preços fornece várias informações importantes sobre o cabo de guerra entre touros e ursos (Figura 17.1)

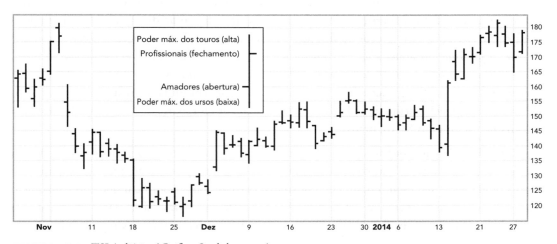

FIGURA 17.1   TSLA diário. (*Gráfico: Stockcharts.com*)

O Significado dos Gráficos de Barra

Os preços de abertura são estabelecidos pelos amadores, cujas ordens se acumulam de um dia para o outro e chegam ao mercado de manhã. Os preços de fechamento são determinados em grande parte pelos profissionais de mercado, que operam durante o dia. A evidência dessa diferença está na frequência com que os preços de abertura e fechamento estão nos extremos opostos das barras.

Em cada barra, a máxima marca o poder máximo dos touros e a mínima, dos ursos, durante o período representado. A slippage é menor quando se entra ou sai de posições em períodos de barras curtas.

O **preço de abertura** de uma barra diária ou semanal geralmente reflete a opinião dos amadores sobre o valor. Eles leem os jornais matutinos, tomam conhecimento do que aconteceu no dia anterior, pedem a aprovação da esposa e transmitem suas ordens aos corretores antes de irem para o trabalho. Os amadores costumam operar no começo do dia e no começo da semana.

Os traders que pesquisaram as relações entre preços de abertura e fechamento descobriram que os preços de abertura, com grande frequência, se situam próximo à máxima ou mínima da barra diária. Os movimentos de compra ou venda desses amadores no começo do dia gera uma tensão emocional, levando os preços a recuarem dessas tendências iniciais ao longo do dia.

Nos mercados em alta, os preços geralmente registram a mínima da semana na segunda ou terça, que é quando os amadores recolhem os lucros da semana anterior, e atingem nova máxima na quinta ou sexta. Nos mercados em baixa, a máxima da semana geralmente ocorre na segunda ou terça, atingindo-se nova mínima mais para o fim da semana, na quinta ou sexta-feira.

O **preço de fechamento** das barras diárias ou semanais tende a refletir as operações dos traders profissionais. Eles observam o mercado ao longo do dia, reagem às mudanças e costumam dominar a última hora do pregão. Muitos deles realizam os lucros nesse momento, para não carregar operações de um dia para o outro.

Os profissionais, como grupo, operam contra os amadores. Tendem a comprar em aberturas mais baixas, a vender em aberturas mais altas e a relaxar ao longo do dia. Traders precisam prestar atenção à relação entre preços de abertura e de fechamento. *Se os preços fecham maiores do que abrem, os profissionais provavelmente estavam mais touros do que os amadores. Se fecham menores, os profissionais provavelmente estavam mais ursos do que os amadores.* Opere com os profissionais e contra os amadores. Os gráficos de candlesticks baseiam-se, em suma, na relação entre os preços de abertura e de fechamento de cada barra. Se o fechamento for mais alto, o candle é branco e, se o fechamento for mais baixo, preto.

A **máxima de cada barra** representa o auge do poder dos touros no período. Eles ganham quando os preços sobem. Suas compras impulsionam os preços para cima e cada uptick aumenta a possibilidade de lucrarem. Finalmente, os touros chegam a um ponto em que não conseguem mais subir os preços — nem um tick sequer.[1] A máxima de uma barra diária marca o ponto de seu maior poder no dia, e a máxima de uma barra semanal marca o máximo de seu poder na semana.

O ponto mais alto da barra representa o poder máximo dos touros no período representado.

A **mínima de cada barra** representa o auge do poder dos ursos no período. Ursos ganham quando os preços caem. Eles vendem a descoberto, suas vendas puxam os preços para baixo, e cada downtick aumenta sua probabilidade de lucrar. Em algum momento, ficam sem capital ou

---

1 O tick é a menor alteração de preço permitida para qualquer ativo. Pode ser um centavo ou até um centésimo de centavo (dependendo da ação), um quarto de ponto para o S&P e-minis, 10 centavos para futuros de ouro etc.

disposição, e os preços param de cair. A baixa de uma barra diária representa o ponto de maior poder dos ursos no dia, e a baixa de uma barra semanal representa o ponto de maior poder dos ursos na semana.

O ponto mais baixo da barra representa o poder máximo dos ursos no período representado.

O **preço de fechamento de cada barra** mostra o resultado da batalha entre touros e ursos durante o período. Se os preços fecharem próximos à máxima da barra diária, os touros venceram a batalha do dia. Se os preços fecharem próximos à mínima do dia, os ursos venceram. Os preços de fechamento nos gráficos diários de futuros são muito importantes, pois os saldos são marcados a mercado toda noite.

A **distância entre a máxima e a mínima** de uma barra mostra a intensidade do conflito entre touros e ursos. Uma barra de extensão média aponta um mercado relativamente frio. Uma barra cujo comprimento seja apenas metade da média corresponde a um mercado sonolento e desinteressado. Já uma barra com o dobro da extensão média mostra um mercado em ebulição, no qual os touros e os ursos pelejaram ininterruptamente por toda a arena.

A slippage (veja a introdução) é geralmente mais baixa nos mercados tranquilos. Vale a pena entrar nas operações em períodos cujas barras sejam curtas ou normais. As barras longas são boas para realizar lucros. A tentativa de assumir uma posição quando o mercado está em ebulição é como pular num trem em movimento. É mais seguro esperar pelo próximo.

Candlesticks Japoneses

Os comerciantes de arroz japoneses começaram a usar gráficos de candlesticks uns dois séculos antes do aparecimento do primeiro analista gráfico dos Estados Unidos. Em vez de barras, os gráficos japoneses apresentavam fileiras de candles com pavios em ambos os lados. O corpo de cada candle representava a distância entre os preços de abertura e fechamento. Se o preço de fechamento era maior do que o de abertura, o corpo era branco. Se o preço de fechamento era menor, o corpo era preto.

A ponta superior do pavio representava a máxima do dia e a inferior, a mínima. Os japoneses consideram as máximas e mínimas do dia relativamente desimportantes, de acordo com Steve Nison, autor de *Japanese Candlestick Charting Techniques*. Eles focam a relação entre preços de abertura e fechamento e padrões envolvendo vários candles.

A principal vantagem de um gráfico de candlesticks é que ele foca a luta entre amadores, que controlam as aberturas, e profissionais, que controlam os fechamentos. Infelizmente, muitos analistas de candlestick negligenciam os fatores considerados no ocidente, como volume e indicadores técnicos.

Os candles se tornaram bastante populares em todo o mundo, e alguns traders me perguntam por que continuo usando gráficos de barras. Sou familiarizado com os candles, mas aprendi a operar usando gráficos de barras e acredito que o uso das barras, que indicam na sequência os valores de abertura, máxima, mínima e fechamento, e de indicadores técnicos, forneça mais informações.

ANÁLISE TÉCNICA CLÁSSICA

A escolha entre gráficos de candlesticks e de barras é uma questão pessoal. Todos os conceitos expressos neste livro funcionam com ambos os gráficos.

Mercados Eficientes, Passeio Aleatório, Teoria do Caos e "Lei da Natureza"

A **Teoria dos Mercados Eficientes** é uma noção acadêmica de que ninguém supera o mercado, pois qualquer preço, a qualquer momento, incorpora todas as informações disponíveis. Warren Buffett, um dos investidores mais bem-sucedidos do século XX, comentou: "Acho fascinante como a ortodoxia predominante leva muita gente a pensar que a Terra é plana. Investir em um mercado no qual se acredita em eficiência é como jogar bridge com alguém a quem disseram que olhar as cartas não faz diferença."

A falha lógica da teoria dos mercados eficientes é equiparar conhecimento e ação. É até possível que muitas pessoas tenham conhecimento, mas os impulsos da multidão geralmente as induzem a operar irracionalmente no mercado. Um bom analista detecta padrões de comportamento da multidão em seus gráficos e os explora.

Os teóricos adeptos do **Passeio Aleatório (random walk)** argumentam que os preços mudam aleatoriamente. No mercado, há uma boa dose de aleatoriedade, ou "ruído", pois existe aleatoriedade em qualquer comportamento coletivo. O observador inteligente identifica padrões de comportamento em uma multidão e aposta de maneira sensata em sua continuidade ou reversão.

As pessoas têm memória, lembram preços passados, e essas lembranças influenciam decisões de compra e venda. Elas geram suporte abaixo do mercado e resistência acima dele. Os adeptos do passeio aleatório negam que as lembranças influenciem nosso comportamento.

Como observou Milton Friedman, os preços informam a disponibilidade da oferta e a intensidade da demanda. Os participantes do mercado usam essas informações para tomar suas decisões sobre compra e venda. Os consumidores compram mais quando há liquidação e menos quando os preços estão altos. Traders são tão lógicos quanto uma dona de casa no supermercado. Quando os preços estão baixos, as caçadoras de pechinchas entram em cena. A escassez induz ao desespero pela compra, mas os preços altos sufocam a demanda.

A **Teoria do Caos** alcançou proeminência nas últimas décadas. Os mercados são em grande parte caóticos, e as oportunidades surgem durante os períodos de equilíbrio.

Acho que os mercados são caóticos na maior parte do tempo, porém, em meio a esse caos, ilhas de ordem e estrutura emergem e desaparecerem. A essência da análise de mercado é reconhecer o surgimento de padrões ordenados e ter coragem e convicção suficientes para operar em função deles.

Se você operar em períodos caóticos, os únicos beneficiários serão seu corretor, que receberá a comissão, e o trader profissional, que acabará com você. O ponto crucial é ter em mente que padrões surgem em meio ao caos. Seu sistema deve reconhecer essa transição, e é aí que você deve operar! Já falamos sobre a grande vantagem de um trader privado sobre os profissionais — ele espera uma boa oportunidade em vez de operar todos os dias. A teoria do caos respalda essa mensagem.

A teoria do caos também nos ensina que estruturas ordenadas que emergem do caos são fractais. A costa do mar tem aparência ondulatória se observada do espaço, de um avião ou através de uma lupa. Os padrões de mercado também são fractais. Se eu mostrar um conjunto de gráficos do mesmo mercado, sem as marcações de tempo, você não saberá qual é mensal, semanal, diário ou de cinco minutos. Mais adiante no livro (Seção 39), retomaremos este tema e você verá por que é tão importante analisar os mercados em mais de um time frame. Temos que nos certificar de que as mensagens de compra ou venda em ambos os time frames confirmam umas às outras, porque, se não o fizerem, o mercado está muito caótico e devemos ficar de fora dele.

A **Lei da Natureza** é o grito de guerra de um grupo de místicos que afirmam existir uma ordem perfeita nos mercados (que eles obviamente tentarão vender). Segundo eles, os mercados se movimentam como as engrenagens de um relógio em resposta a leis naturais imutáveis. R. N. Elliott chegou ao ponto de intitular seu último livro de *Nature's Law*.

Os crentes da "ordem perfeita" gravitam em torno de astrologia, numerologia, teorias da conspiração e outras superstições. Da próxima vez que alguém falar com você sobre a ordem natural nos mercados, pergunte sobre astrologia. Ele vai aproveitar a chance de sair do armário e falar sobre as estrelas.

Quem acredita na ordem perfeita dos mercados afirma que topos e fundos são previsíveis. Amadores adoram adivinhações, e o misticismo é um grande artifício de marketing. Ajuda a vender cursos, sistemas de trading e a promover newsletters.

Adeptos do misticismo, das teorias do passeio aleatório e dos mercados eficientes têm uma característica em comum. Todos estão bem distantes da realidade dos mercados.

18. Suporte e Resistência

Uma bola bate no piso e quica. Se você a jogar para cima, ela cai depois de bater no teto. Suporte e resistência são como o piso e o teto, com os preços distribuídos entre eles. A compreensão dos conceitos de suporte e resistência é fundamental para entender as tendências dos preços e os padrões dos gráficos. A avaliação de sua força ajuda a estipular se a tendência continuará ou reverterá.

Suporte é o nível de preço em que a quantidade de compras é suficiente para interromper ou reverter uma tendência de baixa. Quando uma tendência de baixa atinge o suporte, ela retrocede como um mergulhador que chega ao fundo e retorna. O suporte é representado no gráfico por uma linha horizontal ou quase horizontal, conectando vários fundos (Figura 18.1).

Resistência é o nível de preço em que a quantidade de vendas é suficiente para interromper ou reverter uma tendência de alta. Quando a tendência de alta atinge a resistência, ela para ou reverte, como alguém que bate com a cabeça em um galho ao subir em uma árvore. A resistência é representada no gráfico por uma linha horizontal ou quase horizontal, conectando vários topos.

É melhor traçar linhas de suporte e resistência pelas bordas das zonas de congestão, onde a maioria das barras parou, do que entre preços extremos. As zonas de congestão mostram onde massas de investidores mudaram de opinião, ao passo que os pontos extremos refletem apenas o pânico entre os traders mais fracos.

Suporte e resistência menores fazem com que a tendência pause, enquanto as maiores causam a reversão. Os traders compram no suporte e vendem na resistência, fazendo com que sua eficácia seja uma profecia autorrealizável.

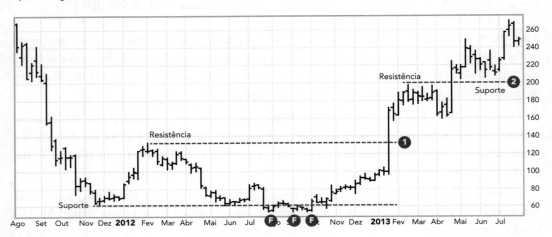

FIGURA 18.1 NFLX semanal. (*Gráfico: Stockcharts.com*)

Suporte e Resistência

Trace linhas horizontais que cruzem a borda superior e a borda inferior das zonas de congestão. A linha inferior marca o suporte — o nível em que os compradores superam os vendedores. A linha superior marca a resistência, o nível em que os vendedores superam os compradores. As áreas de suporte e de resistência frequentemente mudam de papel. Observe como após um rompimento decisivo na área 1 os preços atingiram a resistência, mas, quando ultrapassaram esse nível, ela se transformou em uma área de suporte (indicada como 2). A força dessas barreiras aumenta cada vez que os preços as tocam e se afastam.

Cuidado com os falsos rompimentos de suportes e resistências. Eles estão indicados com a letra F. Os amadores seguem os rompimentos, enquanto os profissionais tendem a operar contra eles. Na extremidade direita do gráfico, a NFLX está em um rali após atingir o suporte no mesmo nível em que o seu rali anterior encontrou resistência.

Como identificamos tendências? Não por meio de **linhas de tendência**. Minhas ferramentas favoritas são as médias móveis exponenciais, que serão analisadas na próxima seção. As linhas de tendência são amplamente subjetivas — estão entre as ferramentas mais enganadoras. A identificação de tendências é uma área em que a análise computadorizada supera muito os gráficos clássicos.

Memórias, Dores e Arrependimentos

Nossas memórias de reversões nos mercados nos levam a comprar e vender em certos momentos. Quando as multidões o fazem, criam suporte e resistência. *Suporte e resistência existem porque as pessoas têm memória.*

Se os traders lembrarem que recentemente os preços pararam de cair e subiram a partir de certo nível, é provável que comprem quando os preços se aproximarem dele. Se lembrarem que há pouco tempo uma tendência de alta reverteu, depois de atingir certo pico, tenderão a vender e ficar short quando os preços mais uma vez se aproximarem desse nível.

Os grandes ralis no mercado de ações, de 1966 a 1982, terminavam sempre que o Dow Jones atingia 950 ou 1.050. Essa resistência era tão forte que os investidores a chamaram de "sepultura no céu". Quando os touros conseguiram levar o mercado a operar nesses níveis, eles se transformaram em uma grande área de suporte. Nos últimos anos, vimos uma ocorrência semelhante com o ouro, cujo gráfico é mostrado aqui (Figura 18.2). Ele atingiu o nível de US$1mil/onça quatro vezes, caindo após cada alta. Depois que o preço do ouro superou esse nível, na quinta alta, o nível de US$1mil/onça se transformou em um nível de suporte massivo.

FIGURA 18.2 Ouro semanal. (*Gráfico: Stockcharts.com*)

A Resistência Vira Suporte

Repare como o ouro atingiu sua resistência de US$1mil/onça cinco vezes. Geralmente, as reversões ocorrem no primeiro, segundo ou terceiro hit. Quando um mercado atinge o mesmo nível pela quarta vez, significa que há uma tendência em seguir esse caminho. O ouro ultrapassou os US$1mil/onça na quinta tentativa.

Posteriormente, o ouro fez duas tentativas de chegar ao antigo nível de resistência, nas áreas 6 e 7. Sua incapacidade de cair até esse nível mostrou que os ursos eram fracos, marcando o início de uma era dos touros no mercado do ouro.

O suporte e a resistência existem porque as massas de traders sentem dor e arrependimento. Traders que seguram posições compradas são acometidos por dor intensa. Os perdedores decidem sair assim que o mercado lhes dá outra chance. Já aqueles que perdem uma oportunidade de comprar ou vender a descoberto tornam-se vítimas do arrependimento e também aguardam que o mercado lhes dê uma segunda chance. Os sentimentos de dor e arrependimento são brandos dentro das faixas de operação, em que as viradas são menos drásticas e os perdedores não se machucam muito. Já os rompimentos geram dor intensa e arrependimento lancinante.

Quando o mercado se mantém inalterado durante algum tempo, os traders acostumam-se a comprar na borda inferior da faixa de operação e a vender, ou mesmo vender a descoberto, na borda superior. Quando uma tendência de alta começa, os ursos que venderam a descoberto sentem dor e os touros sentem arrependimento por não terem comprado mais. Ambos estão determinados a comprar se o mercado lhes der uma segunda chance. A dor dos ursos e o arrependimento dos touros deixam-nos prontos para comprar, criando **suporte** durante as reações nas tendências de alta.

Quando os preços desmoronam de uma faixa de operação, os touros que compraram sentem dor: sentem-se presos e esperam uma subida. Os ursos, por outro lado, lamentam que não tenham vendido mais: esperam uma recuperação como segunda chance de vender a descoberto. A dor e o arrependimento dos touros criam **resistência** — um teto acima do mercado que tende a baixa. A força do suporte e da resistência depende da força dos sentimentos entre as massas de traders.

A Força do Suporte e da Resistência

Quanto mais os preços permanecerem na zona de congestão, mais forte é o comprometimento emocional dos touros e ursos. Uma zona de congestão atingida por várias tendências é como um campo de batalha com crateras de explosões: os defensores da manutenção desse campo têm bastante a perder com rompimentos e tendem a inibir qualquer força que se oponha. Quando os preços se aproximam dessa área vindo de cima, eles atuam como suporte. Quando os preços se aproximam vindo de baixo, eles atuam como resistência. Uma zona de congestão pode inverter esses papéis, servindo tanto como suporte ou resistência.

A força dessas áreas de congestão depende de três fatores: comprimento, altura e volume de operações efetuadas. Esses fatores são visíveis.

Quanto mais tempo durar uma área de suporte ou resistência— seja o tempo que dura ou a quantidade de tentativas de rompimento que experimenta —, mais forte ela é. Suporte e resistência, assim como um bom vinho, melhoram com a idade. Uma faixa de operação de 2 semanas fornece suporte ou resistência mínimos, um intervalo de 2 meses dá tempo para que as pessoas se acostumem com ela e cria suporte ou resistência intermediários, enquanto um período de 2 anos é aceito como padrão de valor e oferece maior suporte ou resistência.

À medida que os níveis de suporte e resistência envelhecem, enfraquecem gradualmente. Os perdedores continuam saindo dos mercados, sendo substituídos por recém-chegados que não têm o mesmo comprometimento emocional com os níveis de preços antigos. Quem perdeu dinheiro recentemente se lembra muito bem do que aconteceu. Ainda deve estar no mercado, sentindo dor e arrependimento, tentando se recuperar. As pessoas que tomaram decisões ruins há vários anos provavelmente estão fora desse mercado, e suas memórias têm pouca relevância.

A força de suporte ou resistência aumenta cada vez que a área é desafiada. Quando os traders veem que os preços se inverteram a um determinado nível, tendem a apostar em uma inversão na próxima vez que os preços atingirem esse nível.

Quanto mais alta a área de suporte ou resistência, mais forte ela é. Uma zona de congestão alta é como uma cerca elevada em torno de uma propriedade. Se a altura da zona de congestão for equivalente a 1% do valor de mercado vigente, fornecerá pouco suporte ou resistência. Se ela tiver 3% de altura, fornecerá suporte ou resistência intermediários, e uma zona de congestão com, pelo menos, 7% de altura pode triturar grandes tendências.

Quanto maior o volume de operação em uma zona de suporte e resistência, mais forte ela é. Um volume alto indica forte envolvimento dos traders — é um sinal de forte comprometimento emocional. Um volume baixo mostra pouco interesse — um sinal fraco de suporte ou resistência.

Você pode calcular a força de suporte ou resistência em dólares ao multiplicar o número de dias que uma ação passou na zona de congestão pelas médias diárias de volume e preço. É claro que, ao fazer tais comparações, devemos medir as áreas de suporte e resistência da mesma ação. Não se pode comparar maçãs com laranjas ou Apple (AAPL) com algumas ações de US$10 que são negociadas milhões de vezes em um dia comum.

As Regras do Trading

1. Sempre que a tendência que você estiver seguindo aproximar-se do suporte ou da resistência, estreite seu stop de proteção.

   O **stop de proteção** é uma ordem para vender abaixo do mercado quando estiver long ou comprar acima do mercado quando estiver short. O stop serve para proteger o trader de sofrer grandes perdas causadas por movimentos adversos do mercado.

   A tendência mostra sua força pela maneira como reage quando atinge o suporte ou a resistência. Se for forte o suficiente para penetrar a área, a tendência acelera e seu stop estreito não é executado. Se retroceder ao atingir o suporte ou a resistência, a tendência é fraca. Nesse caso, seu stop estreito salva boa parte de seus lucros;

2. O suporte e a resistência são mais importantes em gráficos de longo do que de curto prazo.

   O bom trader fica de olho em vários time frames e dá mais atenção aos de longo prazo. Gráficos semanais são mais importantes do que gráficos diários. Se a tendência semanal for forte, o fato de a tendência diária ter encontrado resistência é menos importante. Quando a tendência semanal se aproximar de um suporte ou resistência, você deve se mostrar mais inclinado a sair;

ANÁLISE TÉCNICA CLÁSSICA

3. Níveis de suporte e resistência apontam oportunidades de trading.

A parte inferior da zona de congestão mostra a linha do suporte. Conforme os preços diminuem, atente-se às oportunidades de compra. Um padrão notável em análise é um **rompimento falso**. Se os preços caírem muito abaixo e voltarem à área de suporte, os ursos perderam a chance. Uma barra de preço fechando dentro de uma área de congestionamento depois de um falso rompimento (breakout) marca uma oportunidade de compra. Defina um stop de proteção próximo à parte inferior do falso rompimento.

Da mesma forma, um verdadeiro rompimento não deve ser seguido por um declínio de volta à área, assim como um foguete não deve retornar à plataforma de lançamento tão cedo. Um rompimento positivo falso é um sinal para vender a descoberto quando a barra de preço retorna à zona de congestão. Quando estiver operando a descoberto, coloque o stop de proteção próximo ao topo do rompimento falso (Figura 18.3).

Sobre a colocação de Stops: Traders experientes evitam definir os stops com números redondos. Se eu comprar uma ação de mais ou menos US$52 e quiser proteger minha posição por volta de US$51, definirei o stop alguns centavos abaixo de US$51. Se eu comprar por US$33,70 em um day trade e quiser proteger minha posição em torno de US$33,50, definirei esse stop alguns centavos abaixo de US$33,50. Por causa de uma tendência humana natural de usar números redondos, clusters de stops se acumulam neles. Eu prefiro colocar meus stops nos extremos desses clusters.

Rompimentos Verdadeiros e Falsos

Os mercados passam mais tempo em faixas de operação do que em tendências. A maioria dos rompimentos são falsos. Assim, enganam os seguidores de tendências antes que os preços retornem à faixa. Os falsos rompimentos são a maldição dos amadores, mas a bem-aventurança dos profissionais.

Os profissionais esperam que os preços flutuem sem ir muito longe na maior parte do tempo. Aguardam até que um rompimento de alta pare de alcançar novas máximas ou que um rompimento de baixa deixe de atingir novas mínimas. E é aí que entram em ação — operam contra o rompimento e colocam um stop de proteção no ponto extremo mais recente. É um stop muito estreito, e o risco é baixo, ao mesmo tempo em que é grande o potencial de lucro com o retorno à zona de congestão. A relação risco/retorno é tão boa que os profissionais se dão ao luxo de errar metade das vezes e ainda saem de campo vitoriosos.

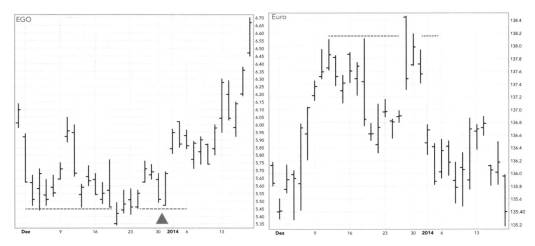

FIGURA 18.3 EGO e Euro diário. (*Gráfico: Stockcharts.com*)

Falsos Rompimentos

À esquerda, um gráfico da Eldorado Gold Corp (EGO) mostra um falso rompimento de baixa durante a tentativa dos ursos de empurrar as ações de ouro para baixo em dezembro de 2013. Os preços abriram significativamente abaixo do suporte, tendo caído mais ainda a partir do fechamento do dia anterior. De lá, uma alta começou. Observe um declínio para a linha de suporte uma semana depois, marcado por uma seta verde. Tais declínios nem sempre ocorrem, mas, quando ocorrem, oferecem uma excelente oportunidade para embarcar em uma nova tendência.

À direita, um gráfico do euro (representado aqui por $XEU) mostra como uma tendência de alta culminou em um falso rompimento. Os preços ficaram acima da linha de resistência, provocando a execução dos stops e o pânico nos vendidos mais fracos, e foi aí que a tendência de baixa começou. Não houve uma segunda chance nesse movimento do mercado.

O melhor momento para comprar um rompimento de alta em um gráfico diário é quando sua análise do gráfico **semanal** sugere que uma nova tendência de alta está se desenvolvendo. Os rompimentos verdadeiros são confirmados pelo **volume** intenso, enquanto os rompimentos falsos tendem a ter um volume leve. Os verdadeiros rompimentos são confirmados quando os **indicadores** técnicos alcançam novos extremos na direção da nova tendência, enquanto os rompimentos falsos são geralmente marcados por divergências entre preços e indicadores, o que discutiremos mais adiante no livro.

19. Tendências e Faixas de Operação

Uma **tendência** existe quando os preços permanecem subindo ou descendo por um período. Em uma **tendência de alta** perfeita, cada subida atinge um nível mais alto do que o atingido no rali anterior, enquanto cada queda é interrompida em um nível mais alto que o da queda anterior. Em uma **tendência de baixa** perfeita, cada declínio cai para um mínimo mais baixo que o declínio anterior e cada rali atinge um nível mais baixo que o atingido no rali anterior. Em uma **faixa de operação**, a maioria dos ralis para no mesmo nível alto anterior e as quedas caem ao mesmo nível baixo. Padrões perfeitos, é claro, não são comuns nos mercados financeiros, e vários desvios dificultam a vida de analistas e traders (Figura 19.1).

66 ANÁLISE TÉCNICA CLÁSSICA

FIGURA 19.1 FB diário, MME de 22 dias. (*Gráfico: Stockcharts.com*)

Tendências e Faixas de Operação

Um padrão de topos mais altos e fundos mais altos define tendência de alta, enquanto um padrão de fundos mais baixos e topos mais baixos define tendências de baixa. No meio desse gráfico do Facebook, Inc. (FB), você vê uma tendência de baixa definida por três mínimos mais baixos, marcados como 1, 3 e 5, e dois máximos mais baixos, marcados como 2 e 4. Observe a tendência de baixa de uma queda lenta ao longo do dia (que analisaremos na Seção 22) confirmando a tendência de baixa dos preços. Sua recuperação sinalizou uma reversão positiva, confirmada pelos novos picos de preços 6 e 8.

Falamos de falsos rompimentos no capítulo anterior e, aqui, estão novamente presentes. Rompimentos falsos ocorrem quando os preços cruzam suas linhas de suporte ou resistência, passam um ou dois dias além dessa linha e retornam, desenhando um movimento falso na direção daquele rompimento. Depois, os preços tendem a se voltar na direção oposta. Aqui, um rompimento de baixa falso, seguido pela recuperação de uma média móvel, deu um forte sinal de compra.
Vemos uma imagem espelhada desse padrão após o topo 8. Há dois rompimentos falsos, e, após o segundo, a média móvel diminui, dando um sinal de venda. Na borda direita do gráfico, os preços recuam para a sua média móvel em declínio. Isso cria oportunidades de venda a descoberto.

Mesmo uma rápida olhada nos gráficos revela que os mercados passam a maior parte do tempo em faixas de operação. Tendências e faixas de operação exigem táticas diferentes. Quando você compra esperando uma tendência de alta ou vende esperando uma tendência de baixa, tem que dar a essa tendência o benefício da dúvida e usar um stop amplo, de modo a não ser executado facilmente. Em uma faixa de operação, por outro lado, use pequenos intervalos, seja ágil e feche posições ao menor sinal de reversão.

Outra diferença nas táticas de operação entre tendências e faixas de operação é trabalhar com força e fraqueza. Você precisa seguir a força durante as tendências — comprar em tendências de alta e vender em tendências de baixa. Quando os preços estão em uma faixa de operação, busque o oposto — comprar fraqueza e vender força.

Psicologia de Massa

As tendências de alta surgem quando os touros são mais fortes do que os ursos e suas compras empurram os preços para cima. Se os ursos puxam os preços para baixo, os touros retornam com força, rompem o declínio e impelem os preços para uma nova máxima. As tendências negativas ocorrem quando os ursos são mais fortes e suas vendas pressionam os mercados para baixo. Quando uma sucessão de compras ergue os preços, os ursos vendem a descoberto na alta, interrompem a sequência e puxam os preços para novas mínimas.

Quando os touros e ursos têm a mesma força, os preços mantêm-se na faixa de operação. Quando os touros empurram os preços para cima, os ursos vendem a descoberto na alta e os preços caem. Enquanto os preços caem, os caçadores de pechinchas entram em cena e compram. Os ursos cobrem suas posições vendidas, deflagrando uma pequena alta, e o ciclo se repete.

Uma faixa de operação é como uma luta entre gangues de rua igualmente fortes. Eles empurram um ao outro para frente e para trás, mas nenhum deles controla o bairro. Uma tendência é como uma luta em que uma gangue mais forte persegue a gangue mais fraca. De vez em quando, a gangue mais fraca resolve não fugir e lutar, mas logo desiste e corre novamente.

As multidões passam a maior parte do tempo sem rumo, o que explica por que os mercados passam mais tempo nas faixas de operação do que nas tendências. Uma multidão tem que se empolgar para criar uma tendência. As multidões não ficam animadas por muito tempo — voltam à falta de rumo. Os profissionais tendem a dar o benefício da dúvida às faixas de operação.

O Difícil Lado Direito do Gráfico

Tendências e faixas de operação são fáceis de ver no meio do gráfico, mas à medida que você se aproxima do lado direito, a imagem fica cada vez mais nebulosa. O passado é fixo e claro, enquanto o futuro é fluido e incerto. É fácil reconhecer as tendências em gráficos antigos, mas os corretores, infelizmente, não permitem que negociemos no passado — precisamos tomar decisões de trading voltados à extremidade direita.

Quando uma tendência se torna perfeitamente clara, boa parte dela já se foi. Ninguém vai tocar um sino quando uma tendência se dissolver e se transformar novamente em uma faixa de operação.

Muitos padrões e indicadores contradizem-se no lado direito do gráfico. Você deve tomar suas decisões com base em probabilidades, em uma atmosfera de incerteza.

A maioria das pessoas não consegue conviver com a incerteza. Quando o trade não acontece como a análise sugeria, insistem em posições perdedoras, na expectativa de que o mercado reverta, gerando lucro. A tentativa de sempre acertar no mercado é muito dispendiosa. Os traders profissionais abandonam com rapidez as posições perdedoras. Quando o mercado se afasta de sua análise, é necessário interromper as perdas, sem agitação ou ansiedade.

Métodos e Técnicas

Não existe um método mágico para a identificação de tendências e faixas de operação. Há várias ferramentas de análise e o que deve ser feito é combiná-las. Quando elas confirmam umas às outras, a mensagem é reforçada. Quando se contradizem, o melhor é não operar.

1) Analise o padrão de máximas e mínimas. Quando as altas alcançam níveis mais altos e as baixas continuam estancando em níveis mais altos, identifica-se uma tendência de alta. Já o padrão de mínimas mais baixas e de máximas mais baixas evidencia uma tendência de baixa. O padrão de máximas e mínimas irregulares sugere uma faixa de operação (Figura 19.1);

2) Plote uma média móvel exponencial com 20 a 30 barras (veja a Seção 22). A direção da inclinação identifica a tendência. Se uma média móvel não tiver atingido uma nova alta ou baixa em um mês, o mercado está em uma faixa de operação;

3) Quando um oscilador, como o Histograma MACD (veja a Seção 23) atinge novo pico, aponta uma tendência poderosa e sugere que o último topo do mercado deve ser retestado ou será ultrapassado;

4) Vários indicadores de mercado, como o sistema Direcional (veja a Seção 24), ajudam a identificar tendências. O sistema Direcional é recomendado principalmente para capturar estágios iniciais de novas tendências (Figura 19.2).

Operar ou Esperar

Quando se identifica uma tendência de alta e se resolve comprar, é preciso decidir entre comprar imediatamente ou esperar uma baixa. Ao comprar rapidamente, você pega a onda da tendência, mas seus stops estarão mais distantes e seus riscos serão maiores.

Se você esperar por uma queda, o risco será menor, mas estará concorrendo com quatro grupos: o dos que compraram e querem mais, o dos que venderam e se arrependeram, o dos que nunca compraram (como você) e o dos que venderam muito cedo e estão ansiosos para comprar novamente. As salas de espera para aproveitar essas quedas estão lotadas! Além disso, um declínio profundo pode sinalizar o início de uma reversão, em vez de uma oportunidade de compra. O mesmo raciocínio se aplica à venda durante as tendências de baixa.

Se o mercado está em faixa de operação, e você aguarda um rompimento, terá que decidir se deseja comprar antes, durante ou na reversão após um rompimento substancial. Se não tiver certeza, considere a possibilidade de entrar em várias etapas: compre um terço do pretendido antecipadamente, um terço durante o rompimento e um terço no declínio.

19. TENDÊNCIAS E FAIXAS DE OPERAÇÃO 69

FIGURA 19.2 UNP diário, MME de 22 dias, sistema Direcional, *Histograma MACD*. (*Gráfico: Stockcharts.com*)

Identificação de Tendência

O identificador mais importante de qualquer tendência é o padrão de suas altas e baixas. Veja este gráfico diário da Union Pacific Corp (UNP). Uma vez que saiu de sua faixa de operação, suas altas, marcadas por linhas verdes horizontais, continuaram indo cada vez mais alto. Da mesma forma, suas baixas, marcadas por linhas vermelhas horizontais, assumem níveis cada vez mais altos. Desenhar uma linha de tendência seria um exercício muito subjetivo, pois os fundos desse gráfico não se alinham.

A média móvel exponencial de 22 dias (MME), representada por uma linha vermelha sobreposta aos preços, confirma a tendência de alta por seu aumento constante. Observe excelentes oportunidades de compra, sinalizadas por rápidas quedas de preço na média móvel (retornaremos a esse padrão na Seção 22).

O sistema Direcional (descrito na Seção 24) sinalizou o início de uma tendência quando o Índice Direcional Médio (ADX) caiu abaixo de 20 e depois subiu acima desse nível e penetrou acima da Linha Direcional inferior (marcada por uma seta vertical). O Histograma MACD (descrito na Seção 23) identificou uma tendência muito poderosa quando alcançou seu pico mais alto em vários meses (marcado por uma seta verde diagonal). Perto da borda direita do gráfico, a tendência é de alta, enquanto os preços estão ligeiramente abaixo da alta recente. Aqui, um declínio criaria uma nova oportunidade de compra.

ANÁLISE TÉCNICA CLÁSSICA

Qualquer que seja o método usado, lembre-se de aplicar a regra de gestão de risco: a distância da entrada até o stop de proteção, multiplicada pelo tamanho da posição, não pode ser superior a 2% da sua conta de investimentos (veja a Seção 50). Não importa o quão atraente seja a operação, dispense-a se for necessário colocar mais de 2% de sua conta em risco.

Encontrar bons pontos de entrada é vital nas faixas de operação. Você tem que ser preciso e ágil, porque o potencial de lucro é limitado. A tendência tolera entradas desleixadas, contanto que se opere na direção correta. Os antigos traders riem: "Não confundam ter cérebro com operar em um mercado de touros."

As táticas específicas de gerenciamento de riscos são diferentes para tendências e faixas de operação. Na operação de tendências, vale a pena colocar posições menores com stops mais amplos. É menos provável que você seja abalado por qualquer movimento de contratendência, enquanto ainda controla o risco. Você pode colocar posições maiores em intervalos de operação, mas com stops mais estreitos.

Time Frames Conflitantes

Os mercados se movem em vários time frames simultaneamente (veja a Seção 32) e, às vezes, em direções opostas em gráficos de 10 minutos, 1 hora, diários, semanais ou mensais. O mercado pode parecer uma oportunidade de compra em um período e uma de venda em outro. Mesmo indicadores em diferentes períodos da mesma ação se contradizem. Qual deles seguir?

A maioria dos traders ignora o fato de que os mercados geralmente funcionam em direções diferentes, em determinados time frames, ao mesmo tempo! Escolhem um time frame, como dia ou hora, e procuram oportunidades apenas nele. Com a atenção fixada nos gráficos por hora ou por dia, as tendências de outros time frames, como semanais ou de 10 minutos, passam despercebidas e estragam seus planos.

Os sinais conflitantes em diferentes time frames no mesmo mercado são o maior enigma na análise de tendências. O que parece ser uma tendência em um gráfico diário talvez seja um ponto em um gráfico semanal achatado. O que parece uma faixa de operação achatada em um gráfico diário, revela importantes tendências de alta e de baixa em gráficos de uma hora, e assim por diante.

O curso de ação sensato é: antes de examinar uma tendência no gráfico, verifique os gráficos de uma ordem de grandeza maior que a escolhida. Essa busca por uma perspectiva mais ampla é um dos princípios-chave do sistema de tela tripla, que discutiremos mais à frente.

Quando os profissionais estão em dúvida, olham para o quadro geral, enquanto os amadores se concentram no curto prazo. Uma visão abrangente funciona melhor — e é bem menos estressante.

20. Caudas de Canguru

Quando você acha que uma tendência incrível continuará — pop! —, um padrão de três barras forma uma cauda de canguru que sinaliza uma reversão. A cauda de canguru[2] consiste em uma única barra muito alta, flanqueada por duas barras regulares, que se projetam de uma faixa estreita de preços. A cauda de canguru que aponta para cima mostra sinais de que o mercado atingiu um topo, enquanto as caudas apontadas para baixo indicam que o mercado atingiu um fundo (Figura 20.1).

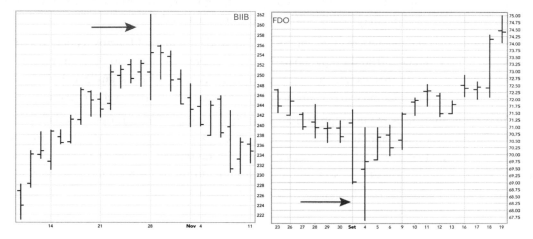

FIGURA 20.1 BIIB e FDO diário. (*Gráficos: Stockcharts.com*)

Caudas de Canguru

A Biogen Idec, Inc (BIIB) estava subindo em uma tendência de alta constante quando desenvolveu uma cauda de canguru ascendente. A ação abriu um pouco abaixo do seu fechamento anterior, mas depois traçou uma barra muito alta, o triplo da altura média. Chegou a um novo recorde, mas depois caiu, fechando perto do preço de abertura. A barra do dia seguinte era de altura média — completou o padrão canguru e a tendência se reverteu para baixo.

A ação da Family Dollar Stores, Inc. (FDO) estava caindo quando seu declínio se acelerou, produzindo uma barra descendente muito maior do que a altura média desta ação. Observe que os preços de abertura e fechamento para essa barra estavam dentro do intervalo do dia anterior. Essa punhalada para baixo marcou o fim da tendência de baixa: a barra seguinte foi de altura média e depois disso a tendência se reverteu para cima.

Apesar de serem mostrados gráficos diários na ilustração, as caudas de canguru ocorrem nos gráficos de todos os time frames. Quanto mais longo for o time frame, mais significativo é o sinal: uma cauda de canguru em um gráfico semanal levará a um movimento mais significativo do que em um de cinco minutos.

As caudas de canguru, também chamadas de "dedos", estão na minha pequena lista de formações de gráficos confiáveis. Elas ficam bem nítidas nos gráficos e são fáceis de reconhecer. Se você tiver dúvidas quanto à presença de uma cauda de canguru, presuma que não há. Elas são inconfundíveis. Elas ocorrem nos índices de mercado, bem como em ações individuais, futuros e outros ativos.

---

2 Agradeço à Margarita Volkova, minha tradutora em Moscou, que criou esse nome para o padrão.

Os mercados flutuam, buscando níveis que gerem o maior volume de operações. Se um rali não atrair nenhuma ordem, o mercado se reverte e busca volume em níveis mais baixos. Se o volume diminuir em um declínio, é provável que o mercado se recupere, buscando ordens a preços mais altos.

Caudas de canguru refletem ataques fracassados de touros ou ursos.

Uma cauda de canguru ascendente reflete uma tentativa fracassada dos touros de levantar o mercado. Eles são como um grupo de soldados que toma uma colina inimiga apenas para descobrir que a força principal não conseguiu os acompanhar. Agora eles correm por suas vidas morro abaixo. Tendo falhado em conquistar a colina, o exército se afasta dela.

Uma cauda descendente reflete uma tentativa malsucedida dos ursos. Os ursos venderam agressivamente o mercado, empurrando-o para baixo —, mas os preços baixos não atraíram volume, e recuaram para a faixa de operação. O que você acha que o mercado fará em seguida, depois de não ter conseguido cair mais? Como não encontrou ordens a preços baixos, é provável que reverta e suba.

Quando os mercados recuam após uma cauda de canguru, oferecem oportunidades. Foi J. Peter Steidlmayer quem apontou anos atrás que uma barra que parece um dedo, destacando-se em um padrão gráfico estreito fornece um valioso ponto de referência para os traders de curto prazo. Uma cauda de canguru mostra que um determinado preço foi rejeitado pelo mercado. Geralmente, leva a um movimento oposto. Assim que reconhecer uma cauda, opere no sentido inverso ao dela (Figura 20.2).

FIGURA 20.2   IGT diário. (*Gráfico: Stockcharts.com*)

Operando com Caudas de Canguru.

As caudas de canguru marcam o respingo final de otimismo ou pessimismo, dependendo de sua direção. Aqui, a cauda de canguru (marcada com uma seta vermelha) ajudou a identificar o fim de uma tendência de alta na ação da International Game Technology (IGT). Observe que a barra tem mais do que o dobro da altura média e está circundada por barras mais curtas. Se entrar em uma operação curta durante a terceira barra, coloque seu stop a meio caminho da cauda. Colocar um stop na ponta da cauda significaria aceitar muito risco.

Observe uma cauda apontando para baixo, marcada por uma seta verde. Ela parou a tendência de baixa e deu início a uma alta semanal.

Um trader experiente reconhece uma cauda de canguru durante a formação da terceira barra, antes de seu fechamento. Por exemplo, considere uma faixa de operação que permaneceu por vários dias em um gráfico diário, mas que explodiu em uma barra muito alta na segunda-feira. Se, na terça-feira, abrir perto da base da barra de segunda-feira e se recusar a subir, considere vender a descoberto antes que o mercado feche na terça-feira. Se o mercado estiver em uma faixa de operação há uma semana e rastrear uma barra alta na quarta-feira, prepare-se na quinta-feira: se os preços forem negociados em uma faixa estreita perto do topo da barra de quarta-feira, compre antes que o mercado feche na quinta-feira.

Lembre-se de que negociar contra a cauda é uma tática de curto prazo. Nos gráficos diários, esses sinais desaparecem após alguns dias. Avalie as caudas de canguru no contexto do mercado atual. Por exemplo, ao operar em uma empreitada de longo prazo de alta em uma ação, fique atento às caudas de canguru. Uma cauda ascendente pode muito bem sugerir lucros em posições existentes, enquanto uma cauda descendente identifica um bom momento para comprar mais ações.

Usar stops é essencial para a sobrevivência e o sucesso nos mercados. Definir um stop no final de uma cauda deixaria seu stop muito amplo, arriscando muito capital. Ao operar contra a cauda, defina seu stop de proteção aproximadamente na metade dela. Se o mercado começar a "mastigar a ponta da cauda", é hora de sair.

CAPÍTULO 4

Análise Técnica Computadorizada

Os computadores eram novidade na época em que escrevi *Como Se Transformar em um Operador e Investidor de Sucesso*. Meu primeiro computador para análise técnica foi um desktop Apple 2E com um modem quadradão e duas unidades de disquete. Cada uma delas tinha entrada para um disquete de 300KB: uma era para o programa analítico (Computrac, o primeiro programa de análise técnica) e outra para dados de mercado. Quando os primeiros discos rígidos saíram, eu tive a opção de comprar uma unidade de 2MB, 5MB ou 10MB (megas, não gigabytes!). Dez megabytes parecia exagero, então comprei um disco rígido de 5MB. Como a tecnologia mudou!

Um operador sem computador é como um homem viajando de bicicleta. Suas pernas ficam fortes e ele vê muitas paisagens, mas seu progresso é lento. Se está viajando a negócios e quiser chegar mais rápido, é bom comprar um carro.

Hoje, poucas pessoas operam sem computadores. Nossas máquinas ajudam a acompanhar e analisar mais mercados com maior profundidade. Elas nos libertam da rotina de ter que atualizar gráficos, deixando mais tempo livre para as análises. Computadores nos permitem usar indicadores mais complexos e identificar mais oportunidades. Operar nos mercados é um jogo de informação. Um computador o ajuda a processar mais informações. Em contrapartida, com os computadores, perdemos a sensação física de movimento dos preços, que vêm dos gráficos a lápis e papel.

21. Os Computadores no Trading

A análise técnica computadorizada é mais objetiva do que a análise técnica clássica. A presença do suporte ou resistência é um ponto controverso, mas a direção dos indicadores é indiscutível. Claro, ainda é preciso decidir o que fazer depois de identificar a mensagem de um indicador.

Caixas de Ferramentas (Toolboxes)

Quem quer trabalhar com madeira ou metal vai a uma loja de ferragens e compra uma caixa de ferramentas com um conjunto de instrumentos adequados. Também é preciso aprender a usar as ferramentas para trabalhar com mais inteligência e eficiência. A caixa de ferramentas da análise técnica é um conjunto de instrumentos eletrônicos para o processamento de dados do mercado.

Ao decidir entrar na análise técnica computadorizada, comece estabelecendo uma lista de tarefas que deseja que seu computador execute. Isso demanda uma análise aprofundada, mas é melhor do que se confundir comprando um pacote de ferramentas e tentando descobrir o que cada uma pode acrescentar. Decida quais mercados acompanhar, que tipos de gráficos analisar e quais indicadores usar.

Uma caixa de ferramentas traça gráficos diários e semanais. Ela divide a tela em diversos painéis para plotar preços e indicadores, e oferece diversos indicadores conhecidos, como médias móveis, canais, MACD, Histograma MACD, Estocástico, Índice de Força Relativa etc., e mais dezenas ou mesmo centenas deles. Ela possibilita que você modifique cada indicador e até mesmo que crie os seus.

Uma boa caixa de ferramentas também possibilita que se comparem dois mercados e que se analisem os spreads. Caso opere com opções, a caixa de ferramentas deve incluir um modelo de avaliação de opções. Os pacotes avançados ainda criam condições para testar a rentabilidade do seu sistema de operações.

Outra característica de uma boa caixa de ferramentas é a capacidade de filtrar e ranquear ações. Por exemplo, suponhamos que você queira todas as ações entre as Nasdaq 100 cujas médias móveis exponenciais estejam subindo, mas cujos preços não estejam mais do que 1% acima das MMEs. Seu software consegue identificar isso? Ele adiciona parâmetros fundamentalistas à pesquisa, como lucros crescentes? Pense no que deseja encontrar e pergunte aos fornecedores do software se seus produtos conseguem entregar isso.

Há bons pacotes de softwares em todos os níveis de preços. Um iniciante, ao dar os primeiros passos, pode se inscrever em um serviço online que ofereça gratuitamente um conjunto básico de ferramentas computadorizadas, e adquirir um plano pago mais tarde. A maioria dos gráficos deste livro foi produzida apenas com um serviço, o StockCharts.com, porque quero que veja o quanto pode ser feito gastando pouco. Alguns traders acham isso suficiente, enquanto muitos de nós compram programas que permitem maior customização. Com os preços do software em constante declínio, você não precisa se preocupar muito. Compre algo simples e barato e faça o upgrade mais tarde — é como um namoro, não um casamento.

Depois de decidir qual pacote usar, contrate alguém que já o use para o ajudar a configurá-lo em sua máquina. Isso economiza muito tempo e energia para usuários inexperientes.

Cada vez mais corretoras oferecem um software analítico gratuito aos clientes. O custo é interessante, mas eles tendem a ter duas limitações significativas. Primeiro, por razões legais, eles tornam a modificação de seu software muito difícil e, segundo, ele só funciona online. Os traders costumam perguntar como adicionar indicadores personalizados ao software de corretagem, e a resposta mais comum é: simplesmente não dá.

A maioria dos programas oferecidos pelas corretoras permite fazer e alterar ordens usando um mesmo software analítico, o que é muito útil e prático para day traders, mas menos importante para os traders de longo prazo. Certifique-se de desativar um recurso comum que mostra seus ganhos ou perdas em tempo real. Observar o fluxo de cada centavo do seu bolso a cada tick é estressante e perturbador. Como diz a música: "...nunca conte dinheiro enquanto estiver sentado à mesa, haverá tempo suficiente para contar quando a operação terminar." [Trecho da música The Gambler, de Kenny Rogers, em tradução livre.] Concentre-se nos preços e indicadores em vez de prestar atenção no fluxo dos centavos e ficar pensando no que podia comprar com eles.

Softwares de análise técnica mudam e evoluem constantemente. Um livro não é o melhor meio para fazer recomendações de software. Minha empresa Elder.com tem um breve Software Guide, que atualizamos e enviamos por e-mail a pedido de qualquer trader, como um serviço público.

Como mencionado, a maioria dos programas para análise técnica se enquadra em um dos três grupos: caixas de ferramentas, caixas-pretas e caixas-cinza. Caixas de ferramentas são para traders sérios, caixas-pretas, para os que acreditam em Papai Noel, e caixas-cinza contêm um pouco das duas. Ao considerar um novo pacote de software, certifique-se de saber a qual grupo pertence.

Caixas-pretas e Caixas-cinza

Softwares de caixa-preta são pura magia: dizem-lhe o que comprar ou vender e quando o fazer, mas sem explicar o porquê. Você baixa os dados e aperta um botão. As luzes piscam, as engrenagens entram em operação e uma mensagem aparece, dizendo o que fazer. Mágica!

Caixas-pretas sempre vêm com registros impressionantes, que mostram o rentável desempenho passado, mas acabam se autodestruindo, porque os mercados mudam. Nem sistemas com otimização incorporada sobrevivem, porque não sabemos que tipo de otimização será necessária no futuro. Não há substituto para o julgamento humano. A única maneira de ganhar dinheiro com uma caixa-preta é a vendendo. A maioria é vendida por patifes a traders ingênuos e inseguros.

Toda caixa-preta falha, mesmo que seu desenvolvedor seja honesto. Atividades humanas complexas, como trades, não podem ser automatizadas. As máquinas ajudam os humanos, mas não os substituem.

Negociar com uma caixa-preta significa usar uma parte da inteligência de outra pessoa, como se ela tivesse existido em algum ponto no passado. Os mercados mudam, os especialistas mudam, mas uma caixa-preta continua produzindo sinais de compra e venda. Seria engraçado, se não custasse tão caro aos perdedores.

Uma **caixa-cinza** gera sinais de operações baseados em fórmulas proprietárias. Ao contrário de uma caixa-preta, ela revela seus princípios gerais e permite ajustar seus parâmetros até certo ponto. Quanto mais próxima a caixa-cinza estiver de uma caixa de ferramentas, melhor ela é.

Computadores

Enquanto programas online são executáveis em qualquer computador, a maioria dos programas stand-alone é desenvolvida para Windows. Alguns traders os executam em Macs, usando um software de emulação. Existem até mesmo programas para tablets e ipads.

O software de análise técnica tende a não demandar muito poder de processamento, mas, ainda assim, faz sentido adquirir a máquina mais moderna para que ela continue útil por anos.

Muitos day traders gostam de usar várias telas para ter uma visão multidimensional dos mercados e acompanhar vários ativos ao mesmo tempo. Como gosto de viajar, carrego uma pequena tela externa que me ajuda a monitorar os mercados e a operar na estrada. É do tamanho do meu notebook, mas muito mais fina e se conecta a ele apenas com um cabo USB, sem precisar de alimentação.

Dados de Mercado

Swing traders e traders de posição entram e saem do mercado em questão de dias ou semanas, enquanto os day traders, em poucas horas, se não em minutos. Os dados do fim de dia são suficientes para os traders de posição, mas day traders precisam de dados em tempo real.

Quando fizer o download dos dados diários para pesquisa, vale a pena cobrir dois ciclos de altas e baixas (bull e bear market), ou cerca de 10 anos. Sempre que analiso uma ação, gosto de verificar 12 anos de histórico de operações para ver se o preço atual está barato ou caro em relação aos 12 anos.

Sempre que considerar uma operação, você deve ter em mente seu diferencial — o que o ajudará a ganhar dinheiro. Reconhecer padrões é parte do meu diferencial, mas, se o histórico de uma ação for muito curto, não há padrões confiáveis. É por isso que evito negociar ações que tenham menos de um ano.

Ao coletar e analisar dados, não analise vários mercados de uma vez. Concentre-se na qualidade e profundidade da análise, não na quantidade. Comece seguindo os principais índices de mercado, como o Dow, o NASDAQ e o S&P. Muitos operadores profissionais concentram-se em um número relativamente pequeno de ações. Eles as analisam com cuidado e se familiarizam com seus padrões.

Comece se concentrando em poucas ações. Muitos profissionais limitam-se a menos de cem ações, que analisam todo fim de semana e marcam suas opiniões em uma nova coluna de sua planilha. Eles selecionam menos de dez ações desse grupo que pareçam promissoras para a próxima semana e se concentram nelas. Construa sua lista de observação gradualmente a partir das ações populares do ano. Adicione algumas ações dos setores mais promissores e algumas que já operou antes. Montar uma lista de observação é como fazer jardinagem: um belo jardim não se faz em uma estação, mas em várias delas você pode chegar lá.

Procure se ater aos dados do próprio fuso horário. Quando dou aulas no exterior, os traders costumam perguntam se opero no país deles. Lembro a eles de que sempre que fazem uma operação, estão tentando tirar dinheiro do bolso de algum outro trader, enquanto outros tentam tirar do seu. Este jogo já é bem difícil quando você está acordado, mas é ainda mais arriscado em um fuso horário diferente, porque seu dinheiro fica vulnerável enquanto dorme. É por isso que limito minhas negociações aos mercados dos EUA. Muitos traders estrangeiros reclamam que acham seus mercados internos muito limitados e perguntam se faria sentido para eles negociar no enorme e líquido mercado dos EUA. A resposta depende de quão diferente é o fuso horário deles em relação ao dos EUA. É fácil negociar os mercados dos EUA na Europa, onde abrem às 15h30 e fecham às 22h. É muito mais difícil negociá-los na Ásia ou na Austrália, mas pode funcionar se você objetivar uma visão mais comprada e buscar operar tendências de longo prazo.

Traders iniciantes devem evitar o day trading, pois exige tomada de decisão instantânea. Se você parar para pensar, é aniquilado. Aprenda a operar em um ambiente com ritmo mais lento. Procure operar como trader de posição ou como swing trader antes de considerar ser day trader. Comparar swing e day trading é como jogar o mesmo videogame no nível um e no nível nove. Você passa pelos mesmos labirintos e combate os mesmos monstros, mas o ritmo no nível nove é tão rápido que suas reações precisam ser automáticas. Aprenda a analisar os mercados no nível um — torne-se um swing trader profissional antes de tentar ser day trader. Voltaremos a este tópico na Seção 33 "Time Frames".

Começar como swing trader é o ideal, isto é, manter posições por vários dias. Opere com ações conhecidas, com boas oscilações e bom nível de volume. Comece acompanhando só algumas. Alguns swing traders que seguram posições apenas por alguns dias usam dados em tempo real para pegar o timing das entradas e saídas, enquanto outros se contentam com dados de fim de dia.

Três Grandes Grupos de Indicadores

Os indicadores o ajudam a identificar tendências e suas reversões. Eles são mais objetivos do que padrões gráficos e podem mostrar fatores importantes quanto ao equilíbrio de poder entre touros e ursos.

Um dos grandes desafios é a contradição que pode ocorrer entre os indicadores. Alguns funcionam melhor com tendências, outros, com mercados estagnados. Alguns são bons para identificar pontos de virada, outros, para identificar possíveis tendências. Por isso vale a pena aprender a combinar alguns indicadores de vários grupos.

Muitos iniciantes buscam uma "bala de prata" — um indicador mágico, mas os mercados são complexos demais para se usar apenas uma ferramenta. Outros pesquisam vários indicadores e calculam a média de seus sinais. Os resultados dessa "pesquisa" tendem a ser distorcidos pelos indicadores selecionados.

A maioria dos indicadores se baseia nos mesmos cinco dados: preço de abertura, preço de fechamento, maior alta, maior baixa e volume. Os preços são os dados fundamentais, os indicadores são baseados neles. Usar 10, 20 ou 50 indicadores não aprofundará sua análise porque eles se baseiam nas mesmas informações.

Podemos dividir os indicadores em três grupos: rastreadores de tendência, osciladores e mistos. Rastreadores de tendências funcionam melhor quando os mercados estão em movimento, mas a qualidade de seus sinais diminui consideravelmente quando os mercados estão achatados. Os osciladores capturam pontos de virada em mercados achatados, mas dão sinais prematuros e perigosos quando os mercados começam a se movimentar. Indicadores mistos apresentam sinais da psicologia de massa. Antes de usar qualquer indicador, entenda o que ele mede e como funciona. Só então confie nos sinais que apresenta.

80 ANÁLISE TÉCNICA COMPUTADORIZADA

Os **rastreadores de tendência** incluem médias móveis, Linhas de MACD, sistema Direcional, On-Balance Volume, Acumulação/Distribuição etc. Os rastreadores são indicadores coincidentes ou atrasados — eles mudam depois que as tendências se invertem.

Os **osciladores** identificam pontos de virada. Incluem Histograma MACD, Índice de Força, Estocástico, Taxa de Variação, Momentum, Índice de Força Relativa, Elder-ray, Williams %R e outros. Osciladores são indicadores direcionadores ou coincidentes que costumam se antecipar aos preços.

Os **mistos** indicam a intensidade das altas e das baixas. Eles incluem o índice New High-New Low [NH-NL, da sigla em inglês], a Proporção Put-Call, o Consenso de Alta, o Compromisso dos Traders, e outros. Os indicadores podem ser adiantados ou coincidentes.

Vale a pena combinar vários indicadores de diferentes grupos, de modo que suas fraquezas se anulem mutuamente, enquanto seus aspectos positivos permanecem inalterados. Esse é o objetivo do sistema de operação com Três Telas (veja a Seção 39).

Ao começar a analisar indicadores, é necessário ter cautela. Às vezes, seus sinais são muito claros, enquanto outras vezes são bastante vagos. Aprendi há muito tempo a fazer uma operação somente quando o indicador sinaliza "agarre-me pelos cabelos". Se me pego perdido entre os gráficos enquanto tento entender seus sinais, viro a página e passo para a próxima ação.

Se olhar para um indicador familiar, mas não entender sua mensagem, é bem provável que a ação analisada esteja em um estágio caótico (veja a Seção 17). Se os sinais dos indicadores não estiverem claros, não os manipule nem sobreponha mais indicadores. Em vez disso, deixe essa ação de lado por alguns instantes e procure outra. Um dos grandes luxos de ser trader privado é que ninguém nos força a operar — esperamos os melhores e mais óbvios sinais.

Ao ler sobre os sinais de diferentes indicadores, lembre-se de que as decisões de operação não podem se basear em um único indicador. Precisamos selecionar vários indicadores que entendemos e confiamos e combiná-los em um sistema de trading. Nos próximos capítulos, exploraremos os indicadores, e mais adiante no livro veremos como criar nosso próprio sistema a partir deles.

22. Médias Móveis

Os veteranos de Wall Street dizem que as médias móveis foram trazidas para os mercados financeiros pelos artilheiros antiaéreos após a Segunda Guerra Mundial. Eles as usavam para aumentar a acurácia das armas contra os aviões inimigos durante a Guerra e aplicaram o mesmo método aos preços. Dois especialistas pioneiros em médias móveis foram Richard Donchian e J.M. Hurst — que, pelo que se sabe, não foram artilheiros. Donchian foi um empregado do Merrill Lynch que desenvolveu métodos de operação baseados no crossover de médias móveis. Hurst foi um engenheiro que aplicou as médias móveis a ações em seu livro *The Profit Magic of Stock Transaction Timing*, hoje um clássico da literatura especializada.

A média móvel (MM) mostra a média dos dados em determinado período. Uma MM de 5 dias mostra o preço médio dos últimos 5 dias, uma MM de 20 dias mostra o preço médio dos últimos 20 dias e assim por diante. Ao conectarmos as médias móveis de cada dia, temos uma linha de média móvel.

$$\text{MM Simples} = \frac{P_1 + P_2 + \ldots + P_N}{N}$$

em que P é o preço cuja média está sendo calculada; e

      N é o número de dias da média móvel (selecionado pelo trader).

O nível de uma média móvel reflete os valores que estão sendo calculados e depende da largura da janela da MM. Suponha que você queira calcular uma média móvel simples de 3 dias de uma ação. Se ela fechar em 19, 21 e 20 nos 3 dias, respectivamente, então a MM simples desses 3 dias é 20 (19 + 21 + 20, dividido por 3). Suponha que, no 4º dia, a ação feche em 22. Isso faz com que a MM de 3 dias suba para 21 — a média dos últimos 3 dias (21 + 20 + 22, dividida por 3).

Há três tipos principais de médias móveis: simples, exponencial e ponderada. As simples costumavam ser populares porque eram fáceis de calcular na época em que o computador ainda não era acessível, e Donchian e Hurst as usavam. No entanto, elas têm uma falha fatal — mudam duas vezes em resposta a cada preço (quando o preço entra e quando sai).

Ladra, mas Não Morde

A MM simples muda em resposta a cada dado. Isso é bom — queremos que nossa média móvel reflita as mudanças nos preços. O ruim é que muda novamente quando um preço sai do período considerado. Quando um preço mais alto sai, a MM simples diminui. Quando um preço baixo sai, ela aumenta. Essas mudanças não têm a ver com a realidade do mercado.

Imagine que uma ação paire entre 80 e 90, e que sua MM simples de 10 dias seja de 85, mas inclua um dia em que a ação chegou a 105. Quando esse número mais alto sai do período computado, por já não fazer parte da janela de 10 dias, a MM cai, parecendo o início de uma tendência de baixa, porém, essa queda não reflete a situação atual.

Quando um dado antigo sai do período, a média móvel simples salta. Esse problema é pior com MMs para venda descoberta, mas não tão ruim para as de compra. Se você usar uma MM de 10 dias, essas saídas dos dados influenciam muito, porque cada dia representa 10% do valor total. Por outro lado, se usa uma MM de 200 dias, em que cada dia é responsável por apenas 0,5%, a saída de um dia não vai influenciar tanto.

Ainda assim, uma MM simples é como um cão de guarda que late duas vezes — uma vez quando alguém se aproxima da casa e, outra, quando alguém se afasta dela. Depois de um tempo, você não sabe quando acreditar no cão. É por isso que o trader moderno, que usa computador, prefere médias móveis exponenciais, que discutiremos mais adiante neste capítulo.

Psicologia de Mercado

Cada preço é um retrato do atual consenso da massa em relação ao valor (veja a Seção 11). Um preço isolado não diz se a multidão é de touros ou de ursos — assim como apenas um retrato não sugere se alguém é otimista ou pessimista. Se, por outro lado, dez retratos seguidos da mesma pessoa forem levados a um laboratório fotográfico para a montagem de uma imagem composta, não será difícil supor as características típicas do indivíduo. Se a imagem composta for atualizada diariamente, é possível monitorar as tendências do humor da pessoa.

Uma média móvel é uma imagem composta do mercado — combina preços de vários dias. O mercado consiste de grandes multidões e a inclinação da MM identifica a direção de sua inércia. **Uma média móvel representa um consenso médio de valor para o período considerado**.

A mensagem mais importante de uma média móvel é a direção de sua inclinação. Quando sobe, mostra que a multidão está ficando mais otimista — mais touros. Quando desce, mostra que a multidão está ficando mais pessimista — mais ursos. Quando a alta de preços ultrapassa a média móvel, a multidão fica mais otimista. Quando a queda dos preços ultrapassa a média móvel, a multidão fica mais pessimista.

Médias Móveis Exponenciais

Uma média móvel exponencial (MME) é uma ferramenta de acompanhamento de tendências melhor porque dá maior peso aos dados mais recentes e responde a alterações mais rapidamente do que uma MM simples. Além disso, uma MME não salta em resposta à saída de dados antigos. Esse cão de guarda escuta melhor, e só late quando alguém se aproxima da casa.

$$MME = P_{hoj} \bullet K + MME_{ont} \bullet (1 - K)$$

em que $$K = \frac{2}{N + 1}$$

N = o número de dias da MME (escolhido pelo trader);

P_{hoj} = o preço de hoje;

MME_{ont} = a MME de ontem.

O software de análise técnica permite que você selecione a abrangência da MME. Uma MME tem duas importantes vantagens sobre uma MM simples. Primeiro, atribui maior peso ao último dia de operação. O humor mais recente da multidão é mais importante. Em uma MME de 10 dias, o último preço de fechamento é responsável por 18% do valor da MME, enquanto em uma MM simples o peso de todos os dias é igual. Segundo, a MME não elimina dados antigos da mesma forma que uma MM simples. Dados antigos desaparecem lentamente, como um humor passado desaparecendo lentamente de uma imagem composta.

Definindo o Período da Média Móvel

Vale a pena monitorar a inclinação da MME, porque uma linha ascendente indica atividade dos touros e uma linha descendente, dos ursos. Uma MME relativamente curta é mais sensível às mudanças de preços — permite que se captem novas tendências com mais rapidez, mas leva a mais reversões abruptas [whipsaws]. Uma MME de período mais longo produz menos whipsaws, mas perde os pontos de inflexão devido à margem mais ampla.

Você pode adotar várias abordagens para decidir o período da média móvel ou de qualquer outro indicador. Seria bom vincular o período da MME a um ciclo de preços, se você encontrar. Uma média móvel deve ter metade da abrangência do ciclo de mercado dominante. Se você encontrar um ciclo de 22 dias, use uma média móvel de 11 dias. Se o ciclo tiver 34 dias, use uma média móvel de 17 dias. O problema é que os ciclos continuam mudando e desaparecendo.

Não existe um número "melhor" para definir o período da MME. Bons indicadores são robustos — não são muito sensíveis a pequenas mudanças em seus parâmetros. Ao tentar captar tendências mais longas, use uma média móvel mais longa. Você precisa de uma vara de pescar maior para pegar um peixe maior. Uma média móvel de 200 dias funciona para investidores em ações de longo prazo que desejam seguir as principais tendências.

A maioria dos traders define o período da MME entre 10 e 30 dias. Uma média móvel não deve ser inferior a 8 dias para evitar perder o seu propósito como ferramenta de acompanhamento de tendências. Entre os números que gosto estão o 22, porque há aproximadamente 22 dias de operação em um mês, e 26 — metade do número de semanas de operação em um ano.

Criar parâmetros individualizados para cada ativo é prático somente se você acompanhar uma quantidade pequena de ações ou futuros. Quando esse número atinge dois dígitos, os parâmetros individualizados criam confusão. É melhor ter um padrão métrico que tenha precisamente um metro de comprimento e usar esses mesmos parâmetros para todas as suas médias móveis no mesmo período de tempo.

Não altere os parâmetros do indicador enquanto procura oportunidades de operar. Alterar parâmetros para obter sinais que você gostaria de ver rouba sua característica mais valiosa — a objetividade. É melhor definir seus parâmetros e seguir com eles.

Regras do Trading

Traders iniciantes tentam prever o futuro. Profissionais não preveem, medem o poder relativo dos touros e dos ursos, monitoram a tendência e assumem suas posições.

As médias móveis nos ajudam a operar na direção da tendência. A mensagem mais importante de uma média móvel vem da direção de sua inclinação (Figura 22.1). Ela reflete a inércia do mercado. Quando uma MME sobe, é melhor comprar e, quando desce, é melhor vender.

1. Quando uma MME subir, compre. Faça a operação quando os preços se aproximarem da média móvel. Logo em seguida, coloque um stop de proteção abaixo da mínima mais recente e mova-o para o ponto de equilíbrio assim que os preços fecharem mais alto;

2. Quando a MME descer, venda. Venda a descoberto quando os preços subirem em direção à MME e coloque um stop de proteção acima da última mínima mais alta. Abaixe seu stop para o ponto de equilíbrio quando os preços caírem;
3. Quando a MME ficar estagnada, oscilando pouco, indica um mercado sem rumo e sem tendência. Não use métodos de acompanhamento de tendências para operar.

Traders antigos costumavam seguir crossovers (cruzamentos) de MM rápidas e lentas. A abordagem preferida de Donchian, um dos primeiros a operar com médias móveis, era usar crossovers de 4, 9 e 18 dias. Sinais de operação ficavam evidentes quando todas as três MMs apontavam na mesma direção. Seu método, assim como outros métodos mecânicos de operar, só funcionava em mercados de tendências fortes.

FIGURA 22.1 DIS diário 22 dias de MME. (*Gráfico: Stockcharts.com*)

Média Móvel Exponencial (MME)
A direção da inclinação de uma média móvel ajuda a identificar tendências de ativos, como a Walt Disney Company (DIS).

Tentar filtrar whipsaws com regras mecânicas é contraproducente — os filtros reduzem os lucros tanto quanto as perdas. Um exemplo de filtro é uma regra que exige que os preços fechem no outro lado da MM não uma vez, mas duas vezes, ou que ultrapassem a MM com uma certa margem. Os filtros mecânicos reduzem as perdas, mas também diminuem a melhor característica de uma média móvel — sua capacidade de captar uma tendência em um estágio inicial.

O trader deve aceitar que uma MME, como qualquer outra ferramenta de operação, tem vantagens e desvantagens. As médias móveis o ajudam a identificar e seguir tendências, mas levam a whipsaws nas faixas de operação. Vamos procurar uma resposta para esse dilema no capítulo sobre o sistema de operações com três telas.

Mais sobre Médias Móveis

As médias móveis servem como zonas de **suporte e resistência**. A média móvel ascendente tende a atuar como piso sob os preços e a média móvel descendente tende a funcionar como teto sobre os preços. Eis por que vale a pena comprar perto da MM ascendente e vender a descoberto perto da MM descendente.

As médias móveis se aplicam aos **indicadores**, assim como a preços. Alguns traders usam uma média móvel de volume de 5 dias. Quando o volume cai e ultrapassa a MM de 5 dias, configura-se pouco interesse do público pela pequena tendência, o que sugere a probabilidade de sua reversão. Quando o volume sobe e ultrapassa a MM, constata-se forte interesse do público e confirma-se a tendência dos preços. Nós usaremos as médias móveis de um indicador quando trabalharmos com o Índice de Força (Seção 30).

A maneira adequada de plotar a média móvel simples é **atrelá-la** aos preços a uma distância correspondente à metade de seu período. Por exemplo, uma média móvel simples de 10 dias encaixa-se apropriadamente no meio do período de 10 dias e deve ser plotada sob o quinto ou o sexto dia. Já a média móvel exponencial é ponderada com mais intensidade em direção ao último dia, razão por que uma MME de 10 dias deve ser atrasada em 2 ou 3 dias. A maioria dos pacotes de software permite que se atrase a média móvel.

As médias móveis não se baseiam somente nos preços de fechamento, **mas também na média entre a máxima e a mínima**, útil para day traders.

A média móvel exponencial atribui maior peso ao último dia de operações, mas a **média móvel ponderada** (MMP) permite que se atribua qualquer peso a qualquer dia, dependendo do que considerar importante. As MMPs são tão complicadas que é preferível que os traders usem as MMEs.

MMEs Duplas

Sempre que analiso gráficos, gosto de usar não uma, mas duas médias móveis exponenciais. A MME mais longa mostra um consenso de valor a longo prazo. A MME de curto prazo mostra um consenso de valor a curto prazo.

Mantenho a proporção entre elas em aproximadamente dois para um. Geralmente, uso uma MME de 26 semanas e outra de 13 semanas em um gráfico semanal ou uma MME de 22 dias e outra de 11 dias em um gráfico diário. Entenda que não existe combinação mágica de números. Você deve se sentir à vontade para brincar com esses valores, selecionando um conjunto exclusivo para você. Lembre-se de manter a diferença entre as duas MMEs próxima de 2:1. É mais simples e eficiente usar o mesmo conjunto de valores (como 26/13 ou 22/11) em todos os time frames: semanal, diário e até intradiário.

Como a MME mais curta representa o consenso de valor no curto prazo e a MME mais longa, o consenso de longo prazo, acredito que o valor "vive" entre essas duas linhas. **Chamo o espaço entre as duas MMEs de zona de valor.**

Médias Móveis e Canais

Um canal consiste em duas linhas desenhadas paralelamente a uma média móvel. Curiosamente, a distância entre as linhas de canal superior e inferior é algumas vezes descrita como "altura" e em outras vezes como "largura" do canal, embora ambos se refiram à mesma medida.

Um canal bem elaborado deve conter aproximadamente 95% de todos os preços ocorridos nas últimas 100 barras. Os gráficos de prazos mais longos têm canais mais amplos porque os preços variam mais em 100 semanas do que em 100 dias. Os mercados voláteis têm canais mais amplos (ou mais altos) do que os mercados mais estáveis.

Os canais são muito úteis para análises de operação e de performance. Analisaremos o primeiro na Seção 41 e o segundo na Seção 59.

Preços, Valores e Zona de Valor

Um dos conceitos-chave na análise de mercado — que intuitivamente entendemos, mas dificilmente expressamos — é que os preços são diferentes dos valores. Compramos ações quando sentimos que seus preços atuais estão abaixo do valor real e esperamos que os preços subam. Vendemos e vendemos a descoberto quando pensamos que as ações estão precificadas acima do valor real e cairão.

Compramos ações subvalorizadas e vendemos ações supervalorizadas —, mas como definir valor?

Analistas fundamentalistas fazem isso estudando balanços e relatórios anuais, mas essas fontes não são tão objetivas quanto parecem. As empresas costumam manipular seus dados financeiros. Os analistas fundamentalistas não têm o monopólio do conceito de valor. Os analistas técnicos definem valor rastreando o spread entre uma MME rápida e uma lenta. Uma dessas MMEs reflete um consenso de curto prazo e a outra, um consenso de longo prazo. *O valor vive na zona entre as duas médias móveis* (Figura 22.2).

22. MÉDIAS MÓVEIS

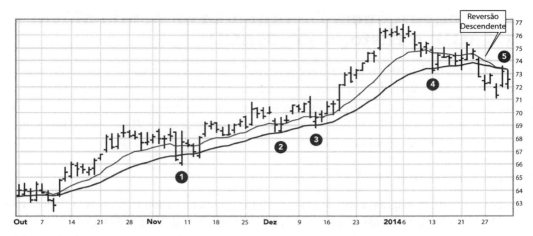

FIGURA 22.2 DIS diário, MMEs de 26 e de 13 dias. (Gráfico de Stockcharts.com.)

As MMEs e a Zona de Valor

A média móvel de curto prazo identifica um consenso de valor de curto prazo, enquanto uma média móvel de longo prazo reflete um consenso de valor de longo prazo. O valor "reside" na zona entre as duas médias móveis. Selecione os parâmetros para esse par de modo que a média de longo prazo seja aproximadamente o dobro da duração da MME de curto prazo. Só de olhar um gráfico, você sabe imediatamente qual MME é mais longa ou mais curta — a curta envolve os preços mais de perto, enquanto a lenta se move mais lentamente. A MME lenta ajuda a identificar a tendência, enquanto a rápida define o limite da zona de valor.

Ao procurar comprar uma ação, vale a pena fazê-lo na zona de valor, em vez de pagar a mais e comprar acima do valor. Da mesma forma, ao operar a descoberto, vale a pena esperar por uma alta na zona de valor para estabelecer uma posição vendida, em vez de vender a descoberto quando os preços caem.

Durante a tendência de alta mostrada neste gráfico, vemos retrações de valor, oferecendo oportunidades de compra atraentes nas áreas marcadas como 1, 2, 3 e 4. A reversão para baixo da MME lenta marca o fim da tendência de alta. Na borda direita do gráfico, a tendência é de baixa, enquanto um pullback para o valor na área 5 oferece uma oportunidade de operar a descoberto.

Muito importante: é impossível operar com sucesso com apenas um único indicador ou até mesmo um par de médias móveis. Os mercados são muito complexos para extrair dinheiro deles com uma única ferramenta. Precisamos construir um sistema de operação usando vários indicadores, bem como analisar o mercado em mais de um time frame. Tenha isso em mente ao analisar os indicadores: eles são as bases dos sistemas de operação, que serão analisados posteriormente.

Ter isso em mente o ajudará a se tornar um profissional mais racional. Uma vez que souber definir valor, procure comprar no valor ou abaixo dele e vender acima. Voltaremos a procurar oportunidades de operar em mercados supervalorizados e subvalorizados quando examinarmos canais de preços ou envelopes na Seção 41.

■ 23. Convergência-Divergência de Média Móvel (MACD) e Histograma MACD

As médias móveis identificam tendências e reversões. Gerald Appel, analista e gestor de recursos de terceiros em Nova York, desenvolveu um indicador mais avançado. A Convergência-Divergência de Média Móvel [MACD, sigla do inglês Moving Average Convergence-Divergence] consiste não em uma, mas em três médias móveis exponenciais. Ela aparece nos gráficos como duas linhas, cujos crossovers emitem sinais de operação.

Como Construir o MACD

O indicador MACD original consiste em duas linhas: uma linha sólida (chamada de linha do MACD) e uma linha tracejada (chamada de Linha de Sinal). A linha do MACD é composta de duas médias móveis exponenciais (MMEs). Ele responde a mudanças nos preços de forma relativamente rápida. A linha de sinal suaviza a linha de MACD com outra MME. Ela responde a mudanças nos preços mais lentamente. No sistema original de Appel, os sinais de compra e venda eram dados quando a linha rápida, a do MACD, cruzava a linha lenta, de sinal.

O indicador MACD está incluído na maioria dos programas para análise técnica. Para criar o MACD manualmente:

1. Calcule a MME de 12 dias dos preços de fechamento;

2. Calcule a MME de 26 dias dos preços de fechamento;

3. Subtraia a MME de 26 dias da MME de 12 dias e plote a diferença como linha sólida. Essa é a linha de MACD;

4. Calcule a MME de 9 dias da linha rápida e plote o resultado como linha tracejada. Essa é a Linha de Sinal.

Psicologia de Mercado

Cada preço reflete o consenso de valor entre a massa de participantes do mercado no momento da operação. Uma média móvel representa o consenso em determinado período — é como uma imagem composta do consenso da massa. Uma média móvel mais longa rastreia o consenso a longo prazo e uma média móvel mais curta rastreia o consenso a curto prazo.

Os crossovers das linhas de MACD e de Sinal identificam mudanças no equilíbrio de poder entre touros e ursos. A linha MACD reflete o consenso da massa em um período mais curto. A linha de Sinal lenta reflete o consenso da massa em um período maior. Quando a linha de MACD, mais rápida, cruza a linha de Sinal mais lenta subindo, constata-se que os touros dominam o mercado e que é melhor comprar. Quando a linha rápida cruza a linha lenta descendo, constata-se que os ursos dominam o mercado e que é melhor vender.

Regras de Trading para Linhas de MACD

Os crossovers das linhas de MACD e de Sinal identificam mudanças nas marés do mercado. Operar na direção de um crossover significa seguir o fluxo. Esse sistema gera menos operações e menos reversões abruptas do que os sistemas mecânicos baseados em médias móveis simples.

1. Quando a linha de MACD rápida cruza a linha de sinal lenta subindo, emite-se um sinal de compra. Compre e defina um stop de proteção abaixo da mínima mais recente;
2. Quando a linha rápida cruza a linha lenta descendo, emite-se um sinal de venda. Venda a descoberto e defina um stop de proteção acima da máxima mais recente (Figura 23.1);

Os fundos A, B e C, da ABX, são como um padrão ombro-cabeça-ombro invertido. Ainda assim, os indicadores técnicos fornecem mensagens mais objetivas do que os padrões gráficos clássicos.

FIGURA 23.1 ABX semanal, MMEs de 26 e 13 semanas, Linhas de MACD de 12-26-9. (*Gráfico: Stockcharts.com*)

Linhas de MACD

A Barrick Gold Corporation (ABX), que tem a maior capitalização de mercado de todas as empresas de ouro listadas nos EUA, teve uma queda em 2012 e 2013 devido à baixa do mercado. Observe o sinal de venda, marcado por uma seta vertical vermelha, quando a linha rápida cruzou a linha lenta e desceu. Esse sinal reverteu mais de um ano depois, quando a linha rápida cruzou a linha lenta, subindo, marcada com uma seta vertical verde.

Observe vários padrões adicionais neste gráfico. Quando o ABX caiu para um recorde de baixa, marcado como B, as linhas de MACD não confirmaram: não caíram, mas traçaram um fundo duplo. Essa nova mínima B acabou por ser um falso rompimento de baixa, um sinal de alta. A última tentativa dos ursos de reduzir o ABX, na área C, não foi confirmada pelas Linhas de MACD, que mantiveram uma tendência de alta constante. Na borda direita do gráfico, as Linhas de MACD atingiram uma nova alta para o movimento de alta, indicando força. Ambas as MMEs estão subindo, confirmando a tendência de alta.

Mais sobre as Linhas de MACD

Traders sofisticados personalizam suas Linhas de MACD com médias móveis diferentes das MMEs padrão de 12, 26 e 9 barras. Cuidado ao alterar o MACD toda hora. Se você modificar demais o MACD, pode fazer com que ele mostre o que você quer ver em vez da realidade.

Um "**macete**" para plotar o MACD pode ser usado por traders cujo software não inclui esse indicador. Alguns pacotes permitem que se tracem apenas duas MMEs. Se for o seu caso, você pode usar os crossovers entre duas MMEs, como as de 11 dias e de 26 dias, como substitutos das linhas de MACD e de Sinal.

Histograma MACD

O Histograma MACD proporciona uma visão mais profunda do que o MACD original sobre equilíbrio de poder entre touros e ursos. Mostra não só qual dos dois grupos está no controle, mas também se o grupo dominante está ficando mais forte ou mais fraco. É uma das melhores ferramentas disponíveis aos analistas técnicos de mercado.

Histograma MACD = linha de MACD – linha de sinal

O Histograma MACD mede a diferença entre a linha de MACD e a de Sinal, e plota a diferença como um histograma — uma série de barras verticais. A distância parece irrelevante, mas o computador amplia a escala para preencher a tela (Figura 23.2).

Se a linha rápida estiver acima da linha lenta, o Histograma MACD será positivo e plotado acima da linha zero. Se a linha rápida estiver abaixo da linha lenta, o Histograma MACD será negativo e plotado abaixo da linha zero. Quando as duas linhas se tocam, o Histograma MACD é igual a zero.

Quando aumenta o spread entre as linhas de MACD e de Sinal, o Histograma MACD fica mais alto ou profundo, dependendo da direção. Quando as linhas se aproximam, fica mais curto.

A inclinação do Histograma MACD é definida pela relação entre duas barras. Se a última for mais alta (como a altura das letras m-M), a inclinação do Histograma MACD será para cima. Se a última for mais baixa (como a profundidade das letras P-p), para baixo.

Psicologia de Mercado

O Histograma MACD mostra a diferença entre o consenso de valor a curto prazo e a longo prazo. A linha de MACD rápida reflete o consenso do mercado em um período mais curto. A linha de Sinal lenta reflete o consenso do mercado em um período mais longo. O Histograma MACD rastreia a diferença entre essas duas linhas.

A inclinação do Histograma MACD identifica o grupo dominante no mercado. O ascendente mostra que os touros estão ficando mais fortes. O descendente mostra que os ursos estão ficando mais fortes.

Quando a linha de MACD rápida sobe com mais rapidez do que a de sinal lenta, o Histograma sobe. Isso mostra que os touros estão ficando mais fortes — uma boa hora para comprar. Quando a linha de MACD rápida cai com mais rapidez do que a lenta, o Histograma desce, indicando que os ursos estão ficando mais fortes — uma boa hora para vender.

Quando a inclinação do Histograma MACD se movimenta na mesma direção dos preços, a tendência é segura. Quando a inclinação do Histograma MACD se movimenta em direção oposta à dos preços, a segurança da tendência é questionável.

A inclinação do Histograma MACD é mais importante do que sua posição acima ou abaixo da linha central. É melhor operar na direção da inclinação do histograma, porque ela informa se os touros ou os ursos estão liderando o mercado. Os melhores sinais de venda ocorrem quando o Histograma MACD está acima da linha central, mas sua inclinação muda para baixo, mostrando que os touros ficaram exaustos. Os melhores sinais de compra ocorrem quando o Histograma MACD está abaixo da linha central, mas sua inclinação muda para cima, mostrando que os ursos ficaram exaustos.

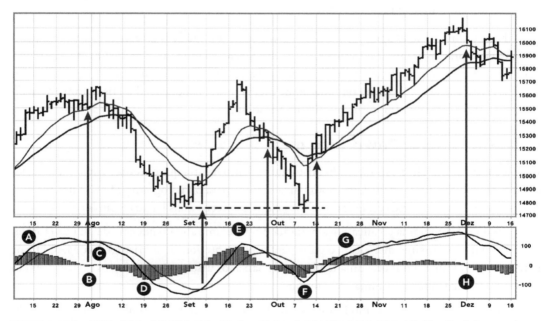

FIGURA 23.2 DJIA diário, MME de 26 e 13 dias, Linhas de MACD de 12-26-9. (*Gráfico: Stockcharts.com*)

O Histograma MACD

Quando as Linhas de MACD se cruzam, o Histograma, que é derivado delas, cruza a linha zero subindo ou descendo. Os sinais de compra e venda das Linhas de MACD, marcados por setas verdes e vermelhas, ficam visíveis. Eles são atrasados, mas o Histograma MACD dá os próprios sinais. Voltaremos a eles mais adiante neste capítulo, mas por enquanto, vamos analisar apenas um.

Compare os fundos D e F do Dow. O segundo foi ligeiramente inferior (acabou por ser um falso rompimento de baixa), mas o fundo correspondente do Histograma MACD foi mais superficial do que o primeiro, alertando que os ursos eram mais fracos do que antes e a reversão da alta era bem provável.

Regras de Trading

O Histograma fornece dois sinais de operação. Um é frequente, ocorrendo em todas as barras de preço. O outro é raro, mas extremamente forte. Ocorre poucas vezes por ano no gráfico diário de uma ação. É ainda mais raro nos gráficos semanais, mas é mais frequente nos gráficos intradiários.

O sinal mais frequente é dado pela inclinação do Histograma. Quando a barra atual é maior do que a anterior, a inclinação é ascendente, mostrando que os touros estão no controle e é hora de comprar. Quando a barra atual é menor do que a anterior, a inclinação é descendente, ou seja, os ursos estão no controle e é hora de vender. Quando os preços vão para um lado, mas o Histograma vai para outro, é sinal de que a multidão dominante está perdendo o entusiasmo, e a tendência é mais fraca do que parece.

1. Compre quando o Histograma MACD subir. Coloque um stop de proteção abaixo da última baixa mais recente;

2. Venda a descoberto quando o Histograma MACD descer. Coloque um stop de proteção acima da última alta mais recente.

O Histograma MACD aponta para cima e para baixo nos gráficos diários com tanta frequência que não é prático comprar ou vender a cada mudança. As mudanças na inclinação são muito mais significativas nos gráficos semanais, razão pela qual faz parte do sistema de operação com três telas (veja a Seção 39). Uma combinação de média móvel exponencial e Histograma MACD ajuda a criar o sistema de Impulso, descrito na Seção 40.

Quando Esperar Novo Pico ou Novo Vale

Um pico recorde nos últimos 3 meses do Histograma diário mostra que os touros estão muito fortes e os preços subirão ainda mais. Uma nova baixa recorde para o Histograma MACD nos últimos 3 meses mostra que os ursos estão muito fortes e que os preços mais baixos estão logo à frente.

Quando o Histograma alcança nova máxima durante um rali, a tendência de alta é vigorosa, e espera-se que a próxima alta alcance ou supere o pico anterior. Se o Histograma MACD cair para uma nova mínima durante uma tendência de baixa, os ursos estão fortes e os preços voltarão a bater ou ultrapassarão a mínima mais recente.

O Histograma funciona como faróis de carro — que mostram a estrada à frente. Não todo o caminho até em casa, lembre-se, mas o suficiente para dirigir com segurança a uma velocidade razoável.

Mais sobre o Histograma MACD

O Histograma MACD funciona em todos os time frames: semanal, diário e intradiário. Os sinais de time frames mais amplos apontam maiores movimentos dos preços. Por exemplo, os sinais dos Histogramas MACD semanais apontam maiores movimentos de preços do que os indicadores diários ou intradiários. O princípio aplica-se a todos os indicadores técnicos.

Quando você usa Linhas de MACD e o Histograma MACD nos gráficos semanais, não precisa esperar até sexta-feira para encontrar sinais. Uma tendência pode mudar no meio da semana — o mercado não vê o calendário. É bom realizar estudos semanais todos os dias. Configurei meu software para plotar gráficos semanais da maneira tradicional, de segunda a sexta-feira, mas com uma diferença: a última barra semanal reflete as operações da semana atual, a partir de segunda-feira. Depois que o mercado fecha na segunda-feira, minha última "barra semanal" é idêntica à barra diária da segunda-feira. A barra semanal na terça-feira reflete dois dias de operações e assim por diante. Por causa disso, na segunda-feira, costumo desconfiar da barra semanal, mas, na quinta-feira, confio muito mais nela.

Divergências

As divergências estão entre os sinais mais poderosos na análise técnica. Nesta seção, vamos nos concentrar no Histograma MACD, mas esse conceito se aplica à maioria dos indicadores.

As divergências entre o Histograma e os preços não são frequentes, mas fornecem sinais poderosos. Eles geralmente marcam grandes pontos de virada. Eles não ocorrem em todos os topos ou fundos importantes, mas, quando você vê um deles, sabe que uma grande reversão está chegando.

As **divergências de alta** ocorrem pouco antes do final das tendências de baixa — identificam os fundos de mercado. Uma divergência de alta clássica ocorre quando os preços e o oscilador despencam para uma nova baixa, com o oscilador subindo acima da linha zero, e ambos caem novamente. Dessa vez, os preços caem para uma baixa mais baixa, mas o oscilador traça um fundo mais alto do que durante seu declínio anterior. Essas divergências de alta geralmente precedem movimentos bruscos (Figura 23.3).

O gráfico semanal da DJIA e seu Histograma MACD a seguir exemplificam perfeitamente uma divergência. Ele merece virar pôster e ser fixado na parede perto de sua mesa de operações. Você nem sempre terá uma imagem tão perfeita, mas, quanto mais você se aproximar dela, mais confiável ela será.

Observe que a **quebra da linha central** entre dois fundos indicadores é certeza absoluta de uma verdadeira divergência. O Histograma MACD deve cruzar essa linha no sentido ascendente antes de derrapar para sua segunda parte inferior. Se não houver crossover, não há divergência.

Outro ponto importante: o Histograma MACD **dá um sinal de compra quando passa a subir depois do segundo fundo**. Não precisa cruzar a linha central pela segunda vez. O sinal de compra ocorre quando o Histograma MACD, ainda abaixo de zero, simplesmente para de descer e traça uma barra que é menos negativa do que a barra anterior.

Essa divergência do Histograma MACD na Figura 23.3 foi reforçada quando as Linhas do MACD traçaram um padrão de alta entre os fundos A e C, com o segundo fundo mais raso do que o primeiro. Esses padrões de Linhas do MACD são bastante raros. Eles indicam que a próxima tendência de alta será bem forte, embora não possamos chamá-los de divergências porque esse indicador não tem linha zero. A alta que começou em 2009 durou quase um ano antes da primeira correção significativa.

Além disso, não podemos chamar o padrão de topos indicadores de baixa após a baixa em C de divergência. Os topos inferiores refletem um enfraquecimento gradual da tendência de alta no tempo. Para ser considerado uma divergência, o Histograma MACD precisa cruzar a linha zero.

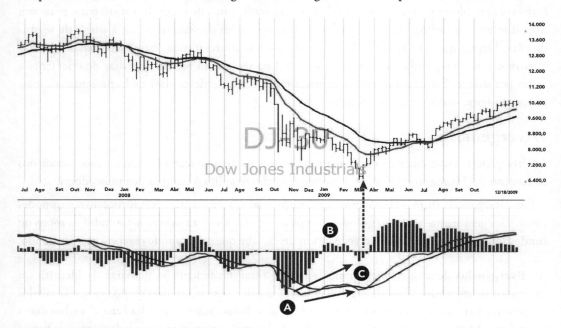

FIGURA 23.3 DJIA semanal, MMEs de 26 e 13 semanas, Linhas de MACD e Histograma MACD de 12-26-9. (*Gráfico: TC2000 do livro* Two roads Diverged: Trading Divergences)

Uma Divergência de Alta

Aqui você pode ver a divergência que sinalizou o fundo do mercado baixista em 2007–2009, dando um forte sinal de compra perto das mínimas. Na **área A**, o Dow apareceu em queda livre, quando o Lehman Brothers faliu e as ondas de vendas chegaram ao mercado. A baixa recorde do Histograma MACD, A, indicou que os ursos eram extremamente fortes e que o fundo de preço A seria alcançado ou superado. Na **área B**, o Histograma MACD ultrapassou a linha central, "quebrando a coluna do urso". Observe que a breve subida atingiu a "zona de valor" entre as duas médias móveis. Este é um alvo bastante comum para subidas de mercado baixista. Na **área C**, o Dow caiu para uma nova baixa, mas o Histograma MACD registrou uma baixa muito inferior. Seu uptick completou uma divergência de alta, dando um forte sinal de compra.

As **divergências de baixa** ocorrem em tendências de alta — elas identificam topos de mercado. Uma divergência de baixa clássica ocorre quando os preços atingem uma nova máxima e depois recuam, com um oscilador caindo abaixo da linha zero. Os preços se estabilizam e aumentam, mas um oscilador atinge um pico mais baixo do que na subida anterior. Essas divergências geram rompimentos acentuados.

Uma divergência de baixa mostra que os touros estão perdendo força, os preços estão subindo devido à inércia e os ursos estão prontos para assumir o controle. As divergências válidas são claramente visíveis — parecem brilhar nos gráficos. Se precisar de uma régua para dizer se existe uma divergência, suponha que não existe nenhuma (Figura 23.4).

23. CONVERGÊNCIA-DIVERGÊNCIA DE MÉDIA MÓVEL (MACD) E HISTOGRAMA MACD

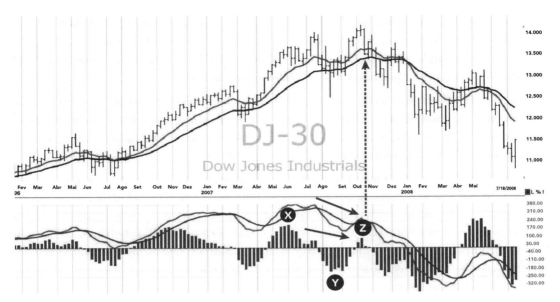

FIGURA 23.4 DJIA semanal, MMEs de 26 e 13 semanas, Linhas de MACD e Histograma MACD de 12-26-9. (*Gráfico: TC2000 do livro* Two roads Diverged: Trading Divergences)

Uma Divergência de Baixa

Na área X, o Dow subiu para uma nova alta e o Histograma MACD subiu junto, ultrapassando o pico anterior e mostrando que os touros eram extremamente fortes. Isso indica que o pico de preço X seria alcançado ou superado. Note que o topo X do Histograma MACD, apesar de sua forma complexa, não foi uma divergência porque o vale, no meio, nunca passou de zero.

Na área Y, o Histograma MACD ultrapassou a linha central "quebrando a coluna do touro". Observe que os preços ultrapassaram a zona de valor entre as duas médias móveis, descendo. Este é um alvo bastante comum para os rompimentos no mercado de alta. Observe também uma cauda de canguru no fundo Y. Na área Z, o Dow subiu para uma nova alta, mas a subida do Histograma MACD foi fraca, refletindo a fraqueza dos touros. O tick de baixa do pico Z completou uma divergência de baixa, dando um forte sinal de venda e augurando no pior mercado de urso em uma geração.

O gráfico anterior apresenta uma impressionante divergência de alta na base do mercado de ações de 2009. Agora, para uma ilustração similarmente surpreendente de uma enorme divergência de baixa, vamos reverter o relógio e examinar o topo do mercado, em alta, de 2007.

Observe que a **quebra da linha central** entre os dois topos indicadores confirma uma verdadeira divergência. O Histograma MACD deve ultrapassar a linha zero descendo antes de subir para o segundo topo.

Outro ponto importante: o Histograma MACD dá um **sinal de venda quando desce a partir do segundo topo**. Não precisamos esperar que ele cruze a linha central descendo novamente. O sinal de venda ocorre quando o Histograma MACD, ainda acima de zero, simplesmente para de subir e traça uma barra menor do que a anterior.

A mensagem de divergência de baixa na Figura 23.4 foi reforçada pelas Linhas de MACD, que traçaram um padrão de baixa entre os topos X e Z. O segundo topo foi mais superficial do que o primeiro, confirmando a divergência de baixa do histograma. Tais padrões das Linhas de MACD dizem-nos que a tendência de baixa muito provavelmente será severa.

As divergências em que "falta o ombro esquerdo", nas quais o segundo pico não consegue cruzar a linha zero, são bastante raras, mas produzem sinais de operação muito fortes. Um profissional experiente sabe lidar com elas, mas, definitivamente, não são para iniciantes. Elas são descritas e ilustradas no e-book *Two Roads Diverged: Trading Divergences*.

Kerry Lovvorn realizou uma extensa pesquisa e descobriu que as divergências de melhor operação ocorrem quando a distância entre os dois picos ou os dois fundos está entre 20 e 40 barras — e, quanto mais próxima de 20, melhor. Em outras palavras, os dois topos ou fundos não ficam muito distantes. Vinte barras traduzem-se em 20 semanas em um gráfico semanal, 20 dias em um gráfico diário, e assim por diante. Kerry também descobriu que os melhores sinais vêm de divergências nas quais a segunda parte superior ou inferior não ultrapassa a metade da altura ou a profundidade da primeira.

As **triplas divergências de alta ou baixa** consistem em três fundos de preços e três fundos osciladores ou três topos de preços e três topos osciladores. Elas são ainda mais fortes do que as divergências regulares. Para que uma divergência tripla ocorra, uma divergência de alta ou de baixa deve ser abortada. Essa é outra boa razão para praticar o gerenciamento financeiro rigoroso! Se perder apenas um pouco em uma reversão abrupta, você preservará tanto o dinheiro quanto a força psicológica para entrar novamente em uma operação. A terceira parte superior ou inferior deve ser mais superficial do que a primeira, mas não necessariamente do que a segunda.

O Cão dos Baskervilles

Esse sinal ocorre quando um padrão confiável, seja um gráfico ou indicador, não resulta no comportamento esperado, e os preços seguem a direção oposta. Uma divergência pode indicar que uma tendência de alta terminou, mas, se os preços continuarem a subir, eles dão o sinal Cão dos Baskervilles.

O nome do sinal inspira-se na história de Sir Arthur Conan Doyle, na qual Sherlock Holmes foi chamado para resolver um caso de assassinato em uma propriedade rural. Ele descobriu a pista básica ao se dar conta de que o cão da família não latiu enquanto se cometia o assassinato. Isso significava que o cão conhecia o criminoso e que ele era alguém de dentro da casa. *O sinal consistiu na falta da ação esperada* — a ausência de latidos!

Quando o mercado se recusa a latir em resposta a uma situação perfeitamente configurada, o sinal daí resultante é o do Cão dos Baskervilles. A situação revela que algo fundamental está mudando sob a superfície. Então, é hora de operar em função dessa nova tendência poderosa.

Não sou fã de ordens do tipo "parar e reverter", mas abro uma exceção para o sinal do Cão dos Baskervilles. Nas raras ocasiões em que uma divergência de baixa é abortada, eu compro. Nos raros casos em que uma divergência de alta é abortada, procuro vender.

24. O Sistema Direcional

O sistema Direcional é um método de acompanhamento de tendências desenvolvido por J. Welles Wilder Jr., em meados da década de 1970 e modificado por vários analistas. Ele identifica tendências e mostra quando uma tendência está se movendo rápido o suficiente para valer a pena seguir. Ele ajuda traders a lucrar tomando pequenas partes do meio de tendências importantes.

Como Construir o Sistema Direcional

Define-se *Movimento Direcional* como o trecho da barra de hoje que excede a barra de ontem. O sistema direcional verifica se a faixa de hoje se estende acima ou abaixo da do dia anterior e calcula a média durante dado período. Esses cálculos complexos são mais bem executados por computador. Esse sistema é integrado à maioria dos softwares de análise técnica.

1. Identifique o "**Movimento Direcional**" (MD) comparando o intervalo entre as altas e baixas de hoje com o de ontem. O movimento direcional é a maior parte da barra de hoje que excede a barra de ontem. Existem quatro tipos de MD (Figura 24.1). O MD é sempre um número positivo (+MD e –MD referem-se simplesmente ao movimento ser superior ou inferior ao intervalo anterior).

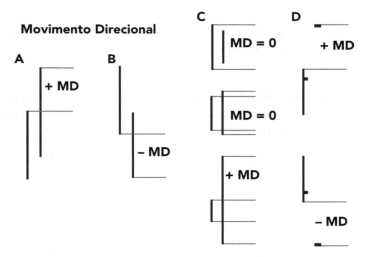

FIGURA 24.1 Movimento Direcional.

É a maior parte da barra de hoje que excede a barra de ontem.

1. Se a barra de hoje se estende acima da de ontem, o Movimento Direcional é positivo (+MD);
2. Se a barra de hoje se estende abaixo da de ontem, o Movimento Direcional é negativo (–MD);
3. Se a barra de hoje está dentro da barra de ontem, ou se estende acima e abaixo da barra de ontem em comprimentos iguais, não existe Movimento Direcional (MD = 0). Se a barra de hoje se estende acima e abaixo da barra de ontem, o MD é positivo ou negativo, dependendo de qual barra tem a parte excedente maior;
4. Em um dia de limite de alta, o +MD é igual à distância entre o fechamento de hoje e a máxima de ontem. Em um dia de limite de baixa, o –MD é igual à distância entre o fechamento de hoje e a mínima de ontem.

2. Identifique o "**Intervalo Verdadeiro**" (True Range — Tr) do mercado que estiver analisando. É sempre um número positivo, o maior dos três:
   a. A distância entre a máxima de hoje e a mínima de hoje;
   b. A distância entre a máxima de hoje e o fechamento de ontem;
   c. A distância entre a mínima de hoje e o fechamento de ontem.

3. Calcule os **Indicadores Direcionais** diários (+Di e –Di). Eles permitem que se comparem diferentes mercados, expressando seus movimentos como porcentagem do Intervalo Verdadeiro de cada mercado. Cada Di é um número positivo: +Di é igual a zero nos dias em que não há movimento para cima, – Di é igual a zero nos dias em que não o há para baixo.

$$+ Di = \frac{+ MD}{TR} \qquad - Di = \frac{- MD}{TR}$$

4. Calcule as **linhas direcionais ajustadas** (+Di$_{13}$ e – Di$_{13}$). Ajusta-se +Di e –Di com médias móveis. A maioria dos pacotes de software permite que se escolha qualquer período para ajuste, como uma média móvel de 13 dias. Adotam-se duas linhas de indicadores: linhas direcionais ajustadas positivas e negativas, +Di$_{13}$ e –Di$_{13}$. Ambos os números são positivos, e geralmente são plotados em cores diferentes.

   A relação entre linhas positivas e negativas identifica tendências. Quando +Di$_{13}$ está no topo, a tendência é de alta. Quando –Di$_{13}$ está no topo, a tendência é de baixa. Os crossovers (cruzamentos) de +Di$_{13}$ e –Di$_{13}$ emitem sinais de compra e venda.

5. Calcule o **indicador/índice direcional médio** (ADX). Ele mostra quando vale a pena seguir uma tendência e mede o spread entre +Di$_{13}$ e –Di$_{13}$. É calculado em duas etapas:
   a. Calcule o **indicador direcional** diário DX:

$$DX = \text{o valor absoluto da proporção } \frac{+ Di_{13} - - Di_{13}}{+ Di_{13} + - Di_{13}} \cdot 100$$

   Se +Di$_{13}$ = 34 e –Di$_{13}$ = 18, então,

$$DX = \frac{34 - 18}{34 + 18} \cdot 100 = 30,77, \text{ arredondado para } 31$$

   b. Calcule o indicador direcional médio ADX, ajustando DX à média móvel, como uma MME de 13 dias.

Quando uma tendência prossegue de maneira vigorosa, o spread entre duas linhas direcionais ajustadas aumenta e o ADX sobe. O ADX diminui quando ocorre a reversão de uma tendência ou quando o mercado entra em uma faixa de operação. Vale a pena usar um método de acompanhamento de tendência quando o ADX sobe, não quando desce.

Comportamento de Massa

O sistema Direcional rastreia mudanças na disposição de alta e de baixa da massa, medindo a capacidade dos touros e dos ursos de movimentar os preços para fora da faixa anterior. Se a máxima de hoje estiver acima da máxima de ontem, a multidão está ficando altista. Se a mínima de hoje estiver abaixo da mínima de ontem, a multidão está ficando baixista.

A posição relativa das linhas Direcionais identifica tendências. Quando a Positiva está acima da Negativa, os traders altistas dominam o mercado. Quando a Linha Direcional Negativa está acima da Positiva, os traders baixistas dominam. É melhor operar na direção da linha Direcional superior.

O Indicador Direcional Médio ADX sobe quando o spread entre as linhas direcionais aumenta, indicando que os líderes do mercado estão ficando mais fortes e que os perdedores estão ficando mais fracos, sendo provável que a tendência continue.

O ADX desce quando o spread entre $+Di_{13}$ e $-Di_{13}$ fica mais estreito. Isso mostra que o grupo dominante no mercado está perdendo força, enquanto o outro grupo se fortalece. Assim, o mercado está confuso, e é melhor não usar métodos de acompanhamento de tendência.

Regras de Trading

1. Opere apenas comprado quando a Linha Direcional Positiva estiver acima da negativa. Opere apenas vendido quando a negativa estiver acima da positiva. O melhor momento para operar é quando o ADX está subindo, mostrando que o grupo dominante está ficando mais forte;

2. Quando o ADX desce, o mercado está ficando menos direcional. Geralmente, há muitas reversões abruptas (whipsaws). Quando o ADX aponta para baixo, é melhor não usar métodos de acompanhamento de tendências;

3. Quando o ADX cruza para baixo ambas as linhas direcionais, identifica-se um mercado inalterado e sonolento. Não use um sistema de acompanhamento de tendências, mas comece a preparar-se, pois importantes tendências emergem dessas calmarias;

4. O melhor sinal individual do sistema Direcional vem depois que o ADX fica abaixo de ambas as linhas. Quanto mais tempo fica nessa condição, mais forte é a base para o próximo movimento. Quando o ADX sobe vindo dessa posição abaixo de ambas as linhas, o mercado acorda de um período de calmaria. Quando o ADX sobe quatro níveis (de 9 a 13, por exemplo), do ponto mais baixo abaixo de ambas as linhas direcionais, "toca a campainha" da nova tendência (Figura 24.2), o que mostra o nascimento de uma alta ou baixa, dependendo de qual linha direcional está no topo;

5. Quando o ADX sobe, ultrapassando ambas as linhas Direcionais, identifica-se um mercado superaquecido. Quando o ADX cruza ambas as linhas Direcionais, vindo de cima, sabe-se que a tendência começou a enfraquecer. A hora é boa para lucrar com um trade direcional. Caso esteja operando com uma posição grande, sem dúvida convém realizar parte dos lucros.

Os indicadores de mercado emitem sinais "rígidos" e "suaves". Quando uma média móvel muda de direção, é um sinal rígido. A virada do ADX é um sinal suave. Quando se vê o ADX cair, é preciso ser muitíssimo cuidadoso ao assumir novas posições. Deve-se começar realizando lucro, reduzindo posições e esforçando-se para sair das posições antigas.

FIGURA 24.2 ANV diário, MME de 22 dias, Sistema Direcional (13). (*Gráfico: Stockcharts.com*)

Sistema Direcional

Balanços entre força e fraqueza são típicos dos mercados. Grupos de ações fortes enfraquecem, enquanto grupos fracos ficam mais fortes, e depois trocam de papéis novamente. As ações de empresas do mercado de ouro e prata foram os dois grupos mais fracos da indústria de ações em 2013, mas começaram a cair mais ainda em dezembro. A Allied Nevada Gold Corp. (ANV) foi uma das várias ações que comecei a comprar na época.

A cotação no ponto de baixa A foi de US$3,07, no ponto B as ações caíram para US$3,01 e recuaram, deixando para trás um falso rompimento de baixa, e, no ponto C, voltaram a atingir o suporte ao cair para US$3,08 — e daí passou a subir, como indica a MME. O sistema Direcional deu sinal de compra na barra marcada com uma seta verde vertical: a Linha Direcional de alta verde estava acima da linha de baixa vermelha, enquanto o ADX penetrava acima da linha vermelha.

Você pode até ver um sinal de venda na mesma área letrada, mas um trader seletivo não opera em todos os sinais que vê: vender uma ação perto de US$3 que veio caindo de US$45 significaria perseguir uma tendência muito antiga. Perto do lado direito, você vê um declínio no valor, oferecendo uma boa oportunidade para comprar.

Média de Amplitude de Variação — Ajuda da Volatilidade

A Média de Amplitude de Variação (ATR) é um indicador que calcula a média do Intervalo Verdadeiro (descrita em "Como Construir o Sistema Direcional") durante um período determinado, como 13 dias. Como a volatilidade é um fator determinante para as operações, você deve rastreá-la. Faça isso plotando um conjunto de linhas de ATR acima e abaixo de uma média móvel. Eles o ajudarão a visualizar a volatilidade atual e são úteis na tomada de decisões.

Kerry Lovvorn plota três conjuntos de linhas em torno de uma média móvel: em um, dois e três ATRs acima e abaixo da MME, para configurar pontos de entrada e stops, e metas de lucro (Figura 24.3).

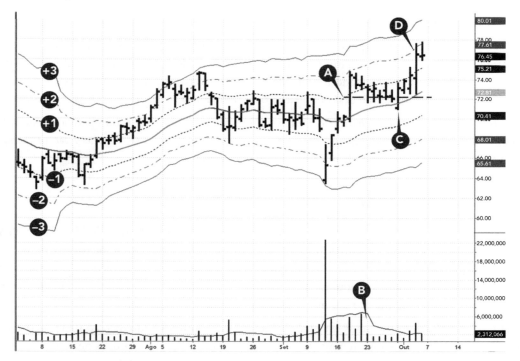

FIGURA 24.3 LULU diário, MME de 21, volume com MME de 8, canais de ATR. (*Gráfico: TradeStation*)

Canais de ATR

Esse gráfico de trading, da Lululemon Athletica Inc. (LULU), foi publicado por Kerry no SpikeTrade.com, onde publicamos gráficos das nossas operações diárias. Ele mostra o uso de canais ATR para realização de lucro.

O ativo LULU teve uma queda brusca, evidenciada por uma barra comprida, em 18 de setembro, após um release de resultados. Não houve baixa a seguir, e, como a ação subiu, Kerry desenhou uma linha horizontal no ponto médio da barra comprida A, que serviu como suporte de curto prazo.

Quando o ativo LULU declinou, as faixas diárias diminuíram, e o volume secou na área B, Kerry comprou o ativo por US$72,02 na segunda, 30 de setembro, na área C, enquanto se recuperava do falso rompimento de baixa. Lucrou sobre 1/3 de sua posição em US$73,70, já que o ativo chegou a poucos centésimos da linha 1 ATR. Na quinta-feira, durante a barra D, o ativo alcançou a linha 2 ATR em US$76,63 e Kerry vendeu mais 1/3 de sua posição. Ele vendeu o outro 1/3 restante perto da faixa intermediária da barra D.

Entradas: No capítulo sobre médias móveis, vimos que é uma boa ideia comprar abaixo do valor da MME. Mas o quão abaixo? Pullbacks normais chegam ao fundo perto do 1 ATR negativo.

Stops: O stop deve estar pelo menos um ATR longe da entrada. Qualquer valor inferior a esse colocaria o stop dentro da zona de ruído normal do mercado, fazendo com que seja atingido por um movimento aleatório de curto prazo. Colocá-lo mais longe aumenta a possibilidade de o stop ser atingido apenas em uma verdadeira reversão.

Alvos: Depois de comprar uma ação, dependendo da força da tendência, peça uma ordem para obter lucros no +1, +2 ou até mesmo no +3 ATR. Kerry gosta de sair de suas posições vencedoras aos poucos, colocando ordens para obter os lucros de um terço das ações no 1 ATR, outro terço no 2 ATR e outro terço no 3 ATR.

É muito incomum para qualquer mercado operar fora dos três ATRs — três vezes a média de amplitude de variação — em um período longo. Esses tendem a ser os movimentos extremos. Sempre que você vir um mercado fora dos três ATRs, seja para cima ou para baixo, é razoável esperar um pullback (reversão dessa tendência observada e volta para os intervalos, no caso).

Os canais de ATR funcionam não apenas com os preços. Também servem para agrupar indicadores técnicos para ajudar a identificar os níveis extremos em que as tendências estão propensas a reverter. Eu uso canais de ATR nos gráficos semanais do índice de força.

25. Osciladores

Embora os indicadores de acompanhamento de tendências, como as Linhas de MACD ou o sistema Direcional, ajudem a identificar tendências, os osciladores ajudam a identificar pontos de virada. Sempre que as massas de traders ficam apegados à ganância ou ao medo, eles aumentam, mas depois de um tempo sua intensidade diminui. Os osciladores medem a velocidade de um movimento e mostram quando seu momento está começando a aparecer.

Os osciladores identificam os extremos emocionais das multidões do mercado. Eles permitem que você encontre níveis insustentáveis de otimismo e pessimismo. Os profissionais tendem a se afastar durante esses extremos. Eles apostam contra os desvios e em prol de um retorno à normalidade. Quando o mercado sobe e a multidão se levanta em suas patas traseiras e ruge da ganância, os profissionais se preparam para vender a descoberto. Eles se preparam para comprar quando o mercado cai e a multidão uiva de medo. Osciladores nos ajudam a situar essas oportunidades.

Sobrecomprado e Sobrevendido

Quando um mercado está sobrecomprado [overbought], significa que está em uma grande alta e está pronto para cair. Um oscilador fica **sobrecomprado** quando atinge um alto nível associado a topos anteriores. A sobrevenda significa que um mercado está muito baixo e pronto para subir. Um oscilador torna-se **sobrevendido** [oversold] quando atinge um nível baixo associado a fundos anteriores.

Lembre-se de que esses não são níveis absolutos. Um oscilador pode ficar sobrecomprado por semanas quando uma nova forte tendência de alta começa, dando sinais de venda prematuros. Pode permanecer sobrevendido por semanas em uma tendência de baixa acentuada, dando sinais prematuros de compra. Saber quando usar os osciladores e quando confiar nos indicadores de acompanhamento de tendências é uma característica de um analista maduro (veja a Seção 39).

Podemos marcar os níveis de oscilação de sobrecompra e sobrevenda com linhas de referência horizontais. Posicione-as de modo que atravessem os picos mais altos e os vales mais baixos do oscilador nos últimos seis meses. O correto é colocá-las de modo que um oscilador gaste apenas cerca de 5% de seu tempo além de cada linha. Reajuste essas linhas uma vez a cada três meses.

Quando um oscilador ultrapassa a linha de referência, subindo ou descendo, ajuda a identificar um extremo insustentável, que precede um topo ou fundo. Os osciladores funcionam espetacularmente bem em intervalos normais de operação, mas dão sinais prematuros e perigosos quando uma nova tendência irrompe.

Já analisamos um oscilador importante — o Histograma MACD. Analisamos "antes da hora" porque ele deriva de um indicador de acompanhamento de tendências, as Linhas de MACD. Vamos agora explorar osciladores muito populares: o Índice de Força Relativa (RSI) e o Estocástico.

26. Estocástico

O Estocástico é um oscilador popularizado pelo falecido George Lane. Está agora incluído em muitos programas de software e é amplamente utilizado por traders informatizados. O Estocástico rastreia a relação de cada preço de fechamento com o recente intervalo entre os pontos de maior alta e baixa. Consiste em duas linhas: uma linha rápida chamada %K e uma linha lenta chamada %D.

1. O primeiro passo no cálculo do estocástico é obter o "Estocástico bruto", ou %K:

$$\%K = \frac{C_{tod} - L_n}{H_n - L_n} \cdot 100$$

em que C_{tod} = fechamento de hoje;

L_n = o ponto mais baixo do número selecionado de dias;

H_n = o ponto mais alto do número selecionado de dias;

n = o número de dias para o Estocástico, definido pelo trader.

O padrão de abrangência do Estocástico é de 5 dias, embora alguns traders usem períodos mais longos. Uma abrangência menor ajuda a captar mais pontos de inflexão, porém, uma abrangência maior ajuda a identificar pontos de inflexão mais importantes.

2. O segundo passo é obter o %D, mediante o ajustamento de %K — geralmente durante um período de 3 dias, o que é feito de várias maneiras, tais como:

$$\%D = \frac{\text{soma de 3 dias } (C_{tod} - L_n)}{\text{soma de 3 dias } (H_n - L_n)} \bullet 100$$

Há duas maneiras de plotar o Estocástico — rápida e lentamente. O **Estocástico Rápido** consiste em duas linhas — %K e %D — plotadas no mesmo gráfico. É muito sensível às inflexões, mas resulta em muitas reversões abruptas. Muitos traders preferem o **Estocástico Lento**, acrescentando uma camada extra de ajuste. O %D do Estocástico rápido transforma-se no %K do Estocástico Lento e é ajustado pela repetição da etapa 2 para obter o %D do Estocástico Lento, que funciona melhor na filtragem do ruído do mercado e produz menos reversões abruptas (Figura 26.1).

O Estocástico foi concebido para variar entre 0 e 100. As linhas de referência geralmente são traçadas em níveis de 20% e 80% para marcar áreas de sobrecompra e de sobrevenda.

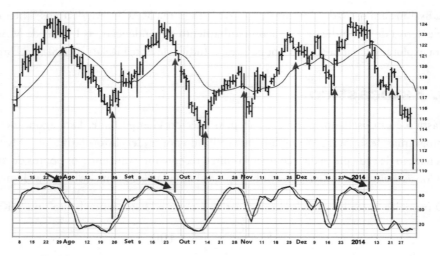

FIGURA 26.1 CVX diário, MME de 26 dias. Estocástico Lento de 5 dias. (*Gráfico: Stockcharts.com*)

Estocástico

Este gráfico da Chevron Corporation (CVX) ilustra aspectos úteis e perigosos do Estocástico. Enquanto a ação permanecer em uma faixa de operação paralela, que é onde ele ficou na maior parte do tempo coberto nesse gráfico, o Estocástico funciona para mostrar topos e fundos de curto prazo. O Estocástico fornece sinais de compra, marcados aqui com setas verdes verticais, quando se eleva acima da linha de referência inferior. Dá sinais de venda, marcados por setas verticais vermelhas, ao ultrapassar a linha de referência superior, descendo. Esses sinais são reforçados por topos Estocásticos amplos e descendentes, identificados por setas pretas diagonais.

Um leitor cuidadoso encontrará vários exemplos de falsos rompimentos na Figura 26.1 que reforçam os sinais estocásticos. Usar sinais estocásticos durante uma faixa de operação é como ir a um caixa eletrônico. Essa máquina para de funcionar e come seu cartão depois que uma tendência irrompe do intervalo de operação. Uma tendência de baixa acentuada perto da margem direita sobrepõe-se ao sinal de compra Estocástico.

Um trader pode confiar no Estocástico dentro da faixa de operação, mas deve usar stops de proteção, porque a última operação em um intervalo sempre gera uma perda quando uma tendência começa. Veremos mais sobre a colocação de stops na Seção 54.

Psicologia de Massa

Cada preço é o consenso de todos os participantes do mercado sobre valor no momento da transação. Os preços de fechamento diário são importantes, pois a liquidação dos saldos das operações de trade depende deles. A máxima de qualquer período marca o poder máximo dos touros durante esse intervalo. A mínima do período mostra o poder máximo dos ursos no mesmo intervalo.

O Estocástico mede a capacidade dos touros ou dos ursos de fazer o mercado fechar próximo à borda superior ou inferior da faixa recente. Quando os preços sobem, os mercados fecham perto da máxima. Se os touros conseguem erguer os preços durante o dia, mas eles não fecham no topo, o Estocástico desce, o que mostra que os touros estão ficando fracos e emite um sinal de venda.

Fechamentos diários ocorrem perto das baixas nas tendências de baixa. Quando uma barra se fecha perto do seu ponto mais alto, os ursos empurram os preços para baixo, mas não os seguram. Uma recuperação do Estocástico mostra que os ursos estão mais fracos do que aparentam e exibe sinais de compra.

Regras de Trading

O Estocástico mostra quando os touros ou os ursos ficam mais fortes ou mais fracos. Essa informação ajuda a decidir se os touros ou os ursos estão mais suscetíveis a vencer a batalha atual. Opere a favor dos vencedores e contra os perdedores.

O estocástico fornece três tipos de sinais de operação, listados aqui em ordem de importância: divergências, o nível das linhas estocásticas e sua direção.

Divergências

Os sinais mais poderosos de compra e de venda do Estocástico resultam de divergências entre esse indicador e os preços.

1. As divergências indicando alta ocorrem quando os preços caem, alcançando uma nova mínima, mas o Estocástico traça um fundo mais alto do que o do declínio anterior. Mostra que os ursos estão perdendo força e que os preços estão caindo devido à inércia. A inflexão ascendente do Estocástico, a partir do segundo fundo, emite um forte sinal de compra, portanto, compre e estabeleça um stop de proteção abaixo da atual mínima do mercado. Os melhores sinais de compra ocorrem quando o primeiro fundo está abaixo da linha de referência mais baixa e, o segundo, acima;

2. As divergências indicando baixa ocorrem quando os preços sobem, alcançando uma nova máxima, mas o Estocástico traça um topo mais baixo do que o da máxima anterior. Mostra que os touros estão ficando mais fracos e que os preços estão subindo devido à inércia. A inflexão descendente do estocástico, a partir do segundo topo, emite um sinal de venda, portanto, venda e estabeleça um stop de proteção acima do topo mais recente. O melhor sinal de venda ocorre quando o primeiro topo está acima da linha de referência mais alta e, o segundo, abaixo.

Sobrecompra e Sobrevenda

Quando o Estocástico ultrapassa a linha de referência mais alta, subindo, o mercado está sobre-comprado. A sobrecompra significa que a ação, ou mesmo o mercado inteiro, está peculiarmente alto e pronto para cair. Quando o Estocástico ultrapassa a linha de referência mais baixa, descen-do, significa que a ação, ou mesmo o mercado inteiro, está sobrevendido: em uma baixa peculiar, pronto para subir.

Esses sinais funcionam bem nas faixas de operação, mas não quando o mercado desenvolve uma tendência. Nas tendências de alta, o Estocástico rapidamente se torna sobrecomprado e con-tinua emitindo sinais de venda enquanto o mercado sobe. Nas tendências de baixa, o Estocástico rapidamente se torna sobrevendido e continua emitindo sinais de compra prematuros. Convém combinar o Estocástico com um indicador de acompanhamento de tendência de longo prazo (veja a Seção 39). O sistema de operação com Três Telas permite que os traders recebam os sinais de compra do Estocástico diário apenas quando a tendência semanal for de alta. Quando a tendência semanal for de baixa, os traders recebem apenas os sinais de venda do Estocástico diário.

1. Ao identificar uma alta em um gráfico semanal, espere até que as linhas do Estocástico diário estejam abaixo da linha de referência mais baixa. Em seguida, sem esperar pelo crossover ou inflexão, emita uma ordem de compra acima da máxima da última barra de preço. Ao operar comprado, coloque um stop de proteção abaixo da mínima do dia da operação ou do dia anterior, a que for menor.

   A forma do fundo do Estocástico indica se a alta é forte ou fraca. O fundo estreito e raso mostra que os ursos estão fracos e que a alta é forte. O fundo largo e profundo mostra que os ursos estão fortes e que a alta é fraca. É melhor comprar apenas quando os sinais forem fortes;

2. Ao identificar uma tendência de baixa em um gráfico semanal, espere que as linhas do estocástico diário se aproximem da linha de referência superior. Então, sem esperar que haja um crossover ou inflexão, emita uma ordem de venda a descoberto abaixo da mínima da barra de preço mais recente. No momento em que as linhas do Estocástico se cruzarem, o mercado geralmente já está em queda livre. Ao operar vendido, coloque um stop de proteção acima da máxima do dia da operação ou do dia anterior, a que for mais alta.

   A forma do topo do Estocástico indica se a queda é acentuada ou vagarosa. Um topo estreito mostra que os touros estão fracos e que o declínio acentuado é provável. Já o topo alto e largo indica que os touros estão fortes — e que é mais seguro ignorar o sinal de venda;

3. Não compre quando o Estocástico estiver sobrecomprado e não venda a descoberto quando estiver sobrevendido. Essa regra filtra a maioria dos traders inexperientes.

Direção da Linha

Quando as duas linhas do Estocástico apontarem para a mesma direção, confirma-se a tendência de curto prazo. Quando os preços sobem e ambas as linhas do Estocástico também sobem, é provável que a tendência de alta prossiga. Quando os preços caem e ambas as linhas do Estocástico descem, é provável que a tendência de baixa de curto prazo continue.

Mais sobre o Estocástico

O Estocástico funciona em qualquer time frame, inclusive semanal, diário e intradiário. O semanal normalmente muda de direção uma semana antes do Histograma MACD semanal. Se o Estocástico semanal tiver uma inflexão, avisa que o Histograma MACD também deve ter uma inflexão na semana seguinte. É um sinal para estreitar os stops nas posições existentes ou para começar a realizar lucro.

A escolha da **amplitude temporal do Estocástico** é determinante. Os osciladores de curto prazo são mais sensíveis. Os osciladores de longo prazo têm inflexões apenas em topos e fundos importantes. Quando se usa o Estocástico como oscilador isolado, deve-se preferir um intervalo temporal mais longo. Quando se usa o Estocástico como parte de um sistema de operação, combinado com indicadores de acompanhamento de tendências, o Estocástico mais curto é preferível.

27. Índice de Força Relativa

O Índice de Força Relativa (RSI) é um oscilador desenvolvido por J. Welles Wilder Jr. Ele mede a força de qualquer ativo, monitorando as mudanças em seus preços de fechamento. É um indicador adiantado (leading) ou coincidente — nunca atrasado.

$$RSI = 100 - \frac{100}{1 + RS}$$

$$RS = \frac{\text{Média das alterações de ALTA no fechamento no período selecionado}}{\text{Média das alterações de BAIXA no fechamento no período selecionado}}$$

O RSI varia entre 0 e 100. Quando o RSI alcança um pico e cai, identifica um topo. Quando o RSI despenca e volta a subir, identifica um fundo. Esse padrão de picos e vales não muda em função da abrangência temporal. Os sinais para operar ficam mais visíveis com RSIs mais curtos, como os de 7 ou 9 dias. (Figura 27.1)

Os níveis de sobrecompra e sobrevenda variam conforme o mercado e o ano. Não há níveis mágicos marcando todos os topos e fundos. Os sinais de sobrevenda e sobrecompra são como leituras de quente e frio em um termômetro. A mesma temperatura tem diferentes significados no verão e no inverno.

As linhas de referência horizontais devem cruzar os picos mais altos e os vales mais baixos do RSI. Elas são traçadas a 30% e 70%. Alguns traders usam 40% e 80% em alta ou 20% e 60% em baixa. Para usar a regra dos 5%, trace cada linha em um nível além do qual o RSI tenha baseado menos de 5% do tempo nos últimos 4 a 6 meses. Ajuste as linhas de referência uma vez a cada 3 meses.

Psicologia de Massa

Cada preço representa o consenso de todos os participantes em relação ao valor no momento da transação. O preço de fechamento reflete o consenso mais importante do dia, pois a liquidação dos saldos das contas dos traders depende disso. Quando o mercado fecha em alta, os touros ganham dinheiro e os ursos perdem. Quando fecha em baixa, os ursos ganham dinheiro e os touros perdem.

A maioria dos investidores em qualquer mercado presta mais atenção aos preços de fechamento do que a qualquer outro. Nos mercados futuros, o dinheiro é transferido das contas dos perdedores para as dos vencedores ao final de cada dia de operações. O RSI mostra se os touros ou os ursos estão mais fortes na hora do fechamento — a hora crucial de contagem do dinheiro no mercado.

Regras de Trading

O RSI emite três tipos de sinal: em ordem de importância, eles são: divergências, padrões gráficos e nível do RSI.

FIGURA 27.1   CVX diário, RSI de 13 dias. (*Gráfico: Stockcharts.com*)

Índice de Força Relativa (RSI)

Aqui aplicamos um RSI de 13 dias ao gráfico da Chevron Corporation (CVX) que já examinamos na Figura 26.1, na seção sobre o Estocástico. Tanto o RSI quanto o Estocástico funcionam bem nas faixas de operação, mas dão sinais prematuros e perigosos quando os preços começam a subir.

O RSI, baseado exclusivamente nos preços de fechamento, é menos ruidoso que o Estocástico. Exige subidas quando se eleva acima da referência inferior, marcada aqui por setas verdes verticais. Sinaliza quedas afundando abaixo de sua linha de referência superior, marcada aqui por setas vermelhas verticais. Comparando os dois gráficos, você vê que os sinais RSI emergem mais cedo.

Um sinal de venda muito poderoso é dado por uma divergência de baixa de RSI, marcada aqui por uma seta sólida diagonal e uma vermelha tracejada. As ações subiram para um novo recorde, enquanto o RSI não alcançou a referência superior, apontando a fraqueza oculta da subida.

O breakout acentuado perto da borda direita empurra os preços para baixo, apesar do sinal de compra do RSI. Para evitar ser ferido, devemos usar proteções, porque a última operação em um intervalo facilmente cria uma perda quando uma tendência começa.

Divergências de Alta e de Baixa

As divergências entre RSI e preços emitem os mais fortes sinais de compra e venda. Tendem a ocorrer em importantes topos e fundos. Mostram quando a tendência está fraca e sujeita a reversões.

1. As divergências de alta emitem sinais de compra. Ocorrem quando os preços caem até uma nova mínima, mas o RSI forma um fundo mais superficial que o da queda anterior. Compre assim que o RSI virar para cima a partir do segundo fundo e coloque um stop de proteção abaixo da mínima secundária recente. Os sinais de compra são fortes se o primeiro fundo do RSI estiver abaixo da referência inferior e o segundo, acima;

2. As divergências de baixa emitem sinais de venda. Ocorrem quando os preços sobem para novo pico, mas o RSI forma um topo mais baixo do que o da alta anterior. Venda a descoberto assim que o RSI inflectir para baixo a partir do segundo topo e coloque um stop de proteção acima da máxima secundária recente. Os sinais de venda são especialmente fortes se o primeiro topo do RSI estiver acima da linha de referência superior e o segundo, abaixo.

Padrões de Gráficos

O RSI geralmente rompe o suporte ou a resistência alguns dias antes dos preços, fornecendo dicas de possíveis mudanças de tendência. As linhas de tendência do RSI são geralmente quebradas um ou dois dias antes das mudanças de tendência de preço.

1. Quando o RSI romper a linha de tendência de baixa, emita uma ordem de compra acima da linha de tendência dos preços para aproveitar o breakout de alta;

2. Quando o RSI romper a linha de tendência de alta, emita uma ordem de venda a descoberto abaixo da linha de tendência dos preços para aproveitar o rompimento de baixa.

Níveis de RSI

Quando o RSI sobe acima da linha de referência superior, os touros estão fortes, mas o mercado está sobrecomprado e entra na zona de venda. Quando o RSI declina abaixo da linha de referência mais baixa, os ursos são fortes, mas o mercado está sobrevendido e entrando na zona de compra.

Vale a pena comprar usando sinais de sobrevenda de RSI diário apenas quando a tendência semanal estiver em alta. Vale a pena vender a descoberto com sinais de venda do RSI diário apenas quando a tendência semanal está baixa (veja a Seção 39).

1. Compre quando o RSI cair abaixo de sua linha de referência inferior e depois subir acima dela;

2. Venda a descoberto quando o RSI se erguer acima de sua linha de referência superior e então cruzá-la para baixo.

Quando analisamos o mercado, lidamos com apenas alguns números — os preços de abertura, alta, baixa e fechamento de cada barra, mais o volume e também o interesse aberto de derivativos, como futuros e opções. Um típico erro para iniciantes é "comprar indicadores". Um operador pode se sentir otimista em relação ao mercado de ações, mas depois percebe que as médias móveis do Dow e do S&P ainda estão em declínio. Sua mensagem de baixa não se alinha bem com ele; passa a percorrer o menu de software e encontra vários osciladores, como o Estocástico ou o RSI. Obviamente, parecem sobrevendidos, o que é normal em uma tendência de baixa. O iniciante ansioso leva as leituras de sobrevenda como um sinal para comprar. A tendência de baixa continua, ele perde dinheiro e depois reclama que a análise técnica não funcionou.

É muito melhor usar apenas um pequeno número de indicadores com uma hierarquia estrita para sua análise, incluindo vários períodos de tempo. Voltaremos a este tópico essencial no capítulo sobre o sistema de operação com três telas.

CAPÍTULO 5

Volume e Tempo

Inúmeros traders concentram-se exclusivamente nos preços, mas, embora sejam extremamente importantes, há mais a ser explorado no mercado. O volume de operações consiste em outro parâmetro valioso. Joseph Granville, um pioneiro dos estudos de volume, gostava de dizer: "O volume é a lenha que move a locomotiva."

Outro fator extremamente importante da análise de mercado é o tempo. Os mercados funcionam e se desenrolam em diferentes time frames simultaneamente. Não importa com que cuidado se analise o gráfico diário, movimentos que afetam as tendências podem surgir de outros time frames.

Neste capítulo, focamos os indicadores baseados no volume e o próprio volume das operações. Também analisamos todas as decisões de mercado em relação aos time frames.

28. Volume

O volume reflete a atividade de traders e investidores. Cada unidade de volume representa a decisão de dois indivíduos: um deles vende uma ação ou contrato enquanto o outro compra essa ação ou contrato. O volume diário é o número de ações ou contratos negociados em um dia (Figura 28.1).

Os traders costumam plotar o volume usando o histograma — barras verticais cuja altura indica o volume diário. Eles costumam o dispor embaixo dos preços. Alterações no volume mostram como os touros e os ursos estão reagindo às oscilações de preços e fornecem pistas sobre se as tendências devem continuar ou reverter.

Alguns traders ignoram o volume. Acham que os preços refletem todas as informações necessárias. Eles dizem: "Você é pago pelo preço, não pelo volume." Os profissionais, por outro lado, sabem que analisar o volume os ajuda a entender melhor o mercado e a operar melhor.

O volume depende do tamanho da multidão de negociantes e dos níveis de atividade de compradores e vendedores. Se você comparar os volumes de dois mercados, verá qual deles é mais ativo, ou líquido. É provável que você consiga mais execução de ordens limitadas e sofra menos slippage nos mercados mais líquidos do que nos mercados escassos e de baixo volume.

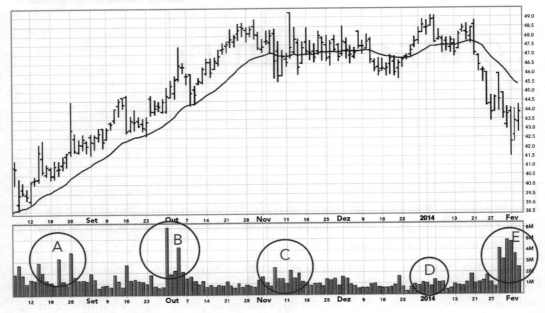

FIGURA 28.1 BID diário, MME de 22 dias, volume. (*Gráfico: Stockcharts.com*)

Volume

Sotheby's Holdings Inc. (BID) é a maior casa de leilões de capital aberto do mundo. Ela mostra o quanto as pessoas mais ricas do mundo estão gastando em termos de consumo de ostentação. Os negócios desta empresa foram impulsionados em 2013 pelo influxo de novos investimentos da Ásia, mas as ações bateram sua cabeça no teto durante o último trimestre daquele ano.

Nas áreas A e B, o volume aumentou durante a subida, confirmando a tendência de alta e sugerindo preços mais altos à frente. Nas áreas C e D, o volume indicou sinais de alerta para os touros — encolheu durante cada subida. Repare os rompimentos de alta falsos nessas áreas e uma forma atípica da cauda de canguru na área C. O aumento do volume próximo à borda direita confirma o poder dos ursos.

Existem três maneiras de medir volume:

1. Quantidade de ações ou contratos negociados. A Bolsa de Valores de Nova York informa o volume dessa maneira. Essa é a forma mais objetiva de medir volume;

2. O número de operações realizadas. Algumas bolsas internacionais informam o volume dessa maneira. Esse método é menos objetivo porque não distingue uma operação de 100 ações de uma de 5 mil;

3. O volume de tick é o número de alterações de preço durante um período determinado, como 10 minutos ou 1 hora. É chamado de volume de tick porque a maioria das mudanças equivale a um tick. Algumas bolsas não informam o volume intradiário, forçando os traders a usarem o volume de ticks como substituto do volume real.

Uma observação para os traders de forex: considerando que o mercado é descentralizado e não indica volume, use o volume de contratos futuros da moeda como substituto. Os futuros de todas as principais moedas, medidos em relação ao dólar norte-americano, são negociados em Chicago e nas bolsas eletrônicas. Podemos assumir que as tendências de volume são razoavelmente semelhantes às dos mercados do forex, já que ambos respondem às mesmas forças de mercado.

Psicologia de Massa

O volume reflete o grau de envolvimento financeiro e emocional, bem como de dor, entre os participantes. Uma operação começa com um compromisso financeiro entre duas pessoas. A decisão de comprar ou vender é racional, mas o ato gera um compromisso emocional na maioria das pessoas. Compradores e vendedores anseiam por estar certos. Eles gritam, rezam e usam amuletos da sorte. O nível de volume reflete o grau de envolvimento emocional entre os traders.

Cada tick pega o dinheiro dos perdedores e dá aos vencedores. Quando os preços sobem, os compradores ganham dinheiro, e os vendedores perdem. Quando os preços caem, os vendedores ganham, e os compradores perdem. Os vencedores ficam felizes e exultantes, e os perdedores, deprimidos e zangados. Sempre que os preços mudam, metade dos traders sofrem. Quando os preços sobem, os ursos agonizam e, quando os preços caem, os touros sofrem. Quanto maior o volume, mais agonia no mercado.

Os traders reagem às perdas como sapos à água quente. Se você jogar um sapo em uma panela de água quente, ele pulará por causa da dor súbita, mas, se colocá-lo em água fria e aquecê-la aos poucos, conseguirá fervê-lo vivo. Se uma mudança repentina nos preços atingir os traders, eles saltam de dor e liquidam as posições perdedoras. Em contrapartida, perdedores podem ser bastante pacientes se suas perdas aumentarem gradualmente.

Pode-se perder muito dinheiro com uma ação sonolenta ou contrato futuro, como o do milho, em que uma variação de US$0,01 custa apenas US$50 por contrato. Se o milho vai contra sua aposta alguns centavos por dia, a agonia é fácil de tolerar. Mas, se você permanecer na posição, esses centavos podem somar milhares de dólares em perdas. Movimentos drásticos fazem com que os traders desesperados reduzam suas perdas devido ao pânico. Quando as mãos fracas saem do jogo, deixando um pico de volume, o mercado se reverte. As tendências costumam persistir por um longo período quando o volume é moderado, mas expiram rapidamente após uma explosão de volume.

Quem compra de um trader vendendo uma posição longa que desabou? Talvez, um vendedor a descoberto que queira cobrir e obter lucros. Ou um caçador de barganhas que entra porque os preços estão "muito baixos". Qualquer um desses acaba tomando conta da posição de um perdedor que caiu fora — ou ele acerta e compra, de fato, no piso da ação ou contrato, ou se torna o próximo perdedor.

Quem vende a um trader que está comprando para cobrir sua posição vendida? Talvez, um investidor experiente que quer lucrar com a posição comprada. Ou um caçador de topos que vende a descoberto porque acha que os preços estão "muito altos". Ele assume a posição de um perdedor que cobriu suas posições vendidas a descoberto, e apenas o futuro dirá se está certo ou errado.

VOLUME E TEMPO

Quando os vendidos desistem durante um rali de alta, compram para cobrir as possíveis perdas e empurram o mercado para cima. Os preços sobem, disparam mais vendas a descoberto, e a alta é alimentada. Quando os compradores desistem durante uma queda, vendem, empurrando o mercado para baixo. A queda dos preços aumenta ainda mais as vendas, e o declínio alimenta-se de si mesmo. Os perdedores que desistem de suas posições impulsionam as tendências. É provável que uma tendência que se move com volume constante persista. Esse cenário mostra que há novos perdedores para substituir aqueles que foram depenados.

A diminuição do volume mostra que o número de perdedores está acabando e a tendência está pronta para reverter após os perdedores terem percebido que erraram. Os perdedores antigos continuam tentando se salvar enquanto mais alguns novos entram. A diminuição do volume é um sinal de que a tendência está prestes a reverter.

Uma explosão de alto volume repentina também dá um sinal de que uma tendência está chegando ao fim, isso porque as massas de perdedores estão tentando se salvar. Muito provavelmente você se lembra de pelo menos uma vez em que segurou uma posição perdida por mais tempo do que deveria. Assim que a agonia ficou intolerável e você caiu fora, a tendência se inverteu e o mercado seguiu o caminho que você esperava, só que sem você nele. Isso acontece porque a maioria dos seres humanos reage ao estresse de maneira semelhante e adere ao desespero mais ou menos ao mesmo tempo. Profissionais não se atêm às pancadas do mercado. Eles fecham rapidamente as operações perdidas e se posicionam para uma reversão ou aguardam, prontos para voltar à ação.

Picos de volume são mais propensos a sinalizar uma reversão iminente de uma tendência de baixa do que de alta. Picos de volume nas tendências de baixa indicam explosões de medo. O medo é uma emoção forte, mas de curto prazo — as pessoas correm rapidamente, desfazem-se das ações e, em seguida, é provável que a tendência se inverta. Os picos de volume nas tendências de alta são impulsionados pela ganância, uma emoção alegre e de movimento lento. Ainda que haja uma pequena pausa em uma tendência de alta devido a um pico de volume, normalmente, ela é retomada.

O volume fica relativamente baixo nas faixas de operação porque a agonia é baixa. As pessoas se sentem confortáveis com pequenas mudanças de preço, e mercados andando de lado se arrastam por um longo tempo. Um rompimento normalmente é marcado por um aumento drástico do volume, porque os perdedores correm para se salvar. Um rompimento enquanto o volume está baixo mostra pouco comprometimento emocional com uma nova tendência, e indica que os preços retornarão à faixa de operação.

O aumento do volume durante uma alta mostra que mais compradores e vendedores a descoberto estão entrando. Os compradores estão ansiosos para comprar mais, mesmo que tenham que pagar mais caro, e os vendedores estão ansiosos para vender para eles. O volume crescente mostra que os perdedores que saem estão sendo substituídos por uma nova safra de perdedores.

A diminuição do volume durante um rali é sinal de que os touros estão ficando menos ansiosos, enquanto os ursos não estão mais correndo para cobrir suas posições a descoberto. Os ursos inteligentes partiram há muito tempo, seguidos por ursos fracos que não aguentaram a dor. O volume decrescente mostra que o combustível está sendo removido da tendência de alta e está pronto para reverter.

A seca do volume durante uma queda demonstra que os ursos estão menos ansiosos para vender a descoberto, enquanto os touros não estão mais correndo para sair. Os touros inteligentes já venderam há muito tempo e os touros fracos foram abalados. O volume decrescente mostra que os touros restantes têm maior tolerância à dor da perda. Talvez eles tenham bolsos mais recheados ou tenham comprado mais tarde durante a queda, ou ambos. O volume decrescente identifica uma área na qual é provável que uma tendência de baixa seja revertida.

Esse raciocínio se aplica a todos os time frames. Como regra geral, se o volume de hoje for maior do que o de ontem, é provável que a tendência atual continue.

Indicadores de Trades

Os termos "volume alto" e "volume baixo" são relativos. O que é baixo para a Amazon pode ser alto para uma ação menos popular, enquanto o que é baixo para o ouro é alto para a platina etc. Comparamos volumes de diferentes ações, futuros ou opções apenas ao selecionar ativos de maior volume. Na maioria das vezes, comparamos o volume atual de uma ação à sua média geral. Normalmente, "volume alto" para qualquer mercado é pelo menos 25% acima de sua média nas últimas duas semanas, e "volume baixo", pelo menos 25% abaixo da média.

1. Volume alto confirma tendências. Se os preços subirem para um novo topo e o volume atingir uma nova máxima, então os preços alcançarão ou excederão esse topo;

2. Se o mercado cair para uma nova mínima e o volume atingir uma nova máxima, é provável que esse fundo seja testado novamente ou superado. Um volume muito alto em uma mínima é quase sempre sinal de que esse patamar será testado novamente em volume baixo, oferecendo uma excelente oportunidade de compra;

3. Se o volume diminuir muito enquanto a tendência continuar, ela está prestes a reverter. Quando um mercado chega a um novo pico com um volume menor do que o anterior, procure lucrar com vendas e/ou uma oportunidade a descoberto. Essa técnica não funciona nas tendências de baixa porque a queda tende a persistir. Há um ditado em Wall Street que diz: "Os preços precisam de compras para subir, mas eles podem cair com o próprio peso.";

4. Observe o volume durante as reações contra a tendência. Quando uma tendência de alta é intercalada com uma baixa, o volume costuma aumentar em uma onda de tentativas de realizar lucro. Quando a queda continua, mas o volume diminui, significa que os touros não estão operando ou a pressão de venda se dissipou. Quando o volume seca, a reação está chegando ao fim e a tendência de alta está pronta para continuar, o que dá uma oportunidade de compra. As principais tendências de baixa são intercaladas por ralis que começam em grande volume. Uma vez que os ursos fracos tenham sido eliminados, o volume diminui e dá um sinal para vender a descoberto.

29. Indicadores Baseados no Volume

Diversos indicadores ajudam a esclarecer os sinais de operação baseados no volume. Uma MME de volume de 5 dias indica as tendências de volume. Uma MME crescente de volume confirma a tendência atual dos preços, enquanto uma decrescente indica a fraqueza da tendência de preços.

Esse e outros indicadores baseados no volume são sinais mais precisos de momentos específicos do que as barras de volume. Eles incluem o On-Balance Volume [balanceamento de volume, em tradução livre] e o de Acumulação/Distribuição, descritos a seguir. O Índice de Força combina dados de preço e volume para indicar áreas de reversão de preços.

On-Balance Volume

On-Balance Volume (OBV) é um indicador desenvolvido por Joseph Granville e descrito em seu livro, *New Strategy of Daily Stock Market Timing*. Granville usou o OBV como um indicador de tendência do mercado de ações, mas outros analistas o usaram para analisar o mercado de futuros.

O OBV é o nível de volume geral. O volume de cada dia é somado ou subtraído, dependendo de os preços estarem mais altos ou mais baixos do que no dia anterior. Quando uma ação fecha mais alto, os touros venceram a batalha do dia; o volume desse dia é somado ao OBV. Quando uma ação fecha mais baixo, os ursos venceram o dia, e o volume desse dia é subtraído do OBV. Se os preços fecharem inalterados, o OBV permanece inalterado. O On-Balance Volume normalmente aumenta ou diminui antes dos preços, atuando como um indicador antecedente.

Psicologia de Massa

Os preços representam o consenso de valor, mas o volume representa as emoções dos participantes do mercado. O volume reflete a intensidade dos compromissos financeiros e emocionais dos traders, bem como da agonia entre os perdedores, que é o que o OBV ajuda a rastrear.

Uma nova alta do OBV mostra que os touros estão fortes, os ursos estão sofrendo e os preços subirão. Uma nova baixa do OBV mostra que os ursos estão fortes, os touros estão sofrendo e os preços cairão. Quando o padrão do OBV se desvia do padrão de preços, as emoções da massa não estão engrenadas com o consenso da massa. É mais provável que uma multidão siga o instinto do que a mente, e é por isso que as mudanças no volume geralmente precedem as mudanças de preço.

Sinais de Trading

Os padrões de topos e fundos do OBV são muito mais importantes do que os níveis absolutos, que dependem da data de início de seus cálculos. É mais seguro operar na direção de uma tendência que é confirmada pelo OBV (Figura 29.1).

1. Quando o OBV atinge uma nova máxima, confirma o poder dos touros, indica que os preços continuarão a subir e dá um sinal de compra. Quando o OBV ultrapassa sua última mínima, confirma o poder dos ursos, sugere preços menores à frente e dá um sinal para vender a descoberto;

2. O OBV dá seu mais forte sinal de compra ou venda quando diverge dos preços. Se os preços caem e em seguida sobem para uma nova alta, mas o OBV sobe para uma alta mais baixa, cria uma divergência de baixa e dá um sinal de venda. Se os preços declinam, se recuperam e depois caem para uma nova baixa, mas o OBV cai para um fundo ainda mais baixo, indica uma divergência de alta e dá um sinal de compra. As divergências de longo prazo são mais importantes que as de curto prazo. Divergências que se desenvolvem ao longo de várias semanas dão sinais mais fortes do que as que se desenvolvem ao longo de alguns dias;

3. Quando os preços estão em uma faixa de operação e o OBV rompe em uma nova alta, dá um sinal de compra. Quando os preços estão em uma faixa de operação, e o OBV rompe em uma nova baixa, dá um sinal para vender a descoberto.

FIGURA 29.1 MCD diário, MME de 22 dias, On-Balance Volume (OBV). (*Gráfico: Stockcharts.com*)

On-Balance Volume

As ações do McDonald's Corp. (MCD) são estáveis, caracterizando um mercado calmo. O intervalo de operação é bastante estreito, marcado com linhas tracejadas (duas linhas nas mínimas, uma mais próxima da extremidade e a outra, mais distante). Observe a tendência do MCD em relação a rompimentos falsos (fundos A e C e topos B e D). Observe uma cauda de canguru na área A.

Na borda direita do gráfico, o mercado de ações está em queda livre, mas, enquanto o MCD opera perto de suas baixas recentes, o indicador OBV indica operações perto das máximas. Isso indica força e sugere comprar em vez de vender.

Mais sobre o OBV

Uma das razões para o sucesso de Granville no mercado de ações foi ter combinado o OBV com dois outros indicadores — o **Indicador de Tendência de Campo Líquido** e o **Indicador Clímax**. Granville calculou o OBV para cada ação no Dow Jones e classificou seu padrão OBV como crescente, decrescente ou neutro. Ele chamou isso de tendência de campo líquido de uma ação: podendo ser +1, – 1 ou 0. O Indicador Clímax é uma soma das Tendências de Campo Líquido de todas as 30 ações do Dow.

Quando o mercado de ações subia e o Indicador Clímax atingia uma nova alta, confirmava a força e dava um sinal de compra. Se o mercado de ações subia, mas o Indicador Clímax fazia um topo mais baixo, dava sinal de venda.

Olhe para o Índice Dow Jones como uma equipe de 30 cavalos puxando o vagão do mercado. O indicador Clímax mostra quantos cavalos estão subindo a montanha, descendo a montanha ou estão parados. Se 24 dos 30 cavalos estiverem puxando para cima, um estiver puxando para baixo e 5 estiverem descansando, é provável que o vagão do mercado suba. Se 9 cavalos estiverem puxando para cima, 7 para baixo e 14 estiverem descansando, esse vagão em breve rolará montanha abaixo.

Notavelmente, Granville fazia esses cálculos à mão.[1] Hoje em dia, obviamente, o OBV, o indicador de tendências de campo líquido e o indicador clímax podem ser facilmente programados. Vale a pena aplicá-los a um banco de dados que inclua todas as ações do índice S&P 500. Esse método produz bons sinais para operar contratos futuros e opções do S&P 500.

Acumulação/Distribuição

Esse indicador foi desenvolvido por Larry Williams e descrito em seu livro de 1973, *How I Made One Million Dollars*. Foi criado para ser um indicador de tendências voltado a ações, mas vários analistas aplicaram-no aos contratos futuros. O grande diferencial do indicador de acumulação/distribuição (A/D) é rastrear a relação entre os preços de abertura e fechamento, além do volume. Seu conceito é semelhante ao dos candlesticks japoneses, que na época em que Williams escreveu o livro não eram conhecidos pelos traders ocidentais.

O indicador de acumulação/distribuição é mais precisamente calibrado do que o OBV porque credita touros e ursos apenas com a fração do volume diário correspondente ao grupo vitorioso.

$$A/D = \frac{\text{Fechamento - Abertura}}{\text{Alta - Baixa}} \bullet \text{Volume}$$

Se os preços fecharem mais altos do que abriram, os touros ganharam o dia, e o A/D é positivo. Se fecharam mais baixos, os ursos ganharam, e o A/D é negativo. Se os preços fecharem como abriram, ninguém ganhou, e o A/D é nulo. A soma dos A/Ds de um período gera um indicador cumulativo de A/D.

Se o spread dos preços de hoje foi de 5 pontos, mas a distância entre abertura e fechamento foi de 2 pontos, apenas 2/5 do volume de hoje são creditados ao grupo vencedor. Assim como com o OBV, o padrão de altas e baixas do A/D é importante, e seu nível absoluto depende da data de início.

Quando o mercado sobe, a maioria das pessoas se concentra na nova máxima, mas, se os preços abrirem mais altos e fecharem mais baixos, então o A/D, que rastreia essa relação, diminui. Ele adverte que a tendência de alta é mais fraca do que parece. Se, por outro lado, o A/D subir enquanto os preços estão baixos, mostra que os touros estão ganhando força.

Comportamento de Massa

Os preços de abertura refletem as pressões que se acumularam enquanto o mercado estava fechado. Aberturas tendem a ser dominadas pelos amadores, que leem notícias à noite e operam pela manhã.

Traders profissionais operam durante o dia. Eles costumam operar contra os amadores. Com o passar do dia, as ondas de compra e venda de amadores, bem como de instituições lentas, diminuem gradualmente. Profissionais tendem a dominar os mercados na hora do fechamento. Os preços de fechamento são muito importantes porque os ajustes diários nos mercados futuros dependem deles.

O A/D rastreia os resultados das batalhas diárias entre amadores e profissionais. Ele sobe quando os preços fecham mais altos do que abriram — quando os profissionais estão mais otimistas que os amadores. Ele desce quando os preços fecham mais baixos do que abriram — quando os profissionais estão mais pessimistas do que os amadores. Opere com os profissionais e contra os amadores.

Regras de Trading

Quando o mercado abre em baixa e fecha em alta, ele se move da fraqueza para a força. É aí que o A/D sobe e sinaliza que os profissionais do mercado estão mais otimistas do que os amadores, e é provável que o movimento de alta continue. Quando o A/D cai, os profissionais do mercado estão mais pessimistas do que os amadores. Quando o mercado enfraquece durante o dia, é provável que atinja uma nova baixa nos dias seguintes.

Os melhores sinais para operar são dados pelas divergências entre o A/D e os preços.

1. Se os preços alcançarem uma nova alta, mas o A/D atingir um pico mais baixo, isso indica um sinal para vender a descoberto. Essa divergência de baixa mostra que os profissionais do mercado estão vendendo;

2. Uma divergência de alta ocorre quando os preços caem para um novo fundo, mas o A/D atinge um fundo mais alto do que atingiu durante o declínio anterior, o que mostra que os profissionais do mercado estão usando o declínio para comprar, e uma alta está chegando (Figura 29.2).

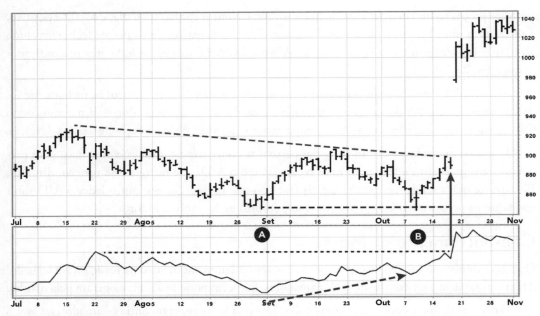

FIGURA 29.2 GOOG diário, índice de acumulação/distribuição. (*Gráfico: Stockcharts.com*)

Acumulação/Distribuição

"Acontecimentos futuros apresentam suas sombras antes", diz um velho provérbio muito válido para analistas técnicos. O Google Inc. (GOOG) estava em baixa por meses, mas a tendência de alta do Índice A/D mostrou que era hora de comprar. A ação caiu mais no ponto B do que no A, mas o índice A/D traçou um fundo mais alto. Tão importante quanto, ela atingiu uma nova alta (marcada com uma seta verde vertical) antes que os preços subissem por força de uma divulgação de lucros muito positiva. Alguém sabia o que estava por vir, e a compra maciça deles foi identificada pelo padrão de acumulação A/D e seu rompimento de alta. A análise técnica ajuda até mesmo a equilibrar a desigualdade de conhecimento entre investidores comuns e insiders.

Mais sobre Acumulação/Distribuição

Ao comprar ou vender seguindo uma divergência entre o A/D e os preços, lembre-se de que até mesmo os profissionais do mercado erram. Use stops e proteja-se seguindo a **Regra do Cão dos Baskervilles** (veja a Seção 23).

Há paralelos importantes entre os gráficos de candlesticks e os do A/D, pois ambos focam as diferenças entre os preços de abertura e fechamento. O A/D vai além, pois considera o volume.

30. Índice de Força

O Índice de Força é um oscilador desenvolvido por mim. Ele combina volume com preços para descobrir a força dos touros ou dos ursos por trás de cada subida ou declínio. Ele se aplica a qualquer barra de preço cujos dados de volume, seja semanal, diário ou intradiário, tenhamos. Ele reúne três informações essenciais — a direção da mudança de preço, sua extensão e o volume durante essa mudança. Ele fornece uma maneira prática de usar o volume para tomar decisões de trade.[2]

O Índice de Força é usado em sua forma direta, mas seus sinais ficam bem mais claros se o suavizarmos com uma média móvel. Uma MME curta identifica pontos de entrada e saída. Uma mais longa confirma tendências e identifica reversões importantes.

Como Elaborar um Índice de Força

A força de cada movimento é definida por três fatores: direção, distância e volume.

1. Se os preços fecharem mais altos do que o fechamento da barra anterior, a força é positiva. Se os preços fecharem mais baixos do que o fechamento da barra anterior, a força é negativa;

2. Quanto maior a mudança no preço, maior a força;

3. Quanto maior o volume, maior a força.

$$\text{Índice de Força} = \text{Volume}_{hoje} \bullet (\text{Fechamento}_{hoje} - \text{Fechamento}_{ontem})$$

Um Índice de Força em sua forma direta pode ser plotado como histograma, com uma linha horizontal marcando o nível zero. Se o mercado fechar mais alto, o Índice de Força é positivo, fica acima da linha central. Se o mercado fechar mais baixo, o Índice de Força é negativo, fica abaixo da linha central. Se o mercado fechar inalterado, o Índice de Força é zero.

O histograma de um Índice de Força em sua forma direta é muito irregular. Esse indicador fornece sinais de trade muito melhores depois de ser suavizado com uma média móvel (veja a Seção 22). Uma MME de 2 dias do Índice de Força fornece um grau mínimo de suavização. É útil para encontrar pontos de entrada nos mercados. Vale a pena comprar quando a MME de 2 dias for negativa e vender quando for positiva, contanto que você opere na direção da tendência.

Uma MME de 13 dias voltada ao Índice de Força rastreia mudanças de longo prazo na força de touros e ursos. Quando a MME de 13 dias cruza a linha central, subindo, mostra que os touros estão no controle e sugere a operação de compra. Quando a MME de 13 dias fica negativa, os ursos estão no controle e sugere operação de venda. Divergências entre a MME de 13 dias voltada ao Índice de Força e os preços identificam importantes pontos de inflexão.

Psicologia de Trading

Quando o mercado fecha em alta, os touros venceram a batalha do dia e, quando fecha em baixa, os ursos venceram. A distância entre os preços de fechamento de hoje e de ontem reflete a margem de vitória dos touros ou dos ursos. Quanto maior essa distância, maior a vitória alcançada.

O volume reflete o grau de comprometimento emocional dos participantes do mercado (veja a Seção 28). Subidas e declínios com alto volume de operações contêm mais inércia e estão mais propensos a continuar. Preços que crescem com volume alto são como uma avalanche acumulando velocidade. O volume baixo, por outro lado, mostra que o suprimento de perdedores é pequeno e que uma tendência está chegando ao fim.

Os preços refletem o que os participantes do mercado pensam, enquanto o volume reflete a força de seus sentimentos. O índice de força combina preço e volume — mostra se a razão e a emoção do mercado estão em sintonia.

Quando o Índice de Força alcança uma nova máxima, a força dos touros está alta e a tendência de alta continuará. Quando o Índice de Força atinge uma nova baixa, a força dos ursos é intensa e a tendência de baixa persistirá. Se a mudança nos preços não for confirmada pelo volume, o Índice de Força se estabiliza e avisa que uma tendência está prestes a se reverter. Ele também se mantém inalterado e sinaliza uma inversão se o volume alto gerar apenas um pequeno movimento de preços.

Regras de Trading

Índice de Força de Curto Prazo

Uma MME de 2 dias voltada ao Índice de Força é um indicador altamente sensível da força de curto prazo dos touros e ursos. Quando ultrapassa a linha central em um movimento ascendente, mostra que os touros estão mais fortes e quando ultrapassa a linha central em um movimento descendente mostra que os ursos estão mais fortes.

Como uma MME de 2 dias voltada ao Índice de Força é uma ferramenta sensível, pode ser usada para fazer o ajuste fino dos sinais de outros indicadores. Quando um indicador de acompanhamento de tendência identifica uma tendência de alta, os declínios negativos dessa MME identificam os melhores pontos de compra: pullbacks durante uma alta de longo prazo (Figura 30.1). Quando uma ferramenta de acompanhamento de tendências identifica uma tendência de baixa, as subidas dessa MME indicam os melhores pontos de venda.

1. Compre quando a MME de 2 dias do Índice de Força ficar negativa durante as tendências de alta.

    Mesmo uma tendência de alta veloz e furiosa tem pullbacks esporádicos. Se você adiar a compra até que a MME fique negativa, comprará mais perto de um fundo de curto prazo. A maioria das pessoas persegue ralis e é atingida por quedas que as desapontam. O Índice de Força ajuda a encontrar oportunidades de compra com riscos menores.

    Quando a MME de 2 dias do Índice de Força ficar negativa durante uma tendência de alta, coloque uma ordem de compra acima do preço mais alto daquele dia. Quando a tendência de alta recomeçar e os preços subirem, você terá sua ordem de compra executada.

Se os preços continuarem a cair, a ordem não será executada. Continue baixando a ordem de compra para perto da máxima da última barra. Quando sua ordem de compra for executada, coloque um stop de proteção abaixo da última menor baixa. Esse stop raramente é atingido em uma forte tendência de alta, mas salvará você se a tendência for fraca;

2. Venda a descoberto quando a MME de 2 dias voltada ao Índice de Força ficar positiva em uma tendência de baixa.

Quando os indicadores de acompanhamento de tendências identificarem uma tendência de baixa, aguarde até que essa MME fique positiva. Ela indica uma pontada de otimismo — uma oportunidade de venda. Coloque uma ordem para vender a descoberto abaixo da mínima da última barra de preço.

Se a MME de 2 dias do Índice de Força continuar a subir depois que você colocou a sua ordem de venda, aumente a ordem no dia seguinte para um valor próximo à mínima da barra anterior. Quando os preços caírem e você vender e ficar short, coloque um stop de proteção acima do último pico mais baixo. Desça seu stop para um ponto de break-even o mais cedo possível.

Além disso, uma MME de 2 dias do Índice de Força mostra como posicionar a pirâmide. Compre durante tendências de alta toda vez que o Índice de Força ficar negativo e, em tendências de baixa, toda vez que ficar positivo.

O Índice de Força fornece até mesmo um vislumbre do futuro. Quando uma MME de 2 dias do Índice de Força cai para a menor baixa do mês, mostra que os ursos estão fortes e que os preços cairão ainda mais. Quando essa MME sobe para o nível mais alto em um mês, mostra que os touros estão fortes e que os preços subirão ainda mais.

Uma MME de 2 dias do Índice de Força ajuda a decidir quando fechar uma posição. Ela faz isso identificando espasmos de curto prazo das massas que sugerem altas ou baixas. Um trader de curto prazo que comprou quando esse indicador estava negativo vende quando fica positivo. Um trader de curto prazo que vendeu quando esse indicador estava positivo pode cobrir sua posição descoberta quando ficar negativo. Um trader com foco em prazo mais longo deve sair de sua posição somente se uma tendência mudar (conforme identificado pela inclinação de uma MME de preço de 13 dias) ou se houver uma divergência entre a MME em questão e a tendência;

3. As divergências de alta entre a MME e o preço dão fortes sinais de compra. Uma divergência de alta ocorre quando os preços caem para uma nova baixa enquanto o Índice de Força gera uma baixa mais rasa;

4. As divergências de baixa entre a MME e o preço dão fortes sinais de venda. Uma divergência de baixa ocorre quando os preços sobem para uma nova alta enquanto o Índice de Força traça um segundo topo, mais baixo;

5. Sempre que a MME cair cinco ou mais vezes sua profundidade normal e, em seguida, recuar a partir dessa baixa, espere que os preços subam nos próximos dias.

Os mercados variam entre sobrecompra e sobrevenda, e, quando recuam de uma baixa, espera-se uma subida. Observe que esse sinal não funciona bem em tendências de alta — os mercados recuam de picos de baixa, mas não de picos de alta. Picos de baixa refletem um medo intenso, que não persiste por muito tempo. Picos de alta refletem entusiasmo excessivo e ganância, que podem persistir por um longo tempo.

Uma MME de 2 dias voltada ao Índice de Força se encaixa bem no sistema de operação com Três Telas (veja a Seção 39). Sua capacidade de encontrar pontos de compra e venda de curto prazo é útil principalmente quando você combina o Índice de Força com um indicador de acompanhamento de tendências de longo prazo.

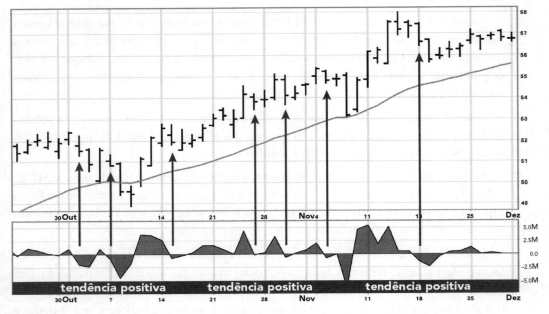

FIGURA 30.1 ADBE diário, MME de 26 dias, Índice de Força de 2 dias. (*Gráfico: Stockcharts.com*)

Índice de Força de Curto Prazo

Mais adiante, retornaremos ao tópico importantíssimo de usar vários time frames ao tomar decisões. A decisão estratégica — ser um touro ou um urso — pode se basear em um gráfico semanal, e as táticas sobre quando comprar ou vender, em um gráfico diário.

No caso da Adobe Systems, Inc. (ADBE), há uma tendência de alta constante no gráfico semanal, confirmada pela MME crescente (não mostrada). Quando essa tendência aumenta, um Índice de Força de 2 dias no gráfico diário fornece uma série contínua de sinais que identificam pontos de compra. Em vez de acatar e comprar alto, é melhor comprar durante os declínios de curto prazo, quando a onda vai contra a maré. Essas ondas são marcadas pelo Índice de Força de 2 dias abaixo de zero. Uma vez que o Índice de Força de 2 dias fica negativo, faz sentido começar a colocar ordens de compra acima da máxima da barra mais recente, pois isso fará com que você compre tão logo essa onda de baixa perca o poder.

Índice de Força de Médio Prazo

Uma MME de 13 dias do Índice de Força identifica mudanças no equilíbrio de poder entre touros e ursos em prazos maiores. Quando ela é positiva, os touros estão mais fortes. Quando ela é negativa, os ursos estão no comando. Suas divergências em relação aos preços identificam pontos de inflexão de força intermediária ou até mesmo bastante significativos (Figura 30.2). Seus picos, principalmente perto dos fundos, marcam reversões de tendências que estão se aproximando.

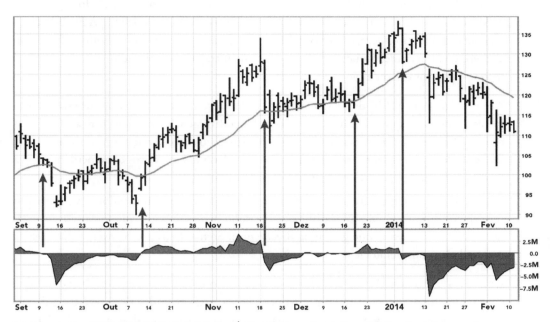

FIGURA 30.2 SSYS diário, MME de 26 dias, Índice de Força de 13 dias. (*Gráfico: Stockcharts.com*)

Índice de Força de Longo Prazo

A Stratasys, Inc. (SSYS) é uma das duas empresas líderes no mercado de manufatura aditiva (impressão 3D), que está em rápida expansão. Nos dois anos desde que escrevi o e-book mais popular do mundo sobre investimentos nessa tecnologia, as ações do setor viraram favoritas dos investidores. Um padrão técnico emergiu, com altas impulsionadas pela grande entrada de amadores e quedas acentuadas quando eles entravam em pânico e saíam. O Índice de Força de 13 dias faz um bom trabalho ao captar essas ondas.

Quando o Índice de Força de 13 dias cruza a linha zero subindo (pontos marcados pelas setas verticais), o volume comprador está chegando. É aí que um trader de longo prazo compra e segura sua posição. Quando cruza a linha zero descendo e lá permanece, os ursos predominam.

Perto da borda direita do gráfico, vemos uma baixa recorde do Índice de Força, mas então os ursos começam a enfraquecer à medida que o Índice de Força começa a se aproximar de zero. Esteja a postos enquanto espera que um padrão de acumulação apareça e seja confirmado pelo Índice de Força ao cruzá-lo de maneira ascendente. Esse movimento de zigue-zague de ações passando de mãos fortes para mãos fracas perto dos topos e então próximo às mínimas continua para sempre nos mercados. O Índice de Força o ajuda a se posicionar com o grupo certo.

VOLUME E TEMPO

O Índice de Força na forma direta (sem ser plotado por médias móveis) identifica a equipe vencedora na batalha entre touros e ursos em qualquer barra de preço, seja semanal, diária ou intradiária. Recebemos sinais muito mais claros ao suavizar o índice de força com uma média móvel.

1. Quando uma MME de 13 dias do Índice de Força está acima da linha central, os touros controlam o mercado. Quando está abaixo da linha central, os ursos estão no comando.

    Quando começa uma subida, os preços costumam adquirir volume pesado. Quando a MME em questão alcança um novo recorde, confirma a tendência de alta. À medida que a tendência de alta envelhece, os preços sobem mais lentamente e o volume diminui. É quando a MME começa a traçar topos inferiores. Quando ultrapassa a linha zero, descendo, é sinal de que os touros estão na pior;

2. Um novo pico da MME de 13 dias do Índice de Força mostra que os touros estão muito fortes e é provável que uma subida continue. Uma divergência de baixa entre a MME e os preços dá um sinal forte para vender a descoberto. Se os preços atingirem uma nova alta, mas esse indicador cruzar um pico mais baixo, ele alerta que os touros estão perdendo força e que os ursos estão prontos para assumir o controle.

    Note que, para uma divergência ser considerada legítima, esse indicador deve gerar um novo pico, depois cair abaixo da linha zero e subir acima dela, só que traçando um pico mais baixo dessa vez, o que gera uma divergência. Se não houver crossover, a divergência não pode ser considerada legítima;

3. Uma nova baixa na MME de 13 dias do Índice de Força mostra que a tendência de baixa continuará. Se os preços atingirem uma nova baixa, esse indicador ficar positivo e depois cair novamente, mas para uma baixa mais rasa, ele completa uma divergência de alta. Ele revela que os ursos estão perdendo poder e dá um sinal de compra.

    Quando uma tendência de baixa começa, os preços costumam cair com volume pesado. Quando a MME cai para uma nova baixa, confirma o declínio. À medida que a tendência de baixa envelhece, os preços caem mais lentamente ou o volume diminui — é aí que as cartas mostram uma reversão.

    Adicionar um envelope ao gráfico do Índice de Força detecta os desvios extremos em relação à norma, que tendem a levar a reversões de tendência de preços. Esse método para detectar desvios e reversões potenciais funciona bem com gráficos semanais, mas não com os gráficos diários e intradiários. Essa é genuinamente uma ferramenta para prazos mais longos.

31. Interesse Aberto

Interesse aberto é a quantidade de contratos mantidos por compradores ou adquiridos por vendedores a descoberto de qualquer mercado derivativo, como futuros ou opções. Se você não estiver familiarizado com futuros ou opções, pule este capítulo e retorne a ele depois de ler as Seções 44, sobre opções, e 46, sobre futuros.

As ações são negociadas enquanto a empresa que as listou permanecer no negócio como uma unidade independente. A maioria é detida como posições compradas, com uma pequena porcentagem de vendidas. Nos futuros e opções, por outro lado, a quantidade de posições compradas e vendidas é idêntica, devido ao fato de serem contratos para entrega futura. Quando alguém quer comprar um contrato, alguém tem que vendê-lo para essa pessoa, ou seja, abrir mão dele. Se quiser comprar uma opção de compra de 100 ações do Google, outro trader precisará lhe vender essa opção; para comprar, alguém precisa vender. **O interesse aberto é o total de posições compradas ou vendidas**.

Os contratos de futuros e opções são feitos para durar apenas um período determinado. Um comprador de futuros ou opções que deseja aceitar a entrega e um vendedor que deseja entregar têm que esperar até o primeiro dia de entrega. Esse período garante que os números de contratos de compra e venda seja sempre igual. De qualquer maneira, muito poucos traders de futuros e opções planejam entregar ou receber a entrega (liquidação física). A maioria dos traders fecha suas posições cedo (liquidação financeira), lucrando muito antes do dia do vencimento. Voltaremos ao tópico de futuros e opções no Capítulo 8, sobre ativos.

O interesse aberto aumenta quando novas posições são criadas e cai quando são fechadas. Se o interesse aberto dos futuros de ouro COMEX de abril for de 20 mil contratos, quer dizer que os touros compraram 20 mil contratos e os ursos venderam 20 mil contratos. Se o interesse aberto aumentar para 20.200, isso significa que foram criados 200 novos contratos: comprados e vendidos.

O interesse aberto cai quando um touro que detém o contrato o vende para um urso que não tem, mas quer cobrir sua posição vendida. Quando ambos saem do mercado (o touro, por não ter mais o derivativo, e o urso por comprar um derivativo de efeito contrário, portanto, encerrando suas obrigações), o interesse aberto cai de acordo com o tamanho da operação, uma vez que um ou mais contratos desaparecem do mercado.

Se um novo touro compra de um touro velho que está deixando sua posição, o interesse aberto permanece inalterado. O interesse aberto também não muda quando um novo urso vende a um urso velho que quer comprar para cobrir a posição vendida. Em suma, o interesse aberto aumenta quando "carne fresca" entra nesse mercado e cai à medida que os touros e ursos atuais começam a sair dele, conforme mostra a tabela abaixo:

Comprador	Vendedor	Interesse Aberto
Novo comprador	Novo vendedor	Aumenta
Novo comprador	Comprador antigo vende	Inalterado
Vendedor antigo compra para cobrir	Novo vendedor	Inalterado
Comprador antigo compra para cobrir	Comprador antigo vende	Diminui

Os analistas técnicos costumam delinear o interesse aberto como uma linha abaixo das barras de preços (Figura 31.1). O interesse aberto em qualquer mercado varia de estação para estação por causa da cobertura massiva de usuários industriais e produtores em diferentes estágios do ciclo de produção anual. O interesse aberto dá mensagens importantes quando desvia de sua norma sazonal.

Psicologia de Massa

É preciso um touro e um urso para criar um contrato de futuros ou opções. Um touro que acredita que os preços vão subir compra um contrato. Um urso que pensa que os preços cairão vende um contrato. Com a operação entre um novo touro e um novo urso, o interesse aberto aumenta devido ao número de contratos que negociaram. É improvável que uma única operação mova qualquer mercado, mas, quando milhares de traders fazem operações semelhantes, impulsionam ou invertem as tendências do mercado.

O interesse aberto reflete a intensidade do conflito entre os touros e os ursos. Ele depende da vontade deles de manter suas posições. Quando os touros e os ursos não esperam que o mercado se mova a seu favor, fecham suas posições, reduzindo o interesse aberto.

Há duas pessoas nos lados opostos de toda operação, e uma será prejudicada quando os preços mudarem. Em uma subida, os ursos se machucam e, em um declínio, os touros. Enquanto os perdedores se apegarem, esperando e mantendo suas posições, o interesse aberto não mudará.

Um aumento no interesse aberto mostra que uma multidão de touros confiantes enfrenta uma multidão de ursos igualmente confiantes. Aponta para um crescente desacordo entre os dois grupos, dos quais um certamente perderá, mas, enquanto os possíveis perdedores continuarem entrando, a tendência continuará. Essas ideias foram claramente apresentadas no livro clássico de L. Dee Belveal: *Charting Commodity Market Price Behavior.*

É preciso convicção por parte dos touros e também dos ursos para manter uma tendência. O aumento do interesse aberto mostra que ambos continuam aumentando suas posições. Se eles discordarem fortemente sobre o futuro dos preços, o suprimento de perdedores começará a crescer, e a tendência atual deve persistir. Um aumento no interesse aberto dá luz verde à tendência existente.

Se o interesse aberto aumenta durante uma tendência de alta, os touros compram e os ursos vendem, porque acreditam que o mercado está supervalorizado. É provável que tentem se proteger quando a tendência de alta os pressionar — e a compra impulsionar os preços para cima.

Se o interesse aberto aumenta durante uma tendência de baixa, mostra que os ursos estão vendendo agressivamente, enquanto os catadores de fundos (baixas expressivas) estão comprando. Esses caçadores de pechinchas desistirão quando os preços em queda os prejudicarem, e sua venda pressionará os preços ainda mais para baixo.

Quando um touro está convencido de que os preços estão subindo e decide comprar, mas um urso tem medo de vender a descoberto, o touro compra de outro touro que comprou antes e agora quer sair da posição. A operação não gera nenhum novo contrato, e o interesse aberto permanece inalterado. A estabilização do interesse aberto durante uma alta indica que a oferta de perdedores parou de crescer.

Quando um urso está convencido de que os preços estão caindo e quer vender a descoberto, mas um touro tem medo de comprar, o urso vende para outro urso que quer deixar a posição e lucrar. A operação não cria nenhum novo contrato e o interesse aberto não muda. A estabilidade do interesse aberto durante uma queda sinaliza que a quantidade de catadores de pechinchas não está crescendo. Sempre que o interesse aberto estabiliza, pisca um sinal de alerta — um aviso de que a tendência está envelhecendo e de que os melhores ganhos provavelmente ficarão para trás.

Quando um touro decide deixar sua posição, um urso decide comprar e os dois negociam um com o outro, um contrato desaparece e o interesse aberto diminui. A queda do interesse aberto mostra que os perdedores estão se protegendo, enquanto os vencedores estão lucrando. Quando o desacordo entre touros e ursos diminui, a tendência está pronta para uma reversão. A queda do interesse aberto mostra que os vencedores estão lucrando e os perdedores estão perdendo a esperança. Isso sinaliza que a tendência está chegando ao fim.

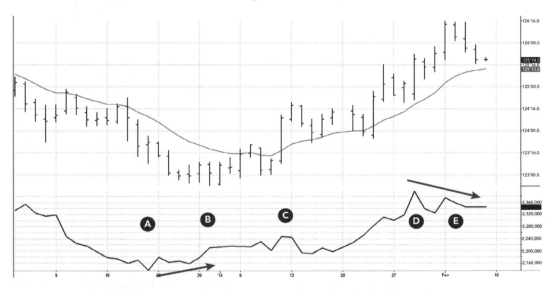

FIGURA 31.1 TYH14 diário, MME de 13 dias, interesse aberto. (*Gráfico: TradeStation*)

Interesse Aberto

O interesse aberto (IA) mostra o número de todas as posições vendidas ou compradas em qualquer mercado de futuros ou opções. Como os dois são iguais nos mercados de derivativos, o interesse aberto indica o grau de convicção dos touros e dos ursos.

O aumento do IA mostra que o conflito entre os touros e ursos está mais intenso e confirma a tendência existente. A redução mostra que os perdedores estão deixando o mercado, enquanto os vencedores estão lucrando — sinaliza que a tendência está chegando ao fim.

Na margem esquerda deste gráfico de futuros da Treasury Notes (TYH14), de março de 2014, a tendência é de baixa, mas o declínio do IA alerta os ursos para não relaxarem na tendência de baixa. O IA despencou na área A, subiu na área B e, na área C, ambos estavam em clara tendência de alta, com o aumento do IA sugerindo preços mais altos à frente. O IA liderou na área D, e, enquanto os preços continuavam a subir na área E, a nova tendência de baixa do IA serviu de alerta para os touros perto da borda direita do gráfico.

Nem todos os gráficos de interesse aberto parecem tão simples e claros como esse. Traders sérios não esperam encontrar uma ferramenta mágica de um único indicador — eles usam vários indicadores e agem apenas quando suas mensagens confirmam um ao outro.

Regras de Trading

1. Quando o interesse aberto aumenta durante um rali, confirma a tendência de alta e dá sinal verde para comprar. Isso mostra que mais vendedores a descoberto estão entrando no mercado. Quando eles desistirem, sua necessidade de cobertura das posições em aberto impulsionará o rali.

   O interesse aberto subir à medida que os preços caem demonstra que os catadores de pechinchas/fundos estão ativos no mercado. Isso dá sinal verde para vender, porque os caçadores de pechinchas tendem a empurrar os preços para baixo quando jogam a toalha;

   Se o interesse aberto aumenta quando os preços estão em uma faixa de operação, é um sinal de baixa. Os hedgers estão muito mais propensos a vender a descoberto do que os especuladores. Um aumento acentuado do interesse aberto, enquanto os preços estão estáveis, mostra que os hedgers experientes estão saindo do mercado. Evite operar contra pessoas que têm melhores informações do que você;

2. Se o interesse aberto cair enquanto os preços estiverem em uma faixa de operação, sugere compras para cobertura por parte dos alguns dos principais players e dá um sinal de compra. Quando os institucionais começam a cobrir as vendas a descoberto, mostram que esperam que o mercado aumente.

   A diminuição do interesse aberto durante um rali mostra que os vencedores e perdedores estão receosos. Os compradores estão obtendo lucros, e os vendedores estão cobrindo. Os mercados estão descontando o futuro e uma tendência aceita pela maioria está pronta para reverter. Se o interesse aberto diminuir durante um rali, considere vender e sair.

   A queda do interesse aberto durante um declínio indica que os ursos estão cobrindo e os compradores estão tomando prejuízos e saindo. Se o interesse aberto cair enquanto os preços caem, lucre com vendas a descoberto;

3. Quando o interesse aberto estabiliza durante uma alta, é sinal de que a tendência de alta está ficando velha e os melhores ganhos já passaram. Isso lhe dá um sinal para encurtar os stops em posições de compra e evitar novas compras. Quando o interesse aberto estabiliza durante uma queda, avisa que a tendência de baixa está madura e é melhor encurtar os stops nas posições vendidas. O interesse aberto inalterado em uma faixa de operação não contribui com nenhuma informação.

Mais sobre Interesse Aberto

Quanto maior o interesse aberto, mais ativo é o mercado e menos **slippage** você corre o risco de pegar ao assumir posições. Traders de curto prazo devem se concentrar em contratos com interesse aberto mais alto. Nos mercados futuros, o interesse aberto costuma ser maior para o contrato de vencimento mais próximo. À medida que vai se aproximando o vencimento do contrato mais próximo e o interesse aberto começa a diminuir, o IA do próximo mês começa a subir, isso é um sinal para mover sua posição para o próximo vencimento.

32. Tempo

A maioria das pessoas conduz suas vidas como se fosse viver para sempre — repetindo os mesmos erros, sem aprender com o passado nem planejar o futuro. Freud mostrou que a mente inconsciente não tem noção do tempo. Nossos desejos profundos pouco se alteram durante nossas vidas.

Quando as pessoas se juntam a multidões, seu comportamento se torna ainda mais primitivo e impulsivo. Indivíduos podem ser regulados pelo calendário e pelo relógio, mas as multidões não prestam atenção ao tempo. Elas agem em função das emoções como se tivessem todo o tempo do mundo.

A maioria dos traders concentra-se apenas na mudança de preços, mas presta pouca atenção ao tempo. Esse é apenas mais um sinal de estar preso na mentalidade de massa.

A consciência do tempo indica civilização. Uma pessoa pensante é consciente do tempo, enquanto alguém que está agindo impulsivamente não é. Um analista de mercado que presta atenção ao tempo torna-se consciente de uma dimensão escondida da multidão do mercado.

Ciclos

Os ciclos de preços de longo prazo são um fato da vida econômica. O mercado de ações dos EUA funciona em ciclos de cerca de 4 anos. Eles existem porque o partido governante infla a economia visando a reeleição presidencial a cada 4 anos. O partido que vence a eleição desinfla a economia, durante o período em que os eleitores não podem se vingar do resultado nas urnas. Inundar a economia com liquidez eleva o mercado de ações, enquanto a drenagem da liquidez o empurra para baixo.[3]

Os principais ciclos em commodities agrícolas se devem a fatores fundamentais climáticos e de produção, junto à psicologia de massa dos produtores. Quando os preços do gado sobem, os agricultores criam mais animais. Quando esses animais chegam ao nível do mercado, os preços caem e os produtores passam a criar menos deles. Quando a oferta é absorvida, a escassez empurra os preços para cima, os criadores voltam a trabalhar e o ciclo de alta/baixa do mercado se repete. Quando se trata de porcos, esse ciclo é mais curto do que o do gado, pois os porcos se reproduzem mais rápido.

Ciclos de longo prazo ajudam os traders a identificar as marés do mercado. Muitos traders se metem em problemas usando ciclos de curto prazo para prever pequenos pontos de inflexão.

Os picos e vales de preços parecem fluir de maneira ordenada. Os traders medem a distância entre os picos vizinhos e os projetam no futuro para prever o próximo topo. Então medem a distância entre os fundos e os projetam no futuro para prever a próxima baixa. Os ciclos colocam pão e manteiga nas mesas dos analistas que vendem previsões. Poucos percebem que o que parece um ciclo nos gráficos muitas vezes é imaginação. Se você analisar dados de preços usando um programa matematicamente rigoroso, como a análise máxima de entropia espectral [MESA, sigla em inglês de Maximum Entropy Spectral Analysis] de John Ehlers, descobrirá que aproximadamente 80% do que parece ser um ciclo é simplesmente ruído de mercado. A mente humana procura por ordem — e até mesmo uma ilusão de ordem serve para muitas pessoas.

Se você observar um rio de cima, verá que tem ciclos, balançando para a direita e para a esquerda. Todo rio serpenteia porque a água flui mais rápido no meio do que nas margens, criando

VOLUME E TEMPO

turbulências que o forçam a mudar. Medir ciclos de mercado de curto prazo com lápis e régua é como procurar água no solo com uma vara. Lucros de um sucesso ocasional se anulam devido a métodos inadequados.

Indicadores Sazonais

Um fazendeiro semeia na primavera, colhe no final do verão e, no outono, guarda suprimentos para o inverno. Há um momento de semear e um momento de colher, um momento de apostar em uma tendência quente e um momento de se preparar para o frio. O conceito sazonal se aplica aos mercados financeiros. Tomando a abordagem de um fazendeiro, um trader deve procurar comprar na primavera, vender no verão, vender a descoberto no outono e cobrir no inverno.

Martin Pring desenvolveu o modelo das estações para os preços, mas esse conceito funciona ainda melhor com indicadores técnicos. As estações propostas ajudam a reconhecer o atual estágio do ciclo de mercado. Esse modelo simples, mas eficaz, ajuda-o a comprar quando os preços estão baixos e a vender a descoberto quando estão altos, afastando-o do comportamento da multidão do mercado.

Definimos as estações dos indicadores segundo dois fatores: sua inclinação e sua posição em relação à linha central. Vamos aplicar o conceito das estações dos indicadores ao histograma MACD (veja a Seção 23). Nós definimos a inclinação do Histograma MACD como a relação entre duas barras vizinhas. Quando o Histograma MACD sobe, mas fica abaixo da linha central, é primavera. Quando ultrapassa a linha central, é verão. Quando cai, mas fica acima da linha central, é outono. E quando ultrapassa a linha central, descendo, é inverno. A primavera é a melhor estação para comprar, e o outono é a melhor estação para vender a descoberto (Figura 32.1).

Inclinação	Posição relativa à linha central	Estação	Ação indicada
Subindo	Abaixo	Primavera	Comprar
Subindo	Acima	Verão	Vender
Descendo	Acima	Outono	Vender a descoberto
Descendo	Abaixo	Inverno	Cobrir

Quando o Histograma MACD está abaixo da linha central, mas sua inclinação está subindo, é primavera no mercado. O clima está ameno, mas ficando mais quente. A maioria dos traders teme que o inverno retorne e está com medo de comprar. Emocionalmente, é difícil comprar porque as memórias de uma tendência de baixa ainda estão frescas. Na verdade, a primavera é o melhor momento para comprar, com o maior potencial de lucro, enquanto os riscos são relativamente pequenos porque podemos colocar um stop de proteção um pouco abaixo do mercado.

Quando o Histograma MACD está acima da linha central, subindo, é verão no mercado — e agora a maioria dos traders reconhece a tendência de alta. É emocionalmente fácil comprar no verão porque os touros têm muita companhia. Na verdade, o potencial de lucro no verão é menor do que na primavera, enquanto os riscos são maiores porque os stops precisam ficar mais distantes dos preços de mercado devido à maior volatilidade.

Quando o Histograma MACD está acima da linha central, mas sua inclinação é descendente, é outono no mercado. Poucos traders reconhecem essa mudança e continuam comprando, esperando que o verão retorne. Emocionalmente, é difícil vender a descoberto no outono — isso exige que você caminhe contra a multidão. Na verdade, o outono é o melhor momento para vender a descoberto.

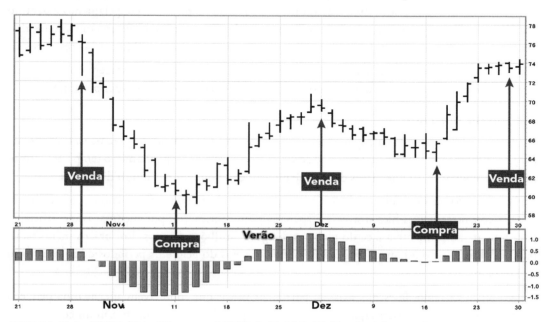

FIGURA 32.1   VRTX diário, Histograma MACD de 12-26-9. (*Gráfico: Stockcharts.com*)

Indicadores Sazonais

A sazonalidade se aplica à maioria dos indicadores e time frames, incluindo o intradiário. Isso pode ser feito com uma infinidade de ativos, ainda que esse exemplo se concentre no Histograma MACD diário da Vertex Pharmaceuticals, Inc. (VRTX), uma ação da Nasdaq 100.

- Outono — O indicador está acima da linha central, mas está caindo. Essa é a melhor época para se posicionar com vendas a descoberto.
- Inverno — O indicador cai, abaixo da linha central. Use a fraqueza para obter lucros nessas posições vendidas.
- Primavera — O indicador sobe, mas abaixo da linha central. É o melhor momento para operar comprado.
- Verão — O indicador sobe, acima da linha central. À medida que o clima esquenta, use a força para obter lucros nessas posições compradas.

O Histograma MACD é bem suave nesse exemplo, mas esteja preparado para flutuações, acima e abaixo da linha central. A primavera pode ser interrompida por uma geada, pode haver um período quente no inverno etc.

Quando o Histograma MACD desce abaixo da linha central, é inverno no mercado. Neste ponto, a maioria dos traders reconhece a tendência de baixa. É emocionalmente fácil vender a descoberto no inverno, juntando-se a inúmeros ursos. Na verdade, a relação risco/retorno está mudando rapidamente contra os ursos, à medida que as recompensas potenciais estão se tornando menores e os riscos mais altos, porque os stops precisam ser colocados relativamente longe dos preços.

Assim como um fazendeiro deve prestar atenção aos caprichos do clima, um trader precisa ficar alerta aos caprichos do mercado. Um outono na fazenda pode ser interrompido por um verão indiano, e um mercado pode testemunhar uma forte alta no outono. Um congelamento repentino pode atingir os campos na primavera, e o mercado pode cair muito cedo em movimento de alta. Um trader precisa usar vários indicadores e técnicas para evitar ser sacudido com as reversões.

O conceito de indicadores sazonais concentra a atenção do trader na passagem do tempo. Ele o ajuda a se programar para a próxima estação, em vez de seguir outras pessoas por impulso.

Tempo do Mercado

Medimos o tempo usando calendários e relógios, mas raramente paramos para pensar que nossas próprias percepções de tempo estão longe de serem universais. Acompanhamos o tempo em termos humanos, enquanto grandes áreas da vida se movem em cronogramas muito diferentes.

Por exemplo, achamos que o solo sob nossos pés é estável, enquanto na verdade os continentes se movem constantemente. Eles atravessam apenas alguns centímetros por ano, mas isso é suficiente para mudar radicalmente a face do globo ao longo de milhões de anos. Em prazos menores, os padrões climáticos mudam ao longo dos séculos. As eras do gelo e os períodos de aquecimento se alternam.

No outro extremo da escala, existem partículas físicas que sobrevivem apenas uma pequena fração de segundo. Há insetos que nascem, crescem, procriam e morrem em um único dia.

Voltando ao trading, tenhamos em mente que o tempo flui a uma velocidade diferente no mercado do que para nós como indivíduos. O mercado, composto de massas de seres humanos, move-se mais lentamente. Os padrões que você reconhece nos gráficos têm valor preditivo —, mas as reversões podem ocorrer muito mais tarde do que o esperado.

A relativa lentidão das multidões atormenta até mesmo os traders experientes. Vez e outra nos vemos entrando em operações cedo demais. Iniciantes costumam entrar atrasados. No momento em que identificam uma tendência ou reversão, é porque o movimento já estava em andamento há muito tempo. Os novatos tendem a perseguir tendências antigas, mas os analistas e traders mais experientes tendem a encontrar um problema contrário. Reconhecemos novas reversões e tendências emergentes de longe — e entramos cedo demais. Costumamos comprar antes que o mercado termine de traçar um fundo ou vender bem antes de completar um topo. Ao entrar cedo demais, acabamos perdendo dinheiro em tendências que são lentas demais para reverter.

O que devemos fazer? Primeiro, saiba que o tempo do mercado é muito mais lento do que o seu. Em segundo lugar, não entre na operação quando notar um sinal de reversão precoce. Um sinal melhor pode surgir mais tarde, principalmente em topos, que demoram mais.

Não vale a pena ser ganancioso e operar antes. Uma posição menor é mais fácil de manter enquanto uma reversão está se aproximando. Certifique-se de usar vários time frames para analisar o mercado: essa é a essência do sistema com três telas, que analisaremos em um capítulo futuro.

O Fator de Cinco

A maioria dos iniciantes escolhe, aleatoriamente, um time frame que lhes pareça bom — um gráfico diário, de 10 minutos ou qualquer outro — e ignora os outros. Poucos são cientes do fato de que o mercado funciona em vários time frames. Ele se move simultaneamente nos gráficos mensal, semanal, diário e intradiário — geralmente, em direções opostas.

A tendência pode apontar para cima no gráfico diário e para baixo no semanal, ou vice-versa. Qual deles você seguirá? E o que fará com os gráficos intradiários, que podem até mesmo contradizer os semanais e os diários? A maioria dos traders ignora todos os time frames, exceto o que escolheu — até que um movimento repentino de fora do time frame atinja sua conta.

Tenha em mente que time frames vizinhos estão conectados pelo fator de aproximadamente 5. Se você considerar um gráfico mensal e o comparar a um semanal, perceberá que há 4,5 semanas em um mês. Ao mudar de um gráfico semanal para um diário, verá que há 5 dias de mercado aberto em uma semana. Voltando à análise intradiária, observe um gráfico horário — há aproximadamente de 5 a 6 horas em um dia de operações. Os day traders podem avançar ainda mais e analisar gráficos de 10 minutos, seguidos de gráficos de 2 minutos. Cada um está relacionado aos time frames vizinhos pelo fator de aproximadamente 5.

A maneira correta de analisar qualquer mercado é verificar pelo menos dois time frames vizinhos. Você deve sempre começar com o time frame mais amplo para ter uma visão estratégica e depois usar o time frame mais curto para um timing tático. Se você gosta de usar gráficos diários, primeiro deve examinar os gráficos semanais e, se quiser trabalhar com gráficos de 10 minutos, primeiro precisa analisar os gráficos horários. Esse é um dos princípios fundamentais do sistema de operação com três telas (veja a Seção 39).

136   VOLUME E TEMPO

■ 33. Time Frames

Por quanto tempo você planeja manter sua próxima operação? Um ano, uma semana ou uma hora? Um trader sério planeja a duração aproximada de cada operação. Time frames diferentes oferecem oportunidades diferentes e acarretam riscos diferentes. Todas as operações, de modo geral, dividem-se em três grupos:

1. **Operação ou investimento de longo prazo** — A duração aproximada de uma posição é medida em meses, às vezes, anos.

   Vantagens: requer pouca atenção diária e pode levar a ganhos espetaculares.

   Desvantagem: os declínios podem ser drasticamente severos.

2. **Swing trading** — A duração aproximada de uma operação é medida em dias, às vezes, semanas.

   Vantagens: riqueza de oportunidades de operar, controle de risco bastante flexível.

   Desvantagem: perder as principais tendências.

3. **Day trading** — A duração aproximada de uma operação é medida em minutos, raramente horas.

   Vantagens: muitas oportunidades, nenhum risco de um dia para o outro.

   Desvantagens: exige reflexos instantâneos, os custos de transação são significativos.

Se operar em mais de um time frame, faça essas transações em contas diferentes. Isso lhe permitirá avaliar seu desempenho em cada time frame, em vez de juntar maçãs e laranjas na mesma cesta.

Investimentos

A decisão de investir ou operar a longo prazo é quase sempre baseada em alguma ideia fundamentalista. É possível que você identifique uma nova tendência tecnológica ou produto diferenciado que aumentará muito o valor de uma empresa. Investir exige bastante convicção e uma enorme paciência, se você quiser manter essa posição através dos inevitáveis pullbacks e períodos de estagnação. Esses grandes desafios tornam o investimento bem-sucedido extremamente difícil.

As principais tendências vistas em gráficos de longo prazo parecem incertas e nebulosas em tempo real, principalmente quando uma ação entra em queda. Quando o investimento cai 50% ou mais, acabando com a maior parte dos lucros do papel — comum em posições de longo prazo —, poucos têm convicção e força suficientes para mantê-la. Deixe-me ilustrar isso usando um exemplo da Apple Inc. (AAPL), uma queridinha de vários mercados altistas (Figura 33.1).

A AAPL sobreviveu à experiência de quase falência em 2003, quando rumores de que suas ações surradas seriam candidatas à aquisição, e cresceu para se tornar a empresa de capital aberto de maior capitalização de mercado do mundo, antes de ter uma queda em 2012. Sua tendência de alta parece grande em retrospecto, mas pergunte a si mesmo, honestamente, se você teria sido capaz de manter as ações mesmo com as grandes quedas, algumas delas superiores a 50%. Lembre-se de que tais declínios geralmente marcam os fins das tendências de alta.

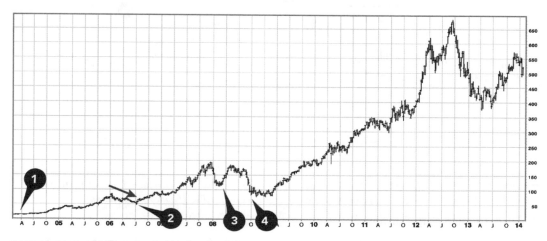

FIGURA 33.1 AAPL semanal. (*Gráfico: Stockcharts.com*)

Investimentos

Os tremendos desafios de manter um investimento, até mesmo de uma líder do mercado como a Apple Inc. (AAPL), podem ser vistos nesse gráfico de 10 anos:

1. 2003 — A AAPL cai para menos de US$10. A sobrevivência da empresa está em jogo. Você compraria?
2. 2006 — A AAPL sobe para US$86 e depois cai para US$51. Se tivesse mil ações, você as manteria? Venderia quando ultrapassassem US$80 e parecessem estagnar?
3. 2008 — A AAPL sobe para US$202 e cai para US$115. Se você tivesse mil ações, mostrando uma queda de US$87 mil, você as seguraria ou venderia?
4. 2009 — A AAPL se recupera para US$192, cai para US$78, menos do que a baixa anterior. Sua perda é superior a 50%. Você mantém ou vende?

Uma forma sensata de lidar com o desafio de investir é implementar sua estratégia fundamentalista com a ajuda de ferramentas técnicas. Quando decidir comprar, confira os sinais técnicos para garantir que você esteja comprando bem, em vez de pagar o preço que o mercado está pedindo na hora. Caso seu investimento suba, use ferramentas técnicas para identificar áreas supervalorizadas, realize seus lucros lá e esteja pronto para recomprar durante os inevitáveis declínios. Esse plano exige um alto grau de atenção, foco e perseverança. A Figura 33.2 é um exemplo que foi retirado do meu registro de operações.

138 VOLUME E TEMPO

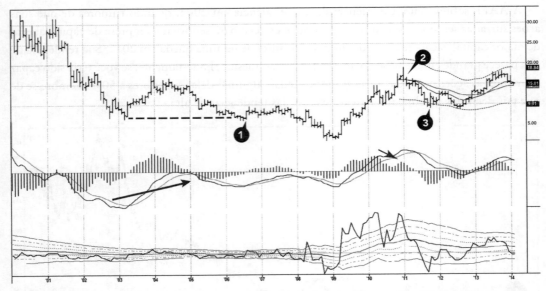

FIGURA 33.2 F mensal, MME de 26 e 13 meses com sistema Impulse, Autoenvelope, Linhas e Histograma MACD (12-26-9), e Índice de Força com MME de 13 meses e canais ATR. (*Gráfico: Tradestation*)

Análise Técnica com Fundamentos

1. 2007 — A Ford estava por um fio quando o novo CEO chegou — o homem que liderou e salvou a Boeing. Na atmosfera inebriante de um mercado em alta, a Ford parecia ter uma chance de recapturar sua alta de US$30. Vi um falso rompimento de baixa junto a uma divergência de alta e comprei. Então, segurei firme através de uma tendência de baixa;
2. 2011 — A Ford ultrapassou seu canal mensal, que era mais estreito na época, traçando uma cauda de canguru, enquanto o MACD mensal enfraquecia. Aproveitei para realizar os lucros;
3. 2011 — Como os preços mensais estabilizaram em sua zona de valor, reassumi a posição.

A análise fundamentalista o ajuda a encontrar uma ação que valha a pena comprar. Use a análise técnica para estabelecer suas entradas e saídas. Esteja preparado para comprar e vender mais de uma vez durante uma tendência de alta importante.

Swing Trading

Embora as principais tendências e faixas de operação possam durar anos, todas são pontuadas por altas e baixas no curto prazo. Esses movimentos geram múltiplas oportunidades de operação a serem exploradas. Diversos exemplos de gráficos neste livro remetem ao swing trade.

Recomendo o swing trade para traders iniciantes e intermediários. Quanto mais operações fizer, mais aprenderá, desde que gerencie riscos e mantenha bons registros. O swing trade lhe ensina mais rápido do que investir a longo prazo, cujas lições levam anos para ser absorvidas. O swing trade lhe dá tempo para pensar, diferentemente do day trade, que exige reações instantâneas. O day trading é muito rápido para os iniciantes.

Swings de curto prazo são suficientemente substanciais para gerar lucros significativos, sem as baixas repentinas que os position traders enfrentam. O swing trade não exige que você fique grudado na tela durante o dia inteiro. Na SpikeTrade.com, onde centenas de traders competem, a maioria das operações dura alguns dias. Alguns membros mantêm suas posições por semanas e até meses, enquanto outros entram e saem em questão de horas —, mas o período das operações da maioria dos membros é medido em dias. O swing trade é o meio termo ideal entre os horizontes de tempo.

Eu pego carona em uma ou mais das escolhas do grupo Spiketrade quase toda semana. O gráfico de HES na Figura 33.3 vem do meu registro diário de uma dessas operações.

FIGURA 33.3 HES diário, MME de 26 e 13 dias com 4% de envelope, Linhas e Histograma de MACD (12-26- 9), sistema Impulse e Índice de Força de 2 dias. (*Gráfico: Stockcharts.com*)

Swing Trade

Traders profissionais ficam tão confortáveis vendendo a descoberto quanto comprando. Os sinais são semelhantes, mas a operação é mais rápida — as ações caem duas vezes mais rápido do que sobem.

Esse gráfico mostra onde eu vendi as ações da Hess Corporation (HES), que estava traçando um topo duplo de curto prazo, com divergências pessimistas em todos os indicadores. Eu cobri e lucrei, pois os preços pareciam se manter abaixo da zona de valor entre as duas MMEs, enquanto os indicadores sugeriam sobrevenda.

Meu lucro na operação de HES foi de US$1,92 por ação. Você pode calibrar a quantidade de risco aceitável e o tamanho do lucro potencial decidindo quantas ações negociar. Abordaremos essa questão essencial na Seção 50, sobre o Triângulo de Ferro do controle de risco.

Uma das melhores técnicas de aprendizado consiste em rever suas operações de 2 meses atrás e replotar os gráficos. Sinais que pareciam confusos na borda direita do gráfico ficam claros quando são vistos no meio dele. Agora, com o passar do tempo, veja o que funcionou e quais erros cometeu. Esses gráficos de acompanhamento ensinam o que repetir e o que evitar no futuro. A atualização dos gráficos de operações fechadas transforma você em seu próprio instrutor.

O gráfico e o texto da Figura 33.4 vêm do SpikeTrade.com. A cada semana, o Spiker que venceu a competição semanal publica sua operação. Cada um usa indicadores e parâmetros diferentes.

FIGURA 33.4 TRQ diário, MME de 22 e 12 dias com 11% de envelope, Linhas e Histograma MACD (12-26-9) e RSI de 20 dias. (*Gráfico: Stockcharts.com*)

Swing Trade Perto de um Fundo

Essa operação foi apresentada por Peter D., um Spiker de longo prazo da Holanda. Seu post foi intitulado "Fishing near the lows" ["Pescando nas Profundezas", em tradução livre].

"Condições semanais: os indicadores não mostram muito movimento. MACD muito superficial, mas positivo, e RSI melhorando lentamente. Condições diárias: o MACD estava prestes a confirmar uma divergência positiva, assim como o RSI. Os preços caíram na semana anterior, mas pararam perto do suporte.

"Defini a entrada inicial em US$3,02, alinhada às mínimas recentes. Foi atingida na manhã de segunda-feira, o que acabou sendo um centavo acima da mínima do dia e da semana. O preço fechou perto da alta do dia e continuou subindo na terça e quarta-feira. Meu alvo foi atingido na quarta-feira, na subida. O resto do dia mostrou alguns pullbacks, mas o preço manteve-se na faixa para fechar a semana em valores relativamente altos."

A operação de Peter gerou quase 11% em 3 dias. Claro, não devemos nos deixar ludibriar por esses números. Um iniciante olha para eles, multiplica-os pelo número de semanas em um ano e enlouquece jogando seu dinheiro no mercado. Esses ganhos espetaculares são inevitavelmente intercalados com perdas. Um trader profissional gerencia cuidadosamente seu dinheiro, rapidamente corta posições perdidas e protege seu capital para possibilitar que seu patrimônio cresça.

Se investir é como caça de grande porte, o swing trade é como a caça de pequeno porte. Se seu sustento depende da caça, pegar coelhos é uma maneira muito mais garantida de colocar refeições na mesa. Entrar e sair com cuidado do swing trade, enquanto administra cautelosamente o dinheiro, é uma maneira realista de sobreviver e prosperar no mercado.

Day trading

Day trading significa entrar e sair de operações dentro de uma mesma sessão do mercado. Compra e venda rápidas em frente a uma tela cintilante exigem os mais altos níveis de concentração e disciplina. Paradoxalmente, atrai as pessoas mais impulsivas e propensas a apostar.

O day trading parece fácil, mas não é. As corretoras escondem as estatísticas de seus clientes do público, mas, em 2000, os reguladores estaduais em Massachusetts intimaram os registros das corretoras, o que mostrou que, após 6 meses, apenas 16% dos day traders ganhavam dinheiro.

Quaisquer que sejam as lacunas do seu conhecimento ou disciplina, o day trading as encontrará e atingirá seus pontos fracos. O swing trade lhe permite parar e pensar. O day trade, jamais.

A pessoa que está aprendendo a operar se dá muito melhor usando os gráficos do final do dia. Depois de se tornar um swing trade profissional, com bons lucros, explore o day trading. Você usará suas habilidades já desenvolvidas e só precisará se ajustar a um jogo mais rápido. Um novato do mercado que se arrisca no day trading é um presente para os profissionais.

Certifique-se de definir um plano de ação: o que o levará a entrar ou sair, a manter a posição ou desistir. Esteja preparado para dedicar muito tempo: um day trader passa horas na frente de telas.

Outra dificuldade do day trading é que você mira em alvos muito menores. Isso se reflete na altura dos canais de preços. Em outras partes deste livro, você verá que uma boa medida de desempenho de um trader é a porcentagem do canal ou envelope que ele captura em uma operação. Tomando 30% ou mais da altura de um canal, você é graduado como nível A, mas, se capturar 10% desse canal, receberá uma classificação C (veja a Seção 55). Vamos aplicar essas classificações a várias ações que são populares entre os day traders. Eis os seguintes exemplos, à época que escrevi este livro, de números para as alturas do canal nos gráficos diários e de 5 minutos:

	Canal Diário	Trader "A"	Trader "C"	Canal de 5min	Trader "A"	Trader "C"
AAPL	55	16,5	5,5	2,5	0,75	0,25
AMZN	27	8,1	2,7	2,2	0,66	0,22
MON	7	2,1	0,7	0,6	0,18	0,06

VOLUME E TEMPO

Um swing trader que usa gráficos diários pode operar tranquilamente com essas ações. Ele pode se dar muito bem se for um trader nível A, mas, mesmo que seja um C, recebendo apenas 10% de um canal, fica com vantagem e à frente do jogo enquanto está aprendendo a operar. Por outro lado, um day trader operando as mesmas ações deve ser um excelente A se quiser sobreviver. Qualquer coisa abaixo disso e sua conta será dizimada por slippages, comissões e despesas.

Se, depois de desenvolver um histórico de sucesso como swing trader, você decidir fazer day trade, poderá usar a maioria das ferramentas e técnicas que aprendeu. Você encontrará um exemplo de uso do sistema com três telas em day trading na Seção 39.

Quando um amigo que é treinador de remo olímpico me ensinou a remar, ele se concentrou em desenvolver o movimento correto. Um remador competente sempre rema exatamente da mesma maneira, seja em um passeio de fim de semana ou na reta final de uma competição. O que muda são a força e a velocidade. O mesmo acontece com o day trading: a técnica é a mesma, mas a velocidade é diferente. Se aprender o swing trade, você poderá aplicar a técnica às operações diárias, e, então, fazer o contrário, e aplicar técnicas de day trading às entradas e saídas do swing trade.

O day trading é lucrativo, mas lembre-se de que é um jogo profissional e muito exigente que, definitivamente, não deve ser encarado como um hobby para iniciantes.

CAPÍTULO 6

Indicadores Gerais de Mercado

O s indicadores técnicos mencionados nos capítulos anteriores se aplicam a qualquer ativo: uma ação, um futuro, um índice etc. Ferramentas como médias móveis, MACD, Índice de Força, entre outras, concedem sinais para qualquer ticker, em qualquer time frame. Agora, nos voltamos para um grupo diferente de ferramentas: indicadores gerais de mercado, que analisam todo o mercado em vez de um aspecto específico. Recomendo que você os acompanhe porque as tendências gerais do mercado são responsáveis por até metade do movimento em ações individuais.

Embora existam dezenas de indicadores gerais de mercado, essa não é uma revisão enciclopédica — simplesmente compartilharei as ferramentas que me ajudam a operar. Você pode usar as mesmas ferramentas, ou não — selecione as que achar interessante e as teste com seus dados de mercado. Confie apenas nos indicadores que testamos.

34. O Índice NH-NL

As ações que atingem seu nível mais alto em um ano em determinado dia são líderes em força. Ações que caem ao ponto mais baixo do ano no mesmo dia são líderes em fraqueza. O Índice New High-New Low (NH-NL) rastreia o comportamento das líderes de mercado, subtraindo o número de novas mínimas do número de novas máximas. Na minha opinião, o NH-NL é o melhor indicador antecedente (leading) do mercado de ações.[1]

Como Construir o NH-NL

O Índice NH-NL, ou Índice New High-New Low, pode ser facilmente calculado usando informações que aparecem em diversas fontes online e nos principais jornais.

$$NH\text{-}NL = Novas\ Máximas - Novas\ Mínimas$$

A maioria dos serviços de dados nos EUA disponibiliza os números diários de nova máxima e nova mínima, mas é chocante o quão vagamente definem esses dados. Alguns são muito restritos e rastreiam apenas as ações da NYSE, ignorando outras bolsas. Outros são amplos e rastreiam tudo,

143

144 INDICADORES GERAIS DE MERCADO

inclusive ETFs de taxa de juros. Minha fonte favorita de dados confiáveis é www.barchart.com. Pego os dados deles, subtraio as novas mínimas das novas máximas e ploto o resultado abaixo do gráfico diário do S&P 500.

A tarefa de construir o NH-NL é mais difícil para os traders fora dos Estados Unidos, em países onde esses dados não são divulgados. Nesse caso, você precisará fazer um pouco de programação. Primeiro, execute um escaneamento diário do banco de dados de todas as ações do seu país para encontrar aquelas que atingiram a máxima e a mínima do ano durante o dia. Depois de ter essas duas listas, pegue a fórmula acima e aplique-a aos números encontrados.

Nos dias em que há mais novas altas do que novas mínimas, o NH-NL é positivo e é plotado acima da linha central. Nos dias em que há mais novas baixas do que novas máximas, o NH-NL é negativo e é plotado abaixo da linha central. Se a quantidade de novas máximas e novas mínimas forem iguais, o NH-NL será zero. Normalmente traçamos o NH-NL como uma linha de referência horizontal em um nível zero.

Enquanto eu ploto o NH-NL sob o S&P 500, tenho em mente que ele tem um alcance muito mais amplo do que apenas o S&P 500 — o NH-NL inclui dados da NYSE, AMEX e NASDAQ, excluindo somente ETFs, trusts, fundos fechados, warrants sobre ações e ações preferenciais (nos EUA têm característica de dívida ou híbrida). O gráfico do S&P 500 está lá apenas para efeito de comparação.

Psicologia de Massa

Uma ação aparece na lista de novas máximas quando está o mais forte que já esteve no ano, ou seja, há um monte de touros ansiosos perseguindo essa ação. Uma ação aparece na lista de novas mínimas quando está mais fraca no ano, mostrando que um monte de ursos agressivos está vendendo essa ação.

O NH-NL compara os números das ações mais fortes e mais fracas da bolsa. Mostra o equilíbrio de poder entre as líderes de força e as líderes de fraqueza.

Entenda as ações da bolsa de valores, da NASDAQ ou qualquer outra, como soldados em um regimento. A nova máxima e a nova mínima são os oficiais. As novas máximas são os oficiais que lideram um ataque montanha acima. As novas mínimas são os oficiais que desistiram e estão correndo montanha abaixo.

A qualidade da liderança é um fator-chave em qualquer conflito. Quando eu estava no treinamento de oficiais, diziam-nos que não havia soldados ruins, apenas oficiais ruins. O Índice NH-NL mostra se mais oficiais estão liderando um ataque montanha acima ou desistindo e correndo montanha abaixo. Onde os oficiais lideram, os soldados seguem. Os índices amplos, como o S&P 500, tendem a seguir a tendência do NH-NL (Figura 34.1).

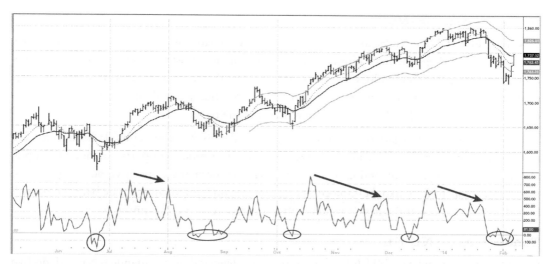

FIGURA 34.1 S&P 500 diário, MME de 26 e 13 dias, Autoenvelope, NH-NL diário. (*Gráfico: TradeStation*)

NH-NL — Gráfico diário, retrospectiva anual

Este gráfico acompanha diariamente o NH-NL durante um ano de muitas altas no mercado de ações. Ainda assim, todas as tendências de alta são interrompidas por pullbacks. Padrões de deterioração de baixa do NH-NL, marcados aqui por setas vermelhas diagonais, avisam você de quedas futuras. Esses sinais surgem porque os oficiais começam a recuar antes dos soldados.

Declínios terminam e subidas começam quando o NH-NL passa de negativo a positivo, marcado aqui por círculos roxos. Esses sinais funcionam bem quando o S&P está sobrevendido, isto é, perto da linha de canal inferior. Como sempre, as mensagens de operação são fortes quando sinais independentes confirmam uns aos outros.

Quando o NH-NL se eleva acima da linha central, a liderança de touros é dominante. Quando o NH-NL cai abaixo de sua linha central, a liderança de ursos está no comando. Se o mercado sobe para uma nova alta e o NH-NL sobe para um novo pico, a liderança dos touros está crescendo e a tendência de alta continuará. Se o mercado se recuperar, mas o NH-NL diminuir, a liderança está se enfraquecendo e a tendência de alta está em perigo. É provável que um regimento cujos oficiais estão começando a desertar recue.

Uma nova baixa no NH-NL mostra que a tendência de baixa é bem liderada e persistirá. Se os oficiais correrem mais rápido do que os soldados, é provável que o regimento seja encaminhado. Se as ações caírem, mas o NH-NL subir, os oficiais não estão mais correndo. Quando os oficiais recuperam o moral, é provável que todo o regimento dispare montanha acima.

Regras de Trading para o NH-NL

Os traders precisam prestar atenção a três aspectos do NH-NL: o nível, se está acima ou abaixo da linha central, a tendência do NH-NL e as divergências entre os padrões do NH-NL e os preços.

Linha Zero do NH-NL

A posição do NH-NL em relação à linha central mostra se os touros ou os ursos estão no controle. Quando o NH-NL está acima da linha, mais líderes de mercado estão otimistas do que pessimistas e é melhor operar comprado. Quando o NH-NL está abaixo da linha central, a liderança dos ursos é mais forte, e é melhor operar vendido. O NH-NL fica acima da linha durante meses em mercados de alta, e abaixo durante meses em mercados de baixa.

Se o NH-NL ficar negativo por vários meses, mas depois disparar acima da linha central, é provável que um movimento de alta seja iniciado. É hora de procurar oportunidades de compra, usando osciladores para um timing preciso. Se o NH-NL permanecer positivo por vários meses, mas depois despencar abaixo da linha central, é provável que um movimento de baixa comece. É hora de procurar oportunidades de venda usando osciladores para um timing preciso.

Tendências do NH-NL

Quando o mercado sobe e o NH-NL sobe, confirma tendências de alta. Quando o NH-NL declina junto com o mercado, confirma tendências de baixa.

1. Um aumento no NH-NL mostra que é seguro manter posições compradas e comprar mais. Se ele declinar enquanto o mercado fica estável ou dispara, é hora de realizar lucros nas operações compradas. Quando o NH-NL cai abaixo de zero, mostra que a liderança pessimista é forte e é seguro manter posições vendidas e até ampliar essas posições. Se o mercado continuar caindo, mas o NH-NL subir, a tendência de baixa não está bem encaminhada — é hora de cobrir as vendas a descoberto;

2. Se o NH-NL subir em um dia estável, evidenciará uma mensagem de alta e dará um sinal de compra. Isso mostra que os oficiais estão subindo a montanha enquanto os soldados ainda estão agachados nas trincheiras. Quando o NH-NL cai em um dia estável, dá um sinal para vender a descoberto, ou seja, os oficiais desertam enquanto as tropas ainda estavam em posição. Os soldados não são estúpidos — se os oficiais fugiram, eles não ficarão para lutar.

Divergências no NH-NL

Se o último pico do mercado for confirmado por uma nova alta do NH-NL, é provável que a alta continue, mesmo se interrompida por uma queda. Quando uma nova baixa de mercado é acompanhada por uma nova baixa no NH-NL, mostra que os ursos estão bem liderados e que é provável que a tendência de baixa persista. Por outro lado, as divergências entre os padrões de NH-NL e os índices amplos de mercado mostram que os líderes estão desertando e as tendências provavelmente reverterão.

1. Se o NH-NL traçar um pico mais baixo enquanto o mercado sobe para uma nova alta, há a criação de uma divergência de baixa. Mostra que a liderança dos touros está enfraquecendo, embora o mercado esteja em uma alta. As divergências de baixa geralmente marcam as extremidades das tendências de alta, mas preste atenção à altura do segundo pico. Se for apenas ligeiramente acima de zero, na casa das baixas centenas, então uma grande reversão está à frente e é hora de operar vendido. Se, por outro lado, o pico mais recente está na casa das altas centenas, a liderança altista é forte o suficiente para impedir que o mercado entre em colapso;

2. Se o mercado cair para uma nova baixa, mas o NH-NL traçar um fundo mais raso do que seu declínio anterior, há a criação de uma divergência de alta. A liderança baixista está diminuindo. Se a última baixa do NH-NL for superficial, nas baixas centenas, a liderança de baixa está esgotada e uma grande reversão de alta está próxima. Se a última baixa for acentuada, os ursos ainda terão um pouco de força, e a tendência de baixa para, mas não reverte. Tenha em mente que as divergências de alta nos fundos do mercado de ações tendem a se desenvolver mais rápido do que as divergências de baixa no topo do mercado: compre rápido e venda devagar.

NH-NL em Diversos Time Frames e Períodos em Retrospectiva

Os mercados se movem simultaneamente em diferentes time frames. Meu trabalho original sobre o NH-NL se concentra nos gráficos diários de uma retrospectiva de um ano — contando ações que atingiram uma nova alta ou baixa na faixa de 52 semanas. Desde então, adicionei várias dimensões para uma compreensão mais profunda desse indicador-chave.

NH-NL Semanal

O NH-NL semanal ajuda a confirmar as principais tendências do mercado de ações e a identificar grandes reversões. Eu o desenvolvi a partir dos dados diários do barchart.com, mencionados anteriormente, executando um total de 5 dias em movimento. Ploto o resultado abaixo de um gráfico semanal do S&P 500.

O NH-NL semanal dá seus sinais mais importantes quando atinge níveis extremos e também por divergências. Para entender sua lógica, tenha em mente como o NH-NL semanal é construído. Se o NH-NL semanal subir para um nível de +1.500, significa que, em cada um dos últimos 5 dias de operação, houve, em média, mais 300 novas máximas do que novas mínimas. É preciso um período de otimismo ou pujança sustentável para levar o NH-NL a um extremo.

Estes são os sinais mais importantes do NH-NL semanal:

- Quando cai abaixo de −4 mil e, em seguida, sobe acima desse nível, apresenta sinais de compra importantes;
- Quando o NH-NL semanal sobe acima de +2.500, confirma os mercados em alta;
- Quando os topos ou fundos do NH-NL semanal divergem dos padrões de preços, sinalizam reversões importantes.

Uma queda abaixo de −4 mil reflete um pânico insustentável no mercado. Para cair tanto, o mercado precisa entregar uma média de mais de 800 novas baixas diárias em relação às novas máximas por 5 dias seguidos. Esse pânico maciço não vai durar. Quando o NH-NL semanal sobe acima de −4 mil, dá um sinal de compra que eu chamo de Spike. É tão poderoso e eficaz em ambos os mercados de touro e urso que eu nomeei nosso grupo SpikeTrade em função dele. Este sinal falhou apenas uma vez em várias décadas, como você verá no gráfico da Figura 34.2.

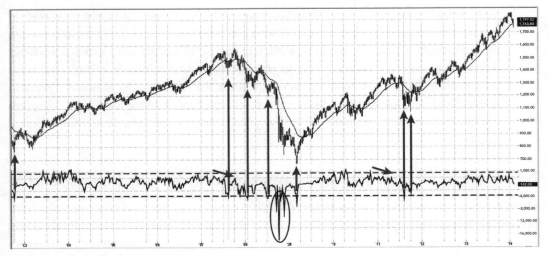

FIGURA 34.2 S&P 500 semanal, MME de 26 semanas, NH-NL semanal. Linha verde em +2.500, linha roxa em –4 mil. (*Gráfico: TradeStation*)

NH-NL — Gráfico Semanal

Quando o NH-NL semanal cai abaixo de –4 mil e, em seguida, sobe acima desse nível, revela fundos importantes, marcados aqui com setas verdes verticais. Esse gráfico cobre 11 anos — o sinal funciona em mercados de alta e baixa. Houve apenas uma exceção — em outubro e novembro de 2008, durante o pior mercado de baixa do século (marcado por um oval roxo). Entenda isso como um lembrete de que nenhum sinal de mercado funciona 100% das vezes, tornando a gestão de risco essencial à sobrevivência e ao sucesso.

Setas diagonais vermelhas marcam grandes divergências de baixa. O NH-NL semanal que atinge o nível de +2.500 confirma os mercados em alta e sugere preços mais altos à frente, mesmo que sejam interrompidos por uma correção.

Quando o NH-NL semanal sobe para o nível de +2.500, confirma os mercados em alta. Esse indicador nunca se eleva tanto durante ralis em um mercado dominado por ursos. Quando você o vê acima desse nível, sabe que está em um mercado altista, com preços mais altos à frente.

Os NH-NLs de 65 dias e de 20 dias

Uma das grandes inovações da análise New High-New Low nos últimos anos foi a adição de duas novas janelas de retrospectiva: uma de 20 dias e outra de 65 dias. Enquanto o NH-NL regular diário compara a quantidade de altas e baixas diárias ao intervalo entre elas do ano anterior, um NH-NL de 20 dias o compara apenas ao mês anterior e um NH-NL de 65 dias ao trimestre anterior. Essas análises de curto prazo do NH-NL são úteis para o timing de curto prazo.

Essas duas novas janelas de tempo fornecem sinais mais sensíveis do que o NH-NL padrão de um ano. A lógica é simples: antes que uma ação atinja uma nova alta anual, deve primeiro atingir uma nova alta mensal e depois uma trimestral. Se uma ação estiver em tendência de baixa, demora muito para se recuperar e alcançar uma nova alta anual, mas atinge altas mensais e trimestrais muito mais cedo.

Além dos sinais comuns, como tendências e divergências, um sinal de compra de curto prazo acentuado ocorre quando o NH-NL de 20 dias cai abaixo de −500 e, em seguida, sobe acima desse nível. O mercado chegou a um extremo de baixa de curto prazo e o rejeitou. Geralmente, logo em seguida há um disparo de curto prazo. Chamamos isso de sinal de "Spike bate e volta" (veja a Seção 54).

Rastrear os líderes de mercado com a ajuda do NH-NL ajuda a precisar o timing. Há duas maneiras de utilizar os sinais NH-NL. Primeiro, como as ações individuais dependem em grande parte das amplas tendências do mercado, os sinais do NH-NL são úteis para decidir quando comprar ou vender ações. Além disso, eles servem para operarmos ativos que rastreiam o mercado, como os minicontratos futuros de S&P.

35. Ações Acima da MM de 50 Dias

Esse amplo indicador do mercado de ações baseia-se nos principais conceitos sobre preços e médias móveis (Figura 35.1). Cada preço representa o consenso momentâneo de valor entre os participantes do mercado, e uma média móvel é o consenso médio durante dado período. Isso significa que, quando uma ação é negociada acima da MM, o consenso de valor está acima da média — em alta. Quando uma ação é negociada abaixo da MM, o consenso de valor está abaixo da média — em baixa.

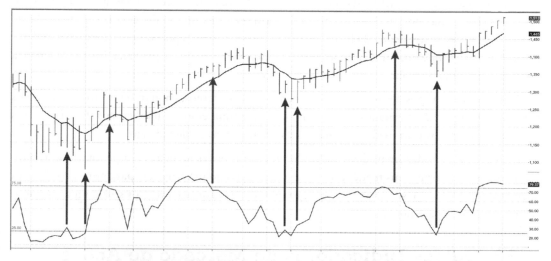

FIGURA 35.1   S&P 500 semanal e MM de 26 semanas; ações acima da MM de 50 dias com linhas de referências em 75% e 25%. (*Gráfico: TradeStation*)

Ações acima da MM de 50 dias

Quando o indicador "ações acima da MM de 50 dias" atinge um extremo — acima de 75% ou abaixo de 25%, e depois se afasta desse nível, a tendência de médio prazo atingiu um provável ponto de virada. Uma reversão desse indicador dá sinal para todo o mercado: compre quando apontar para cima e venda quando apontar para baixo. No final de 2013, quando o mercado começou a subir quase sem declínios, reversões de altas começaram a ocorrer em níveis superiores a 25%. Esses sinais não marcam todas as reversões — nenhum indicador o faz —, mas, quando sinalizam alguma coisa, é melhor prestar atenção.

Quando o mercado está com uma tendência de alta, o percentual de ações acima de suas médias móveis continua crescendo. Em uma tendência de baixa, o número de ações acima das MMs continua diminuindo.

Esse indicador rastreia todas as ações negociadas na Bolsa de Nova York, American Exchange e NASDAQ e calcula quantas delas foram negociadas acima das médias móveis. Ele plota essa porcentagem como uma linha que varia entre 0% e 100%. O padrão dessa linha confirma as tendências do mercado e antecipa as reversões.

O indicador para rastrear o número de ações acima das MMs de 50 dias está incluído em muitos pacotes de software. Gosto de analisá-lo em um gráfico semanal, em que capta reversões intermediárias — reviravoltas do mercado que anunciam tendências que duram de várias semanas a vários meses. Não é preciso monitorar esse indicador diariamente, mas é uma parte importante do dever de casa dos finais de semana.

Em teoria, a leitura mais alta possível desse indicador seria 100%, se todas as ações subirem acima de suas MMs. Sua menor leitura possível, 0%, ocorreria se todas as ações estivessem abaixo de suas MMs. Na prática, apenas movimentos excepcionais do mercado o aproximam dos 90% ou 10%. Normalmente, esse indicador tende a chegar perto dos 75% e 25%. Eu costumo traçar duas linhas de referência no gráfico, em 75% e 25%, e começo a procurar a reversão do mercado à medida que esse indicador se aproxima desses níveis.

O percentual de ações acima da MM de 50 dias dá sinais de operação não por atingir algum nível específico, mas por apresentar reversão próximo a esses níveis. Ele sinaliza a conclusão de um topo subindo até ou acima da linha de referência superior e depois despencando abaixo dessa linha. Ele sinaliza que um fundo foi formado quando cai abaixo ou até perto da linha de referência inferior e, em seguida, sobe.

Observe que os topos desse indicador tendem a ser mais largos, enquanto seus fundos são mais precisos. Os topos são formados pela ganância, que é uma emoção feliz e mais duradoura. Os fundos são formados pelo medo — uma emoção mais intensa e de vida curta.

Enquanto alguns dos sinais desse indicador detectam reversões bem a tempo, outros detectam apenas pausas nas principais tendências. Que isso sirva como um lembrete para nunca confiar em apenas um indicador. Use várias ferramentas: quando elas confirmarem os sinais uma da outra, reforçarão o sinal para operar.

■ 36. Outros Indicadores do Mercado de Ações

Apenas um punhado de indicadores gerais de mercado resistiu ao tempo. Muitos que costumavam ser populares algumas décadas atrás foram varridos pela enxurrada de novos ativos. O Índice NH-NL e o de ações acima da MM de 50 dias, recém-mencionados, continuam a funcionar devido a sua lógica óbvia. Vários outros indicadores estão listados a seguir. Quaisquer que sejam as ferramentas escolhidas, não se esqueça de entender como funcionam e o que exatamente medem. Selecione algumas e acompanhe-as regularmente, até confiar nos sinais que apresentam.

Avanço/Declínio

A linha de Avanço/Declínio (linha A/D) acompanha o grau de participação da massa nos ralis e declínios. A cada dia, somam-se as ações que fecharam mais alto e subtraem-se as que fecham mais baixo.

Enquanto o Dow Jones Industrials acompanha o comportamento dos generais e o Índice NH-NL se concentra nos oficiais, a linha A/D mostra se os soldados estão seguindo seus líderes. É mais provável que uma subida persista quando a linha A/D sobe para uma nova máxima, enquanto é mais provável que um declínio persista se a A/D cair para uma nova baixa em relação ao Dow.

A linha A/D é baseada nos preços de fechamento do dia para cada ação em qualquer bolsa: pegue o número de ações em avanço, subtraia o número de ações em declínio e ignore as ações inalteradas. O resultado será positivo ou negativo, dependendo se mais ações avançaram ou declinaram durante o dia. Se 4 mil ações foram negociadas, 2.600 avançaram, 900 declinaram e 500 permaneceram inalteradas, então o avanço/declínio é igual a +1.700 (2.600–900). Adicione os valores de avanço/declínio de cada dia ao total do dia anterior para criar uma linha A/D cumulativa (Figura 36.1).

Os traders devem observar novos picos e vales na linha A/D, em vez de seus níveis absolutos, que dependem da data de início. Se uma nova alta no mercado de ações for acompanhada por uma nova alta da linha A/D, a subida tem amplo apoio e provavelmente continuará. Subidas e declínios de base ampla têm maior poder de permanência. Se o mercado de ações atingir um novo pico, mas a linha A/D atingir um pico mais baixo do que durante a subida anterior, há menos ações envolvidas, e a subida está próxima do fim. Quando o mercado cai para uma nova mínima, mas a linha A/D traça um fundo mais raso do que durante o declínio anterior, o declínio está diminuindo, e o movimento dos ursos está chegando ao fim. Esses sinais tendem a preceder as reversões durante semanas e, às vezes, meses.

O **indicador de Ações Mais Ativas** (MAS) [da sigla em inglês Most Active Stocks] é uma linha A/D das 15 ações mais ativas na Bolsa de Nova York. Costumava ser listado diariamente em diversos jornais. As ações apareciam nessa lista quando chamavam a atenção do público. O MAS era um indicador de onde estava o big money — mostrava se ele estava mais otimista ou pessimista. Quando a tendência do MAS diverge das tendências de preços, apontava grande probabilidade de o mercado reverter.

Dificilmente alguém hoje usa um indicador chamado **TRIN**, que foi importante o suficiente para ter seu próprio capítulo no original *Como Se Tornar um Operador e Investidor de Sucesso*. Poucas pessoas rastreiam outro indicador, anteriormente popular, chamado **TICK**. Livros antigos do mercado de ações estão cheios de indicadores fascinantes, mas você tem que ter muito cuidado ao usá-los hoje. Mudanças no mercado ao longo dos anos mataram muitos indicadores.

Indicadores baseados no volume de **ações de baixo preço** perderam utilidade quando o volume médio do mercado de ações dos EUA subiu e o Dow aumentou dez vezes. A **Taxa de Vendas a Descoberto (shorts) dos Membros** e a **Taxa de Venda a Descoberto (shorts) dos Especialistas** pararam de funcionar após as opções se popularizarem. As taxas de short dos membros e dos especialistas agora se vinculam à arbitragem entre os mercados. As estatísticas de **Lotes Fracionários** perderam valor quando os entusiastas de lotes fracionados passaram a comprar fundos mútuos. A **Taxa de Shorts nos Lotes Fracionários** parou de funcionar quando os apostadores descobriram as puts.

FIGURA 36.1 S&P 500 diário e a linha A/D. (*Gráfico: Stockcharts.com*)

Linha de Avanço/Declínio

As reviravoltas desse indicador coincidem com as reviravoltas dos preços, mas ocasionalmente as precedem. Essa capacidade faz com que a linha A/D seja digna de ser rastreada. Na área A, os preços estão margeando o fundo e fazendo uma nova baixa, enquanto a tendência de alta da linha A/D sinaliza uma alta. Na área B, ocorre o oposto — os preços querem subir, enquanto a queda da linha A/D aponta um declínio. Na área C, os preços continuam a diminuir, enquanto a linha A/D começa a subir, apontando uma subida. Esses avisos não ocorrem em todos os pontos de inflexão.

37. Indicadores de Consenso e Compromisso

A maioria dos traders privados guarda para si suas opiniões, mas jornalistas econômicos, redatores e blogueiros as expelem como uma fonte jorrando. Alguns redatores são muito inteligentes, mas a imprensa financeira, como um todo, tem um histórico ruim quanto ao timing do mercado.

Jornalistas econômicos e redatores tendem a se apegar a tendências e a perder pontos de inflexão. Quando esses grupos ficam intensamente otimistas ou pessimistas, opere contra o fluxo.

Na mídia, o normal é ser "maria vai com as outras", pois o cargo de um jornalista ou consultor fica em perigo se ele expressar uma opinião que difere muito de seu grupo. Ficar sozinho é assustador, e a maioria de nós gosta de se agrupar. Quando jornalistas econômicos e redatores alcançam um alto grau de consenso de alta ou baixa, a tendência já existe há tanto tempo que, a essa altura, a reversão já está próxima.

Os indicadores consensuais, ou indicadores de opinião contrária, não são precisos, mas chamam atenção para o fato de que uma tendência está próxima de acabar. Quando vir essa mensagem, atenha-se aos indicadores técnicos para obter um timing mais preciso da inversão de tendências.

Uma tendência pode continuar enquanto os touros e ursos estiverem em conflito. Um alto grau de consenso precede as reversões. Quando a multidão é de touros, prepare-se para vender, e quando é de ursos, prepare-se para comprar. Essa é a teoria da opinião contrária, que remonta a Charles Mackay, um advogado escocês. Seu livro clássico, *Extraordinary Popular Delusions and the Madness of Crowds* (1841), descreve a infame mania das tulipas e a bolha econômica da companhia dos mares do Sul, na Inglaterra. Humphrey B. Neill, nos EUA, aplicou a teoria da opinião contrária a ações e outros mercados financeiros. Em seu livro, *The Art of Contrary Thinking*, deixou claro por que a maioria erra em pontos de inflexão: os preços são estabelecidos pelas multidões e, se a maioria está otimista, não há compradores suficientes para atender ao mercado.

Abraham W. Cohen, um velho advogado de Nova York que conheci no início da década de 1980, sugeriu que uma votação entre os consultores de mercado refletiria a resposta de todos os traders. Cohen foi um cético que passou anos em Wall Street e viu que os consultores não tinham desempenho melhor do que o público. Em 1963, criou o serviço *Investors Intelligence* para rastrear as opiniões dos redatores de mercado. Quando a maioria deles ficou pessimista, Cohen identificou uma oportunidade de compra. As oportunidades de venda eram definidas por forte otimismo entre esses editores, escritores, blogueiros etc. Outro escritor, James H. Sibbet, aplicou essa teoria às commodities, estabelecendo um serviço de consultoria chamado *Market Vane*.

Rastreando Opiniões de Analistas

Os escritores de serviços de newsletters seguem as tendências com medo de perder assinantes caso não antecipem grandes movimentos. Além disso, passar uma perspectiva otimista ajuda a vender assinaturas, enquanto comentários baixistas dificultam. Mesmo em um mercado em baixa, raramente vemos mais ursos do que touros entre os consultores.

154 INDICADORES GERAIS DE MERCADO

Quanto mais longa a tendência, mais os redatores a divulgam. Eles são mais otimistas nos topos de mercado e mais pessimistas nos fundos. Quando a massa de redatores fica fortemente otimista ou pessimista, é bom procurar operações na direção oposta.

Alguns analistas/consultores são exímios "duas caras". Alguém que atira para todos os lados acaba acertando, independentemente do que o mercado faça, mas os editores dos serviços de rastreamento dessas projeções feitas por analistas têm muita experiência em identificar esses espertalhões.

Quando o original *Como Se Tornar um Operador e Investidor de Sucesso* saiu, apenas dois serviços rastreavam opiniões de analistas: o *Investors Intelligence* e o *Market Vane*. Nos últimos anos, o interesse na economia comportamental explodiu, e hoje inúmeros serviços rastreiam as análises. Meu favorito é o Sentimen-Trader.com, cujo slogan é: "Faça a emoção trabalhar a seu favor, não contra você." Jason Goepfert, o editor, faz um trabalho bem consistente em rastrear o sentimento das massas do mercado.

Sinais da Imprensa

Para entender um grupo de pessoas, você deve saber o que seus membros desejam e o que temem. Jornalistas econômicos querem parecer sérios, inteligentes e informados, e têm medo de parecer ignorantes ou esquisitos. É por isso que é normal que se encontrem em cima do muro e apresentem vários aspectos de cada questão. Para que um jornalista se sinta seguro, precisa escrever algo como: "A política monetária está prestes a empurrar o mercado para cima, a menos que fatores adversos o empurrem para baixo."

Contradição interna é um estado normal do jornalismo econômico.[2] A maioria dos editores econômicos é ainda mais covarde do que seus redatores. Eles imprimem artigos contraditórios e chamam isso de "apresentar uma imagem equilibrada".

Por exemplo, uma edição de uma grande revista de negócios teve um artigo intitulado "Os ventos da inflação sopram um pouco mais forte". Outro, da mesma edição, foi intitulado "Por que o medo da inflação é desnecessário". É preciso uma tendência poderosa e duradoura para atrair jornalistas e editores para um dos lados do muro. Isso só acontece quando uma onda de otimismo ou pessimismo varre o mercado perto do fim de uma tendência importante. Quando os jornalistas começam a expressar opiniões fortemente otimistas ou pessimistas, a tendência é de uma reversão.

É por isso que as capas das principais revistas de negócios são indicadores contrários. Quando uma revista de negócios conhecida coloca um touro na capa, é um bom momento para obter lucros em posições compradas, e quando um urso enfeita a capa, um fundo não está muito longe.

Sinais de Anunciantes

Um grupo de três ou mais anúncios divulgando a mesma "oportunidade" em um grande jornal ou revista alerta para um topo iminente. Isso ocorre porque apenas uma tendência de alta bem

---

2 E não apenas no jornalismo: em 2013, três acadêmicos dividiram o Prêmio Nobel da Economia. O trabalho de um deles afirmava que o mercado era eficiente e não podia ser precisado. O de outro, afirmava que o mercado era irracional e podia ser precisado. Escolha entre um desses e espere pelo prêmio do próximo ano.

37. INDICADORES DE CONSENSO E COMPROMISSO

estabelecida rompe a inércia de várias corretoras. No momento em que todos reconhecem uma tendência, elaboram recomendações de operações, produzem anúncios e os colocam nos jornais, essa tendência é muito antiga.

Os anúncios na página de commodities do *Wall Street Journal* apelam para a fome de alta dos traders menos informados. Esses anúncios quase nunca recomendam vender. É difícil deixar os amadores empolgados com vendas. Nunca se veem anúncios para um investimento quando o preço está baixo. Quando três ou mais anúncios no mesmo dia oferecem ouro ou prata, é hora de consultar os indicadores técnicos para sinais de venda.

Uma raça mais maligna de anunciantes apareceu na década passada: graças à internet, traders do tipo "pump and dump" (infle o preço e venda) migraram online. Os golpistas que divulgam penny stocks sabem que precisam esperar uma tendência de alta para fazer suas vítimas. Sempre que algumas promoções aparecem no meu filtro de spam, sei que o topo não está muito longe (Figura 37.1).

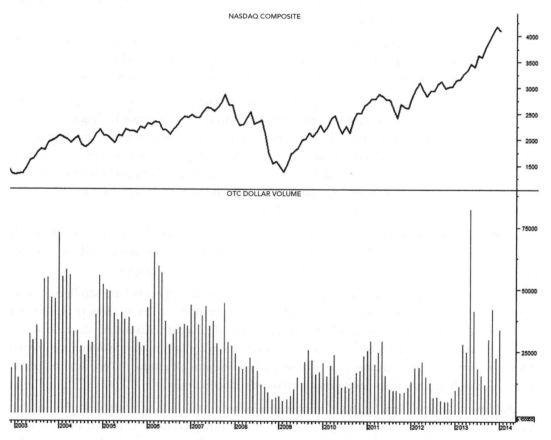

FIGURA 37.1 Valor mensal total em dólares das ações do mercado OTC. (*Cortesia SentimenTrader.com*)
Chove dinheiro em penny stocks quando o mercado está em alta e seca quando está em baixa. Isso se reflete nos relatórios mensais do volume de penny stocks do NASDAQ. Depois que os mercados atingem uma nova máxima, e as notícias são boas, o volume costuma aumentar para essas ações de "bilhete de loteria". Quando o mercado de ações atinge o topo, o volume diminui.

Posições dos Trades de Mercados Futuros

Agências governamentais e bolsas coletam dados sobre compra e venda por vários grupos de traders e publicam relatórios resumidos de suas posições. Vale a pena operar com os grupos que têm um histórico de sucesso e contra aqueles com histórico de fracassos persistentes.

A Commodity Futures Trading Commission (CFTC) relata posições compradas e vendidas de hedgers e grandes especuladores. Hedgers — os produtores e consumidores de commodities — são os participantes de mercado mais bem-sucedidos. A Securities and Exchange Commission (SEC) relata as compras e vendas de insiders corporativos. Diretores de empresas de capital aberto sabem quando comprar ou vender suas ações.

As posições de grandes traders de futuros, incluindo fundos de hedge, são reportadas à CFTC quando suas dimensões alcançam o chamado **nível de relatório**. No momento em que escrevia este livro, se você comprasse ou vendesse 250 contratos de milho ou 200 de ouro, a CFTC classificaria você como um grande especulador. Os brokers relatam essas posições para a CFTC, que compila os dados e lança resumos às sextas-feiras.

A CFTC também estabelece o número máximo de contratos que um especulador tem permissão de manter em dado mercado — são os **limites de posição**, definidos para impedir que especuladores muito grandes acumulem posições grandes o suficiente para influenciar os mercados.

A CFTC divide todos os participantes do mercado em três grupos: comerciais, grandes especuladores e pequenos especuladores. **Comerciais**, também conhecido como **hedgers**, são firmas ou indivíduos que operam commodities reais no curso normal de seus negócios. Em teoria, eles operam futuros para proteger os riscos do seu negócio. Por exemplo, um banco negocia futuros de taxas de juros para proteger sua carteira de empréstimos, enquanto uma empresa de processamento de alimentos negocia futuros de trigo para compensar os riscos de comprar grãos. Os hedgers contabilizam margens menores e estão isentos de limites de posição especulativa.

Os **grandes especuladores** têm posições nos níveis de relatório. A CFTC relata compra e venda de comerciais e grandes especuladores. Para encontrar as posições de **pequenos traders**, é preciso pegar o interesse aberto e subtrair as participações dos dois primeiros grupos.

As divisões entre hedgers, grandes especuladores e pequenos especuladores são ligeiramente superficiais. Pequenos traders espertos se transformam em grandes traders, grandes traders burros se tornam pequenos traders e muitos hedgers especulam. Alguns participantes do mercado jogam jogos que distorcem os relatórios da CFTC. Por exemplo, um conhecido que possui uma corretora às vezes registra seus ricos clientes especuladores como hedgers, alegando que operam índices de ações e títulos futuros, para proteger suas carteiras de ações e títulos.

Os comerciais especulam legalmente nos mercados futuros usando informações privilegiadas. Alguns deles são grandes o suficiente para jogar mercados futuros contra os mercados à vista. Uma empresa de petróleo pode comprar futuros de petróleo bruto, desviar vários petroleiros e mantê-los no exterior para aumentar a oferta e elevar os preços futuros. Assim, lucra com posições compradas, vende e depois entrega vários petroleiros de uma só vez a refinarias, a fim de empurrar os futuros do petróleo para baixo e cobrir as vendas a descoberto. Tal manipulação é ilegal, e a maioria das empresas nega veementemente que isso ocorra.

Como um grupo, os comerciais têm o melhor histórico nos mercados futuros. Eles têm informações privilegiadas e estão bem capitalizados. Vale a pena segui-los porque são bem-sucedidos a longo prazo. Grandes especuladores costumavam ser indivíduos ricos e bem-sucedidos que assumiam riscos cuidadosos com seu próprio dinheiro. Isso mudou, e hoje a maioria dos grandes traders trabalha com fundos de commodities. Esses gigantes que acompanham a tendência se saem mal como grupo. As massas de pequenos traders agem como querem e alegam terem se enganado, são os "Douglas Corrigan[3]" dos mercados.

Saber se dado grupo vende ou compra não basta. Os comerciais agem no curto prazo porque têm commodities físicas para entregar ou receber. Os pequenos traders normalmente operam comprados, refletindo o otimismo perene. Para tirar conclusões válidas dos relatórios da CFTC, é preciso comparar as posições com suas médias históricas.

Operando com Informações Privilegiadas Legais

Os executivos e investidores que detêm mais de 5% das ações de uma empresa de capital aberto devem informar sua compra e venda à SEC, que tabula as compras e vendas internas e libera esses dados para o público.

Os insiders têm um longo histórico de comprar ações baratas e vendê-las caro. As compras de insiders surgem após quedas severas do mercado, e as vendas dos insiders aceleram quando o mercado sobe e fica sobreprecificado.

Comprar ou vender com base nos movimentos de um único insider importa pouco: um executivo pode vender ações para cobrir despesas pessoais maiores ou comprá-las para exercer opções de ações. Os analistas que pesquisaram o insider trading legal descobriram que a compra ou venda de insiders era significativa apenas se mais de três executivos ou grandes acionistas comprassem ou vendessem dentro de um mês. Essas ações revelam que algo muito positivo ou negativo está prestes a acontecer. É provável que uma ação aumente se três insiders comprarem em um mês e que caia se três insiders venderem dentro de um mês.

Os clusters de compras de insiders tendem a ter um valor preditivo melhor do que os clusters de vendas. Isso porque os internos costumam se dispor a vender uma ação por diversas razões (diversificação, comprar uma segunda casa, mandar um dos filhos para a faculdade), mas costumam se dispor a comprar por uma única razão — esperam que as ações de sua empresa subam.

---

3 N. do T.: Douglas Corrigan foi um piloto de aviões norte-americano que certa vez realizou um voo de longa distância não autorizado, alegando que teria se enganado devido à desorientação causada pelas nuvens.

Vendas a Descoberto de Ações

Enquanto o número de contratos futuros e opções comprados e vendidos é igual em teoria, no mercado de ações há sempre uma enorme disparidade entre eles. A maioria das pessoas, incluindo gerentes de fundos, compra ações, mas poucas as vendem a descoberto.

Entre os dados divulgados pelas bolsas está o número de ações vendidas a descoberto e ainda não cobertas de qualquer ação. Considerando que os números absolutos variam muito, vale a pena colocá-los em uma perspectiva comparativa entre o número de ações mantidas a descoberto e o free-float (o número total de ações de propriedade do público disponíveis para operação). Esse número, a "**porcentagem de vendas em relação ao free-float**", varia entre 1% e 2%. Outra maneira útil de analisar o interesse por vendas a descoberto é comparando-as com o volume diário médio. Ao fazê-lo, perguntamos hipoteticamente: se todas as vendas fossem cobertas, enquanto todos os outros compradores permanecessem de fora e o volume diário permanecesse inalterado, quantos dias seriam necessários para cobrir a posição de vendas a descoberto? Esse número de "**dias a cobrir**" normalmente oscila entre um e dois dias.

Ao planejar a compra ou venda de ações, recomendo verificar a porcentagem de free-float e os dias a cobrir. Se forem altos, mostram que o lado baixista está superlotado. Uma alta pode assustar os ursos, fazendo com que cubram suas posições a descoberto devido ao pânico, e encarecer a ação. Isso é bom para os touros, mas ruim para os ursos.

O medo é uma emoção mais forte do que a ganância. Os touros procuram pechinchas e tentam não pagar demais, enquanto os ursos, pressionados, enfrentando perdas enormes, pagarão qualquer preço para cobrir. É por isso que os ralis proporcionados por cobertura de posições short são fortemente acentuados.

Sempre que procurar uma ação para comprar, verifique a porcentagem de vendas em relação ao free-float e os dias a cobrir. As leituras mais comuns, normais, não fornecem nenhuma boa informação, mas os desvios do comum geralmente fornecem informações úteis (Figura 37.2).

Apple Incorporated	$ 534.97	Green Mountain Coffee Roasters	$ 119.74
AAPL	-1.00	GMCR	0.34
Volume Diário de Vendas a Descoberto	view	Volume Diário de Vendas a Descoberto	view
Interesse de Vendas em Aberto (Vendas das Ações)	16,538,900	Interesse de Vendas em Aberto (Vendas das Ações)	32,931,300
Dias a Cobrir (Taxa de Interesse de Vendas em Aberto)	0.9	Dias a Cobrir (Taxa de Interesse de Vendas em Aberto)	15.1
Porcentagem de Vendas em Relação ao Float	1.86 %	Porcentagem de Vendas em Relação ao Float	25.76 %

FIGURA 37.2 AAPL e dados das vendas do GMCR. (*Fonte: Vendasqueeze.com*)

Vendas a Descoberto e Dias a Cobrir

Comparei os dados do interesse de vendas em aberto entre duas ações populares no dia em que estava escrevendo este capítulo. A "porcentagem de vendas em relação ao float" é de 1,86% para a Apple, Inc. (AAPL), mas quase 26% para a Green Mountain Coffee Roasters, Inc. (GMCR). Os "dias a cobrir" são 0,9 para AAPL, e mais de 15 para o GMCR. Esses números refletem uma quantidade de vendas a descoberto muito mais agressiva da GMCR. Não se esqueça de que toda e cada uma dessas vendas, em algum momento, demandará uma compra para cobrir a posição vendida.

Talvez os ursos experientes saibam algo muito ruim sobre o GMCR, mas e se a ação se recuperar um pouco? Muitos ursos correrão para cobrir e, ao se amontoarem para cobrir suas vendas, as ações podem disparar. Quaisquer que sejam suas perspectivas de longo prazo, podem ser atingidas rapidamente no curto prazo.

Números de venda de alta marcam qualquer ação como uma ação de venda perigosa. Por extensão, se seus indicadores sugerirem a compra de uma ação, seus altos juros a descoberto se tornam um fator positivo adicional — há mais combustível para uma alta. Faz sentido que os operadores de swing trade incluam os dados sobre a venda a descoberto ao selecionar qual das várias ações comprar ou vender a descoberto. Sempre reviso esses números quando trabalho em uma operação em potencial.

CAPÍTULO 7

Sistemas de Trade

U m sistema é um conjunto de regras para encontrar, entrar e sair de operações. Todo trader que se preze usa um ou mais sistemas. Compare-o com um cirurgião que possui sistemas para realizar operações. Ele não perde tempo e energia decidindo se deve solicitar anestesia, onde fazer o corte ou como encontrar o órgão doente. Ele segue uma rotina bem estabelecida, que o deixa livre para pensar em questões estratégicas, aperfeiçoar sua técnica ou lidar com complicações.

Algumas pessoas usam sistemas definidos de forma muito restritiva, o que deixa pouco espaço para julgamento pessoal — nós os chamamos de traders mecânicos. Outros usam sistemas que deixam muito espaço para decisões pessoais — nós os chamamos de traders discricionários. Existe uma discussão bem meticulosa sobre como combinar um tipo de personalidade com estilos de operar no livro de Richard Weissman, *Mechanical Trading Systems*. Seja qual for sua abordagem, a principal vantagem de qualquer sistema é que você pode o projetar quando os mercados estão fechados e sem pressa. O sistema é uma âncora de comportamento racional em meio à turbulência do mercado.

Desnecessário dizer que um sistema adequado está descrito mais à frente. Isso é necessário porque é fácil esquecer algumas etapas essenciais em meio ao estresse dos mercados. Dr. Atul Gawande, no notável livro *Checklist Como Fazer as Coisas Benfeitas*, defende as checklists como amplificadoras dos níveis de desempenho em diversos setores de atividades, como o cirúrgico, construção civil, trading etc.

Um **trader mecânico** estabelece um conjunto de regras, testa com gráficos passados e coloca o sistema no piloto automático. Em seguida, seu software emite sinais para ordens para entradas, metas e stops, e um trader mecânico coloca as ordens exatamente como indicado. Se ele vai se ater ao plano ou ajustar ou substituir esses sinais é outra história, mas é assim que o sistema deve funcionar.

Um sistema mecânico, próprio ou desenvolvido por terceiros, alivia o estresse da tomada de decisões para os amadores. Infelizmente, as condições do mercado mudam, e os sistemas mecânicos perdem o ritmo e, consequentemente, dinheiro. O mercado não é uma entidade mecânica que segue as leis da física. É uma enorme multidão agindo de acordo com leis imperfeitas da psicologia de massa. Os métodos mecânicos ajudam, mas as decisões devem levar em conta a psicologia.

SISTEMAS DE TRADE

Um trader profissional com um sistema mecânico continua monitorando seu desempenho como um falcão. Ele sabe a diferença entre um drawdown comum e um período em que um sistema perde a funcionalidade e tem que ser abandonado. Um trader profissional se dá ao luxo de usar um sistema mecânico precisamente porque é capaz de operar discricionariamente! Um sistema mecânico é um plano de ação, porém não prescinde de julgamentos adequados, mesmo com os melhores e mais confiáveis planos.

Um **trader discricionário** analisa cada dia dos mercados de maneira independente. Ele tende a examinar mais fatores do que um trader mecânico, pesá-los de maneira diferente em momentos diferentes e estar mais sintonizado com as mudanças no comportamento atual do mercado. Um bom sistema discricionário, ao mesmo tempo que lhe dá bastante liberdade, inclui várias regras invioláveis, principalmente quanto à gestão de risco.

Ambas as abordagens têm vantagens e desvantagens. Uma vantagem do sistema mecânico é ser emocionalmente menos tenso. Você desenvolve seu sistema, o ativa e continua sua vida sem monitorar cada tick. A desvantagem é que os mercados respiram, têm vida própria e uma maneira sorrateira de mudar seus padrões e se comportar de maneira diferente de como fizeram quando você desenvolveu seu sistema.

A principal vantagem de ser um trader discricionário é estar sempre aberto para novas oportunidades. Sua maior desvantagem é que o julgamento das pessoas tende a ficar confuso sob estresse, quando ficam empolgadas pela ganância ou amedrontadas por movimentos bruscos.

Na minha experiência, traders mecânicos tendem a gerar resultados mais estáveis, mas os traders mais bem-sucedidos são os que usam os métodos discricionários. Sua escolha dependerá do seu temperamento. É assim que tomamos algumas das decisões mais importantes da vida — onde morar, que carreira seguir, com quem casar. Nossas principais escolhas derivam do núcleo mais interno de nossas personalidades, e não do pensamento racional. Ao operar, as pessoas mais frias e obcecadas tendem a ser atraídas pelo modo mecânico, enquanto os tipos mais espontâneos se voltam para o modo discricionário.

Paradoxalmente, no alto nível do desempenho, essas duas abordagens começam a convergir. Traders avançados combinam métodos mecânicos e discricionários. Um amigo que é trader mecânico exímio usa três sistemas em seu fundo de hedge, mas continua reequilibrando o capital alocado a cada um deles. Ele transfere milhões de dólares do Sistema A para o Sistema B ou C e vice-versa. Em outras palavras, suas decisões discricionárias potencializam seus sistemas. Sou um trader discricionário, mas sigo várias regras rígidas que me proíbem de comprar acima da linha superior do canal, vender abaixo da linha inferior do canal ou fazer operações contra o sistema Impulse (descrito a seguir). Essas regras mecânicas reduzem o número de operações discricionárias ruins.

Grande parte deste livro trata de operações discricionárias, mas as ferramentas aqui descritas funcionam em operações mecânicas. Escrevi este livro para ajudar os dois tipos de traders.

38. Testando Sistemas, Paper Trading e as Três Principais Demandas de Toda Operação

Antes de operar com dinheiro de verdade, você precisa testar o sistema, quer você mesmo o tenha desenvolvido ou comprado de alguém. Isso é feito de duas maneiras. Uma é o backtesting: aplique as regras do sistema a um conjunto de dados passados, geralmente de vários anos. O outro é o forward-testing: opere pequenas quantias com dinheiro de verdade. Traders sérios começam pelo **backtesting**, e, se seus resultados forem bons, prosseguem para o **forward-testing**. Se funcionar bem, eles gradualmente aumentam o tamanho da posição.

Observar dados de resultados passados é um bom começo, mas não permita que bons números o deixem com uma falsa sensação de segurança. A razão perdas/lucros, os períodos mais longos de ganhos e de perdas, o drawdown máximo e outros parâmetros parecem objetivos, mas os resultados anteriores não garantem que o sistema os repetirá no mundo real do trading.

Os dados podem ser muito bons, mas e se, quando operar com dinheiro real, o sistema lhe proporcionar cinco perdas consecutivas? Nenhum dos testes no papel o terá preparado para isso, mas acontece o tempo todo. Você range os dentes e faz outra operação. Outra perda. Seu drawdown se aprofunda, e, em seguida, o sistema dá um novo sinal. Você vai entrar na próxima operação? De repente, um indício impressionante parece uma chance muito remota de preservar o futuro da sua conta.

Há diversos programadores independentes que fazem backtesting de sistemas. Alguns traders, desconfiados em divulgar seus "métodos infalíveis", passam meses aprendendo a usar esses softwares. No final, apenas um tipo de backtesting o prepara para operar: o teste manual. É lento, consome tempo e não é automatizado, mas é o único método que se aproxima de decisões reais. Consiste em testar dados, um dia de cada vez, anotando escrupulosamente os sinais de operação para o dia seguinte e, em seguida, clicando em uma barra à frente e registrando novos sinais e operações para o dia seguinte.

Comece baixando os dados diários de preço e volume do ativo que deseja operar, de um período de pelo menos 2 anos (para contratos futuros, use contratos contínuos). Abra um gráfico e, sem olhar, vá imediatamente para o início. Abra a planilha, anote as regras do sistema na parte superior da página e crie colunas para datas, preços e sinais. Abra duas janelas no programa analítico — uma para o gráfico semanal e seus indicadores, a outra para o diário. As duas teclas mais importantes para os testes são <Alt> e <Tab>, pois permitem que você alterne entre janelas e programas.

À medida que avançar, um dia de cada vez, as tendências e as faixas de operação se desdobrarão e o desafiarão aos poucos. A essa altura, você fará muito mais do que testar sistemas. Avançar um dia de cada vez testará e aprimorará suas habilidades de tomada de decisão. Esse **teste de uma barra por vez** é muito superior ao que se obtém do software de backtesting.

Como lidará com os gaps de abertura quando o mercado ultrapassar seu nível de compra ou cair abaixo do stop na abertura? E quanto a limites em futuros? Avançar um dia de cada vez no gráfico e anotar seus sinais e decisões levará você o mais próximo possível de uma operação real, sem arriscar dinheiro. Isso vai mantê-lo focado na margem direita do gráfico. Você não conseguirá isso com um teste programado do sistema. Testes manuais melhoraram sua capacidade não apenas de entender os mercados, mas de tomar decisões.

Se o teste com uma barra por vez mostrar resultados positivos, opere pequenas quantias com dinheiro real. Atualmente, com comissões de corretagem bem baixas de US$1 para comprar ou vender 100 ações, é possível testar indicadores e sistemas arriscando pequenas quantias. Certifique-se de registrar suas operações e, se os resultados com dinheiro real continuarem positivos, aumente as quantias operadas. Dê um passo de cada vez, até alcançar a proporção objetivada.

Paper Trading

Operar no papel (paper trading) significa registrar suas decisões de compra e venda e rastreá-las como operações reais, mas sem dinheiro em jogo. Iniciantes costumam começar a operar no papel, mas a maioria das pessoas recorre a ele depois de ser detonada pelo mercado. Alguns até alternam entre operações reais e no papel, e não conseguem entender por que parece que ganham dinheiro no papel, mas perdem sempre que fazem uma operação real. Existem três razões para isso.

Primeiro, as pessoas são menos emotivas ao operar no papel, e é mais fácil tomar boas decisões sem dinheiro em risco. Em segundo lugar, ao operar nos papéis, os cenários são sempre perfeitos, ao contrário de operar na vida real. Terceiro e mais importante, boas oportunidades costumam parecer sombrias quando você as considera. Os trades aparentemente mais fáceis são mais propensos a causar problemas. Um iniciante nervoso se joga em operações óbvias e perde dinheiro, enquanto simula operações mais desafiadoras no papel. Desnecessário dizer que alternar entre operações de verdade e no papel é pura tolice. Ou um, ou outro.

A psicologia desempenha um papel fundamental no resultado de suas operações, e é aí que o paper trading é insuficiente. Fingir operar, sem dinheiro em risco, é como navegar em um lago — pouco o prepara para navegar de verdade em um mar tempestuoso.

Há apenas uma boa razão para o paper trading: testar sua disciplina e seu sistema.

Se você puder fazer o download de seus dados no final de cada dia, faça seu dever de casa, anote suas ordens para o dia seguinte, acompanhe a abertura e registre suas entradas, então acompanhe o mercado todos os dias, ajuste suas metas de lucro e stops — se fizer tudo isso por vários meses seguidos, registrando suas ações, sem pular um dia sequer — aí você terá a disciplina para operar dinheiro real. Uma pessoa impulsiva, que opera por entretenimento, não é capaz de operar no papel desse jeito meticuloso, porque exige muito trabalho.

Pode-se abrir uma conta em um dos vários sites voltados ao paper trading. Insira suas ordens, verifique se foram executadas e anote esses "preenchimentos". Digite todos os paper trading na planilha e em seu diário de operações. Se você tem a força de vontade para repetir esse processo diariamente durante vários meses, então você tem disciplina para operar na vida real com sucesso.

Ainda assim, nada substitui operações de verdade, porque mesmo pequenas quantidades potencializam as emoções mais do que qualquer paper trading. Você aprenderá muito mais mesmo com pequenas operações com dinheiro real do que com meses de operação nos papéis.

Nos últimos anos, assisti de camarote aos traders progredirem do paper trading para operações lucrativas com dinheiro real. No SpikeTrade.com, reduzimos as taxas para os membros que contribuem com registros de paper trading, gerando um incentivo para fazer o dever de casa. A disciplina de apresentar um plano semanal de operação com entrada, meta e stop faz com que as pessoas tenham o hábito de ser organizadas e focadas. Conforme seus registros melhoram, eles começam a ganhar bônus de desempenho em nossa competição semanal. A essa altura, recebo e-mails dizendo que, embora eles estejam indo bem na competição, suas operações privadas ficam para trás. Digo a eles que estão no caminho certo e que continuem o que estão fazendo. Com certeza, vários meses depois, suas novas habilidades migram para as operações reais. Então, podem relatar que suas operações privadas são melhores do que seu desempenho na competição. Claro — respondo —, é porque você presta mais atenção às operações quando o dinheiro é de verdade!

Falando em configurar operações (trade setups), é essencial que você anote todos os números relevantes antes de entrar em uma operação. Somos mais objetivos antes de colocar dinheiro em risco: quando estamos dentro do mercado, a ganância levanta a voz. É assim que os perdedores transformam pequenos drawdowns em verdadeiros desastres. Certa vez, consultei um homem que se recusou a ter uma perda de US$200 até transformá-la em uma perda de inacreditáveis US$98 mil.

Falaremos sobre gestão de risco e dinheiro em um capítulo posterior quando eu abordar o conceito do "Triângulo de Ferro do controle de risco". Por enquanto, quero deixar claro que a gestão de risco é a parte essencial do trading objetivo. Esqueça os dias em que você olhava para o teto e dizia: "Vou operar umas 500 ações", "Vou operar mil ações" ou qualquer outro número arbitrário. Mais adiante neste livro, você aprenderá uma fórmula simples para dimensionar suas operações, com base em sua conta e tolerância a riscos.

À época em que escrevi este livro, eu tinha basicamente três estratégias para operar. Minha favorita é um falso rompimento com divergência. Minha segunda opção é um pullback durante uma tendência poderosa — essa é a estratégia da operação mostrada na tela (Figura 38.1). Por último, ocasionalmente "cedo a um extremo" — aposto em uma inversão da tendência sobrecarregada. Cada uma dessas estratégias tem suas regras, mas o principal é que só faço operações que se encaixem em uma delas. Esse cachorro velho não corre mais atrás de qualquer carro que passa!

As Três Principais Demandas de Toda Operação

Há três aspectos essenciais que devem ser considerados para cada operação planejada. Vamos revisá-los brevemente e falaremos mais deles nos capítulos sobre gestão de risco e sistemas específicos. A disciplina quanto a essas três demandas é essencial para qualquer trader comprometido.

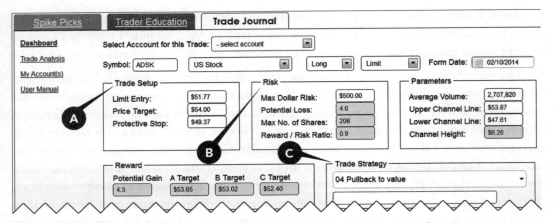

FIGURA 38.1 Três demandas essenciais para cada operação planejada. (*Fonte: SpikeTrade.com*)
Captura de tela de um plano de operação que efetuei dias antes de escrever este capítulo (veja na Seção 55 como o implementei). Perceba os diversos recursos essenciais a todo plano de operação:

A. Configuração da operação — Anote os três números essenciais a cada operação: a entrada, a meta e o stop. Antes de entrar no mercado, você precisa decidir quanto vai pagar, quanto pretende arriscar e quanto espera ganhar. A relação entre recompensa potencial e risco deve normalmente ser maior do que dois para um. O único momento para abrir mão dessa regra é quando os sinais técnicos são excepcionalmente fortes. Naturalmente, não exagere sua meta a ponto de transformar uma operação excepcional em algo aparentemente natural. Sua meta precisa ser realista;

B. Gestão de risco — Decida com antecedência o quanto você está disposto a arriscar nessa operação. Divida esse valor pelo seu risco por ação — a distância entre a entrada e o stop. Isso lhe dará o número de ações a serem operadas;

C. Por último, mas não menos importante, toda operação deve se basear em um sistema ou estratégia específica. "Acho que está bom" não é um sistema! É fácil ficar empolgado depois de ouvir uma dica de ações ou encontrar uma tendência acentuada, mas os dias de perseguir ações como um filhote persegue carros acabaram. Se você quiser viver como trader, precisa definir seus planos, estratégias ou sistemas de operação — o nome que preferir — e executar apenas as operações que se encaixam em seus critérios.

39. Sistema de Operação com Três Telas

Apresentei esse sistema ao público em um artigo de abril de 1986, na revista *Futures*. Eu o utilizo para operar desde 1985, ano em que o desenvolvi, e ele perdurou até a atualidade. Continuo a ajustá-lo, acrescentando ou alterando alguns detalhes, mas seu princípio básico permanece: tomar decisões quanto às operações usando uma sequência de time frames e indicadores.

O sistema de três telas aplica três testes, ou telas, a cada operação potencial. Muitas oportunidades atraentes são rejeitadas por uma ou outra tela. As oportunidades aprovadas pelo teste das três telas têm muito mais chances de sucesso.

O sistema de três telas combina indicadores de rastreamento de tendências em gráficos de longo prazo com osciladores de contratendência em gráficos intermediários. Ele usa técnicas especiais de entrada para a compra ou venda a descoberto e regras de gestão do dinheiro. Esse sistema é mais do que um sistema de operações: é um método, um estilo de operar.

Indicadores de Rastreamento de Tendências e Osciladores

Amadores costumam procurar uma fórmula mágica: um indicador para ganhar dinheiro. Se tiverem sorte durante algum tempo, sentem como se tivessem descoberto o tapete vermelho para a riqueza. Quando a magia acaba, os amadores devolvem seus lucros com juros e buscam outra ferramenta mágica. Os mercados são muito complexos para serem analisados com um único indicador.

Indicadores diferentes dão sinais contraditórios no mesmo mercado. Os indicadores rastreadores de tendência sobem durante as tendências de alta e dão sinais de compra, enquanto os osciladores ficam sobrecomprados e dão sinais de venda. Os indicadores rastreadores de tendência diminuem nas tendências de baixa e dão sinais de venda a descoberto, enquanto os osciladores ficam sobre-vendidos e dão sinais de compra.

Os indicadores que rastreiam tendências são lucrativos quando os mercados estão em movimento, mas levam a reversões abruptas nas faixas de operação. Os osciladores são lucrativos nas faixas de operação, mas dão sinais prematuros e perigosos quando os mercados se movimentam. Os traders dizem: "A tendência é sua amiga" e "Deixe seus lucros voarem". E também dizem: "Compre barato, venda caro", mas por que vender se a tendência está subindo? E caro quanto?

Alguns traders tentam estimar os sinais dos indicadores e osciladores que rastreiam tendên-cias, mas tendem a se enganar. Assim como os republicanos e democratas nos EUA redesenham os distritos eleitorais para criar portos "seguros", traders selecionam indicadores que forneçam os sinais que desejam ver. Se você usar mais ferramentas de rastreamento de tendências, os sinais apontarão para um lado, e, se você usar mais osciladores, o resultado será o contrário. Um trader sempre pode encontrar indicadores dizendo-lhe o que quer ouvir.

O sistema de operação com três telas foi projetado para filtrar as desvantagens dos indicadores de acompanhamento de tendências e dos osciladores, preservando seus pontos fortes.

Escolhendo Time Frames — o Fator de Cinco

Outro grande dilema é que a tendência de todo ativo pode ser de alta e de baixa ao mesmo tempo, dependendo do gráfico que você usa. Às vezes, um gráfico diário mostra uma tendência de alta, e um semanal, de baixa, e vice-versa. Precisamos de um sistema que lide com sinais conflitantes em diferentes time frames.

Charles Dow, autor da venerável Teoria de Dow, afirmou na virada do século XX que o mercado de ações tinha três tendências. A tendência de longo prazo dura vários anos, a de médio prazo, meses, e, qualquer coisa menor do que isso, é uma tendência menor. Robert Rhea, o grande técnico de mercado dos anos 1930, comparou essas três tendências a uma maré, uma onda e uma ondulação. Ele recomendou operar a favor da maré, aproveitar as ondas e ignorar as ondulações.

Os tempos mudaram e os mercados tornaram-se mais voláteis. Os computadores são baratos ou até mesmo gratuitos. Os dados em tempo real criaram melhores oportunidades para capitalizar

SISTEMAS DE TRADE

os movimentos mais rápidos. Precisamos de uma definição mais flexível de time frame. O sistema de operação com três telas baseia-se na observação de que todo time frame se relaciona com os maiores e os mais curtos em aproximadamente um fator de cinco (veja a Seção 32).

Comece escolhendo o time frame. Você prefere trabalhar com gráficos diários, de dez minutos ou com outro? Qualquer que seja seu time frame favorito, o sistema de três telas o chama de time frame **intermediário**. O time frame de **longo prazo** é uma ordem de magnitude maior. O de **curto prazo**, uma ordem menor. Após selecionar o time frame intermediário, você não deve examiná-lo até que avalie o de longo prazo e tome uma decisão estratégica.

Por exemplo, se quiser segurar um trade por vários dias ou semanas, seu time frame intermediário provavelmente será definido pelos gráficos diários. Gráficos semanais estão a uma ordem de magnitude maior, e determinarão o time frame de longo prazo para você. Gráficos de hora estão a uma ordem de magnitude menor, e determinarão o time frame de curto prazo.

Os day traders que ocupam posições por menos de uma hora usam o mesmo princípio. Para eles, um gráfico de 5 minutos define o time frame intermediário, um gráfico de 30 minutos o de longo prazo e um gráfico de 2 minutos o de curto prazo.

O sistema de três telas exige que você examine primeiro o gráfico de longo prazo. Ele lhe permite operar somente na direção da maré — a tendência no gráfico de longo prazo. Ele usa as ondas que vão contra a maré para sugerir entradas. Quando a tendência semanal é alta, os declínios diários geram oportunidades de compra. Quando a tendência semanal é baixa, os ralis diários proporcionam oportunidades de vender a descoberto.

Primeira Tela — A Maré do Mercado

O sistema de três telas começa analisando o gráfico de longo prazo, uma ordem de grandeza maior do que a escolhida para operar. A maioria dos traders presta atenção apenas aos gráficos diários, com todos observando os mesmos poucos meses de dados. Se você começar analisando gráficos semanais, sua perspectiva será cinco vezes maior que a de seus concorrentes.

Comece selecionando seu time frame favorito e chame-o de intermediário. Não olhe para o gráfico intermediário porque isso o prejudicará. Vá imediatamente ao time frame uma ordem de grandeza maior — seu gráfico de longo prazo. É aí que você vai tomar sua decisão estratégica de ser um touro ou um urso. Depois disso, retorne ao período intermediário e comece a tomar decisões táticas, como onde entrar e onde colocar um stop.

Se cometer o erro de olhar primeiro para o gráfico diário, será prejudicado por seus padrões. Primeiro, tome uma decisão imparcial em um gráfico semanal de longo prazo antes de olhar o diário.

A versão original do sistema de três telas usava a inclinação do histograma MACD semanal como seu indicador semanal de rastreamento de tendências (Figura 39.1), por ser muito sensível e dar muitos sinais de compra e venda. Mais tarde, decidi usar a inclinação de uma média móvel exponencial semanal como minha principal ferramenta de rastreamento de tendências em gráficos de longo prazo. Depois que inventei o sistema Impulse (descrito na seção seguinte), passei a usá-lo na primeira tela desse sistema. O sistema Impulse combina os melhores recursos dos dois métodos anteriores. Não é tão agitado quanto o histograma MACD, mas é mais ágil do que a inclinação de uma MME.

Como você verá na próxima seção, o sistema Impulse colore as barras de verde na alta, de vermelho na baixa e de azul em ponto neutro. O sistema Impulse não lhe diz o que fazer, mas o que não fazer. Quando o sistema Impulse é vermelho, ele proíbe você de comprar. Quando é verde, proíbe você de vender. Olhando para um gráfico semanal quando você quer comprar, você tem que esperar até que ele pare de ficar vermelho. Olhando para um gráfico semanal quando você quer vender a descoberto, é preciso ter certeza de que não está verde. O Impulse azul permite que você opere de ambas as formas.

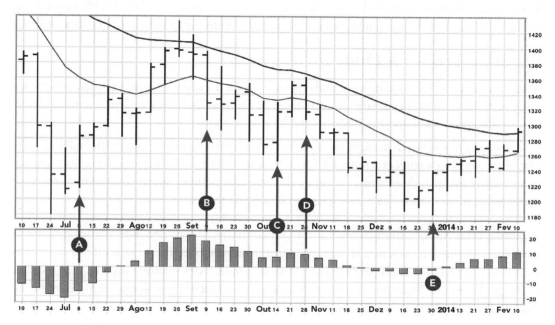

FIGURA 39.1 Ouro semanal, com MMEs de 26 e 13 e Histograma MACD (12-26-9). (*Gráfico: Stockcharts.com*)

Usando o Histograma MACD Semanal como a Primeira das Três Telas

O sistema com três telas nos obriga a examinar os gráficos semanais antes mesmo de olhar para os diários. A inclinação do histograma MACD é definida pela relação entre suas duas barras mais recentes.

Esse indicador dá um sinal de compra quando sua inclinação sobe e um sinal de venda quando sua inclinação desce. Os melhores sinais de compra ocorrem quando o histograma MACD aparece abaixo de sua linha central. Os sinais de melhor venda são dados quando sua inclinação desce acima da linha central (veja Indicadores Sazonais, na Seção 32).

Quando a inclinação do histograma MACD sobe (setas A, C e E), deixa-nos apenas comprar ou manter. Quando a inclinação desce (setas B e D), deixa-nos apenas vender ou ficar de fora.

Perceba que os sinais de compra em A e E são de melhor qualidade do que em C — porque o sinal C ocorreu acima da linha central. É melhor comprar na primavera do que no verão. Na borda direita do gráfico, a tendência de alta é forte porque o sinal E veio de uma divergência de alta: um fundo duplo de preços (A e E) foi acompanhado por um segundo fundo muito mais raso do indicador.

SISTEMAS DE TRADE

Alguns traders usam outros indicadores para identificar as principais tendências. Steve Notis explicou na revista *Futures* como usou o sistema direcional como a primeira das três telas. O princípio é o mesmo. A maioria dos indicadores de rastreamento de tendências é útil, desde que se analise os gráficos semanais antes de buscar as operações almejadas nos gráficos diários.

Resumo da Primeira Tela: Identifique a tendência semanal usando um indicador de acompanhamento de tendências e opere apenas nessa direção.

Um trader tem três opções: comprar, vender ou ficar de fora. A primeira das três telas do sistema elimina uma das opções. Age como um censor que lhe permite apenas comprar ou ficar de fora nas grandes tendências de alta. Ela permite que você apenas venda a descoberto ou fique de fora durante as principais tendências de baixa. Nade junto com a maré ou fique fora da água.

Segunda Tela — A Onda do Mercado

A segunda das três telas identifica a onda que vai contra a maré. Quando a tendência semanal sobe, os declínios diários apontam oportunidades de compra. Quando a tendência semanal desce, os ralis diários indicam oportunidades de vender a descoberto.

A segunda tela aplica os osciladores, descritos em uma seção anterior, aos gráficos diários para identificar desvios da tendência semanal. Os osciladores dão sinais de compra quando os mercados caem e de venda quando sobem. A segunda das três telas permite que você considere apenas os sinais nos gráficos diários que o conduzem no sentido da tendência semanal.

Segunda Tela: Aplique um oscilador a um gráfico diário. Use os declínios diários durante as tendências de alta semanais para encontrar oportunidades de compra e os ralis diários durante as tendências de baixa semanais para oportunidades de vender a descoberto. Gosto de usar o Índice de Força, descrito na Seção 30, na segunda tela, mas outros osciladores, como o RSI, Elder-ray ou Estocástico, também apresentam bom desempenho.

Quando a tendência semanal sobe, o sistema de três telas aceita apenas sinais de compra dos osciladores diários, não os de venda. A MME de 2 dias do Índice de Força dá sinais de compra quando cai abaixo de sua linha zero, contanto que não caia para uma nova baixa de várias semanas. Quando a tendência semanal está em baixa, o Índice de Força dá sinais de venda quando sobe acima da linha central, desde que não suba para uma nova alta em várias semanas (Figura 39.2).

Outros osciladores, como o Estocástico e o RSI (veja as Seções 26 e 27), emitem sinais de operação quando entram em suas zonas de compra ou venda. Quando o Histograma MACD semanal sobe, mas o Estocástico diário cai abaixo de 30, identifica uma área de sobrevenda, uma oportunidade de compra. Quando o Histograma MACD semanal desce, mas o Estocástico diário sobe acima de 70, identifica uma área de sobrecompra, uma oportunidade de venda.

Terceira Tela — A Técnica de Entrada

A terceira tela é a técnica de entrada, e aqui há um pouco de latitude. Se tiver acesso a dados em tempo real, você pode usar um time frame ainda menor, ou usar o intermediário mesmo.

No original *Como Se Tornar um Trader e Investidor de Sucesso*, recomendei procurar uma ondulação na direção da maré do mercado: comprar em um rompimento acima da alta do dia anterior ou vender em um rompimento abaixo da mínima do dia anterior.

A desvantagem dessa abordagem são os stops amplos. Comprar em um rompimento acima da máxima do dia anterior e colocar um stop abaixo da mínima do dia resulta em um stop amplo em um dia de intervalo largo, colocando muito dinheiro em risco ou reduzindo o tamanho da posição. Em outras ocasiões, quando o dia do pré-rompimento era muito estreito, colocar o stop logo abaixo da baixa exporia a operação ao risco de ter o stop acionado pelo ruído do mercado.

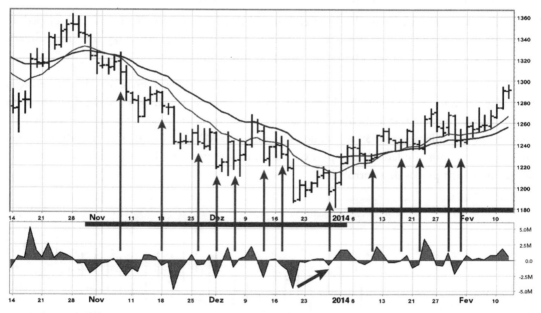

FIGURA 39.2 Ouro diário, com MMEs de 26 e 13 dias e Índice de Força de 2 dias. (*Gráfico: Stockcharts.com*)

Índice de Força Diário — A Segunda das Três Telas

A MME de 2 dias do Índice de Força é um dos vários osciladores que funcionam para a segunda tela desse sistema de operação. O Índice de Força indica oportunidades de compra quando cai abaixo da linha central. Ele indica oportunidades de venda quando sobe acima da linha central. Quando a tendência semanal está em alta (marcada aqui com uma barra horizontal verde), indica apenas sinais de compra do oscilador diário para entrar com posições compradas. Quando a tendência semanal está em baixa (marcada por uma barra horizontal vermelha), indica apenas sinais de venda para entrar com posições vendidas.

Perceba uma divergência de alta, acompanhada por um rompimento falso antes do início da tendência de alta (marcada com uma seta verde diagonal). Na borda direita do gráfico, o ouro está voando, junto à maioria das ações de ouro. Compro-as com frequência, mas não os ETFs. Um graduado no Trader's Camp na Austrália escreveu outro dia: "Comprei o XAU ETF, mas ele está sendo deixado para trás pela NCM, nossa maior mineradora de ouro. Esse é o cenário normal dos ETFs?" Sim, senhor!

A técnica do rompimento ainda é válida, mas raramente a uso. Com a ampla disponibilidade de dados intradiários, gosto de mudar para gráficos de 25 minutos e de 5 minutos e usar técnicas de day trading para fazer swing trade. Se você não tem acesso a dados em tempo real e precisa colocar uma ordem pela manhã, antes de sair para trabalhar, recomendo uma abordagem alternativa, que chamo de "penetração da MME média".

Quase todo rali é pontuado por pullbacks ocasionais, e você deve medir a profundidade com que esses pullbacks caem abaixo da MME rápida. Observe o gráfico diário das últimas 4 a 6 semanas e, se estiver em tendência de alta, meça a profundidade com que os preços penetram abaixo de sua MME durante os pullbacks normais (Figura 39.3).

- Calcule uma penetração média;
- Subtraia o nível da MME de ontem da de hoje e adicione esse número à MME de hoje, o que dirá onde sua MME provavelmente estará amanhã;
- Subtraia a penetração média do nível estimado da MME para amanhã e coloque seu pedido de compra nessa altura. Você tentará comprar ao nível de barganha durante um pullback — em vez de pagar um prêmio por comprar um rompimento.

Na Figura 39.3, os preços caíram abaixo da MME rápida em quatro ocasiões. Uma penetração média de baixa foi de US$9,60. Na borda direita do gráfico, a MME de 13 dias é de US$1.266. Deduzir a recente penetração média de baixa sugere que, se há um pânico nas vendas, a ordem de compra deve ser colocada a US$9 abaixo do último nível da MME. Esse cálculo é feito diariamente, até que surja a oportunidade de comprar em baixa. Essa é uma abordagem muito mais tranquila do que perseguir preços descontrolados.

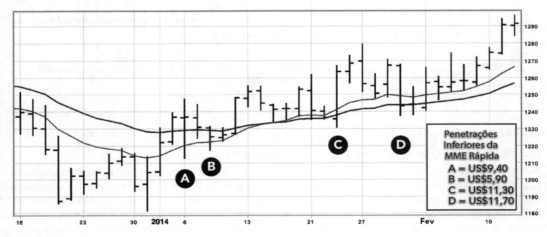

FIGURA 39.3 Ouro diário, com MMEs de 26 e 13 dias. (*Gráfico: Stockcharts.com*)

Uma Penetração Média de Baixa — A Terceira das Três Telas

Aqui, demos um zoom no gráfico da Figura 39.2. Os sinais de compra emitidos pelo sistema com três telas podem ser aguçados, sem esperar a subida do Índice de Força de 2 dias passar o zero. Os declínios abaixo de zero são um alerta para se colocar as ordens de compra abaixo do valor, usando uma penetração média de baixa.

Essas regras são para comprar durante uma tendência de alta. Inverta-as para vender a descoberto nas tendências de baixa. Tenha em mente que as tendências de baixa tendem a se desenvolver duas vezes mais rápido do que as tendências de alta.

Resumo do Sistema com Três Telas

Tendência Semanal	Tendência Diária	Ação	Ordem
Alta	Alta	Ficar de fora	Nenhuma
Alta	Baixa	Comprar	Penetração da MME ou rompimento de alta
Baixa	Baixa	Ficar de fora	Nenhuma
Baixa	Alta	Vender	Penetração da MME ou rompimento de baixa

Quando a tendência semanal for de alta e um oscilador diário indicar baixa, coloque uma ordem de compra abaixo da MME rápida no gráfico diário, em um nível médio de penetração de baixa. Ou coloque uma ordem de compra um tick acima da máxima do dia anterior. Se os preços subirem, sua ordem será executada automaticamente quando o rali ultrapassar a alta do dia anterior. Se os preços continuarem a cair, seu stop de compra não será ativado. Reduza o preço de sua ordem de compra no dia seguinte para um nível acima da última barra de preço. Continue abaixando seu stop de compra a cada dia até que ele seja ativado ou até que o indicador semanal inverta e cancele o sinal de compra.

Quando a tendência semanal for de baixa, aguarde a subida de um oscilador diário e entre com uma ordem para vender a descoberto acima da MME rápida no gráfico diário em nível médio de penetração de alta. Ou coloque uma ordem para vender um tick abaixo da última barra mais baixa. Assim que o mercado cair, seu stop de venda será executado. Se o rali continuar, continue aumentando o preço de suas ordens de venda diariamente. O objetivo da técnica de stop móvel de venda é capturar o rompimento de baixa intradiário de uma tendência de alta diária no fluxo de uma tendência de baixa semanal.

Day Trading com Três Telas

Se você faz day trade, selecione um gráfico de 5 minutos como período intermediário. Repito, não olhe para ele, mas para um gráfico de 25 ou 30 minutos primeiro, que será seu gráfico de longo prazo. Tome a decisão estratégica de ser um touro ou um urso nesse gráfico de longo prazo e, em seguida, retorne ao gráfico intermediário para procurar uma entrada e um stop (Figura 39.4).

Uma combinação perfeita de time frames para ações de day trading é um conjunto de gráficos de 39 e 8 minutos. O mercado de ações dos EUA fica aberto de 9h30 às 16h — seis horas e meia ou 390 minutos. Usando um gráfico de 39 minutos, sua tela de longo prazo divide cada dia em 10 barras. Faça sua decisão estratégica baseado nela e, em seguida, prossiga para um gráfico 5 vezes mais rápido — um gráfico de 8 minutos — para tomar decisões táticas sobre entradas e saídas.

174 SISTEMAS DE TRADE

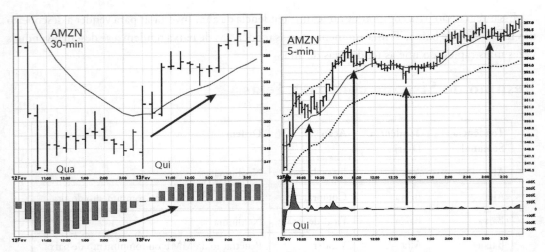

FIGURA 39.4 À esquerda: AMZN, gráfico de 30 min com MME de 13 barras e Histograma MACD de 12-26-9. À direita: AMZN, gráfico de 5 min com MME de 13 barras, canal de 0,6% e Índice de Força de duas barras. (*Gráfico: Stockcharts.com*)

Day Trading com Três Telas

As ações da Amazon.com, Inc. (AMZN) são um ativo popular graças a sua volatilidade e liquidez. Os princípios das três telas são os mesmos aqui e nos gráficos de longo prazo. Aqui, o gráfico de longo prazo, em que cada barra representa 30 minutos de operações, define a tendência de longo prazo. Enquanto ela sobe, voltamo-nos a um gráfico de curto prazo, no qual cada barra representa 5 minutos de operações. Quando o Índice de Força de duas barras desce abaixo de zero, indica uma onda que vai contra a maré — uma oportunidade de comprar por um preço menor. Um canal que contém aproximadamente 95% de todos os preços é excelente para definir as metas de lucro.

Não misture muitos time frames. Se você faz swing trade, até certo ponto, o gráfico intradiário funciona para saber quando entrar, mas os gráficos diários ainda serão necessários. Se você continuar se atendo aos gráficos intradiários, é provável que eles o expulsem do mercado prematuramente. Se você faz day trade, o gráfico semanal não é relevante como o gráfico diário. A regra é a seguinte: escolha o gráfico (intermediário), combine-o com um de longo prazo que seja 5 vezes mais amplo e mãos à obra.

Stops e Metas de Lucro

A gestão adequada do dinheiro é essencial para operações bem-sucedidas. Um trader disciplinado obtém seus lucros nas metas, reduz rapidamente suas perdas e supera aqueles que continuam esperando e se entregando a trades ruins. Antes de entrar em uma operação, defina três parâmetros: a entrada, a meta e o stop. Entrar em uma operação sem definir esses três números é apostar.

O sistema de três telas exige que se estabeleça metas de lucro usando gráficos de longo prazo e stops usando os gráficos intermediários. Se você usar gráficos semanais e diários, defina as metas de lucro nos semanais e os stops nos diários. Ao comprar em uma baixa de um gráfico diário, a zona de valor do gráfico semanal deve apresentar boas metas. Quando fizer day trade usando gráficos de 25 e 5 minutos, defina a meta de lucro no gráfico de 25 minutos e o stop no gráfico de 5 minutos. Isso o ajuda a focar resultados melhores enquanto restringe o risco.

O sistema de operação com três telas exige que se defina stops bem apertados. Como você está operando a favor da maré do mercado, perder oportunidades é arriscado. Continue seguindo a maré ou então saia. Voltaremos a esse tópico na Seção 54.

40. O Sistema Impulse

A ideia do sistema Impulse me ocorreu em meados da década de 1990. Acordei no meio da noite em um hotel distante e me sentei na cama com a ideia de que conseguiria estipular o movimento do mercado em qualquer time frame, usando apenas dois critérios: inércia e força. Ao combiná--los, conseguiria encontrar ações e futuros em que os touros estivessem inertes ou fortes, e operar comprando. E conseguiria encontrar ações e futuros em que os ursos estivessem inertes ou fortes, e vender a descoberto.

Uma boa maneira de medir a **inércia** de um ativo é verificar a inclinação da MME rápida. Uma MME subindo demonstra inércia dos touros e, descendo, dos ursos. A **força** de uma tendência é refletida na inclinação do Histograma MACD. Se a barra mais recente for maior do que a anterior (como a altura das letras m – M) ou menos profunda do que a anterior (como a profundidade das letras y–v), a inclinação do Histograma MACD está subindo — assim como a força dos touros. Se a barra mais recente do Histograma MACD for menor do que a anterior (como a profundidade das letras v – y ou a altura das letras M – m), a inclinação está descendo — a força dos ursos é maior. Quando usamos o Histograma MACD para medir força, não importa se ele está acima ou abaixo de zero: o que importa é a relação das duas últimas barras do Histograma MACD.

É relativamente simples programar a maioria dos softwares para colorir as barras de preços ou velas usando o sistema Impulse. Se ambos os indicadores estiverem subindo, a barra será verde — alta. Se ambos estiverem descendo, a barra será vermelha — baixa. Quando os indicadores se movem um contra o outro, a barra é azul — neutra (Figura 40.1).

Inicialmente, pensei em automatizar esse sistema — comprar no verde, vender no vermelho e verificar as posições em todas as cores. Fazer um backtesting do sistema Impulse jogou água fria nessa ideia. Automatizar o sistema faz com que capte todas as tendências, mas meus stops eram ativados toda vez que havia uma reversão abrupta nas faixas de operação, em que eu continuava oscilando entre o verde e o vermelho.

Deixei o sistema Impulse de lado, mas continuei pensando a respeito. Alguns anos depois, percebi que não se tratava de um sistema automático, mas de um sistema de censura! Ele não me diz o que fazer, mas o que não fazer. Se a barra semanal ou diária for vermelha — comprar não é permitido. Se a barra semanal ou diária for verde — não é permitido vender.

176 SISTEMAS DE TRADE

Desde essa descoberta, tenho usado o sistema Impulse em todas as minhas operações. Eu o apresentei ao público no meu livro de 2002, *Aprenda a Operar no Mercado de Ações*,[1] que a *Barron's* considerou o livro do ano. O sistema Impulse está se tornando cada vez mais popular em todo o mundo, e sua terminologia entrou na linguagem do trading.

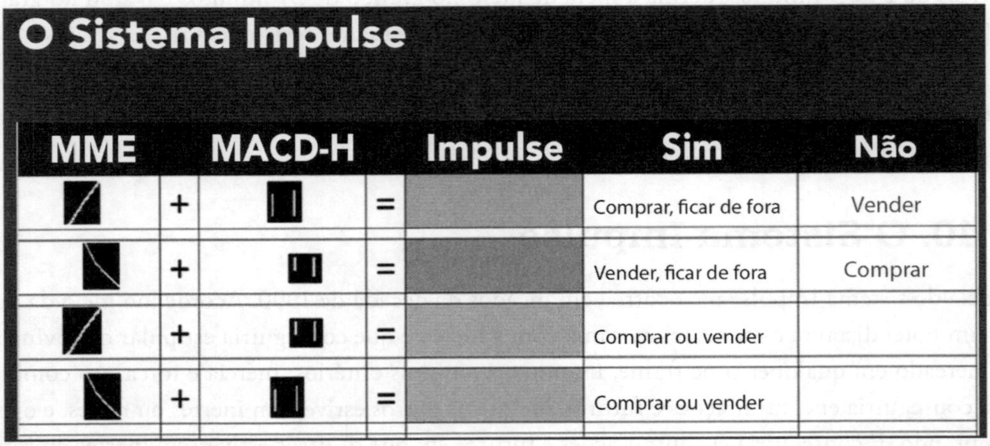

O Sistema Impulse

MME		MACD-H		Impulse	Sim	Não
◨	+	▯	=		Comprar, ficar de fora	Vender
◩	+	▮▮	=		Vender, ficar de fora	Comprar
◪	+	▮▯	=		Comprar ou vender	
◪	+	▯▮	=		Comprar ou vender	

FIGURA 40.1 As cores do sistema Impulse.

- MME subindo e Histograma MACD também (principalmente quando abaixo de zero) = Impulse fica verde, altista. Proibido vender, permitido comprar ou ficar de fora;
- MME descendo e Histograma MACD também (principalmente quando acima de zero) = Impulse fica vermelho, baixista. Proibido comprar, permitido vender ou ficar de fora;
- MME subindo e Histograma MACD descendo = Impulse azul, neutro. Nada é proibido;
- MME descendo e Histograma MACD subindo = Impulse azul, neutro. Nada é proibido.

E é assim que venho usando o sistema Impulse desde então (Figura 40.2). Ele me mantém longe de problemas. Eu posso desenvolver planos para operar com base em qualquer número de ideias, sinais ou indicadores — e então o sistema Impulse me força a esperar até que não mais proíba uma entrada na direção planejada. Além disso, o sistema Impulse me ajuda a reconhecer quando uma tendência começa a enfraquecer e sugere uma saída.

Entradas

As barras verde e vermelha do sistema Impulse mostram quando a inércia e a força apontam na mesma direção. Em uma barra verde, os touros estão no comando e a tendência de alta está acelerando. Em uma barra vermelha, os ursos estão dominando e a tendência de baixa está a todo vapor. Uma MME rápida e um Histograma MACD podem permanecer engrenados durante apenas algumas barras. É nesse momento que o mercado está oscilando rápido — o impulso está funcionando!

Antes de aplicar o sistema Impulse ao mercado escolhido, lembre-se do princípio das três telas de analisar os mercados em mais de um time frame. Selecione seu time frame favorito e chame-o

---

1 NT: Publicado pela Alta Books.

de intermediário. Multiplique-o por cinco para definir o time frame de longo prazo. Caso seu gráfico favorito seja o diário, analise primeiro o gráfico semanal e tome a decisão estratégica de ser um touro ou um urso. Use o sistema Impulse para decidir quando comprar ou vender.

- Se você é um trader de curto prazo que usa o Impulse, compre assim que ambos os time frames ficarem verdes e obtenha lucros assim que um deles ficar azul;
- Ao tentar capturar reversões do mercado, os melhores sinais de operação são dados não por barras verdes ou vermelhas, mas pela ausência delas.

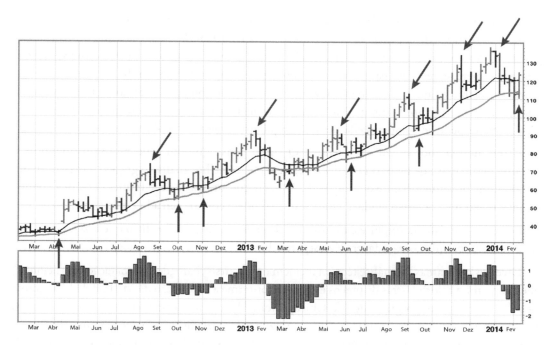

FIGURA 40.2 SSYS semanal com MMEs de 13 e 26 semanas, Histograma MACD de 12-26-9 e sistema Impulse. (*Gráfico: Stockcharts.com*)

O Sistema Impulse

O sistema Impulse aguça qualquer método para encontrar oportunidades, seja ele técnico ou fundamental. Vamos rever um exemplo, usando as ações da Stratasys, Inc. (SSYS) — uma das principais ações da indústria de impressão em 3D. Em 2012, publiquei o primeiro e-book popular sobre manufatura aditiva do mundo, no qual chamei atenção para o boom de suas ações.

Setas verdes verticais apontam barras imediatamente após barras vermelhas. As vermelhas o proíbem de comprar. O melhor momento para comprar é imediatamente após o desaparecimento das vermelhas. Repare em como as setas verdes apontam um fundo intermediário após o outro, incluindo o sinal de compra na borda direita do gráfico. Ter um método objetivo lhe dá confiança para comprar assim que um declínio for interrompido.

O sistema Impulse também sugere bons momentos para obter lucros. As setas vermelhas inclinadas apontam barras azuis que ocorrem após uma série de barras verdes distantes do valor. Elas indicam que os touros estão sufocando — um bom momento para sair e esperar pela próxima oportunidade de compra.

Se uma ação está caindo, mas sua análise indica que um fundo está próximo, monitore o sistema Impulse nos gráficos semanais e diários. Se pelo menos uma barra estiver vermelha, a tendência de baixa ainda está em vigor e comprar não é permitido. Quando os dois time frames estiverem sem nenhuma barra vermelha, permitem que você compre.

Se acha que uma ação está chegando ao topo e está prestes a cair, examine o Impulse nos gráficos semanais e diários. Se pelo menos uma das barras estiver verde, a tendência de alta ainda está viva, e vender não é permitido. Quando as barras verdes desaparecerem dos dois time frames, comece a vender.

Quanto mais curto o time frame, mais sensíveis são os sinais: o Impulse em um gráfico diário quase sempre muda de cor mais rápido do que o semanal. Quando estiver fazendo day trading, o gráfico de 5 minutos muda de cor mais rápido do que o de 25 minutos. Se meus estudos mostrarem que o mercado está em baixa, prestes a subir, espero até que o gráfico diário pare de mostrar barras vermelhas e fique todo azul ou mesmo verde. Só então começo a analisar o gráfico semanal, que ainda está vermelho. Assim que ele muda de vermelho para azul, permite que eu compre. Essa técnica me impede de comprar cedo demais, enquanto o mercado ainda está em queda.

Uso a mesma abordagem para vender. Quando penso que um topo está se formando e o Impulse diário deixa de ter barras verdes e fica azul ou vermelho, analiso o gráfico semanal. Assim que perde a cor verde, permite que eu venda. Esperar que ambos os time frames percam a cor que é contrária ao meu objetivo ajuda a garantir que eu opere com o mercado e não contra ele.

Lembre-se, o sistema Impulse é um sistema de censura. Ele não lhe diz o que fazer, mas o que você não tem permissão para fazer. Não seja rebelde.

Diversos programas de análise técnica incluem um recurso chamado "formatação condicional", que lhe permite colorir barras de preços e candles conforme a inclinação da MME e do histograma MACD. O brilhante programador de Chicago John Bruns usou esse recurso quando incluiu o sistema Impulse em kits de ferramentas que chamamos de elder-disks.[2] Se você usa uma plataforma que não permite formatação condicional, o sistema Impulse ainda serve. Basta observar as inclinações da MME e do Histograma MACD: sua combinação indicará a cor da barra mais recente.

Se souber programar, você pode acrescentar mais recursos ao sistema Impulse, como diferentes comprimentos de MME ou configurações do MACD. Procure os que funcionam melhor nos mercados em que opera. Um day trader pode programar alarmes sonoros para monitorar as mudanças de cor em vários mercados, sem precisar ficar grudado na tela.

---

2 Disponíveis em diversos programas de trading, listados em elder.com [conteúdo em inglês].

Saídas

Se você é trader de curto prazo e usa o Impulse, encerre suas operações assim que a cor do sistema parar de as respaldar, mesmo que apenas em um dos dois time frames. Normalmente, o Histograma MACD diário muda mais rapidamente do que o semanal. Quando cai durante uma tendência de alta, mostra que a alta está enfraquecendo. Quando o sinal de compra desaparecer, obtenha lucros sem esperar um sinal de venda.

Inverta este procedimento nas tendências de baixa. Cubra as vendas a descoberto assim que o sistema Impulse deixar de ficar vermelho, mesmo em apenas um dos dois time frames. A parte mais dinâmica da queda acabou e a operação foi bem-sucedida.

O sistema Impulse o incentiva a entrar com cautela e sair rapidamente. Essa deve ser a abordagem de um trader profissional. Iniciantes tendem a fazer o oposto: saltar em operações e levar uma eternidade para sair, esperando que o mercado mude de rumo.

Um swing trader pode permanecer em uma operação, mesmo se um dos time frames ficar azul. O que nunca deve fazer é ficar em uma operação contra a cor. Se quer comprar, e um dos time frames ficar vermelho, é hora de vender e sair. Se estiver operando vendido, e o sistema Impulse ficar verde, cubra o short.

O sistema Impulse identifica as ilhas de ordem no oceano de caos do mercado, mostrando quando a multidão, geralmente tão sem objetivo e desorganizada, fica emocional e começa a correr. Entre quando um padrão de tendência surgir e saia quando ele começar a afundar no caos.

41. Sistemas de Operação de Canais

Os preços de mercado tendem a fluir em canais, como rios em vales. Quando um rio toca a borda direita do vale, vira à esquerda. Quando toca a esquerda, vira à direita. Quando os preços sobem, parecem parar em um teto invisível. Seus declínios parecem parar em pisos invisíveis. Os canais nos ajudam a prever onde esses níveis, de suporte e resistência, serão encontrados.

O suporte é onde os compradores agem com maior intensidade do que os vendedores. A resistência é onde os vendedores agem com maior intensidade do que os compradores (veja a Seção 18). Os canais mostram onde esperar suporte e resistência futuros.

Os canais ajudam a identificar oportunidades de compra e venda e a evitar operações ruins. A pesquisa original sobre canais de operação foi conduzida por J. M. Hurst e descrita em seu livro, de 1970, *The Profit Magic of Stock Transaction Timing*.

O falecido grande matemático Benoit Mandelbrot foi contratado pelo governo egípcio para criar um modelo matemático dos preços do algodão — a principal exportação agrícola do país. Após extensos estudos, o cientista fez a seguinte descoberta: "Os preços oscilam acima e abaixo do valor." Parece simples, mas é profundo. Se aceitarmos essa descoberta matemática e tivermos os meios para definir valor e medir uma oscilação média, teremos um sistema de operação. Precisamos comprar abaixo do valor e obter lucros no valor ou vender a descoberto acima do valor e cobrir no valor.

SISTEMAS DE TRADE

Já concordamos que o valor está na zona entre as médias móveis de venda e compra. Os canais ajudam a encontrar oscilações normais e anormais.

Duas Maneiras de Definir um Canal

Um canal é definido traçando-se duas linhas paralelas a uma média móvel: uma acima e outra abaixo. A distância entre as linhas do canal varia, dependendo da volatilidade do mercado (canais de desvio padrão).

Um canal simétrico, centrado em torno de uma média móvel, é útil para operar ações e futuros. Um canal de desvio padrão (às vezes chamado de bandas de Bollinger) é bom para quem opera opções.

Os canais definem os limites entre preço normal e anormal. É comum que os preços permaneçam dentro de um canal bem desenhado, e apenas eventos raros os empurrem para fora. O mercado está subvalorizado quando abaixo da linha de canal inferior e supervalorizado quando acima de sua linha de canal superior.

Canais Simétricos

Discutimos o uso de um par de médias móveis (veja a Seção 22). Com esse par, use a mais lenta como a espinha dorsal do seu canal. Se você usa MMEs de 13 e 26 dias, trace as linhas de canal paralelamente à MME de 26 dias.

A largura de um canal depende do coeficiente selecionado pelo trader. Esse coeficiente geralmente é expresso como uma porcentagem do nível da MME.

Linha de Canal Superior = MME + Coeficiente do Canal • MME

Linha de Canal Inferior = MME – Coeficiente do Canal • MME

Ao definir um canal, comece com 3% ou 5% da MME e continue ajustando esses valores até que o canal contenha aproximadamente 95% de todos os preços das últimas 100 barras, cerca de 5 meses em um gráfico diário. É como experimentar uma camisa: não pode ser larga nem apertada. Apenas os preços extremos se projetarão para fora de um canal bem desenhado.

Mercados voláteis exigem canais mais amplos, enquanto mercados mais estáveis exigem canais mais estreitos. Ações mais baratas tendem a ter coeficientes mais altos do que as caras. Gráficos de longo prazo exigem canais mais amplos. Como regra geral, os coeficientes de canais semanais são duas vezes mais largos do que os diários.

Eu costumava plotar canais manualmente até que meu programador desenvolveu um complemento para vários pacotes de software, chamado Autoenvelope. Ele cria automaticamente os canais corretos para qualquer ativo em qualquer time frame (Figura 41.1). Está incluso nos elder-disks para vários programas conhecidos.

Psicologia de Massa

Uma média móvel exponencial mostra o consenso médio de valor no período. Quando os preços estão próximos da média móvel, o valor do mercado está normal. Quando ultrapassam a linha inferior do canal, descendo, o mercado está subvalorizado. Quando os preços ultrapassam a linha superior do canal, subindo, o mercado está supervalorizado. Os canais ajudam a encontrar oportunidades de compra quando o mercado está barato e de venda, quando está caro.

Quando os preços caem abaixo da média móvel, os caçadores de pechinchas entram em ação. Sua compra, bem como a cobertura dos shorts dos ursos, impedem a queda e elevam os preços. Quando os preços sobem acima do valor, os vendedores veem uma oportunidade de obter lucros em posições compradas ou vendas a descoberto, e essas vendas reduzem os preços.

Quando o mercado afunda no fundo de uma depressão, seu humor está prestes a melhorar. Uma vez que chega ao auge de sua mania, está prestes a se acalmar. Um canal indica limites normais de otimismo e pessimismo das massas. A linha superior do canal mostra onde os touros perdem o fôlego, enquanto a linha inferior do canal mostra onde os ursos se esgotam.

Na linha superior do canal, os ursos ficam encurralados na luta contra os touros. Na linha inferior do canal, os touros ficam encurralados na luta contra os ursos. Nós todos lutamos com mais vigor quando estamos encurralados, e é por isso que os canais tendem a se manter.

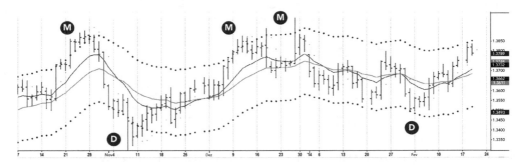

FIGURA 41.1 Euro futuros, MMEs de 26 e 13 dias, sistema Impulse e Autoenvelope. (*Gráfico: Tradestation*)

Canais: Autoenvelope

Esse gráfico mostra vários meses de operação no Euro currency futures (ESH14) até março de 2014. Os futuros são muito mais transparentes e verdadeiros do que os forex obscuros. Sempre que opero moedas, uso futuros de moeda.

Warren Buffett refere-se ao mercado de ações como um amigo bipolar, e sua descrição se aplica aos mercados não acionários. Aqui você vê o Euro oscilando acima e abaixo do valor. Quando se eleva acima da linha superior do canal, mostra que o mercado entrou em mania (o que é indicado pela letra M), e quando cai abaixo da linha inferior do canal, mostra que entrou em depressão (marcado com uma letra D).

Buffett observa que o problema da maioria das pessoas é que elas são infectadas pelo humor do Sr. Mercado — elas querem comprar quando ele está em mania e vender quando está deprimido. Plotar um canal o ajuda a diagnosticar a mania e a depressão do mercado e a evitar ser infectado por um deles. Uma das minhas regras que mais sigo à risca é nunca comprar acima da linha superior do canal ou vender abaixo da linha inferior. Posso perder uma grande tendência por causa dessa restrição, porém minha segurança é amplamente reforçada. Na borda direita da tela, o Euro está subindo muito perto da linha superior do canal — parece que a mania está prestes a aflorar.

Se um rali rompe um canal e os preços fecham acima dele, a tendência de alta é excepcionalmente forte. Quando o rali não alcança a linha superior do canal, é um sinal de baixa, pois mostra que os touros estão ficando mais fracos. O inverso aplica-se às tendências de baixa.

Meu amigo Kerry Lovvorn refinou essa ideia traçando três conjuntos de canais em torno de uma média móvel. A largura desses canais é controlada pela média de Amplitude de Variação (veja a Seção 24). Esses três canais são definidos em um, dois e três ATRs na direção oposta da média móvel. Movimentos normais tendem a ficar dentro dos canais de 1-ATR, enquanto apenas movimentos extremos ultrapassam o 3-ATRs, indicando que uma reversão está próxima (Figura 41.2).

Os canais nos ajudam a permanecer objetivos, enquanto outros traders são arrastados pela massa de touros ou ursos. Quando os preços sobem para a linha superior do canal, a alta em massa está exagerada, e é hora de pensar em vender. Quando os preços caem perto da linha de canal inferior e a maioria são ursos, você sabe que é hora de pensar em comprar em vez de vender.

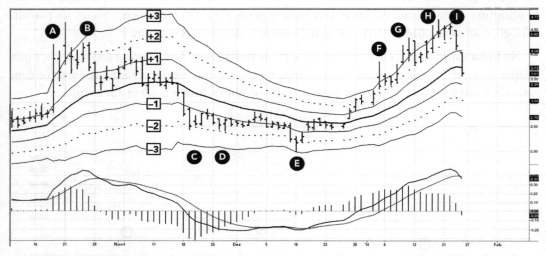

FIGURA 41.2 RSOL diário com MME de 21 dias e 1, 2 e 3 canais ATR, Histograma MACD de 12-26-9 e sistema Impulse. (*Gráfico: Tradestation*)

Múltiplos Canais ATR

Esse gráfico da Real Goods Solar, Inc. (RSOL) mostra vários meses de ação:
    Área A — Alerta. Os preços atingem +3 ATRs — a tendência de alta atingiu um extremo;
    Área B — Venda. Os preços não ficaram acima de +2 ATRs — lucro em posições compradas;
    Área C — Alerta. O declínio parou em -2 ATRs — um sinal de fundo;
    Área D — Alerta confirmado. Preços acima de -2 ATRs — o fundo está se aprofundando;
    Área E — Compra. Falso rompimento de baixa atinge −3 ATRs e rejeita a baixa;
    Área F — Alerta. Os preços atingem +3 ATRs — observe se ficarão em +2 ATRs;
    Área G — Alerta. Os preços atingem +3 ATRs — observe se ficarão em +2 ATRs;
    Área H — Outro alerta. Os preços atingem +3 ATRs — observe se ficarão em +2 ATRs;
    Área I — Venda. Os preços não se mantêm acima de +2 ATRs — lucre com posições compradas.

Regras de Trading

Amadores gostam de comprar — eles compram em rompimentos de alta e vendem (se venderem) nos de baixa. Quando um amador vê um rompimento, espera ficar rico com uma nova grande tendência.

Os profissionais, por outro lado, operam contra os desvios e a favor do retorno à normalidade. Eles sabem que a maioria dos rompimentos são movimentos de exaustão que logo serão abandonados. É por isso que gostam de se afastar de rompimentos — opere contra eles, vendendo a descoberto assim que um rompimento de alta parar, e comprando quando um de baixa retornar ao intervalo.

Os rompimentos produzem ganhos espetaculares quando uma nova grande tendência ultrapassa um canal, mas, a longo prazo, é melhor operar com os profissionais. A maioria dos rompimentos falham e são seguidos por reversões, e é por isso que as linhas de canal marcam as zonas atraentes para a entrada de operações contra rompimentos, com metas de lucro na zona de valor.

Você pode usar os canais da média móvel como método de operação independente ou combiná-los com outras técnicas. Gerald Appel, um proeminente pesquisador de mercado e gerente financeiro em Nova York, recomenda estas regras para operar com canais:

1. Trace uma média móvel e defina um canal em relação a ela. Quando um canal é relativamente estável, o mercado costuma dar oportunidades de compra perto do fundo do canal de operação, e oportunidades de venda perto do topo;

2. Quando a tendência aumenta e o canal sobe acentuadamente, uma penetração dos touros na linha superior do canal mostra um momento de alta. Isso indica que provavelmente há mais uma chance de vender na área das altas que estão se formando. É normal que o mercado retorne à média móvel após uma penetração de alta, oferecendo uma excelente oportunidade de compra. Venda sua posição comprada quando o mercado retornar ao topo do canal.

Isso também funciona ao contrário durante tendências de baixa acentuadas. Um rompimento abaixo da linha de canal inferior indica que é provável que ocorra um declínio na média móvel, oferecendo outra oportunidade de venda a descoberto. Quando os preços retornam à linha inferior do canal, é hora de cobrir essas vendas a descoberto.

Os melhores sinais de operação são dados por uma combinação de canais e outros indicadores técnicos (Figura 41.3). Os indicadores dão alguns dos sinais mais fortes quando divergem dos preços. Um método para combinar canais e divergências me foi descrito pelo falecido Manning Stoller.

1. Um sinal de venda é dado quando os preços atingem a linha de canal superior, enquanto um indicador, como o Histograma MACD, indica uma divergência de baixa. Nesse cenário, com os preços inflados, os touros estão enfraquecendo;

2. Um sinal de compra é dado quando os preços atingem a linha de canal inferior enquanto um indicador mostra uma divergência de alta. Os ursos estão ficando fracos, enquanto os preços já estão baixos.

Precisamos analisar os mercados em vários time frames. Procure oportunidades de compra no gráfico diário quando os preços estiverem subindo no semanal. Procure oportunidades de venda a descoberto no gráfico diário quando os preços estiverem caindo no gráfico semanal;

3. Compre na média móvel quando o canal estiver subindo e lucre na linha superior. Venda a descoberto perto da média móvel se o canal estiver caindo e lucre na linha inferior.

Quando um canal sobe, só vale a pena operar comprando na zona de valor que fica entre as médias móveis rápidas e lentas, e depois vendendo na linha de canal superior. Quando um canal cai, vale a pena vender a descoberto na zona de valor e cobrir na linha de canal inferior.

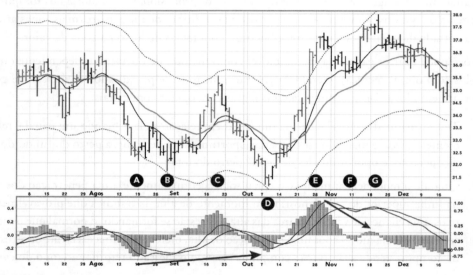

FIGURA 41.3 SIX diário com MMEs de 26 e 13 dias, canais de 6%, histograma MACD de 12-26-9 e sistema Impulse. (*Gráfico: Stockcharts.com*)

Combinando Canais e Sinais MACD

Esse gráfico reflete vários meses de operações das ações de Six Flags Entertainment Corporation (SIX).

Área A — Apesar de os preços terem atingido a linha de canal inferior, um novo recorde do Histograma MACD sugere que essa baixa será alcançada novamente ou superada;

Área B — Linha de canal rejeitada, uma alta provavelmente está prestes a começar;

Área C — Os preços atingiram a linha superior do canal e recuaram — uma reversão é provável;

Área D — Compra. Os preços atingiram a linha de canal mais baixa, enquanto o Histograma MACD traçou uma divergência de alta entre os fundos A e D, com um intervalo em C;

Área E — Embora os preços tenham atingido a linha superior do canal, um novo recorde no histórico do MACD sugere que essa alta será alcançada novamente ou superada;

Área F — Pullback para o valor concluído. O Histograma MACD quebra abaixo de zero, mostrando uma configuração de possível divergência de baixa. Ainda há como comprar para voltar à alta anterior;

Área G — Venda ou venda a descoberto. Os preços atingiram a linha superior do canal, enquanto o Histograma MACD traçou uma divergência de baixa entre os topos E e G, com um intervalo em F.

Canais de Desvio Padrão (Bandas de Bollinger)

O diferencial desses canais é que sua largura muda em função da volatilidade do mercado. Suas regras de operação diferem das dos canais comuns.

1. Calcule uma MME de 21 dias;
2. Subtraia essa MME de cada preço de fechamento para obter todos os desvios da média;
3. Tire a raiz quadrada de cada um dos desvios e some para obter o desvio quadrático total;
4. Divida o desvio quadrático total pelo comprimento da MME para obter o desvio quadrático médio;
5. Pegue a raiz quadrada do desvio quadrático médio para obter o desvio padrão.

Essas etapas, descritas por Bollinger, estão incluídas em diversos pacotes de software. Uma banda fica mais larga quando a volatilidade aumenta, e mais estreita quando a volatilidade diminui. Uma banda estreita aponta um mercado mais calmo. Grandes movimentos dos mercados tendem a irromper de bases estáveis. As bandas de Bollinger mostram transições de mercados mais calmos para mercados mais ativos e agitados.

Essas bandas são úteis para os traders de opções, porque seus preços são em grande parte impulsionados por oscilações na volatilidade. Bandas de Bollinger estreitas o ajudam a comprar quando a volatilidade está baixa e as opções estão relativamente baratas. Bandas mais largas o ajudam a escrever opções quando a volatilidade está alta e as opções estão caras.

Quando voltarmos às opções nos capítulos seguintes, você verá que comprar opções é um jogo de perdedores. Traders profissionais lançam opções. As bandas de Bollinger sinalizam quando lançar mais opções. Se você opera ações ou futuros em vez de opções, é melhor usar canais comuns como metas de lucro. Operar é difícil o suficiente sem tentar acertar um alvo em movimento, como uma banda de Bollinger.

CAPÍTULO 8

Ativos

Todos os ativos para trade são divididos em várias classes. Em uma tela de computador, os gráficos são muitos parecidos, mas não deixe que suas aparências enganem você. Cada grupo tem vantagens e desvantagens, oferecem diferentes oportunidades de lucro e contam com riscos diferentes. Escolher que ativo operar é uma das principais decisões de mercado.

Analisaremos os seguintes grupos para ajudá-lo a decidir em qual focar:

- Ações;
- ETFs;
- Opções;
- CFDs;
- Futuros;
- Forex.

Seja qual for o grupo selecionado, verifique se seu ativo atende a dois critérios essenciais: liquidez e volatilidade.

A **liquidez** representa o volume médio diário, em comparação com outros ativos do grupo. Quanto maior a liquidez, mais fácil entrar e sair de operações. Você pode conseguir uma posição lucrativa em uma ação ilíquida, mas vai perdê-la ao sair devido a slippage ruim.

Aprendi esta lição décadas atrás, depois de entrar em uma posição de 6 mil ações em um mercado bastante inativo. Quando começou a ceder, decidi vender, e foi aí que descobri que o volume médio diário era de apenas 9 mil ações. Havia tão poucas pessoas operando que minhas próprias vendas começaram a diminuir os preços. Levar vários dias para operar esse lote de 6 mil ações foi como comprar um produto importado na promoção e ter que pagar tantos impostos ao passar pela alfândega que acabou saindo mais caro. Hoje em dia, concentro-me em ativos norte-americanos que negociam mais de 1 milhão de ações por dia, pois é com eles que eu posso entrar e sair das minhas operações sem ser notado ou incomodado. Com um grande número de traders, há muitas ordens para comprar e vender, e meu slippage, quando ocorre, é pequeno.

187

188 ATIVOS

A **volatilidade** é a extensão do movimento médio de curto prazo de um ativo. Quanto maior a volatilidade de um ativo, mais oportunidades ele apresenta. Ações populares tendem a oscilar muito. Por outro lado, as ações de diversas concessionárias de serviços públicos, que são bastante líquidas, são muito difíceis de operar devido à baixa volatilidade — elas tendem a permanecer em faixas estreitas.

Existem várias maneiras de medir a volatilidade, mas uma boa ferramenta prática é o "beta". Ele compara a volatilidade de qualquer ativo com a de seu benchmark, como um índice amplo de ações. Se o beta de uma ação for 1, isso significa que sua volatilidade é igual àquela do S&P 500. Um beta 2 significa que, se o S&P subir 5%, é provável que a ação suba 10%, mas também é provável que caia 10% se o S&P cair 5%. Um beta de 0,5 significa que as ações subirão ou cairão pela metade da porcentagem do S&P. Seria melhor para um iniciante se concentrar em ativos de betas baixos. Há betas para a maioria das ações em todos os principais sites financeiros, começando com o Yahoo Finance. Os betas são como placas informativas em pistas de esqui: verde para esquiadores iniciantes, azul para intermediários e diamantes negros para especialistas.

Fusos horários: A globalização atraiu muitas pessoas para operar longe de casa. Conheço traders na Austrália que operam ações dos EUA, e converso com traders nos Estados Unidos que operam índices europeus. Ainda assim, você deve pensar duas vezes antes de operar longe do próprio fuso horário. Sua tela de dados está conectada ao mundo, mas seu eu físico está enraizado na área onde você mora. Se você opera enquanto está sonolento, coloca-se em desvantagem. Se sua cabeça está no travesseiro enquanto a operação está aberta no outro lado do mundo, você facilita o jogo dos concorrentes.

Alguns fusos horários são mais fáceis de operar do que outros. Por exemplo, é confortável operar os mercados dos EUA da Europa Ocidental, onde a Bolsa de Valores de Nova York abre às 15h30 e fecha às 22h. É muito difícil operar os mercados dos EUA na Ásia, onde a diferença de fuso horário é de 12 horas. Há exceções às regras, e você pode gostar de operar à noite — mas, se ficar cansado e com sono, não se sobrecarregue, encontre um mercado local e opere durante o dia.

Operar comprado ou vendido: Operar é mais do que comprar e esperar que os preços subam. Os mercados são avenidas de mão dupla: sobem ou descem. Iniciantes só compram, enquanto traders experientes ficam confortáveis em vender a descoberto.

Em suma, para ganhar dinheiro vendendo a descoberto, identifique um ativo que você espera que vá cair, tomando-o emprestado em sua corretora (dando-lhe um depósito de garantias e uma taxa de juros pactuada) e venda-o. Após o declínio, você o compra de volta a um preço mais baixo, devolve as ações emprestadas ao intermediário e recebe seu depósito de volta. Seu lucro é a diferença entre o valor da compra e o da venda. É como comprar, só que o processo é ao contrário: vender primeiro, comprar depois. Naturalmente, vender a descoberto é um tópico muito complexo para cobrir em dois parágrafos, e é por isso que eu sugiro a leitura do meu último livro (anterior a este): *The New Sell & Sell Short: How to Take Profits, Cut Losses, and Benefit from Price Declines* (John Wiley & Sons, 2011).

42. Ações

Uma ação é um certificado de propriedade de uma empresa. Se você comprar 100 ações de uma empresa que emitiu 100 milhões de ações, terá um milionésimo dessa empresa. Se outras pessoas também quiserem ser proprietárias do negócio, terão que colocar ofertas de compra por suas ações.

Quando massas de pessoas começam a gostar das perspectivas de um negócio, suas ordens para essas ações elevam o preço das ações. Se elas não gostarem da perspectiva desse negócio, começarão a vender suas ações, diminuindo os preços. As empresas de capital aberto tentam tornar suas ações mais atraentes para elevar os preços, porque isso as ajuda a levantar mais capital ou a emitir dívida. Os bônus dos altos executivos são frequentemente vinculados aos preços das ações.

Os valores fundamentalistas, principalmente os lucros, impulsionam os preços em longo prazo, mas, como John Maynard Keynes, o famoso economista e astuto investidor uma vez afirmou: "No longo prazo, estaremos todos mortos." Os mercados estão cheios de cães e gatos, ações de empresas com lucros fracos ou inexistentes que, em algum momento, disparam pelo telhado, desafiando a gravidade. As ações de novas indústrias "atraentes" geram expectativas de lucros futuros, e não de lucros de verdade. As ações de empresas bem administradas e bem-sucedidas oscilam dentro da faixa de operação ou caem se a multidão não estiver animada com suas perspectivas.

Warren Buffett diz que comprar ações o torna sócio de um amigo bipolar, chamado Sr. Mercado. Todos os dias, o Sr. Mercado corre até você e se oferece para comprar ou vender ações. Na maioria das vezes, você deve ignorá-lo porque, afinal, ele é bipolar. Mas, ocasionalmente, o Sr. Mercado fica tão deprimido que lhe oferece ações a preço de banana — e é aí que você deve comprar. Em outras ocasiões, ele fica tão maníaco que oferece um preço insano — e é aí que você deve vender.

A ideia de Buffett é brilhante em sua simplicidade, mas difícil de implementar. O humor do Sr. Mercado varre a maioria de nós. As pessoas querem vender quando o Sr. Mercado está deprimido e comprar quando está em mania. Para ser um trader bem-sucedido, vá contra a multidão. Você precisa definir critérios objetivos que o ajudarão a decidir o quão alto é alto e o quão baixo é baixo. Buffett toma suas decisões com base em análises fundamentalistas e uma sensibilidade fantástica. Traders devem usar as ferramentas de análise técnica descritas neste livro.

Quais ações você quer operar? Há mais de 20 mil só nos EUA. Iniciantes atiram para todos os lados. Com medo de perder oportunidades, compram softwares de acompanhamento. Uma pessoa que não tenha uma ideia clara de como operar uma única ação não será bem-sucedida ao rastrear milhares. Ela estará muito melhor se concentrando em um punhado de ações e as acompanhando todos os dias.

Voltaremos à questão da seleção de ações no Capítulo 10, "Detalhes Práticos". Em resumo, é uma boa ideia limitar o grupo de candidatos às operações. Esse grupo pode ser pequeno ou grande, dependendo de suas habilidades e do tempo disponível. Um amigo grego chama uma lista de 200 ações de seu harém. Ele já operou cada uma delas. Ele as revê aos finais de semana, selecionando menos de 10 com que queira dar uma volta na semana seguinte.

190 ATIVOS

Tenho dois "grupos" nos quais busco oportunidades. Nos fins de semana, escaneio as 500 ações do S&P 500 com meu scanner de divergência e foco as ações sinalizadas por esse escaneamento, selecionando um punhado para operar na semana seguinte. Em seguida, reviso picos nos fins de semana, imaginando que entre uma dúzia de traders principais que enviam suas escolhas favoritas, é provável que haja pelo menos uma que eu queira pegar nos piggybacks. O número de ações que acompanho de perto durante a semana é sempre menor do que dez. Esse é apenas o meu estilo. Tenho amigos que monitoram várias dezenas de ações a qualquer momento. Só você sabe qual é o número ideal no seu caso, mas rastreie apenas as que der conta de acompanhar.

43. ETFs

Um exchange-traded fund [fundo negociado em bolsa] é um ativo de investimento negociado como ação. Diferentes ETFs seguem diferentes tipos de ativos, tais como ações, commodities ou títulos de dívida, e geralmente são negociados com valor próximo ao valor líquido de seus ativos. Existem ETFs projetados para rastrear índices, setores, países, commodities, títulos, futuros e forex. Os ETFs alavancados são projetados para se mover ao dobro ou ao triplo da distância do índice subjacente. Há também ETFs inversos e ETFs alavancados inversos que são negociados em oposição a seus ativos subjacentes: quando um índice cai, seu ETF inverso aumenta e vice-versa. O número de ETFs atingiu milhares nos últimos anos.

Com tantas opções, o que há para não gostar nos ETFs? Na verdade, muitas coisas.

A indústria não comenta o fato de que existem dois mercados de ETFs. O mercado primário é reservado para "participantes autorizados" — grandes corretoras que têm acordos com os distribuidores dos ETF para comprar ou vender grandes blocos, consistindo em dezenas de milhares de ações. Esses intermediários compram por atacado e depois vendem para você no varejo. Você, como trader privado, sempre senta na parte de trás do ônibus — no mercado secundário.

Um amigo trader ativo, que revisou este capítulo, acrescentou: "Acredito que os 'participantes autorizados' também adquirem ações do ETF para operações vendidas a descoberto em grandes lotes. Meu corretor sempre me diz que não há nenhum disponível, nem mesmo ETFs fartamente distribuídos, que eu imagino ser impossível que não tenham em carteira na corretora. Quando pergunto sobre isso, eles desviam o assunto. Eu me pergunto como essa transação de short de um participante autorizado é contabilizada. Gostaria de saber se de alguma forma acabam como operações casadas (tanto uma compra em volume quanto uma venda em volume, cancelando uma à outra). Se assim for, a pressão de venda adicional seria escondida de vista."

Despesas administrativas incorridas nos ETFs amortecem os retornos dos investidores. De acordo com um estudo realizado pelo Morgan Stanley, os ETFs perderam suas metas de 2009 em uma média de 1,25%, o dobro do tamanho de sua "perda" em 2008. Essas percentagens são seus "cortes de cabelo" pelo privilégio de operar ETFs em vez de ações individuais. Quanto mais exótico for o índice rastreado por um ETF, maior será seu "corte de cabelo".

Alguns ETFs perdem valor tão rapidamente que seus emissores costumam realizar grupamentos para elevar os preços novamente para dois dígitos. Com o passar do tempo, esses ETFs retornam a um único dígito, e então seus emissores realizam outro grupamento para fazer seus ETFs apelarem para novos otários.

Um amigo perdeu mais de US$1 milhão em 2013: antecipou uma queda no mercado e comprou um ETF de um índice de volatilidade (ela aumenta quando os mercados caem). O mercado caiu 10%, e a volatilidade aumentou —, mas o ETF caiu em vez de subir (Figura 43.1).

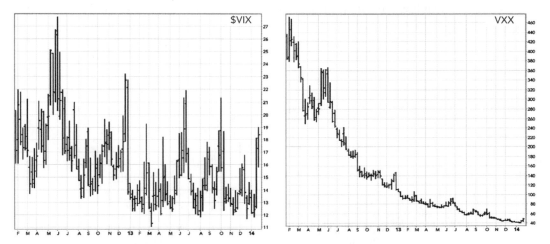

FIGURA 43.1 $VIX, índice de volatilidade e VXX, ETF de volatilidade, semanal. (*Gráfico: Stockcharts.com*)

Rastreamento de Volatilidade: Realidade e Fantasia

Você acredita que esses dois gráficos, cobrindo o mesmo período de tempo, deveriam rastrear a mesma coisa?

A volatilidade é um fator extremamente importante nos movimentos do mercado. Assim como os preços oscilam entre tendências de alta e de baixa, oscilam entre períodos de baixa e alta volatilidade. É por isso que muitos analistas e traders prestam muita atenção ao $VIX — o índice de volatilidade. O gráfico à esquerda mostra que, entre 2012 e 2013, o $VIX oscilou entre 10 e 20 e poucos pontos (subiu rapidamente acima de US$80 durante o mercado de urso de 2008). Os traders têm um ditado: "Quando o VIX está alto, é seguro comprar. Quando o VIX está baixo, melhor ir devagar."

Como as flutuações do $VIX parecem razoavelmente ordenadas, alguns traders tentam operá-lo usando vários ETFs, como o VXX, mostrado à direita. Durante o mesmo período, o VXX caiu constantemente, perdendo 90% de seu valor. Como isso pode funcionar para rastrear volatilidade?

Muitos ETFs "rastreiam" os índices subjacentes de maneira inadequada. Após experimentar os ETFs de commodities, não pago mais para ver, tendo experimentado vários dias durante os quais as commodities subjacentes subiram, enquanto os ETFs de commodities caíram. Parei de operar ETFs de países depois de me deparar com várias situações em que um índice nacional subia para uma nova máxima, enquanto o ETF ficava bem abaixo do nível do rompimento (Figura 43.2).

Os ETFs alavancados são mais "carregados de futuros" do que os ETFs não alavancados e têm perdas por rolagem de contratos muito maiores a cada mês. As desvantagens que os investidores de varejo sofrem são ampliadas nos ETFs alavancados. Eles rastreiam bem seus ativos subjacentes durante um único pregão, mas desviam-se amplamente conforme o tempo passa.

Os únicos ETFs que operam mais ou menos decentemente são os de base ampla, como o SPY e o QQQ. No geral, os ETFs atraem muitos clientes de varejo não sofisticados, mas os cortes de cabelo generalizados e o fraco acompanhamento dos títulos subjacentes prejudicam o mercado em relação a eles. Lembre-se de um princípio importante: "Não existe almoço grátis." Quando se trata de ETFs: seja cauteloso.

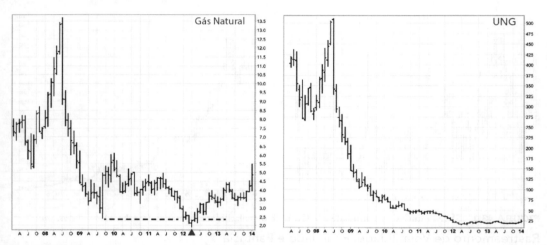

FIGURA 43.2 Gás natural e o UNG, um ETF do gás natural, mensal. (*Gráfico: Stockcharts.com*)

Mercado de Gás Natural: Realidade e Fantasia

O gráfico à esquerda mostra os preços do mercado com base no gás natural: chegou a quase US$13,5 em 2008 e iniciou um mercado de baixa que terminou com um fundo duplo. Um falso rompimento de baixa perto de US$2 em 2012 indicou uma oportunidade de compra. Um gráfico de futuros (não mostrado) se parece muito com o gráfico à vista —, mas veja o UNG, o ETF do gás natural, à direita. Como deslizou de mais de US$500 para menos de US$20, perdi a conta do número de amigos e clientes que reclamavam de perder dinheiro tentando capturar seu fundo.

44. Opções

Uma opção é um instrumento derivativo — uma aposta de que outro valor mobiliário, como uma ação, um índice ou um futuro, atingirá um determinado preço em uma determinada data. Uma **call** confere ao titular o direito, mas não a obrigação, de comprar determinada quantidade de determinado ativo a um determinado preço, em um determinado momento. É uma aposta no aumento do preço. Uma **put** é um direito, mas não uma obrigação, de vender determinada quantidade de um ativo a determinado preço em determinado momento. É uma aposta na queda do preço. Há duas partes em cada operação de opções: um comprador e um vendedor, também chamado de lançador. Os compradores compram opções, enquanto os lançadores criam opções e as vendem aos compradores.

O principal fator a considerar é que os compradores de opções perdem dinheiro ao longo do tempo, apesar de algumas operações bem-sucedidas. Do outro lado da mesa, os lançadores de opções ganham dinheiro, apesar das perdas ocasionais.

Os lançadores criam opções para atender à demanda de compradores. Um de meus alunos, que é market-maker do pregão da bolsa norte-americana, disse-me: "Opções são um negócio de esperança. Você pode comprar ou vender esperança. Eu sou profissional, vendo esperança. Chego pela manhã e descubro o que o público espera. Então precifico essa esperança e vendo a eles."

Cada opção tem um preço de exercício. Se uma ação não o atingir antes da data de exercício, a opção expira, e o comprador perde o que pagou, enquanto o lançador recolhe seu lucro, cujo nome bonito é prêmio.

- Uma opção está **at-the-money (ATM)** quando o preço do ativo subjacente é igual ao de exercício;
- Uma call está **out-of-the-money (OTM)** quando o preço do ativo subjacente está abaixo do de exercício. Uma put está out-of-the-money quando o preço atual do ativo subjacente está acima do preço de exercício. Quanto mais out-of-the-money estiver, mais barata a opção;
- Uma call está **in-the-money (ITM)** quando o preço atual do ativo subjacente estiver acima do preço de exercício. Uma put está in-the-money quando o preço atual do ativo subjacente está abaixo do preço de exercício.

Uma opção pode ser at-the-money, out-of-the-money ou in-the-money em diferentes momentos, conforme o preço do título subjacente flutuar. O preço de cada opção tem dois componentes — um valor intrínseco e um valor de tempo.

- O **valor intrínseco** de uma opção ultrapassa zero quando ela está in-the-money. Se o preço de exercício de uma call for US$80 e o ativo subjacente subir para US$83, o valor intrínseco será US$3. Se o ativo estiver em US$80 ou abaixo, o valor intrínseco da call é zero;
- O outro componente do preço de uma opção é o **valor de tempo**. Se as ações forem negociadas a US$74 e as pessoas pagarem US$2 por uma call de US$80, os US$2 representam o valor de tempo. Se a ação subir para US$83 e o preço do call subir para US$4, US$3 desse valor é intrínseco (US$83 – US$80), enquanto US$1 é o valor de tempo (a esperança de que essa ação suba ainda mais durante a vida útil restante da opção).

Os preços das opções dependem de vários fatores:

- Quanto mais out-of-the-money for o preço de exercício, mais barata é a opção — o valor do ativo subjacente deverá subir muito para que a opção valha alguma coisa antes de expirar;

- Quanto mais próximo o dia do vencimento, mais barata a opção — menos tempo para que o preço varie. A velocidade com que uma opção perde valor é chamada "tempo de decaimento", que não ocorre em linha reta, mas fica mais íngreme à medida que o vencimento se aproxima;

- Quanto menos volátil o título subjacente, mais barata a opção, porque tem menos chances de variar consideravelmente;

- Entre os fatores menores que influenciam os preços das opções estão o nível atual das taxas de juros e a taxa de dividendos da ação subjacente.

Os diferentes fatores que afetam o preço das opções podem entrar em conflito, e anularem-se parcialmente. Se um mercado cair drasticamente, reduzindo o valor das calls, o aumento da volatilidade aumentará os valores das opções e as calls perdem menos do que o esperado. Existem vários modelos matemáticos, como Black-Scholes, amplamente descritos na literatura de opções, que são usados para determinar o que é conhecido como valor justo de qualquer opção.

Compra de Opções

A abordagem mais simples e fácil para as opções é comprá-las. Isso é exatamente o que os iniciantes fazem e, a menos que aprendam rapidamente e mudem, suas contas estão condenadas.

Este é o tipo mais comum de propaganda das corretoras: "As opções oferecem alavancagem — a habilidade de controlar grandes posições com pouco dinheiro. Todo o risco de uma opção é limitado ao preço que você paga por ela. As opções permitem que os traders ganhem dinheiro rapidamente quando estão certos, mas, se o mercado reverter, você pode sair e não fica devendo nada!" Eles deixam de mencionar que, para lucrar com a compra de uma opção, você deve estar certo de três maneiras. Você deve escolher a ação certa, prever a extensão de seu movimento e prever o quão rápido chegará lá. Se você estiver errado em uma dessas três maneiras, perderá dinheiro.

Já tentou acertar uma argola em três pinos consecutivos em um parque de diversões? Essa complexidade tripla é o que faz com que comprar opções seja um jogo perdido.

Uma ação, índice ou futuro age de uma das seguintes maneiras: sobe, desce ou se mantém. Quando compra uma call, você só lucra se o mercado subir, perde se ele descer ou se mantiver. E, mesmo que ele suba, você perderá dinheiro se não subir suficientemente rápido. Quando compra uma put, você ganha apenas se o mercado cair suficientemente rápido. Um comprador de opções só ganha dinheiro se o mercado seguir a direção da compra na velocidade adequada, e perde se ele se mover lentamente, permanecer constante ou se opuser a ela.

Um comprador de opções tem uma chance em três para vencer — enquanto as chances de um lançador são duas em três. Não é de se admirar que os profissionais sejam lançadores de opções. Um profissional vende uma call e, se a ação cair, ficar estável ou mesmo subir vagarosamente, a call expirará sem valor e ele manterá o prêmio. Ele vende esperança aos pobres compradores — e, como essa esperança acaba sendo inútil, ele lucra com ela.

As opções atraem hordas de traders iniciantes que não podem comprar ações. Para poder entrar no mercado, eles compram calls como se fossem substitutas de ações. Isso não funciona porque as opções se movem de forma diferente das ações. Amadores trouxas compram esperanças vazias, que os profissionais têm o prazer de vender a eles.

Iniciantes, apostadores e traders subcapitalizados compõem a maioria dos compradores de opções. Basta pensar em todo o dinheiro que perdem na ânsia de enriquecer rapidamente. Quem fica com todo esse dinheiro? Parte dele vai para comissões de corretagem, enquanto a maior parte flui para os bolsos dos lançadores de opções. Profissionais bem capitalizados lançam opções em vez de comprá-las. O lançamento de opções é um negócio de capital intensivo: você precisa de centenas de milhares de dólares, no mínimo, para fazer direito, e os lançadores mais bem-sucedidos operam com milhões. Lançar opções é um jogo sério para traders experientes, disciplinados e bem capitalizados. Se sua conta for muito pequena para lançar opções, espere até que ela cresça.

Os mercados são como bombas que sugam dinheiro dos bolsos da maioria mal informada para as carteiras de uma minoria experiente. Traders inteligentes em qualquer mercado procuram situações em que a maioria faz algo de determinada maneira, enquanto uma minoria endinheirada faz o oposto. As opções são um ótimo exemplo dessa regra.

Lançamento de Opções

Há dois tipos principais de lançamento de opções. Os lançadores cobertos compram uma ação e lançam opções contra ela. Os lançadores a descoberto lançam calls e puts sobre ações que não possuem.

Os **lançadores cobertos** possuem os títulos subjacentes. Por exemplo, um fundo detém uma grande posição em ações da IBM e vende calls contra ela. Se a ação não subir ao preço de exercício durante a vida das calls, as opções expirarão sem valor. O lançador coberto adicionará seu prêmio ao fundo e fará uma nova call com uma nova data de expiração. Se a IBM chegar ao preço de exercício e a call for executada, ele entregará as ações ao preço de exercício, coletará o dinheiro e usará o capital liberado para comprar outra ação e fazer calls contra ela.

Os grandes fundos usam modelos computadorizados para comprar ações e escrever calls cobertas. O lançamento coberto é matematicamente exigente e exige capital intensivo. Os agentes mais sérios diluem seus custos, incluindo equipe e equipamento, em uma grande base de capital. Um trader mais simples não tem vez nesse empreendimento de alto custo. O lançamento coberto foi lucrativo nos primórdios das opções negociadas na bolsa. Agora, o setor está lotado, e os retornos ficaram menores.

Os **lançadores a descoberto** vendem opções sem possuir os títulos subjacentes, a garantia dos lançamentos é o dinheiro de suas contas. Um lançador a descoberto recolhe seu prêmio quando abre uma operação, mas o risco é ilimitado se a posição estiver contra ele. Se você tem uma ação, vende uma call coberta, e essa ação sobe até o preço de exercício e a call é executada, você não precisará coçar o bolso, pois tem o ativo para entregar. Se você vender uma call a descoberto e a ação subir ou ultrapassar o preço de exercício, você terá que coçar o bolso, comprar a ação e entregar (ou comprar uma opção em sentido contrário). Imagine vender calls de uma ação de empresa que anuncia que recebeu uma oferta de aquisição, e essa ação abre US$50 a mais na manhã seguinte — você ainda precisará entregá-la.

Essa combinação de recompensas limitadas com riscos ilimitados assusta a maioria dos traders ao lançar a descoberto, mas, como de costume, há uma lacuna entre percepção e realidade. É muito provável que uma opção que esteja bastante out-of-the-money expire sem valor se o período até a expiração for muito curto, o que significa que o lançador lucrará. A relação risco/recompensa no lançamento a descoberto é maior do que parece, e existem técnicas para reduzir o impacto de um movimento adverso raro.

Os lançadores a descoberto experientes vendem calls e puts out-of-the-money, cujas ações ou futuros subjacentes provavelmente não atingirão os preços de exercício durante o período restante da opção. Eles vendem não apenas esperanças, mas esperanças distantes. Bons lançadores rastreiam a volatilidade para descobrir até que ponto uma ação se moverá e depois vendem opções fora desse intervalo. Esse jogo entra em alta velocidade durante a semana ou as duas semanas anteriores à expiração da opção, quando dinheiro começa a dar em árvore, em que puts e calls a descoberto que quase não têm chance de atingir o preço de exercício são vendidas.

Os lançadores cautelosos fecham suas posições sem esperar as datas de expiração. Se você lançar uma call a US$0,90 e ela cair para US$0,10, faz sentido comprá-la de volta e relaxar. Você já ganhou a maior parte do lucro potencial, então por que se expor ao risco contínuo? É mais barato pagar outra comissão, reservar seus lucros e procurar outra oportunidade para lançar.

Tornar-se lançador a descoberto requer disciplina. O tamanho de seus lançamentos e a quantidade de posições devem ser estritamente determinados pelas regras de gestão do dinheiro. Se vender uma call a descoberto e a ação subir acima do preço de exercício, expõe você ao risco da ruína. Você deve decidir antecipadamente em que momento vai pular fora, optando por uma perda menor. Um vendedor a descoberto não se dá ao luxo de sentar e esperar quando uma ação se move contra ele.

Escolha do Lançador

O tempo é o inimigo dos compradores de opções. Todo comprador passou por essa triste sequência: comprar uma call, ver a ação subir, acompanhá-la reduzir a opção a pó e perder dinheiro. Os compradores perdem quando o ativo subjacente demora mais do que o esperado para chegar ao nível em que podem recuperar a aposta. A maioria das opções torna-se pó antes da data de expiração.

E se revertermos esse processo e lançarmos em vez de comprarmos opções? A primeira vez que você lança uma opção, e o faz corretamente, experimenta a deliciosa sensação de ter o tempo trabalhando a seu favor. A opção que lançou perde um pouco do valor de tempo a cada dia, tornando o prêmio que você recolheu mais seguro. Quando o mercado não vai a lugar nenhum, você ainda ganha dinheiro, pois o valor de tempo continua evaporando, tornando mais provável que você mantenha o prêmio.

Se viver bem é a melhor vingança, assumir um fator que mata a maioria dos compradores de opções — o tempo — e fazê-lo funcionar a seu favor é uma experiência gratificante.

Como cada opção representa uma esperança, é melhor vender esperanças vazias que não serão cumpridas. Tome três passos antes de lançar uma call ou put:

1. Analise o ativo contra o qual deseja lançar opções.

   Use o Sistema de Três Telas para decidir se uma ação, futuro ou índice está com uma tendência ou não. Use gráficos semanais e diários, indicadores de acompanhamento de tendências e osciladores para identificar tendências, detectar reversões e definir metas de preço. Evite lançar quando os resultados das empresas estiverem prestes a ser anunciados — não mantenha posições abertas durante esses dias potencialmente tempestuosos;

2. Selecione o tipo de opção a lançar.

   Se sua análise prevê uma baixa, considere lançar calls, mas, se prevê uma alta, lance puts. Quando a tendência for de alta, venda a esperança de que caia e, quando for de baixa, venda a esperança de que ela suba. Não lance opções quando os mercados estiverem estagnados e os prêmios forem baixos — o rompimento de uma faixa de operação o prejudicará;

3. Estime até que ponto, com uma margem de segurança generosa, a ação teria que percorrer para mudar sua tendência. Lance uma opção além desse nível.

   Lance uma opção com um preço de exercício que o mercado dificilmente alcançará antes do vencimento da opção. Uma ferramenta objetiva que mostra o grau de segurança de sua posição planejada é um indicador chamado Delta, que discutiremos a seguir.

Tempo de Decaimento: As opções perdem valor a cada dia que passa, mas sua taxa de decaimento não é constante. As opções caem mais rápido à medida que a data de vencimento se aproxima. Como uma pedra rolando morro abaixo, o tempo de decaimento se torna uma queda livre no penhasco final.

O tempo de decaimento é ruim para os compradores de opções, mas é muito bom para os lançadores de opções. Você recebe o prêmio no dia em que vende a call. Quanto mais fundo alcançar em relação ao preço em que a escreveu, mais seguro estará seu prêmio. O tempo de decaimento é amigo de quem lança opções e inimigo de quem as compra.

Assim, o ponto ideal para um lançador de opções é de 2 a 3 meses antes da expiração. É quando o tempo de decaimento começa a ganhar velocidade. Ele acelera muito nas últimas semanas de vida da opção. Quando você lança opções perto do vencimento, beneficia-se do tempo de decaimento mais rapidamente. Você pode conseguir mais dinheiro com opções de vidas mais longas, mas não seja ganancioso. O objetivo de um lançador não é lucrar com uma única operação, mas gerar uma receita regular.

Delta: é uma ferramenta para opções que mostra a probabilidade de o título atingir o preço de exercício da sua opção até o vencimento. É uma das várias que, coletivamente, chamam-se "gregas" (seus nomes são letras do alfabeto grego). O Delta, para qualquer ação, índice ou ETF, pode ser encontrado em diversos sites financeiros, principalmente os de corretoras que oferecem serviços de opções.

198 ATIVOS

Um lançador de opções cauteloso vende calls ou puts cujo Delta não esteja muito acima de 0,10, o que significa que há apenas 10% de chance de o preço de exercício ser atingido antes da data de vencimento. Lembre-se de que, como um lançador de opções, você não deseja que o ativo subjacente atinja esse preço: você quer vender esperanças vazias. Se o risco de 10% parece alto, tenha em mente que o Delta é calculado sem qualquer referência à análise de mercado. Se sua decisão for baseada em uma boa análise técnica, seu risco será menor do que o indicado pelo Delta.

A tentação de vender opções a descoberto mais dentro do dinheiro e obter prêmios mais gordos é perigosa. O Delta será alto, o que significa que um movimento de contratendência empurrará a posição por água abaixo. Se for lançar opções, trate como lançar apólices de seguro contra acidentes. Para obter lucros constantes e dormir tranquilo à noite, venda suas apólices de seguro para mulheres que só vão ao supermercado em vez de vendê-las a motociclistas destemidos.

Limitando o Risco

Um grande trader de opções compartilhou comigo sua técnica de "cortar o spread bid-ask". Ele coloca um bid baixo ou um ask alto e vai tirando um centavo por vez até alguém morder a isca. Por exemplo, ele havia visto uma opção que queria lançar (ou seja, vender). O bid era de US$1,18 e o ask de US$1,30, mas ele não tinha intenção de vender a US$1,18 e pagar esse spread enorme. Em vez disso, ele estabeleceu uma ordem para vender uma grande quantidade de contratos por US$1,29, um centavo mais barato do que o ask. Não houve resposta. Poucos minutos depois, ele reduziu seu ask para US$1,28 — e, de repente, um comprador se materializou, abocanhou seus contratos e, em seguida, o spread bid-ask voltou para US$1,18/US$1,30. Meu cliente sabe que há grandes traders assistindo do lado de fora, sem mostrar suas mãos, mas dispostos a operar dentro do spread. Ele os faz morder a isca abrindo mão de um centavo de cada vez.

Os lançadores de opções podem perder de três maneiras. Com o overtrading, criando posições que são muito grandes para suas contas. Assumindo risco demais, o que os deixa nervosos e incapazes de manter posições em meio às oscilações. E também quando não conseguem correr rápido o suficiente ao ter uma opção se movendo contra eles. Por último, são eliminados se não tiverem uma reserva contra um movimento adverso maior. Quanto mais tempo você passa em uma operação, maior o risco de um evento catastrófico.

Um lançador pode acabar ficando descuidado ao vender opções a descoberto e embolsar lucros. Uma presunçosa satisfação pessoal o cega para a realidade. Proteja todas as operações. Algumas sugestões:

- Defina a zona de realização de lucros — considere recomprar as opções a descoberto.

  A opção que você escreve é um ativo em declínio. Quando o título subjacente se move para longe do preço de exercício, mas ainda há tempo até o vencimento, o preço da opção vendida cai, aproximando-se do fundo, e perde valor aos poucos. O perdedor que comprou essa opção ainda tem uma pequena chance de o mercado reverter a seu favor. Ele continua segurando-a como um bilhete de loteria, que, às vezes, acontece de estar premiado.

Como lançador, por que manter uma posição aberta que já lhe deu o lucro potencial? Você tem pouco a ganhar permanecendo exposto ao risco. Depois que a opção vendida perder metade do valor, considere comprá-la de volta para fechar sua operação com lucro. No momento em que uma opção perde 80% do valor, você deve cair fora da operação;

- Use um stop-loss mental na opção vendida.

É melhor usar stops mentais porque muitos profissionais vão pescar stops de opções pouco operadas. Usar stops mentais requer disciplina sólida — outra razão pela qual o lançamento de opções não é um jogo para iniciantes.

Defina os stops mentais tanto no ativo subjacente quanto na própria opção. Por exemplo, você pode vender uma call a descoberto de 80, em abril, para uma ação negociada a 70 e colocar o stop mental em 75. Saia da posição da opção a descoberto antes de ela ficar in-the-money (ITM). Além disso, defina um stop na opção: se dobrar de preço, compre de volta para reduzir a perda. Se você vendeu uma opção por US$1,50, compre-a de volta se subir para US$3. Dói, mas não chega nem perto da "perda ilimitada" que assusta as pessoas ao lançar opções;

- Abra uma conta de segurança.

Às vezes, você lança uma put e o mercado cai no dia seguinte, ou você lança uma call e de repente há um takeover (compra inesperada de uma empresa negociada). Você espera que isso nunca aconteça —, mas opere durante um tempo e logo tudo acontecerá! É por isso que você precisa de seguro. Ninguém vai planejar esse seguro por você, então você mesmo terá que fazê-lo.

Abra uma conta no mercado, e, ao fechar posições lucrativas a descoberto, jogue 10% do lucro nessa conta. Não o use para operar — deixe a conta de segurança crescer a cada novo lucro, pronta para cobrir uma perda catastrófica ou para ser retirada em dinheiro ao parar de lançar opções. Em uma consulta recente com um lançador profissional, recomendei que enviasse 10% de seu lucro acima de um certo limite para o banco que detém o financiamento de sua casa de campo, usando esse pré-pagamento como seu fundo de segurança.

A Compra de Opções Pode Ser Inteligente?

Profissionais compram puts em raras ocasiões quando esperam uma queda severa. Quando uma tendência de alta de longo prazo começa a reverter, cria turbulência maciça perto do topo, semelhante a um transatlântico fazendo uma curva abrupta. Quando a volatilidade se instala, até os traders endinheirados têm dificuldade em estabelecer stops em vendas. A compra de puts contorna o problema.

Os preços caem duas vezes mais rápido do que sobem. A ganância, a emoção dominante das tendências de alta, é um sentimento feliz e duradouro. O medo, a emoção dominante das tendências de baixa, é agudo e violento. Profissionais são propensos a comprar puts por causa da exposição mais curta ao tempo de decaimento. As tendências de alta são melhor operadas com ações ou futuros.

ATIVOS

Um trader que espera uma baixa deve decidir que put comprar. A melhor escolha é contraintuitiva e bem diferente do que a maioria das pessoas obtém.

- Estime o quão baixo a ação em colapso pode chegar. Vale a pena comprar uma put apenas se você espera uma grande baixa;

- Evite puts com mais de 2 meses. Comprar puts vale a pena somente quando se espera que o mercado despenque rapidamente. Se antecipar uma tendência de baixa de mais longo prazo, melhor vender a descoberto o ativo subjacente;

- Procure puts baratas, cujo preço não reflita esperança. Mova o dedo para baixo da coluna: quanto menor o preço de exercício, mais barata será a put. No começo, cada vez que você cai para o próximo preço de exercício, uma put é 25% ou até 35% mais barata do que no nível anterior. Eventualmente, você chegará a um nível de preço de exercício em que economizaria apenas uma pequena fração do preço da put (caso baixasse mais o preço de exercício). Isso mostra que toda a esperança foi sugada para fora dessa put e ela está precificada como um bilhete de loteria barato. Esse é o que você quer!

Comprar uma put muito barata e out-of-the-money é contraintuitivo. Está tão longe e tem tão pouca vida que provavelmente expirará sem valor. Você não pode colocar um stop nela, e, se estiver errado, todo o prêmio vai virar fumaça. Por que não comprar uma put mais perto do dinheiro?

O único momento para comprar uma put é quando você busca um ganho excepcional a partir de uma grande reversão. Em uma tendência de baixa comum, é melhor vender ações. Com puts out-of-the-money, o ganho é dez vezes maior e melhor. Retornos desse tipo lhe possibilitam ter uma série de operações que deram errado, mas ainda assim terminar com lucro no final. Captar uma grande reversão compensará várias perdas e lhe dará muito mais lucros.

Por que mais pessoas não usam essa tática? Primeiro, ela requer muita paciência, pois as oportunidades são muito raras. O valor de entretenimento é muito baixo. A maioria das pessoas não consegue tolerar a ideia de estar errada três, quatro ou cinco vezes seguidas, mesmo que seja provável que ganhem dinheiro no final. É por isso que poucos traders jogam esse jogo.

Escrevi esta seção para aguçar seu conhecimento sobre alguns dos principais conceitos de opções. Se estiver interessado em opções, estude o livro de Lawrence MacMillan: *Options as a Strategic Investment*.

45. CFDs

Um **contrato por diferença (CFD)**, é uma aposta no valor futuro de uma moeda, índice ou ação. Se você comprar um CFD e o preço do ativo subjacente subir, você recolhe a diferença da empresa que lhe vendeu o contrato, mas, se ele cair, você paga a diferença. CFDs são derivativos que permitem aos especuladores apostar em subidas ou quedas. Eles são semelhantes às apostas em spreads, que são legais no Reino Unido e na Irlanda, mas não nos Estados Unidos.

No momento desta publicação, os CFDs estão disponíveis na Austrália, Canadá, França, Alemanha, Hong Kong, Irlanda, Itália, Japão, Holanda, Nova Zelândia, Noruega, Polônia, Portugal, Singapura, África do Sul, Espanha, Suécia, Suíça e no Reino Unido. Eles são proibidos nos Estados Unidos devido a restrições da Securities and Exchange Commission.

Os CFDs foram criados no início dos anos 1990 por Brian Keelan e Jon Wood, do UBS Warburg, em Londres. Traders institucionais os usavam para proteger a exposição de ações e evitar impostos. No final da década de 1990, várias empresas passaram a comercializá-los para os traders de varejo, divulgando a alavancagem e a isenção dos impostos do Reino Unido. Várias empresas provedoras expandiram suas ofertas da Bolsa de Valores de Londres para ações, commodities, títulos e moedas globais. Os CFDs de índice, baseados nos principais índices globais, como Dow Jones, S&P 500, FTSE e DAX, rapidamente se tornaram os ativos mais populares do grupo.

Os CFDs são contratos entre traders e provedores individuais, que podem oferecer diferentes termos de operação. Cada CFD é criado abrindo uma operação com um provedor, com base em algum instrumento subjacente. Esteja preparado para pagar grandes spreads bid-ask, comissões e financiamento overnight. As operações são em sua maioria de curto prazo, embora as posições possam ser tomadas durante a noite. Encargos de financiamento e lucros ou perdas são creditados ou debitados diariamente. CFDs são negociados na margem (como contratos futuros).

Entre as vantagens dos CFDs estão os minúsculos contratos, tornando-os acessíveis aos pequenos traders. A ausência das datas de vencimento significa que não há tempo de decaimento. Embora o financiamento seja cobrado em posições compradas, é pago nas vendidas.

Há várias dúvidas sobre os CFDs. As comissões são altas em relação aos contratos. Os spreads bid-ask são controlados por emissores de CFD, que também controlam os preços dos contratos, que podem se desviar dos preços dos títulos subjacentes. Em outras palavras, um cliente de varejo joga contra um time profissional que pode mexer nas traves do gol durante o jogo.

Um cliente da Nova Zelândia escreveu: "Em relação aos CFDs e à propagação de apostas, vale a pena entender que com CFDs você não está apenas tentando vencer o mercado, mas também o cassino. Os provedores de CFD podem definir os preços que desejam para um instrumento, porque o instrumento é deles. O fato de que algumas vezes imita o que acontece no mercado de ações não significa que seja o mesmo que operar no mercado de ações."

Os CFDs são amplamente anunciados para traders novos e inexperientes, exaltando seus ganhos potenciais enquanto ocultam os riscos. O regulador financeiro australiano ASIC considera a operação de CFDs mais arriscada do que jogos de azar, como corridas de cavalos ou cassinos. Os CFDs são proibidos nos Estados Unidos, onde os reguladores não se esqueceram das bucket shops que floresceram na virada do século XX.

A posição da SEC (Securities and Exchange Commission) nesta questão me faz lembrar de outra agência federal, a Food and Drug Administration, que retirou a Talidomida, um medicamento para mulheres grávidas, dos EUA. Como resultado, depois que todos os terríveis efeitos colaterais se tornaram conhecidos, a população dos EUA foi poupada de uma epidemia de bebês deformados causada pelo medicamento na Europa.

46. Futuros

Um futuro é um contrato para entrega de uma quantidade específica de determinada commodity em determinada data a um determinado preço. Os contratos futuros diferem das opções por vincular o comprador ao vendedor. Nas opções, o comprador tem o direito, mas não a obrigação, de receber a entrega. Se comprar uma call ou put, você pode não exercer, mas com um futuro não existe esse luxo. Se o mercado for desfavorável, você tem que sair da operação com prejuízo ou aumentar sua margem. Os futuros são mais rígidos do que as opções, mas suas respostas à volatilidade do mercado são muito mais suaves, tornando-os mais fáceis de operar. Outra vantagem do futuro é que existem apenas algumas dezenas deles, o que facilita o rastreamento. Os futuros não são tão correlacionados entre si quanto as ações. Enquanto as ações tendem a se mover como um grupo, diversos futuros se movem em tendências não relacionadas, oferecendo mais opções de operação.

Commodities são os tijolos maciços do castelo da economia. O trigo é uma commodity, mas o pão, não, porque possui múltiplos outros componentes. Os mais velhos costumavam brincar que commodity é algo que dói quando você deixa cair no pé — ouro, açúcar, trigo, um barril cheio de petróleo. Nas últimas décadas, muitos instrumentos financeiros começaram a operar como commodities, entre eles: índices de ações, títulos e moedas. Os futuros incluem instrumentos financeiros junto às commodities tradicionais.

A pessoa que compra uma ação torna-se proprietária de parte da empresa, mas, quando você compra um contrato de futuros, você não possui nada. Você entra em um contrato vinculativo para uma compra futura de mercadorias, seja uma carga de trigo ou um lote de títulos do Tesouro. A pessoa que lhe vende esse contrato assume a obrigação de entregar. O dinheiro que você paga por uma ação vai para o vendedor, mas no futuro seu dinheiro para garantia de margem permanece na câmara de compensação, para garantir que você aceitará a entrega quando seu contrato vencer. É por isso que costumavam chamar as margens de "dinheiro honesto". Enquanto em ações você paga juros por margem de empréstimo, em futuros você pode cobrar juros sobre seus fundos destinados à margem.

Cada contrato de futuros tem um tamanho definido e uma data de liquidação. A maioria dos traders os fecha antecipadamente, liquidando lucros e perdas em dinheiro. Ainda assim, a existência de uma data de entrega força as pessoas a agir, fornecendo uma verificação da realidade. Uma pessoa pode ficar sentada sobre uma ação perdida durante anos, iludindo-se que é apenas uma perda em papel. Nos futuros, a realidade, através da data de liquidação, sempre interrompe um sonhador.

A maioria dos futuros tem limites diários além dos quais os preços não são permitidos. Limites são projetados para interromper movimentos histéricos e dar às pessoas tempo para repensar suas posições. Uma série de dias atingindo o limite pode ser muito estressante quando um trader perdedor fica preso e não consegue sair enquanto sua conta está sendo enterrada. A globalização dos mercados de futuros criou muitas saídas de emergência, permitindo que você opere de qualquer lugar. Assim como ao embarcar em um avião, um trader cuidadoso aprende a identificar essas saídas de emergência antes de precisar delas.

Com ações, a maioria das pessoas compra, e poucas vendem a descoberto. Nos futuros, assim como nas opções, o tamanho das posições compradas e vendidas é sempre igual, porque se alguém compra um contrato para entrega futura, outra pessoa tem que vendê-lo. Se quiser operar futuros, acostume-se a vender.

A taxa de sobrevivência de novos traders que operam futuros é baixa — nove em cada dez recém-chegados são eliminados nos primeiros meses. É importante entender que o perigo não está nos futuros, mas na incapacidade de gerir riscos. Os futuros oferecem as melhores oportunidades de lucro, mas aniquilam amadores. Você deve desenvolver excelentes habilidades de gerenciamento de dinheiro (descritas nas Seções 49–51) antes de se aventurar com futuros.

Futuros e Operações com Dinheiro

Para comparar uma operação de futuros com uma operação com dinheiro, vamos supor o seguinte: é fevereiro, o ouro está sendo negociado a US$1.500 a onça, e sua análise indica que é provável que suba para US$1.575. Com US$150 mil, você pode comprar uma barra de ouro de 100 onças de um revendedor e armazená-la em um cofre. Se sua análise estiver correta, em poucas semanas seu ouro valerá US$157.500. Você pode vendê-lo e lucrar US$7.500, ou 5% antes das comissões. Muito bom. Agora vamos ver o que acontece se você operar futuros com base na mesma análise.

Como é fevereiro, abril é o próximo mês de entrega do ouro. Um contrato de futuros cobre 100 onças de ouro, com um valor de US$150 mil. A margem para operar esse contrato é de apenas US$7.500. Em outras palavras, você pode controlar US$150 mil em ouro com um depósito de US$7.500. Se sua análise estiver correta e o ouro aumentar US$75 por onça, você terá aproximadamente o mesmo lucro de quando comprou 100 onças de ouro por dinheiro, só que agora seu retorno será de 100% do investimento, em vez de 5%, já que sua margem é de apenas US$7.500.

Muitas pessoas, depois de ver esses números, sentem uma pontada de ganância e compram vários contratos. Um trader com US$150 mil em sua conta tem margem suficiente para 20 contratos. Como ele pode dobrar seu dinheiro com um único contrato, se comprar 20 contratos, dobrará 20 vezes. Se ele repetir essa façanha 2 ou 3 vezes, rapidamente se tornará um milionário.

Maravilhoso, só que tem um problema.

Os mercados raramente se movem em linha reta. Sua análise pode estar correta, e o ouro pode subir de US$1.500 para US$1.575 em algumas semanas, mas é perfeitamente possível que ele caia para US$1.450 ao longo do caminho. Essa redução de US$50 geraria uma perda em papel de US$5mil se você comprasse 100 onças de ouro por dinheiro — chato, mas nenhuma tragédia. Para um trader de futuros que comprou vários contratos, cada um com uma margem de US$7.500, esse declínio de US$50 significaria falência. Seu corretor ligaria para exigir mais margem e, se não tivesse reservas, o corretor realizaria o prejuízo.

Traders inexperientes compram muitos contratos e são expulsos nos primeiros movimentos do mercado. Sua análise pode estar correta — o ouro pode alcançar o preço objetivado —, mas o iniciante está condenado porque compromete demais seu patrimônio e tem reservas muito escassas. Os futuros não matam os traders — a má administração do dinheiro mata os traders de futuros.

204 ATIVOS

Os futuros podem ser muito atraentes para os traders com fortes habilidades de gerenciamento de dinheiro. Altas taxas de retorno exigem uma disciplina extremamente rígida. Um iniciante se daria melhor com ações mais lentas. Depois de amadurecer como trader, você pode dar uma olhada nos futuros. Além disso, você pode ler alguns livros básicos. *Winning in the Futures Market*, de George Angell, é um bom começo, seguido por *The Futures Game*, de Teweles e Jones.

Hedging

Os mercados de futuros têm uma função econômica importante: permitem que produtores e consumidores protejam os riscos de preço das commodities, conferindo-lhes uma vantagem competitiva. Ao mesmo tempo, oferecem aos especuladores mais opções de aposta que qualquer cassino.

Hedging significa abrir uma posição de futuros contrária à posição atual da commodity correspondente. Um grande fabricante de doces sabe com meses de antecedência a quantidade de açúcar de que a empresa precisará. Compra um número correspondente de futuros de açúcar em Nova York ou Londres, quando os preços estão bons para a empresa. Daqui a meses, precisará de cargas de açúcar, mas, até lá, mantém futuros de açúcar, que planeja vender quando comprar suas cargas.

Se o preço do açúcar subir e eles tiverem que pagar mais pela commodity, compensarão a perda fazendo aproximadamente o mesmo lucro com sua posição no mercado futuro. Se o preço do açúcar cair, eles perderão dinheiro com os contratos futuros, mas compensarão as economias com as matérias-primas. Seus concorrentes que não fizeram hedge estão se arriscando. Se o preço do açúcar cair, eles comprarão barato e colherão os lucros, mas, se o preço subir, podem passar dificuldades. Os compradores que fazem hedge podem se concentrar em administrar seus negócios, isolados das oscilações futuras dos preços. As companhias aéreas sabem com anos de antecedência quanto combustível para aeronaves precisarão, e a compra de futuros de petróleo os protege dos picos de preços que ocorrem com frequência nesse mercado tão volátil.

Os produtores de commodities também se beneficiam do hedging. Um agronegócio pode pré--vender seu trigo, café ou algodão quando os preços forem suficientes para gerar lucro. Eles vendem contratos futuros, que cobrem o tamanho de sua safra prospectiva. Daquele momento em diante, não têm risco de preço. Se os preços caírem, eles compensarão suas perdas em commodities à vista por lucros em operações de futuros de curto prazo. Se os preços subirem, eles perderão dinheiro em suas posições vendidas de futuros, mas conseguirão vender a commodity a preços mais altos.

O hedging remove o risco de preço do planejamento para comprar ou entregar uma commodity em dinheiro. Permite que os players comerciais se concentrem em seus principais negócios, ofereçam preços estáveis aos consumidores e obtenham uma vantagem competitiva de longo prazo.

Os hedgers abrem mão de ganhar muito dinheiro, mas se protegem dos riscos de preço. Sobreviventes valorizam mais a estabilidade. É por isso que Exxons, Coca-Colas e Nabiscos da vida são os mais presentes em mercados de commodities. Os hedgers são os maiores insiders, e um bom departamento de hedge não apenas busca segurança nos preços, mas também serve como centro de lucro.

Os hedgers transferem riscos de preço para os especuladores que entram nos mercados, atraídos pelo glamour dos lucros potenciais. É irônico que os hedgers, com informações privilegiadas, não confiem nos preços, enquanto multidões felizes gastam para apostar em futuros.

Os dois maiores grupos de especuladores são os agricultores e engenheiros. Os agricultores produzem as commodities, enquanto os engenheiros adoram aplicar métodos científicos ao jogo dos futuros. Muitos fazendeiros entram nos mercados futuros como hedgers, mas pegam gosto pela coisa e começam a especular. Ainda fico surpreso com a quantidade de agricultores que acabam operando futuros de índices de ações. Como comercializam milho, gado ou soja, sua percepção dos fundamentos lhes dá uma vantagem sobre os trabalhadores da cidade. Mas qual é a vantagem deles no S&P 500?

Oferta, Demanda e Sazonalidade

As principais altas e baixas nos mercados futuros são impulsionadas pela oferta e demanda. Os mercados orientados pela oferta tendem a ser velozes e furiosos, enquanto os mercados orientados pela demanda tendem a ser pacatos e lentos. Por quê? Pense em qualquer commodity, como o café, por exemplo, que cresce na África e na América do Sul.

Mudanças na demanda ocorrem lentamente graças à característica humana de preservar seus hábitos. A demanda por café só aumenta se a bebida ficar mais popular, com uma máquina de café expresso em cada bar e lanchonete. A demanda cai se o consumo de café se tornar menos popular, devido a uma economia em deterioração ou a uma resposta a uma moda de saúde. Os mercados orientados pela demanda se movem em um ritmo vagaroso.

Agora, imagine que uma grande área de cultivo de café seja atingida por um furacão ou nevasca. De repente, a oferta mundial de café é reduzida em 10%, e os preços disparam, deixando de fora os consumidores que não fazem tanta questão da bebida. Imagine uma nova política da OPEP reduzindo drasticamente o suprimento de petróleo ou uma greve geral em um dos principais países mineradores de cobre. Quando a oferta de uma commodity é reduzida, ou mesmo supostamente reduzida, seu preço sobe, realocando os suprimentos e priorizando aqueles que têm mais condições de arcar com os custos.

Os preços dos grãos geralmente aumentam durante a primavera e o verão, que são as estações de plantio e crescimento, conforme secas, inundações e pragas ameaçam os suprimentos. Os traders dizem que um fazendeiro perde sua colheita três vezes antes de a colher. Quando a colheita é realizada e pode-se calcular a oferta, a demanda se torna a força motriz. Os mercados orientados pela demanda têm canais mais estreitos, com menores metas de lucro e riscos. À medida que as estações mudam, os canais precisam ser redesenhados e as táticas de operação, ajustadas. Um trader iniciante pode se perguntar por que suas ferramentas pararam de funcionar. Um trader inteligente adota um novo conjunto de ferramentas de acordo com a estação e deixa as antigas guardadas até o próximo ano — assim como troca os pneus regulares por pneus de neve no inverno.

206 ATIVOS

Um trader de futuros deve conhecer os principais fatores de oferta e demanda do mercado que opera. Deve ficar de olho no clima durante os meses de cultivo e colheita mais importantes das commodities agrícolas. Os traders de tendências nos mercados futuros tendem a procurar mercados orientados pela oferta, enquanto os swing traders geralmente fazem o mesmo nos mercados impulsionados pela demanda.

A maioria das commodities flutua em função das estações. Geadas nos Estados Unidos costumam mexer os futuros do petróleo (óleo/gás para aquecimento das casas). Os contratos futuros de suco de laranja costumavam ter grandes disparos durante a estação das geadas na Flórida, mas ficaram muito mais estáveis devido ao aumento da produção de laranja no Brasil, no hemisfério sul. Traders sazonais aproveitam essas oscilações, mas é preciso ter cuidado, porque esses ciclos raramente são idênticos. Certifique-se de verificar suas operações sazonais com o filtro de análise técnica.

Pisos e Tetos

As commodities, diferentemente das ações, raramente são negociadas abaixo dos pisos ou acima dos tetos. O piso depende do custo de produção. Quando o preço de uma commodity, seja ouro ou açúcar, cai abaixo desse nível, é porque os mineiros pararam de trabalhar e os agricultores, de plantar. Alguns governos do terceiro mundo, desesperados por dólares e tentando evitar a agitação social, podem subsidiar a produção, pagando trabalhadores locais com uma moeda local sem valor e despejando seu produto no mercado mundial. Ainda assim, se uma quantidade suficiente de produtores fechar e desistir, a oferta diminuirá, e os preços terão que subir para atrair novos fornecedores. Se você olhar para um gráfico de 20 anos da maioria das commodities, verá que as mesmas áreas de preço serviram como um piso ano após ano.

O teto depende do custo do substituto. Se o preço de uma commodity aumenta, os grandes consumidores industriais passam a não a adquirir. Se o grão de soja, amplamente usado como ração animal, encarecer, a demanda muda para a farinha de peixe, assim como se o açúcar encarecer, a demanda muda para adoçantes à base de milho.

Por que mais pessoas não operam dentro desse padrão? Por que não compram perto do piso e vendem perto do teto, se é tão óbvio? Primeiro, nem o piso nem o teto são leis, e os mercados podem violá-los de vez em quando. Ainda mais importante, a natureza humana funciona contra essas operações. A maioria dos especuladores não tem coragem de vender a descoberto em um mercado que parece prestes a atingir preços recordes ou comprar em um mercado depois de esse mercado ter quebrado.

Contango, Inversão e Spreads

Todos os mercados de futuros oferecem vários contratos para diferentes meses de entrega. Você pode comprar ou vender trigo para entrega em setembro ou dezembro desse ano, março do ano que vem e assim por diante. Normalmente, os meses próximos são mais baratos do que os mais distantes, e essa relação constitui o mercado contango.

Preços mais altos para entregas mais distantes refletem o "custo de transporte" — financiamento, armazenamento e o seguro de uma commodity. As diferenças entre os meses de entrega são chamadas de prêmios, e os hedgers os observam atentamente. Quando a oferta diminui ou a demanda aumenta, as pessoas passam a pagar mais pelos meses próximos, e o prêmio para os meses distantes diminui. Às vezes, os meses mais próximos ficam mais caros do que os meses mais distantes — o mercado se inverte! Isso acontece devido a uma grande escassez, e as pessoas pagam mais para obter recursos o quanto antes. Essa dita "inversão" é um dos sinais mais fortes de um mercado em alta de commodities.

Ao procurar inversões, tenha em mente que há um mercado no qual a inversão é a norma. Os futuros de taxas de juros são sempre invertidos, porque aqueles que detêm posições em dinheiro continuam cobrando juros, em vez de pagar os encargos financeiros e de armazenamento.

Os profissionais não esperam inversões — eles monitoram o estreitamento e o alargamento dos prêmios. Um bom especulador sabe os preços recentes, enquanto um trader de pisos conhece os últimos prêmios. Um profissional sabe de cor os spreads normais entre os diferentes meses de entrega.

Os hedgers dominam as vendas dos mercados, a maioria dos especuladores são eternos touros, mas os traders de piso amam operar spreads. Abrir um spread significa comprar um mês de entrega e vender outro no mesmo mercado, ou comprar em um mercado e vender em outro relacionado.

Se o preço do milho, um dos principais alimentos para animais, começar a subir mais rapidamente do que o preço do trigo, em algum momento os pecuaristas começarão a usar o trigo em vez do milho. Eles vão reduzir suas compras de milho, enquanto compram mais trigo, empurrando o spread de volta para a norma. Os traders de spread apostam contra desvios e a favor da normalidade. Nessa situação, um spreader venderá milho e comprará trigo, em vez de fazer uma operação direcional em qualquer mercado.

O spread trading é mais seguro do que operações direcionais e tem requisitos de margem mais baixos. Os amadores não entendem spreads e têm pouco interesse nessas operações confiáveis, porém de movimento lento. Não há um único livro sobre spreads que eu consiga recomendar, um sinal de quão bem os profissionais controlam essa área de conhecimento e mantêm os forasteiros de fora. Esse é um dos poucos nichos de mercado em que os profissionais ganham altos rendimentos sem o benefício de um bom manual de instruções.

Comprometimento dos Traders

Os brokers/traders relatam as posições de seus clientes para a Commodity Futures Trading Commission (CFTC), que desconsidera dados pessoais e libera resumos das operações para o público. Seus relatórios de Comprometimento dos Traders (COT) estão entre as melhores fontes de informação sobre o que o dinheiro inteligente (smart money) está fazendo nos mercados futuros.

Relatórios de COT revelam posições de três grupos — hedgers, grandes traders e pequenos traders. Os hedgers se identificam aos brokers porque isso lhes confere várias vantagens, como depósitos de margens mais baixas. Os grandes traders são aqueles que detêm um número de contratos acima dos "requisitos de relatórios" (patamares de trade que obrigam a informar) estabelecidos pelo governo. Quem não é um hedger ou um grande trader é um pequeno trader.

Antigamente, os grandes traders constituíam o smart money. Hoje, os mercados são maiores, os requisitos de relatórios são muito mais exigentes e os grandes traders geralmente são fundos de commodities, e a maioria deles não é mais inteligente do que a maioria medíocre. Os hedgers são o smart money de hoje, mas entender suas posições não é tão fácil quanto parece.

Por exemplo, um relatório de COT mostra que, em um determinado mercado, os hedgers detêm 70% das vendas. Um iniciante que acha que isso configura uma baixa pode estar completamente errado se não souber que normalmente os hedgers detêm 90% das vendas nesse mercado, tornando a posição de 70% muito altista. Analistas de COT experientes comparam as posições atuais com os padrões históricos e procuram situações em que os hedgers — o dinheiro inteligente — e os pequenos traders, muitos dos quais são apostadores, estão em conflito. Se você achar que em um determinado mercado o dinheiro inteligente está drasticamente mais presente de um lado, enquanto as pequenas especulações estão atacando do outro, é hora de usar a análise técnica para procurar entradas do lado dos hedgers.

Margens e Controle de Risco

Os baixos requisitos de margem dos futuros os tornam mais recompensadores do que as ações, mas também muito mais perigosos. Ao comprar ações nos Estados Unidos, você deve colocar pelo menos metade do seu valor em dinheiro e o corretor lhe dará um empréstimo de margem para o resto. Se você tiver US$40 mil em sua conta, poderá comprar US$80 mil em ações, e não mais do que isso. Esse limite de margem foi implementado após o crash de 1929, quando ficou claro que margens baixas levaram a especulação excessiva, o que contribuiu para declínios violentos. Antes de 1929, os especuladores podiam comprar ações com uma margem de 10%, o que funcionava muito bem nos mercados em alta, mas os obrigava a declarar falência quando os preços caíam, empurrando o mercado ainda mais para baixo durante os mercados em baixa.

Margens de 3% a 5% são comuns nos mercados futuros, permitindo que os traders façam grandes apostas com pouco dinheiro. Com US$40 mil em sua conta, você pode controlar cerca de US$1 milhão em mercadorias, seja em barriga de porco ou futuros de índices de ações.

Se o ouro for negociado a US$1.500 por onça, você comprar um contrato de 100 onças com uma margem de US$7.500 e pegar um lance de preço de US$75, você ganhará 100%. Um iniciante olha para esses números e exclama: "Onde estive toda a minha vida?" Ele acha que encontrou um tapete vermelho para a riqueza. Mas há um porém. Antes que o mercado suba US$75, pode cair US$50. Essa ligeira variação ativará uma chamada de margem e levará a conta de um pequeno especulador à falência— apesar da previsão correta.

Margens fáceis atraem os afobados. Os futuros são amplamente operáveis — desde que você siga regras bem rígidas de gestão financeira e não enlouqueça com margens fáceis. Os profissionais definem posições iniciais pequenas de forma hierárquica se uma operação se move a seu favor. Eles continuam adicionando contratos enquanto deslocam os stops para além do ponto de equilíbrio.

Quando você se interessar por futuros, é bom dar os primeiros passos nos mercados em que você saiba alguns fundamentos. Se você é criador de gado, construtor de casas ou um agente de crédito, então o gado, a madeira ou os futuros de taxa de juros são bons pontos de partida. Se você não tem interesses particulares, dê os primeiros passos em mercados relativamente baratos. Nos Estados Unidos, o milho, o açúcar e, em um ano lento, o cobre, podem ser bons mercados para iniciantes. Eles são líquidos, voláteis e não são muito caros.

Voltaremos aos mercados futuros no Capítulo 9. Lá, você encontrará quais contratos pode ou não operar, dependendo do preço e da volatilidade, além do tamanho de sua conta.

Às vezes, traders de futuros com contas pequenas operam minicontratos. Enquanto um contrato regular representa 100 onças de ouro, um minicontrato representa 20. Os minicontratos são operados durante o mesmo horário que os contratos regulares e se aproximam muito de seus preços. Suas comissões são semelhantes às dos contratos regulares, com uma proporção maior sobre cada operação. A slippage tende a ser maior devido a volumes menores. As exceções são os futuros sobre índices de ações, nos quais os minicontratos têm volumes maiores do que os regulares.

47. Forex

O mercado de câmbio é a maior classe de ativos do mundo em volume de operações, com um faturamento de mais de US\$4 trilhões por dia. As moedas são negociadas 24 horas por dia, das 20h15 GMT de domingo às 22h GMT de sexta, parando apenas aos fins de semana. Enquanto algumas transações atendem às necessidades de hedging de importadores e exportadores, a maioria é especulativa.

Os EUA são o único país do mundo em que a maioria das pessoas não pensa muito em moedas. No momento em que um norte-americano pisa no exterior, ele percebe que todos, de executivos a taxistas, observam as taxas de câmbio. Quando as pessoas de fora dos Estados Unidos pensam em operar, a primeira ideia geralmente é operar forex.

O mercado de forex não tem sede. Instituições atuam no mercado interbancário, operando em plataformas online, como a Bloomberg ou a Reuters. A menos que você tenha US\$10 milhões para operar em forex, você estará operando no varejo através de um broker.

A maioria dos iniciantes abre uma conta em uma agência de forex onde imediatamente se depara com um erro fatal — o broker é seu inimigo. Quando você opera ações, futuros ou opções, o broker é seu agente: ele executa suas operações por uma taxa, e isso é tudo. Não é assim na maioria das casas de forex (bem como de CFDs), onde o broker estará do lado oposto de cada operação. Você e a casa de forex estão agora um contra o outro: se você perder, o broker lucrará, e, se você vencer, ele perderá. Como a casa possui a maioria das cartas, tem muito mais maneiras de alcançar o resultado desejado do que você.

A maioria das casas de forex "engaveta" os pedidos de clientes — aceita-os sem fazer a operação. Elas cobram spreads, comissões, juros etc. por operações inexistentes. Recebi uma explicação bem elucidativa desse jogo de um negociante falastrão em uma grande casa de forex europeia (que agora está se expandindo mundialmente, com filiais nos Estados Unidos. Nova York está cheia de outdoors delas.)

Essa casa de forex aceita qualquer operação em quaisquer pares de moeda, de compra ou venda, mas sempre muda o spread bid-ask para se colocar em vantagem desde o início. As tais "operações" nunca chegam a lugar algum — são mantidas apenas como entradas eletrônicas nos livros da empresa. A casa de forex cobra juros se seus clientes saírem das "posições" fantasmas durante a noite, mesmo que nunca tenha havido qualquer posição, já que a casa simplesmente mantém o lado oposto de cada operação. A única vez que a empresa entra no mercado mesmo é quando vários pedidos de clientes se agrupam no mesmo lado do mesmo par de moedas, acima de US$1 milhão — é quando a casa faz o hedge da própria exposição no mercado de verdade.

Quando você opera ações, opções ou futuros, seu broker compra ou vende em seu nome, ganhando uma comissão por esse serviço, e não se importa se você ganha ou perde. Isso é ótimo, porque ele não tem incentivo para levá-lo a perder. Por outro lado, uma casa de forex que cobre suas ordens quer que você perca, para que possa ganhar. Além de mudar os spreads bid-ask e cobrar juros sobre posições inexistentes, pode até cobrar uma "taxa de reassentamento" diária — o spread bid-ask completo para cada dia em que você permanece com uma operação aberta.

Lojas de forex (forex shops) ajudam a garantir a falência de seus clientes oferecendo alavancagem suicida. Eu os vi oferecer alavancagem de 100:1 e até mesmo de 400:1. Um recém-chegado que arrecada uma participação de US$1 mil pode subitamente controlar uma posição no valor de US$100 mil. Isso significa que a menor variação de preço é suficiente para acabar com seu patrimônio. É por isso que essas lojas mantêm o dinheiro dos clientes confidencialmente, nunca transmitindo suas operações para o mercado real — por que compartilhar o lucro? Eles estão tão certos da falência de seus clientes que muitos compensam os funcionários com uma porcentagem dos depósitos de clientes que eles trazem — os fundos depositados em uma casa de forex são tão bons quanto os deles.

"O mercado tem sido atormentado por vigaristas predando os ingênuos", de acordo com o *New York Times*. "As vítimas da operação de forex estrangeiro perdem, em média, cerca de US$15mil, de acordo com registros da CFTC", afirma. A operação de moedas "se tornou a fraude do século", segundo Michael Dunn, da Commodity Futures Trading Commission dos EUA.

Em agosto de 2008, a CFTC criou uma força-tarefa especial para lidar com a crescente fraude cambial. Em janeiro de 2010, identificou "inúmeras práticas impróprias" no mercado de varejo de câmbio, "entre elas fraude de solicitação, falta de transparência na precificação e execução de transações, falta de resposta a reclamações de clientes, com objetificação de vítimas como idosos, pessoas humildes e de baixo patrimônio líquido, entre outros indivíduos vulneráveis". Propôs novas regras limitando a alavancagem para 10 para 1.

As fraudes podem incluir movimentação de contas de clientes, venda de software inútil, gerenciamento inadequado de "contas gerenciadas", publicidade enganosa e esquemas Ponzi. Enquanto isso, os promotores afirmam que a operação de moedas estrangeiras é certeza de lucros.

O verdadeiro mercado de forex é um jogo de soma zero, no qual traders profissionais bem capitalizados, muitos dos quais trabalham para bancos, dedicam atenção em tempo integral às operações. Um trader de varejo inexperiente tem uma desvantagem de informação significativa. O trader de varejo sempre paga o spread bid-ask, o que diminui suas chances de ganhar. Os traders de forex de varejo são quase sempre subcapitalizados e sujeitos ao problema da "ruína do apostador". Mesmo em um jogo justo entre dois jogadores, aquele com menor quantidade de capital tem maior probabilidade de falir a longo prazo.

Tendo observado as lojas de forex por décadas, eu me diverti ao ver o que meu melhor aluno fez quando se interessou por forex. Esse trader de ações multimilionário decidiu testar as casas de forex abrindo contas bem gordas e esperando até a noite, quando as operações de forex são menos recorrentes. Foi quando ele estabeleceu suas ordens, sempre de um tamanho incomum e atípico, e observou a fita. Havia apenas duas casas que mostravam suas ordens — o resto, aparentemente, engavetou.

Gosto de operar moedas, mas detesto casas de forex. Em vez disso, opero futuros de moeda eletrônica. Isso é o que eu recomendo para qualquer pessoa interessada em operar forex. Brokers de futuros trabalham para você, não contra você. Spreads de futuros são mais estreitos; comissões, mais razoáveis; e não se cobram juros pelo privilégio de manter uma posição. Existem contratos para a maioria dos principais pares de moedas e até mesmo minicontratos para euro/dólar e iene/dólar.

Um dos desafios das moedas é que elas são negociadas o tempo todo. Você pode entrar em uma operação, analisá-la à noite e decidir lucrar no dia seguinte. Quando você acorda, não há lucro nenhum. O ponto de virada que você viu já chegou e já se foi, não apenas nos Estados Unidos, mas na Ásia ou na Europa. Alguém capturou seu lucro enquanto você dormia!

As principais instituições financeiras lidam com esse problema usando o sistema de "passar o livro". Um banco pode abrir uma posição em Tóquio, administrá-la durante o dia e depois transferi-la para sua agência em Londres antes de acabar a noite. Londres continua a gerenciar essa e outras posições, e à noite passa o livro para Nova York, que administra até que passa de volta para Tóquio. As moedas seguem o sol e os pequenos traders não conseguem acompanhá-las. Se você operar moedas, precisa ter uma visão de longo prazo e ignorar as flutuações diárias, ou então fazer day trading e evitar posições noturnas.

CAPÍTULO 9

Gestão de Risco

U m bom sistema de trading oferece mais lucros do que perdas ao longo de um período, porém, mesmo o sistema mais cuidadosamente projetado não garante sucesso em todas as operações. Nenhum sistema pode garantir que você nunca tenha prejuízo em uma operação ou até mesmo uma série de prejuízos.

Um sistema é um plano, mas, como Helmuth von Moltke, um marechal de campo alemão do século XIX, escreveu: "Nenhum plano sobrevive ao contato com o inimigo." O boxeador norte--americano Mike Tyson, citado pelo jornal *The Economist*, coloca de forma mais direta: "Todo mundo tem um plano até levar um soco na boca." É por isso que o controle de risco deve ser uma parte essencial de todo sistema de operação.

A incapacidade de gerir perdas é uma das piores armadilhas no trading. Iniciantes congelam quando uma perda profunda ameaça os lucros de diversas operações. A tendência humana é de realizar lucros rapidamente, mas também esperar que operações fracassadas voltem ao nível anterior. No momento em que o amador desesperado já não tem mais esperanças e fecha a operação que, a essa altura, está com uma perda terrível, sua conta está fortemente, e às vezes irreparavelmente, prejudicada.

Para ser um trader bem-sucedido, aprenda e implemente regras de gestão de risco.

48. Emoções e Probabilidades

O dinheiro desperta sentimentos fortíssimos. As tempestades emocionais, geradas pelos ganhos e perdas de dinheiro, afetam as operações.

Um iniciante que se atira para colocar uma ordem chega a ficar tonto com a emoção. Logo descobre que o mercado oferece uma forma impiedosa de entretenimento. No início da minha carreira, ouvi de um trader profissional que "a operação bem-sucedida deve ser meio chata". Ele passava longas horas por dia fazendo sua lição de casa, analisando dados de mercado, calculando riscos e anotando registros. Essas tarefas demoradas não eram empolgantes — seu sucesso foi construído com base em um trabalho muito dedicado. Iniciantes e apostadores se divertem muito, mas pagam com perdas.

Outro erro emocional é contar o dinheiro de operações em andamento. Os iniciantes sonham com o que podem comprar com lucros ainda não realizados ou congelam ao comparar as perdas em andamento com seus salários. Pensar no valor do dinheiro interfere na tomada de decisão. Os profissionais se concentram no gerenciamento das operações, e só contam o dinheiro depois que as fecham.

213

214 GESTÃO DE RISCO

Um trader que conta os lucros durante a operação é como um advogado que, no meio de um julgamento, começa a sonhar com o que vai comprar com os honorários. Esse julgamento ainda está acontecendo, seus oponentes estão elaborando defesas contra seu cliente, e contar o dinheiro não o ajudará a vencer — muito pelo contrário, isso o distrairá e o fará perder. Um amador que fica chateado contando as perdas de um trade em andamento é como um cirurgião que fica desesperado quando o paciente começa a sangrar — sua frustração não vai melhorar o resultado do caso.

Traders profissionais não contam o dinheiro de operações abertas. Eles fazem isso ao final de um período contábil, como um mês, por exemplo.

Se você me perguntasse sobre uma das minhas operações em aberto, eu responderia que está um pouco à frente, muito à frente, ou um pouco atrás (muito atrás é improvável por causa dos stops). Se me pedisse números precisos, eu até poderia dizer as operações em que estou adiantado ou atrasado, mas nunca as traduziria em dólares. Levei anos para me condicionar a quebrar o hábito destrutivo de contar dinheiro em operações abertas. Eu posso até contar os ticks, mas minha mente para antes de convertê-los em dólares. É como estar em uma dieta — há muita comida ao redor, mas você não toca em nada.

Concentre-se em gerir o trade, o dinheiro é consequência.

Outro ponto importante: um profissional não se preocupa com suas vitórias ou derrotas. Há muita aleatoriedade nos mercados. Nós podemos fazer tudo certo — e ainda acabar com um prejuízo, assim como um cirurgião pode fazer tudo certo e ainda perder o paciente. É por isso que um trader deve se preocupar apenas em adotar um método, em ter uma expectativa positiva e trabalhar para gerar lucros no final do período contábil.

O objetivo de um profissional de sucesso, em qualquer área, é alcançar seu melhor desempenho — tornar-se o melhor médico, o melhor advogado ou o melhor trader. Lidar com cada operação como um procedimento cirúrgico — a sério, de forma cautelosa, sem desleixo ou atalhos. Concentre-se em operar corretamente. Quando você trabalha dessa maneira, o dinheiro vem em consequência.

Por que Johnny Não Pode Vender

Sua sobrevivência e sucesso dependem da sua disposição em reduzir perdas enquanto são pequenas.

Quando uma operação começa a ir contra um iniciante, ele a mantém, esperando por uma reversão a seu favor. Quando ele recebe uma chamada de margem, esforça-se para enviar mais dinheiro para o corretor, como se a perda inicial não tivesse sido ruim o suficiente. Por que uma operação fracassada reverteria a favor dele? Não há razão lógica, apenas esperanças vazias.

Segurar uma operação de perda só aumenta a ferida. Perdas são como bolas de neve: o que inicialmente pareceu ser uma perda ruim começa a parecer uma pechincha, porque o prejuízo atual é muito pior. Finalmente, o perdedor desesperado toma coragem e encerra a operação, sofrendo uma perda severa.

Logo depois que ele sai, o mercado inverte e volta a subir.

48. EMOÇÕES E PROBABILIDADES · **215**

Então, o trader está pronto para bater a cabeça contra a parede — se ele tivesse esperado, teria ganhado dinheiro. Tais reversões acontecem vez e outra, porque a maioria dos perdedores responde aos mesmos estímulos. As pessoas têm emoções semelhantes, independentemente da sua nacionalidade ou formação. Traders assustados com as palmas das mãos suadas e o coração palpitante sentem e agem da mesma maneira, quer tenham crescido em Nova York ou em Hong Kong, quer tenham 2 ou 20 anos de escolaridade.

As exigências intelectuais para ser trader são poucas, mas as exigências emocionais são imensas. Muitos anos atrás, um trader altamente formado, mas muito emocional, mostrou-me como operar divergências perto das paredes do canal. Aprimorei seu método, adicionei regras de gestão de risco e continuo a ganhar dinheiro com ele até hoje. O homem que me ensinou foi chutado para fora por causa de sua falta de disciplina e acabou virando vendedor de telhas de alumínio. Operar emocional e impulsivamente não é bom para o sucesso.

Roy Shapiro, um psicólogo de Nova York que escreveu um artigo cujo título foi emprestado para esta seção, escreve: "Com grande esperança, sob a perspectiva pessoal com que tomamos nossas decisões quanto às operações, tudo parece adequado... uma das dificuldades de vender é o apego à posição. Afinal, uma vez que algo é nosso, tendemos a nos apegar. Esse apego às coisas que compramos é o chamado 'efeito endowment', reconhecido por psicólogos, economistas e por todos nós em nossas operações financeiras, bem como em nossa incapacidade de nos separar daquela velha jaqueta esportiva esquecida no armário. O especulador é o pai dessa adequação aparente... a posição assume o significado de extensão pessoal do eu, quase como um filho... Outra razão pela qual Johnny não vende, mesmo quando a posição está causando prejuízo, é porque ele quer sonhar... Para muitos, no momento da compra, o julgamento crítico enfraquece e a esperança se destaca como principal fator de influência do processo decisório."

Sonhar nos mercados é um luxo pelo qual não podemos pagar.

Dr. Shapiro descreve um teste que mostra como as pessoas conduzem operações envolvendo risco. Primeiro, uma escolha é fornecida a um grupo de pessoas: 75% de chance de ganhar US$1 mil, com 25% de chance de não ganhar nada, ou ganhar US$700. Quatro em cada cinco sujeitos optam pela segunda alternativa, mesmo depois de lhes ser explicado que a primeira leva a um ganho de US$750 com o tempo. A maioria toma a decisão emocional e decide por um ganho menor.

Outro teste é dado: as pessoas têm que escolher entre uma perda certa de US$700 ou uma chance de 75% de perder US$1 mil e 25% de não perder nada. Três em cada quatro escolhem a segunda opção, condenando-se a perder US$50 a mais do que precisam. Na tentativa de evitar riscos, eles maximizam as perdas!

Os traders emocionais anseiam por certos ganhos e recusam apostas lucrativas que envolvem incerteza. Eles entram em apostas arriscadas para adiar as perdas. É da natureza humana realizar lucros rapidamente e perdas, devagar. O comportamento irracional aumenta quando as pessoas se sentem sob pressão. De acordo com o Dr. Shapiro, quanto às corridas: "As apostas em azarões aumentam nas últimas duas corridas do dia."

O Prof. Daniel Kahneman escreve em seu livro *Rápido e Devagar: Duas Formas de Pensar*: "A perda certa é muito aversiva, e isso impulsiona você a correr o risco... Há considerável aversão à perda mesmo quando o montante em risco é minúsculo relativamente a sua riqueza... as perdas avultam como maiores do que os ganhos correspondentes." Ele acrescenta: "Animais, incluindo as pessoas, se empenham mais para impedir perdas do que para obter ganhos", e explica: "Pessoas que enfrentam opções muito ruins fazem apostas desesperadas, aceitando uma alta probabilidade de deixar as coisas piores em troca de uma pequena esperança de evitar uma grande perda. A tomada de risco desse tipo com frequência transforma fracassos administráveis em desastres." Por que agimos assim? Kahneman explica: "A não ser para os muito pobres, para quem a renda coincide com a sobrevivência, as principais motivações da busca por dinheiro não são necessariamente econômicas. O dinheiro é um substituto para pontos em escala de autoimagem e realização." Essas recompensas, punições, promessas e ameaças estão em nossas cabeças.

Os trades emocionais destroem os perdedores. Uma análise dos registros de operações geralmente mostra que o pior dano foi causado por algumas poucas grandes perdas ou por uma longa sequência de perdas ao tentar preencher o buraco deixado por elas. A disciplina da boa gestão do dinheiro jamais teria aberto o buraco.

Probabilidade e Inumerismo

Inumerismo — a incapacidade de contar ou entender noções básicas de probabilidade — é uma fraqueza fatal dos traders. Essas habilidades não são difíceis, podem ser aprendidas em diversos livros básicos e aprimoradas com um pouco de prática.

O animado livro *Innumeracy*, de John Allen Paulos, é um excelente começo sobre os conceitos de probabilidade. Paulos conta que uma pessoa aparentemente inteligente em um coquetel lhe disse: "Se a chance de chover é de 50% no sábado e de 50% no domingo, então é 100% certo que será um fim de semana chuvoso." Alguém que entende tão pouco de probabilidade certamente perderá dinheiro no trading. Cobre de si mesmo desenvolver uma compreensão dos conceitos matemáticos e lógicos básicos envolvidos no trading.

Existem poucas certezas rígidas na análise de mercado, que é amplamente baseada em probabilidades. "Se os sinais A e B estiverem presentes, o resultado C ocorrerá" não é o tipo de lógica que se sustenta nos mercados.

Ralph Vince começa seu importante livro *Portfolio Management Formulas* com este parágrafo delicioso: "Jogue uma moeda no ar. Por um instante, você experimentará um dos mais fascinantes paradoxos da natureza — o processo aleatório. Enquanto a moeda está no ar, não há como saber ao certo se vai cair cara ou coroa. No entanto, ao longo de muitos lançamentos, o resultado pode ser razoavelmente previsto."

Expectativa matemática é um conceito importante para traders. Cada operação tem uma expectativa positiva, também chamada de vantagem do jogador, ou uma expectativa negativa, também chamada de vantagem da casa, dependendo de quem tem melhores chances em um jogo. Se você e eu lançarmos uma moeda, nenhum de nós tem uma vantagem — cada um tem 50% de chance de ganhar. Se você jogar o mesmo jogo em um cassino que consome 5% de cada rodada, você ganhará US$0,95 por dólar que perder. Essa "vantagem da casa" cria uma expectativa matemática negativa. Nenhum sistema para gestão de dinheiro pode bater uma expectativa negativa ao longo de muito tempo.

Uma Expectativa Positiva

Um contador de cartas habilidoso tem uma vantagem contra um cassino, a menos que a casa o detecte e o mande embora. Cassinos amam jogadores bêbados, mas odeiam contadores de cartas. Uma vantagem permite que você ganhe com mais frequência do que perca durante um período. Sem uma vantagem, você acaba dando dinheiro para caridade. Ao operar, a vantagem vem de sistemas que geram lucros maiores do que perdas, após slippages e comissões, durante determinado período. Agir com base em palpites leva a perdas.

Os melhores sistemas de operação são simples e robustos. Eles têm bem poucos elementos. Quanto mais complexos os sistemas, maior o risco de que alguns de seus componentes falhem.

Traders adoram otimizar seus sistemas, ajustando-os aos dados do passado. O problema é que o corretor não lhe permitirá operar no passado. Os mercados mudam, e os parâmetros dos indicadores que acertaram as tendências no mês passado não durarão nem um mês a partir de agora. Em vez de otimizar seu sistema, tente "desotimizar". Um sistema robusto aguenta bem as mudanças do mercado e supera um sistema altamente otimizado na operação real.

Finalmente, depois de desenvolver um bom sistema, pare de brincar com ele. Se você gosta de fazer ajustes, crie outro sistema. Como Robert Prechter afirmou: "A maioria dos traders pega um bom sistema e o destrói tentando transformá-lo em um sistema perfeito."

Uma vez que você tenha um sistema de operação que funcione, é hora de definir as regras para a gestão de dinheiro. Você só pode ganhar se tiver uma expectativa matemática positiva a partir de um sistema de operação coerente. A gestão de dinheiro o ajudará a explorar um bom sistema, mas não poderá salvar um sistema ruim.

Risco Calculado ou Perda

Analisamos os mercados para identificar tendências. Tenha cuidado para não ficar excessivamente confiante ao antecipar preços futuros. O futuro é fundamentalmente desconhecido. Quando compramos esperando um rali, é completamente possível que um evento imprevisto reverta o mercado e o faça cair. Suas ações em resposta a surpresas definirão que tipo de trader você é.

Um profissional gerencia suas operações, aceitando o que é chamado de "risco calculado". Isso significa que a quantia que arrisca o expõe a apenas uma pequena queda de patrimônio. Uma perda, por outro lado, pode ameaçar a saúde e até a sobrevivência de uma conta. Devemos traçar uma divisória clara entre o risco calculado e uma perda. Essa fronteira é definida pela fração da conta que um trader coloca em risco em uma operação.

Se você seguir as regras de gestão de risco descritas abaixo, aceitará apenas o risco calculado. Violar uma linha vermelha bem clara deixará você exposto a perdas perigosas.

"Desta vez é diferente", diz um trader indisciplinado. "Vou dar a esta operação um pouco mais de espaço." O mercado seduz os traders para que quebrem suas regras. Você vai seguir as suas?

Certa vez, presidi uma reunião em um encontro de gestores financeiros em que um dos participantes tinha quase US$1 bilhão em seu fundo. Um homem de meia idade, ele começou a operar em seus 20 anos, enquanto trabalhava para uma empresa de consultoria naval após a graduação. Entediado com seu trabalho diário, projetou um sistema de operação, mas não conseguiu implementá-lo, porque exigia um mínimo de US$200 mil, quantia que não tinha. "Tive que falar com outras pessoas", disse ele, "e pedir-lhes dinheiro. Após explicar-lhes o que eu ia fazer e elas me darem o dinheiro, tive que me ater ao meu sistema. Teria sido inconcebível me desviar do sistema que eu lhes disse que seguiria. Minha pobreza me ajudou." Na verdade, sua pobreza e integridade.

■ 49. As Duas Principais Regras do Controle de Risco

Se operar é como andar na corda bamba, por segurança, deve-se instalar uma rede embaixo da corda. Se escorregarmos, ela nos salvará de nos espatifarmos. A única coisa melhor do que uma rede de segurança são duas redes de segurança: se uma arrebentar, a outra dá conta.

Mesmo as operações mais bem planejadas podem dar errado por causa da aleatoriedade dos mercados. Mesmo as melhores análises e as configurações de operação mais claras podem não conseguir evitar acidentes. O que você pode controlar é o risco. Você faz isso gerenciando o tamanho de suas operações e a colocação de stops. É assim que você mantém as perdas inevitáveis pequenas, não permitindo que elas inviabilizem sua conta, para que você possa ganhar no longo prazo.

As perdas mais severas se destacam na maioria dos registros de contas como um elefante rosa no meio da rua. Toda revisão de desempenho mostra que uma única perda terrível ou uma pequena sequência de perdas ruins causaram a maior parte dos danos em uma conta. Se um trader tivesse cortado suas perdas mais cedo, sua lucratividade teria sido muito maior. Os traders sonham com lucros, mas congelam quando uma operação perdedora os atinge. Se você seguir as regras de gestão de risco, rapidamente sairá do caminho do perigo em vez de esperar e rezar para que o mercado reverta.

Os mercados podem extinguir uma conta com uma única perda horrível que efetivamente tira uma pessoa do jogo, como uma mordida de tubarão. Os mercados também podem matar com uma série de mordidas, nenhuma delas letal, mas que, combinadas, retalham uma conta até o osso, como um cardume de piranhas. Os dois pilares da gestão do dinheiro são a regra dos 2% e a regra dos 6%. A regra dos 2% salvará sua conta de mordidas de tubarão e a regra dos 6%, das de piranhas.

Os Dois Piores Erros

Existem duas maneiras de arruinar uma conta rapidamente: não usar stops e fazer operações que sejam grandes demais para o tamanho da conta.

Operar sem stop expõe você a perdas ilimitadas. Nos próximos capítulos, discutiremos os princípios e regras do controle de risco, mas eles funcionarão somente se você usar stops.

Existem vários métodos para definir stops e os discutiremos na seção 54. Queremos colocar nossos stops não muito longe nem muito perto. Por enquanto, apenas tenha em mente que você deve usar stops. Você precisa conhecer seu nível máximo de risco — simples assim. Se você não sabe seu nível máximo de risco, você está voando às cegas.

O outro erro fatal é o overtrading, com operações cujo tamanho é muito grande para sua conta. É como colocar uma enorme vela em um barco pequeno — uma forte rajada de vento vai virar o barco em vez de fazê-lo ir mais rápido.

As pessoas fazem trades grandes demais para suas contas por ignorância, ganância ou uma combinação de ambos. Existe uma regra matemática simples que lhe dá o tamanho máximo para cada operação, como você verá a seguir.

50. A Regra dos 2%

Uma perda desastrosa pode afetar uma conta como um tubarão pode afetar um nadador desafortunado. Um pobre iniciante que perde um quarto de sua conta em uma única operação é como um nadador que acabou de perder um braço ou uma perna para um tubarão e está sangrando na água. Ele teria que gerar um retorno de 33% sobre o capital restante simplesmente para recuperar a perda. As chances de ele ser capaz de fazer isso são quase nulas.

A vítima mais comum da "mordida de tubarão" perde mais do que dinheiro. Perde confiança e fica com medo de puxar o gatilho. Perdas por "mordida de tubarão" podem ser evitadas seguindo a Regra dos 2%. Isso torna suas perdas gerenciáveis — limita-as ao risco calculado.

A Regra de 2% proíbe você de arriscar mais de 2% de sua conta em uma operação.

Por exemplo, se você tiver US$50 mil em sua conta, a regra dos 2% limitará seu risco máximo em qualquer operação a US$1 mil. Esse não é o tamanho da sua operação — é o valor que coloca em risco, com base na distância da entrada até o stop.

Digamos que decida comprar uma ação por US$40 e coloque o stop em US$38, abaixo do suporte. Isso significa arriscar US$2 por ação. Dividir o risco total permitido de US$1 mil pelo risco de US$2 por ação indica que você não pode operar mais do que 500 ações. Você é perfeitamente bem-vindo para operar menos — não precisa chegar ao limite. Se você se sentir muito otimista sobre essa ação e quiser operar o número máximo permitido, operará 500 ações.

Uma boa análise de mercado não fará de você um vencedor. A capacidade de encontrar boas operações não garante sucesso. Os mercados estão cheios de bons analistas que destroem suas contas. Você só consegue lucrar com suas pesquisas se você se proteger dos tubarões.

GESTÃO DE RISCO

Vi traders fazerem 20, 30 e, uma vez, até mesmo 50 operações rentáveis seguidas e ainda acabarem perdendo dinheiro. Quando você está em uma série de vitórias, tende a sentir que está no controle. Então, uma perda desastrosa desfaz todos os lucros e inunda seu patrimônio em lágrimas. Você precisa entrar na jaula para se proteger de tubarões, que é a boa gestão do dinheiro.

Um bom sistema de operação lhe dará uma vantagem a longo prazo, mas no curto prazo há muita aleatoriedade nos mercados. O resultado de uma operação é como o lançar de uma moeda. Um trader profissional espera ser lucrativo no final do mês ou do trimestre, mas pergunte a ele se ganhará dinheiro em sua próxima operação e ele dirá sinceramente que não sabe. É por isso que ele usa stops: para impedir que operações negativas prejudiquem sua conta.

A análise técnica o ajuda a decidir onde colocar o stop, o que limitará sua perda por ação. As regras de gerenciamento do dinheiro ajudarão você a proteger sua conta de forma geral. A regra mais importante é limitar sua exposição em qualquer operação a não mais do que 2% da sua conta.

Essa regra aplica-se apenas ao dinheiro na conta de operação. Não inclui suas economias, sua casa, aposentadoria ou investimentos anuais. Seu capital de trading é o dinheiro que você dedicou às operações. Esse é seu verdadeiro capital de risco — o capital de sua empresa de trading. Se você tiver contas de operação separadas para ações, futuros e opções, aplique a regra dos 2% a cada conta individualmente.

Percebi que há uma diferença curiosa em como as pessoas reagem quando ouvem pela primeira vez sobre a regra dos 2%. Novatos com contas pequenas costumam objetar que esse número é muito baixo. Alguém me perguntou se esses 2% poderiam ser um valor maior quando estava se sentindo confiante sobre uma operação. Respondi que seria como aumentar o comprimento da corda do bungee jumping porque você gosta da vista da ponte.

Os profissionais, por outro lado, costumam dizer que 2% é muito alto e tentam arriscar menos. Você não gostaria de perder 2% de US$1 milhão em uma única operação. Um gerente de fundos de hedge que fez uma consultoria comigo disse que seu projeto para os próximos 6 meses seria aumentar a largura de suas operações. Ele nunca arriscou mais do que 0,5% do capital em uma operação — e ia aprender a arriscar 1%. Bons traders tendem a ficar bem abaixo do limite de 2%. Sempre que amadores e profissionais estão do lado oposto de uma discussão, você sabe qual lado escolher. Tente arriscar menos do que 2% — é simplesmente o nível máximo.

Avalie o patrimônio da sua conta no primeiro dia de cada mês. Se você iniciar o mês com US$100 mil na conta, a regra dos 2% permitirá que você arrisque no máximo US$2 mil por operação. Se você tiver um bom mês e seu total subir para US$105 mil, então seu limite de 2% para o próximo mês será — quanto? Rápido! Lembre-se de que bons traders sabem contar! Se você tiver US$105 mil na conta, a regra dos 2% permitirá que você arrisque US$2.100 e opere um tamanho um pouco maior. Se, por outro lado, você teve um mês ruim e seu total caiu para US$95 mil, a regra dos 2% definirá seu risco máximo permitido em US$1.900 por operação para o mês seguinte. A regra dos 2% vincula o tamanho de suas operações ao seu desempenho, além do tamanho da conta.

O Triângulo de Ferro do Controle de Risco

Quantas ações você comprará ou venderá em sua próxima operação? Iniciantes geralmente escolhem um número arbitrário, como mil ou 200 ações. Eles podem comprar mais se ganharem dinheiro em suas últimas transações ou menos se perderem dinheiro.

Na verdade, o tamanho da operação deve ser baseado em uma fórmula em vez de uma sensação vaga. Use a regra dos 2% para tomar decisões racionais sobre o número máximo de ações que você pode comprar ou vender a descoberto em qualquer operação. Nomeei esse processo como "O triângulo de ferro do controle de risco" (Figura 50.1).

Quando me ofereci para ensinar um curso de um ano chamado "Dinheiro e Trading" ao ensino médio de uma escola local, quis deixar a experiência real para os adolescentes, então abri uma conta de US$40 mil. Disse aos meus alunos que se, no final do ano letivo, ganhássemos dinheiro, eu daria metade do lucro para a escola deles e distribuiria o resto entre os participantes da classe. Eu também disse a eles que o risco máximo por operação era de 1%. Um garoto se levantou na sala de aula e sugeriu comprarmos ações da Nokia por US$16, com um stop de US$14,50. "Quantas ações podemos operar?", perguntei. Com o risco máximo de US$400 por operação e de US$1,50 por ação, eles poderiam comprar 250 ações, considerando a margem das comissões.

Se tiver uma conta pequena, pode ser que acabe operando o número máximo permitido de ações toda vez. À medida que a conta crescer, varie o tamanho das operações: digamos, um terço do máximo para operações regulares, dois terços para operações com bom potencial de retorno e o valor total para operações excepcionais. Faça o que fizer, o triângulo definirá o número máximo de ações a operar.

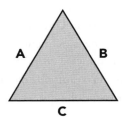

FIGURA 50.1 O Triângulo de Ferro do controle de risco.

Monte o Triângulo de Ferro em três etapas:

A. Seu risco máximo para a operação que está planejando (nunca mais de 2% da sua conta);

B. A distância da entrada planejada até o stop — seu risco máximo por ação;

C. Divida "A" por "B" para encontrar o número máximo de ações que você pode operar. Você não é obrigado a operar esse número de ações, mas você não pode operar mais do que isso.

A Regra dos 2% nos Mercados Futuros

Um trader recentemente me perguntou como poderia aplicar o Triângulo de Ferro do controle de risco à operação de futuros e-mini em sua conta de US$50 mil. Eu respondi:

A. Se você opera uma conta de US$50 mil, a regra de 2% limitará o risco máximo a US$1 mil por operação. Digamos que você queira ser conservador e arriscar apenas 1% da conta, ou US$500. Esse será o primeiro lado do triângulo;

B. Suponha que queira vender seu mini-contrato favorito a descoberto que está em 1810, com uma meta de lucro em 1790 e um stop em 1816. Você estará arriscando 6 pontos, e como um ponto no mini-contrato vale US$50, seu risco total será de US$300 (mais comissões e possíveis slippages). Esse será o segundo lado do seu Triângulo de Ferro do controle de risco;

C. Feche o triângulo dividindo "a" por "b" para encontrar o tamanho máximo que você pode operar. Se seu risco máximo for de US$500 (US$ 300 por mini-contrato), então um contrato, mas se for de US$1 mil, três (US$ 900 por 3 mini-contratos).

Conheça dois traders de futuros, o Sr. Lebre e o Sr. Tartaruga, cada um com uma conta de US$50 mil. O ágil Sr. Lebre vê que a faixa média diária do ouro é de cerca de US$30, valendo US$3 mil por dia para um único contrato. O intervalo diário do milho é de cerca de US$0,10, no valor de US$500 por dia para um único contrato. Ele acha que, se conseguir pegar apenas metade do intervalo de um dia, ganhará US$1.500 por contrato de ouro, enquanto o mesmo nível de performance trará apenas US$250 em milho. O Sr. Lebre entra em seu broker e compra dois contratos de ouro.

O cauteloso Sr. Tartaruga tem uma aritmética diferente. Ele começa usando a regra dos 2% para limitar seu risco máximo por operação em US$1 mil. Ele vê que seria impossível colocar um stop significativo ao operar ouro, que pode movimentar US$3 mil por dia. Comprar ouro em sua conta seria como cutucar uma onça com vara curta. Se, por outro lado, ele operar milho, terá bom poder de permanência, o que aumenta o tamanho da vara em relação à onça. O Sr. Tartaruga compra um contrato de milho. Quem você acha que é mais provável de ganhar a longo prazo, o Sr. Lebre ou o Sr. Tartaruga?

Mercados de futuros são mais mortíferos do que os de ações. Claro, eles têm complexidades específicas, mas não é difícil aprender. Os futuros matam os traders, seduzindo-os com margens tão finas quanto papel. Oferecem enorme alavancagem — capacidade de operar grandes posições com margem de 5%. Isso faz maravilhas quando o mercado se move a seu favor, mas retalha sua carteira quando o mercado se volta contra você.

Você pode ter sucesso em futuros apenas com controle de risco sensato, usando a regra dos 2%.

A. Calcule 2% do valor da sua conta. Esse será o nível de risco máximo aceitável para qualquer operação. Se você tem US$50 mil em sua conta de futuros, o máximo que você pode arriscar é US$1 mil;

B. Examine os gráficos do mercado que lhe interessam e anote a entrada, a meta e o stop planejados. Lembre-se: uma operação sem um desses três números não é uma operação, mas uma aposta. Expresse o valor do movimento de sua entrada para seu stop em dólares;

C. Divida A por B e, se o resultado for menos de um, nenhuma operação é permitida — significa que você não pode se dar ao luxo de operar nem mesmo um contrato.

Vamos revisar dois exemplos de mercado, apresentando padrões gráficos semelhantes (Figura 50.2). Vamos supor que você tenha uma conta de US$50 mil, o que lhe permite arriscar o máximo de US$1 mil por operação.

Você só consegue operar futuros com segurança razoável com gerenciamento estrito de dinheiro. A alavancagem dos futuros pode funcionar, contanto que você fique longe dos contratos que podem matar sua conta.

Um profissional de futuros me surpreendeu no início da minha carreira quando me disse que passava um terço do tempo gerindo riscos. Iniciantes saltam para as operações sem lhes dar muita atenção. Traders de nível intermediário focam a análise de mercado. Profissionais dedicam uma grande parte de seu tempo ao controle de risco — e tiram dinheiro dos iniciantes e amadores.

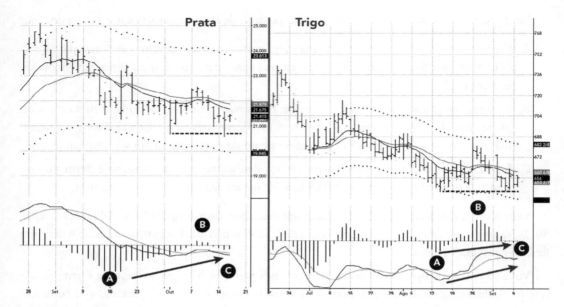

FIGURA 50.2 Gráficos diários com MMEs de 13 e 26 dias, e Autoenvelopes. O sistema Impulse e o Histograma MACD de 12-26-9. (*Gráfico: Tradestation*)

A Regra dos 2% em Futuros — Prata e Trigo

Suponha que você queira comprar prata na borda direita deste gráfico. Os preços traçaram um fundo duplo com um falso rompimento de baixa. O Histograma MACD traçou uma divergência de alta. O sistema Impulse ficou azul, permitindo a compra. O contrato de futuros mais próximo foi negociado a US$21,415 alguns minutos antes do fechamento.

Você decide que, se comprar, sua meta de lucro será de aproximadamente US$23, a meio caminho da MME até a linha superior do canal. Seu stop será de US$20,60, o nível da maior baixa. Você estará arriscando US$0,815 por onça tentando ganhar cerca de US$1,585 por onça — uma relação recompensa/risco de 2:1, uma proporção aceitável.

Você tem permissão para fazer essa operação? Claro que não! Esse risco de US$0,815 por onça em cada contrato se traduz em US$4.075 de risco total, já que um contrato cobre 5 mil onças de prata. Lembre-se, seu risco máximo permitido é de US$1 mil. Se você está ansioso para fazer essa operação, pode comprar um único mini contrato, pois abrange apenas mil onças de prata, o que significa que você vai arriscar US$815. Boa sorte com a operação sensata.

Agora, suponha que você esteja interessado em comprar trigo na borda direita deste gráfico. Sua imagem técnica é semelhante: um fundo duplo com uma divergência de alta de Linhas de MACD e Histograma MACD. O sistema Impulse ficou azul, permitindo a compra. Pouco antes do fechamento, os preços estavam próximos de US$0,658.

Você decide que, se entrar, seu alvo estará próximo de US$0,680, perto da linha superior do canal. Seu stop será de US$0,652, o nível de uma baixa recente. Você estará arriscando US$0,10 centavos por bu [alqueire], tentando ganhar cerca de US$0,22 por bu — uma relação risco/retorno de 2:1, semelhante ao da prata.

Você tem permissão para fazer essa operação? Sim! Esse risco de US$0,10 por contrato se traduz em um risco total de US$500, já que o contrato cobre 5 mil alqueires de trigo. Lembre-se, seu risco máximo permitido é de US$1 mil. Se você estiver muito otimista, pode até comprar dois contratos.

Tenha em mente que, ao operar futuros, as imagens técnicas de diferentes mercados são semelhantes, mas baseie suas decisões sobre operar ou não em regras de gestão de dinheiro.

Se você não puder se dar ao luxo de operar um determinado mercado, ainda poderá baixar seus dados, fazer sua lição de casa e operá-los no papel [paper trading], como se estivesse fazendo com dinheiro de verdade. Isso irá prepará-lo para o dia em que sua conta estiver grande o suficiente ou o mercado diminuir o suficiente para você fazer uma operação.

■ 51. A Regra dos 6%

A piranha é um peixe de rio tropical não muito maior do que a mão de um homem, mas com dentes apavorantes. O que a torna tão perigosa é o fato de que ataca em cardume. Se um cachorro, um burro ou uma pessoa tropeça e cai em um riacho tropical, um cardume de piranhas desfere tantas mordidas que a vítima pode desmaiar. Se um touro entrar em um rio e for atacado por um cardume de piranhas, alguns minutos depois, apenas seus ossos restarão na água. Um trader, que mantém os tubarões afastados com a regra dos 2%, ainda precisa de proteção contra as piranhas. A regra dos 6% o salvará de ser mordiscado até a morte.

Quando nos encontramos em apuros, tendemos a nos desesperar. Traders perdedores com frequência acabam aumentando sua exposição, tentando abrir caminho para sair do buraco em que se meteram. Uma resposta melhor a uma série de perdas é se afastar e refletir. A regra dos 6% define um limite para o drawndown mensal máximo de qualquer conta. Se você chegar lá, pare de operar pelo resto do mês. A regra dos 6% o obriga a sair da água antes que as piranhas o levem.

A regra dos 6% proíbe iniciar um novo trade durante o resto do mês quando a soma das perdas do mês atual mais os riscos de operações em andamento atingirem 6% de sua conta.

Todos passamos por períodos em que estamos em sintonia com os mercados, tendo um lucro após o outro. Quando tudo que tocamos se transforma em ouro, é hora de operar ativamente.

Há outras ocasiões em que tudo o que tocamos se transforma em uma substância completamente diferente. Passamos por períodos em que nossos sistemas saem de sincronia com o mercado, gerando uma perda após a outra. É importante reconhecer esses períodos sombrios e não se desesperar, mas dar um passo atrás. É provável que um profissional, após uma série de derrotas, faça uma pausa, continue a monitorar o mercado e espere para entrar em ação novamente. Os amadores são mais propensos a continuar forçando a barra até que suas contas fiquem fortemente prejudicadas. A regra dos 6% fará com que você pare enquanto sua conta ainda está praticamente intacta.

O Conceito de Risco Disponível

Antes de fazer uma operação, pergunte-se: o que aconteceria se todas as suas operações repentinamente se voltassem contra você? Se você usou a regra dos 2% para definir stops e tamanhos de operação, a regra dos 6% limitará a perda total máxima que sua conta pode sofrer.

1. Some todas as perdas do mês atual;

2. Some o risco de cada operação em andamento. O risco de dólar de qualquer posição aberta é a distância da entrada até o stop atual, multiplicada pelo tamanho da operação. Suponha que você tenha comprado 200 ações por US$50, com um stop em US$48,50, arriscando US$1,50 por ação. Nesse caso, seu risco aberto é de US$300. Se essa operação fluir a seu favor e você for para o ponto de equilíbrio, seu risco em aberto se tornará zero;

3. Some os dois resultados anteriores (perdas do mês mais os riscos das operações abertas). Se a soma deles chegar a 6% do valor de sua conta no início do mês, você não poderá fazer outra operação até o final do mês ou até que as operações abertas se movam a seu favor, permitindo que você suba os stops.

A regra dos 6% muda a pergunta comum: "Será que tenho dinheiro suficiente para essa operação?", para uma mais relevante: "Será que tenho risco suficiente disponível para essa operação?" Esse limite, de arriscar não mais do que 6% do patrimônio da sua conta em um determinado mês, mantém seu risco total sob controle, garantindo a sobrevivência a longo prazo. Seu risco total disponível para o mês é de 6% do patrimônio da sua conta, e a primeira pergunta a ser feita ao considerar uma nova operação é: "Considerando todas as minhas operações abertas e fechadas deste mês, tenho risco suficiente para essa operação?"

Você sabe quanto dinheiro, se houver, perdeu durante o mês atual. É fácil calcular quanto dinheiro você tem em risco em suas operações abertas. Se as perdas anteriores a este mês, mais o risco das operações existentes, o expuserem a um risco total de 6% do patrimônio da sua conta, você não poderá fazer outra operação.

Se a regra dos 6% não permitir que você faça uma nova operação, continue a acompanhar as ações em que está interessado. Se você vir uma operação que você realmente quer fazer, mas não tem risco disponível, considere fechar uma das operações abertas para liberar algum risco.

Se está perto do limite de 6%, mas vê uma operação muito atraente que você não quer perder, você tem duas opções. Você pode obter lucros de uma das operações abertas para liberar o risco disponível ou pode estreitar alguns dos seus stops, reduzindo seu risco aberto. Apenas certifique-se de que, em sua ânsia de operar, não estreite muito os stops (veja a Seção 54).

Vamos rever um exemplo, presumindo, por uma questão de simplicidade, que um trader arriscará 2% do patrimônio de sua conta em qualquer operação.

1. No final do mês, um trader tem US$50 mil em sua conta, sem posições em aberto. Ele anota seus níveis máximos de risco para o mês seguinte — 2%, ou US$1 mil, por operação e 6%, ou US$3 mil, para a conta como um todo;

2. Vários dias depois, ele vê uma determinada ação A, muito atraente, descobre onde colocar o stop e compra uma posição que coloca em risco US$1 mil, ou 2% de sua equidade;

3. Poucos dias depois, ele vê uma ação B, e abre uma operação semelhante, arriscando mais US$1 mil;

4. No final da semana ele vê uma ação C e compra, arriscando mais US$1 mil;

5. Na semana seguinte, vê uma ação D, mais atraente do que as três anteriores. Ele pode comprá-la? Não, não pode, porque sua conta já está exposta a 6% de risco. Ele tem três operações abertas, arriscando 2% em cada, o que significa que pode perder 6% se o mercado se voltar contra ele. A regra dos 6% proíbe que ele corra mais riscos no momento;

6. Alguns dias depois, a ação A sobe e o trader move seu stop para acima do ponto de equilíbrio. A ação D, que ele não tinha permissão para operar apenas alguns dias atrás, ainda parece muito atraente. Ele pode comprar agora? Sim, pode, porque seu risco atual é de apenas 4% da conta. Ele está arriscando 2% na ação B e outros 2% na ação C, mas nada na ação A, porque seu stop está acima do ponto de equilíbrio. O trader compra a ação D, arriscando mais US$1 mil, ou 2%;

7. Mais adiante na semana, o trader vê a ação E, que parece muito promissora. Ele pode comprá-la? De acordo com a regra dos 6%, não, porque sua conta já está exposta a um risco combinado de 6% entre as ações B, C e D (não há mais risco na ação A). Ele não pode comprar a ação E;

8. Alguns dias depois, a ação B alcança o stop. A ação E ainda parece atraente. Ele pode comprá-la? Não, porque já perdeu 2% na ação B e tem uma exposição de 4% ao risco nas ações C e D. Adicionar outra posição neste momento o expõe a mais de 6% de risco por mês.

Três operações abertas não é muita diversificação. Se você deseja fazer mais operações, defina seu risco por trade em menos de 2%. Se arrisca apenas 1% do patrimônio de sua conta em qualquer operação, você pode abrir até 6 posições antes de exceder o limite dos 6%. Na operação de uma conta grande, eu uso a Regra dos 6%, mas restrinjo a Regra dos 2% para bem abaixo de 1%.

A Regra dos 6% permite que você aumente o tamanho da operação quando estiver em uma série de vitórias, mas faz com que você pare de operar antecipadamente em uma sequência de derrotas. Quando os mercados se movem a seu favor, você pode mover os stops para o ponto de equilíbrio e ter mais risco disponível para novas operações. Por outro lado, caso suas posições comecem a caminhar no sentido oposto e atinjam os stops, rapidamente parará de operar e economizará a maior parte da sua conta para um novo começo no próximo mês.

GESTÃO DE RISCO

A Regra dos 2% e a Regra dos 6% fornecem diretrizes para a pirâmide — adicionando às posições vencedoras. Se você comprar uma ação e ela subir o suficiente para aumentar seu stop acima do limite, poderá comprar mais da mesma ação, desde que o risco na nova posição não seja maior do que 2% da sua conta e os riscos, se somados, sejam inferiores a 6%. Trate cada adição como uma operação separada.

Muitos traders passam por oscilações emocionais, ficando entusiasmados nas altas e depressivos nas baixas. Essas mudanças de humor não o ajudarão a operar, mas o prejudicarão. É melhor investir sua energia no controle de risco. As regras dos 2% e 6% converterão suas boas intenções na realidade de um trade mais seguro.

▉ 52. Retornando de um Drawdown

Quando o nível de risco aumenta, nossa capacidade de operar diminui. Iniciantes ganham dinheiro com pequenas operações, começam a se sentir confiantes e aumentam o tamanho das operações. É aí que começam a perder. O aumento do nível de risco em posições maiores os deixa mais travados e menos ágeis, e isso é tudo o que é preciso para ficar para trás.

Vi um grande exemplo disso enquanto dirigia um grupo de treinamento psicológico para uma empresa de day trading de Nova York. Essa empresa ensinou a seus traders um sistema exclusivo de operação de ações e permitia que operassem o capital da empresa com participação nos lucros. Seus dois principais traders estavam ganhando até US$1 milhão por mês. Outros faziam lucros muito menores e apenas alguns perdiam dinheiro. O dono da empresa me pediu para ir ajudar os traders perdedores.

Eles ficaram chocados ao saber que um psiquiatra os ajudaria e protestaram em voz alta que "não eram loucos". O proprietário os motivou, dizendo aos piores traders que tinham que participar — ou então sair da empresa. Após 6 semanas, os resultados foram tais que tivemos uma lista de espera para o segundo grupo.

Como a empresa ensinava aos traders o próprio sistema, nos concentramos na psicologia e no controle de riscos. Em uma de nossas primeiras reuniões, um trader reclamou que havia perdido dinheiro diariamente nos últimos 13 dias. Seu gerente, que participou de nossas reuniões, confirmou que o sujeito usava o sistema da empresa, mas não conseguia ganhar dinheiro. Fiz questão de começar tirando meu chapéu para um cara que perdeu 13 dias seguidos e teve força emocional para operar na manhã seguinte. Perguntei ao homem quantas ações ele operava, considerando que a empresa estabeleceu um máximo para cada trader. Ele foi autorizado a comprar ou vender até 700 ações por vez, mas voluntariamente reduziu esse número para 500.

52. RETORNANDO DE UM DRAWDOWN **229**

Disse a ele para diminuir esse limite para 100 ações até que tivesse uma semana com mais dias de vitória do que de perda e fosse lucrativo no geral. Uma vez que superasse esse resultado por 2 semanas seguidas, poderia operar 200 ações por vez. Então, depois de outro período lucrativo de 2 semanas, poderia operar 300 ações, e assim por diante. Ele receberia um aumento de 100 ações após 2 semanas de operações lucrativas, mas, se tivesse uma única semana de perdas, teria que voltar ao nível anterior. Em outras palavras, ele teve que começar pequeno, aumentar a proporção lentamente, mas diminuí-la drasticamente em caso de problemas.

O trader objetou que operar 100 ações não era suficiente para fazer dinheiro. Eu disse a ele para parar de se enganar, já que, ao operar 500 ações, também não estava ganhando dinheiro. Ele concordou com relutância. Quando nos encontramos uma semana depois, ele relatou que havia tido 4 dias de lucro e que havia sido lucrativo no geral. Ele fez muito pouco dinheiro por causa da baixa quantidade de ações, mas estava à frente do jogo. Ele continuou a ganhar dinheiro durante a semana seguinte e subiu para 200 ações. Depois de outra semana proveitosa, ele perguntou: "Doutor, você acha que isso é psicológico?" O grupo ficou indignado.

Por que um homem perderia ao operar 500 ações, mas ganharia ao operar 100 ou 200?

Tirei uma nota de US$10 do bolso e perguntei se alguém do nosso grupo gostaria de ganhá-la. A condição para tal era atravessar nossa mesa de conferência longa e estreita caminhando de uma ponta à outra. Várias mãos foram levantadas. "Não, melhor!" disse eu. "Tenho uma oferta melhor. Vou dar US$1 mil em dinheiro para qualquer um que suba comigo até o telhado do nosso prédio de 10 andares e caminhe até o telhado do prédio vizinho sobre uma tábua da mesma largura." Ninguém se voluntariou.

Comecei a insistir. "A tábua será resistente e faremos isso em um dia ensolarado, sem vento. Pagarei US$1 mil em dinheiro no ato. O desafio físico seria o mesmo que andar na mesa de conferência, mas a recompensa, muito maior." Ainda não havia voluntários. Por quê? Porque, se você perder o equilíbrio na mesa, cairá alguns centímetros até atingir o carpete. Se você perder o equilíbrio entre os dois telhados, cairá dez andares e se esborrachará no asfalto.

Altos níveis de risco prejudicam nossa capacidade de operar. Você precisa treinar-se para aceitar os riscos lentamente e em etapas bem definidas. Dependendo de quão ativamente opera, esses passos podem ser medidos em semanas ou meses, mas o princípio permanece o mesmo — é preciso lucrar em dois períodos para subir um nível da proporção de risco. Se perder dinheiro durante um período, diminua o risco em um nível. Isso vale principalmente para pessoas que desejam retornar ao trading após um drawdown negativo. Você precisa trabalhar para retornar gradualmente ao trading, sem ter um surto de pavor.

A maioria dos iniciantes tem pressa para capturar a presa, mas adivinha quem é capturado? Brokers inescrupulosos promovem o overtrading (disponibilizar operações grandes demais para sua conta) para ganhar comissões. Alguns corretores fora dos Estados Unidos oferecem um "ombro" de 10:1, permitindo que você compre US$10 mil em ações para cada US$1 mil que depositar na empresa. Algumas casas de forex oferecem um "ombro" mortal de 100:1 e até mesmo de 400:1.

Entrar em uma operação é como mergulhar à procura de um tesouro. Há ouro no fundo do oceano, mas, enquanto você planeja o caminho até ele, lembre-se de verificar o cilindro de ar. O fundo do oceano está cheio de restos de mergulhadores que viram grandes oportunidades, mas ficaram sem ar. Um mergulhador profissional sempre pensa em seu suprimento de ar. Se ele não conseguir nenhum ouro hoje, conseguirá amanhã, mas, primeiro, ele precisa sobreviver e mergulhar novamente. Iniciantes se matam ficando sem ar. A atração exercida pela perspectiva do ouro de graça é muito forte. Ouro grátis! Isso me lembra de um ditado russo: a única coisa grátis neste mundo é queijo em uma ratoeira.

Traders bem-sucedidos sobrevivem e prosperam graças a sua disciplina. A Regra dos 2% o protegerá dos tubarões, enquanto a Regra dos 6% o salvará das piranhas. Se seguir essas regras e tiver um sistema de operação razoável, estará quilômetros à frente dos concorrentes.

Um Gerente de Trading

O fato de que traders institucionais, como grupo, têm resultados muito melhores do que os privados costumava me intrigar. Um trader privado médio nos EUA é um homem de 50 anos, casado, com formação universitária, geralmente empresário ou autônomo. Você pensaria que esse tipo de indivíduo sério, com conhecimentos de informática e literatura superaria alguém de 23 anos que jogava bolava na faculdade e não lia um livro desde o ensino médio. Na verdade, traders institucionais, como grupo, superam os privados ano após ano. É por causa de seus reflexos rápidos? Não, porque os jovens traders privados não têm um desempenho melhor do que os mais velhos. Nem os traders institucionais ganham por causa do treinamento, que é insuficiente na maioria das empresas.

Um fato curioso: quando os traders institucionais bem-sucedidos saem por conta própria de suas firmas, a maioria deles perde dinheiro. Eles podem alugar o mesmo equipamento, usar o mesmo sistema e se comunicar com seus contatos, mas ainda assim falhar. Depois de alguns meses, a maioria dos caubóis está de volta aos escritórios dos caça-talentos, à procura de um emprego comercial. Por que eles ganham dinheiro para as empresas, mas não para si mesmos?

Quando um trader institucional sai de sua empresa, deixa para trás seu gerente, que é a pessoa encarregada da disciplina e do controle de risco. Esse gerente define o risco máximo por operação. É semelhante ao que um trader privado pode fazer com a Regra dos 2%. As empresas operam a partir de enormes bases de capital e seus limites de risco são muito mais elevados em termos de dólares, porém menores em termos percentuais. Um trader que viola seu limite de risco é demitido. Um trader privado pode quebrar a Regra dos 2% e ninguém saberá, mas um gerente institucional observa seus traders como um falcão. Um trader privado pode lançar notas de corretagem em uma caixa de sapatos, mas um gerente de operações rapidamente se livra de pessoas impulsivas. Ele impõe disciplina que salva traders institucionais de perdas desastrosas, que destroem muitas contas privadas.

Além de definir um limite de risco por operação, um gerente define o drawdown mensal máximo permitido para cada trader. Quando um funcionário afunda a esse nível, seus privilégios de operar são suspensos pelo restante do mês. Um gerente de operações elimina os riscos de perda de seus traders, forçando-os a parar de operar se atingirem seu limite de perda mensal. Imagine estar em uma sala com colegas de trabalho que operam ativamente, enquanto você aponta lápis e é solicitado a ir buscar o almoço dos demais. Os traders fazem tudo que estiver ao alcance para não estar nessa posição. Essa pressão social gera um sério incentivo para não perder.

As pessoas que saem de instituições sabem operar, mas sua disciplina geralmente é extrínseca, não intrínseca. Eles perdem dinheiro rapidamente sem seus gerentes. Os traders privados não têm gerentes. É por isso que você precisa se tornar seu próprio gerente. A Regra de 2% o salvará de perdas desastrosas, enquanto a Regra de 6% o salvará de uma série de perdas. A Regra dos 6% forçará você a fazer algo que a maioria das pessoas não consegue fazer até que seja tarde demais — interromper uma sequência de derrotas.

CAPÍTULO 10

Detalhes Práticos

Você está comprando ações que atingem uma nova máxima? Vendendo topos duplos? Comprando pullbacks? Procurando reversões de tendências? Essas abordagens diferem, e você pode ganhar ou perder dinheiro com cada uma delas. É preciso selecionar um método que funcione para você e com o qual se sinta confortável. Escolha o que lhe agrada, o que combina com suas habilidades e seu temperamento. Não há trade genérico, muito menos ele é um esporte genérico.

Para encontrar bons negócios, defina o padrão que deseja operar. Antes de usar a digitalização, saiba o que procurar. Desenvolva seu sistema e teste-o com uma série de pequenos trades para garantir que tem a disciplina necessária para seguir seus sinais. Você precisa ter certeza de que operará o padrão que identificou quando o vir.

Diferentes estilos de trade exigem diferentes técnicas de entrada, diferentes métodos de definição de stops e de metas de lucro e diferentes varreduras. Ainda assim, há vários princípios fundamentais que se aplicam a todos os sistemas.

234 DETALHES PRÁTICOS

53. Metas de Lucro: "Basta" É a Lei

Definir metas de lucro para seus trades é como perguntar sobre pagamento e benefícios ao se candidatar a um emprego. Você pode ganhar mais ou menos do que o esperado, mas precisa ter uma ideia do que esperar.

Anote o nível da entrada, a meta de lucro e o stop de cada trade planejado, a fim de comparar risco e recompensa. Sua recompensa potencial deve ser pelo menos duas vezes maior que o risco. Raramente vale a pena arriscar um dólar para ganhar um dólar — você pode muito bem apostar na cor em uma roleta. Ter uma meta de lucro realista e um stop sólido o ajuda a se decidir a respeito de qualquer trade.

No início da minha carreira como trader, não pensava em metas de lucro. Se alguém me perguntasse, eu respondia que não queria limitar meu potencial de lucro. Hoje, eu riria de tal resposta. Um novato sem uma meta clara se sentirá cada vez mais feliz à medida que a ação subir e mais desanimado à medida que descer. Suas emoções o estimularão a atuar nos piores momentos possíveis: continuar segurando, aumentar as posições longas no topo e vender tudo por desgosto perto do piso.

Ao calcular o potencial de lucro de uma transação, encontramos um paradoxo. Quanto maior o período de retenção previsto, maior o potencial de lucro. Uma ação pode subir muito mais em um mês do que em uma semana. Por outro lado, quanto maior o período de retenção, maior o nível de incerteza. A análise técnica pode ser bastante confiável para movimentos de curto prazo, mas muitas surpresas desagradáveis ocorrem em longo prazo.

Já examinamos nossas três principais opções. O período de retenção para trades de posição ou de investimentos é medido em meses; às vezes, anos. Podemos manter o swing trade por alguns dias; às vezes, semanas. A duração esperada de um day trade é medida em minutos, raramente, horas.

Médias móveis e canais definem metas de lucro para swing trade, assim como funcionam para o day trading; mas é preciso prestar mais atenção aos osciladores e sair ao primeiro sinal de divergência em relação ao trade. As metas de lucro no trade de posição são geralmente definidas a partir de níveis anteriores de suporte e de resistência.

Os três alvos mencionados — médias móveis, canais e níveis de suporte/resistência — são bastante modestos. Não são mirabolantes, mas são realistas. Tenha em mente que o "basta" é a lei tanto na vida quanto no trade. Ele o coloca no controle, e, obtendo "o bastante" em um trade após outro, você alcançará excelentes resultados com o tempo.

Como definir "o bastante"? Acredito que as médias móveis e os envelopes, junto aos recentes níveis de suporte e resistência, mostram esse "bastante" para qualquer trade. Deixe-me ilustrar isso com vários exemplos: um é o swing trade; o outro, o day trade; e o terceiro, um investimento de longo prazo.

A VRSN traz um exemplo bastante comum de swing trade modesto: entrar perto de uma das linhas de canal e obter lucros na zona de valor entre as duas médias móveis (Figura 53.1). Isso não é um tiro no escuro; é um tiro de mira preciso no claro, muito mais acurado.

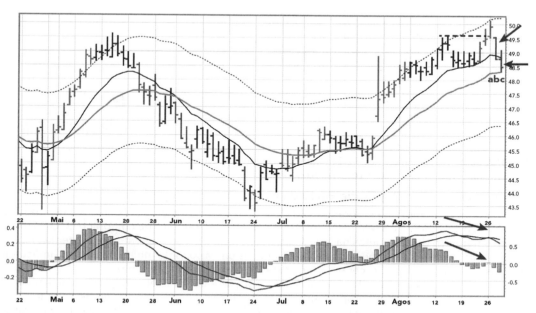

FIGURA 53.1 VRSN com MMEs de 13 e 26 dias, sistema Impulse e um envelope de 4%. MACD de 12-26-9. (*Gráfico: Stockcharts.com*)

O Swing Trade: Obtendo Lucros na Zona de Valor

Esse registro de short na VeriSign Inc. (VRSN) vem do meu diário de trade. Foi uma das várias ações que desenvolveram uma configuração para minha estratégia de "falso rompimento com divergência". Os últimos 3 dias neste gráfico estão marcados como a, b e c. No dia "a", VRSN irrompeu e fechou acima da resistência, marcada por uma linha tracejada horizontal, enquanto o Histograma MACD não podia sequer subir acima de zero. No dia seguinte, marcado como "b", o VRSN abriu abaixo da linha tracejada azul horizontal, mostrando que o dia anterior teve um falso rompimento (alguns chamariam de upthrust). Assim que o Histograma MACD passou, criando uma divergência de baixa, o padrão foi completado, e vendi imediatamente.

O VRSN continuou afundando o dia todo e fechou mais baixo. No dia seguinte, marcado como "c", ele tentou formar uma base, e como o preço diário já estava na zona de valor, decidi que era o bastante e cobri as vendas a descoberto. O lucro de 82 centavos em 3 mil ações trouxe US$2.460 antes das comissões. Eu poderia ter feito mais retendo por mais tempo, mas, no swing trade, centavos rápidos são melhores do que dólares lentos. A realização de lucros na zona de valor reduz o nível de incerteza e reduz o tempo em que o trade permanece em risco.

O day trade do EGO, na Figura 53.2, ilustra a compra de um pullback na zona de valor durante uma tendência de alta, com uma meta de lucro na linha de canal superior. Usei um oscilador para acelerar minha saída quando o mercado não me deixava sair do alvo inicial.

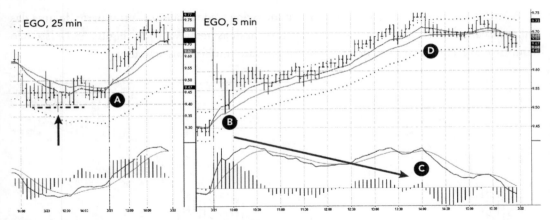

FIGURA 53.2 EGO, gráficos de 25 e 5 minutos com barras de MMEs de 13 e 26, sistema Impulse e Autoenvelope. MACD de 12-26-9. (*Gráfico: TradeStation*).

Tendo Lucro em um Day Trade Perto da Linha do Canal Superior

Esse recorde de compra da Eldorado Gold Corp (EGO) vem do meu diário. Ilustra o uso das Três Telas para o day trading e a realização de lucro. A decisão estratégica de comprar o EGO foi tomada em um gráfico de 25 minutos na área A, no qual a média móvel aumentou e o sistema Impulse mudou para verde (observe que no dia anterior houve um falso rompimento de baixa — indicando que essa ação não queria descer e poderia estar se preparando para subir).

Minha estratégia de trade foi "pullback do valor", que executei em um gráfico de 5 minutos, quando os preços subiram abruptamente, mas depois voltaram para a zona de valor (área B). Comprei a US$9,51; minha meta inicial era de US$9,75, perto da linha superior do canal no gráfico de 25 minutos, com um stop de US$9,37, para uma taxa de recompensa/risco de quase 2:1. Como foi um day trade, mantive minha tela o dia todo.

No início, com a tendência de alta muito forte, considerei fazer um overnight, mas então as divergências de baixa começaram a se desenvolver na área C, e coloquei uma ordem para vender a US$9,75. Essa acabou sendo a maior alta do dia, e minha ordem não foi executada. Como os preços caíram da divergência de baixa em um gráfico de 5 minutos, me esforcei para reduzir minha ordem de venda para US$9,70. Estava cheio e saí com lucro antes do fechamento. O lucro de 19 centavos em 2 mil ações gerou US$380 em poucas horas.

"Anjos caídos" é o nome de uma varredura que uso para procurar possíveis candidatos a investimentos. Marca ações que caíram mais de 90% dos picos, pararam de declinar, caíram mais um pouco e lentamente começaram a subir. Uma ação que perdeu 90% do valor tem grande possibilidade de ser extinta, mas, se resistir, é provável que entre em rali.

O melhor momento para procurar "anjos caídos" é quando um mercado de ursos começa a mostrar sinais de chegar ao piso. É quando você encontra muitos candidatos que sobreviveram a ataques de ursos e estão começando a se reerguer. Esse exemplo mostra uma velha IGOI, que foi maltratada, mas parou de declinar e começou a subir. O gráfico semanal da Figura 53.3 mostra duas tentativas anteriores para retornar à área de pico com vários anos. Cada uma dessas subidas retrocedeu apenas metade do mercado anterior em baixa.

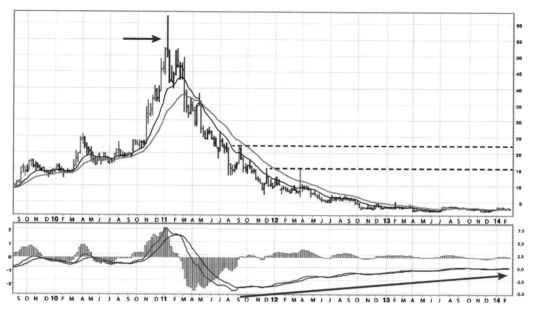

FIGURA 53.3 IGOI com MMEs de 13 e 26 semanas, sistema Impulse e envelope de 4%. MACD de 12-26-9. (*Gráfico: Stockcharts.com*)

Meta de Lucro para um Trade de Longo Prazo no Nível da Resistência

Na borda direita do gráfico semanal, iGo, Inc. (IGOI) está negociando um pouco acima de US$3, com uma MME crescente confirmando uma nova tendência de alta. Seu maior top anterior estava acima de US$60 (note a cauda de canguru), dois ralis recentes intermediários tinham fracassado, o mais recente perto de US$15, e o anterior, de US$22 (todos marcados com linhas tracejadas roxas). Se esse é o início de uma nova tendência de alta, seria razoável definir a primeira meta de lucro em torno de US$15, a próxima, de US$22.

Vai ser um trade fácil? Longe disso. Primeiro, o último piso chegou perto de US$2, e, se você colocasse um stop lá, seu risco por ação seria bastante alto, teria que reduzir o tamanho do trade. Além disso, o rali esperado pode levar de alguns meses a vários anos. Está preparado para esperar tanto tempo com seu capital amarrado? Por último, mas não menos importante, o volume dessa ação é baixo. Aumentará se os preços aumentarem, mas, se o rali fracassar, não será fácil sair da posição. Levando em conta todos esses fatores, é possível ver como é difícil comprar para operar no longo prazo.

▪ 54. Como Definir Stops: Diga Não à Ilusão

Um trade sem um stop é uma aposta. Se você gosta de emoções, vá a um cassino. Viaje para Macau, Las Vegas ou Atlantic City, onde uma casa de apostas lhe servirá bebidas gratuitas e você poderá até alugar um quarto para passar as noites de diversão. Apostadores que perdem dinheiro em Wall Street não ganham brindes.

Os stops são essenciais para a sobrevivência e o sucesso a longo prazo, mas temos uma grande relutância emocional em usá-los. O mercado reforça nossos maus hábitos, treinando-nos para não usarmos stops. Todos nós passamos por essa experiência desagradável: você compra uma ação e faz um stop que é atingido, então sai com uma perda — apenas para ver suas ações se revertendo e se recuperando exatamente como esperava. Se mantivesse essa ação, lucraria, em vez de perder. Manter repetidamente a reversão abrupta o faz enjoar dos stops.

Depois de vários eventos, você passa a operar sem stops, e isso funciona por um tempo. Não há mais reversões abruptas. Quando um trade não funciona, você para de usá-lo — tem disciplina suficiente. Esse sucesso termina depois que um grande trade começa a ficar ruim. Você continua esperando que ele se recupere um pouco e lhe dê uma saída melhor, mas continua afundando. Conforme os dias passam, isso causa mais e mais danos à sua conta — você está sendo mastigado por um tubarão. Logo sua sobrevivência estará em perigo, e sua confiança, destruída.

Enquanto você opera sem stops, os tubarões ao redor se fortalecem e se enfraquecem. Se você opera sem stops, levar uma mordida de tubarão é apenas uma questão de tempo. Sim, os stops incomodam —, mas são um mal necessário. Isso me lembra o que Winston Churchill disse sobre a democracia: "É a pior forma de governo, com exceção de todas as outras já tentadas."

O que faríamos? Sugiro aceitar o desagrado e o incômodo dos stops, mas focar torná-los mais lógicos e menos desagradáveis.

No meu livro anterior, *The New Sell and Sell Short*, dediquei um longo capítulo às complexidades de posicionar os vários tipos de stops. Em vez de me repetir, trago um breve resumo.

Posicione os Stops Fora da Zona do "Ruído de Mercado"

Coloque um stop muito próximo, e ele será executado por um swing intradiário aleatório. Coloque-o longe demais, e terá uma proteção muito fraca.

Pegando emprestado um conceito de engenharia, todos os movimentos do mercado têm dois componentes: sinal e ruído. O sinal é a tendência da sua ação. Quando está alta, o ruído é a parte do intervalo de cada dia que se projeta abaixo da mínima do anterior. Quando está baixa, é a parte do intervalo de cada dia que se projeta acima da máxima do dia anterior.

Stops de SafeZone são esmiuçados em *Aprenda a Operar no Mercado de Ações*. Eles medem o ruído do mercado e colocam os stops em um múltiplo desse nível do ruído longe do mercado. Em resumo, use a inclinação de uma MME de 22 dias para definir a tendência. Se a tendência for de alta, marque todas as penetrações de baixa da barra anterior durante o período de retrospectiva (de 10 a 20 dias), adicione suas profundidades e divida a soma pelo número de penetrações. Isso dá-lhe a penetração média de baixa para o período de retrospectiva selecionado. Reflete o nível médio de ruído na tendência da alta atual. Você deve colocar os stops mais longe do mercado do que o nível médio de ruído, por isso, precisa multiplicar essa penetração média de baixa por, no mínimo, um fator de dois. Colocar seu stop mais perto do ruído seria autodestrutivo.

Quando a tendência, como definida pela inclinação da MME, é reduzida, calculamos a SafeZone com base nas penetrações de altas das máximas das barras anteriores. Contamos cada uma delas durante um dado intervalo e calculamos a média desses dados para encontrar a penetração média de subida. Multiplicamos por um coeficiente, começando com três, e o adicionamos ao máximo de cada barra. A venda perto da máxima requer stops mais amplos do que comprar perto da mínima.

Como todos os sistemas e indicadores deste livro, a SafeZone não é um dispositivo mecânico para substituir o pensamento independente. Você tem que estabelecer o período de retrospectiva, o intervalo durante o qual a SafeZone é calculada, e ajustar o coeficiente para multiplicar a penetração média, de modo que seu stop fique fora do nível de ruído normal.

Mesmo quando não estiver usando a SafeZone, calcule a penetração média contra a tendência na qual pretende operar — e retire o stop da zona de ruído do mercado.

Não Coloque os Stops em Níveis Óbvios

Uma baixa recente que incomoda como uma pedra no sapato tende a fazer com que os operadores coloquem stops ligeiramente abaixo desse nível. O problema é que a maioria das pessoas coloca os stops lá, criando um ambiente rico em alvos para a execução de stops. O mercado tem um hábito estranho de voltar rapidamente àquelas baixas óbvias e ativar stops antes de reverter e lançar uma nova alta. Sem tentar atribuir a culpa por essas baixas, sugiro várias soluções.

Vale a pena colocar os stops em níveis não óbvios — mais perto do mercado ou mais abaixo de uma baixa óbvia. Um stop mais próximo reduzirá seu risco de dólar, mas aumentará seu risco de whipsaw. Um stop mais profundo o ajudará a se esquivar de alguns falsos rompimentos, mas, se ele for atingido, você perderá mais.

Faça sua escolha. Para o trade de curto prazo, vale a pena estreitar os stops, enquanto que para os de posições de longo prazo, é melhor ter stops mais amplos. Lembre-se do "Triângulo de Ferro do controle de risco" — um stop mais amplo exige um tamanho menor de trade.

Um método de que gosto é o **stop do Nic**, em homenagem ao meu amigo australiano Nic Grove. Ele inventou o método que consiste em colocar um stop não perto da menor baixa, mas na segunda menor baixa. A lógica é simples — se o mercado desliza para a segunda menor baixa, é quase certo que continue caindo e chegue à maior baixa, onde a maior parte dos stops se aglomeram. Usando o stop do Nic, saio com uma perda menor e uma menor slippage do que teria quando os mercados caíssem para níveis mais baixos e mais óbvios.

A mesma lógica funciona quando operamos short. Coloque o seu stop do Nic de forma que não seja "um tick acima da máxima mais alta", mas no nível da segunda máxima mais alta. Vamos revisar alguns exemplos recentes de compras e vendas na Figura 54.1.

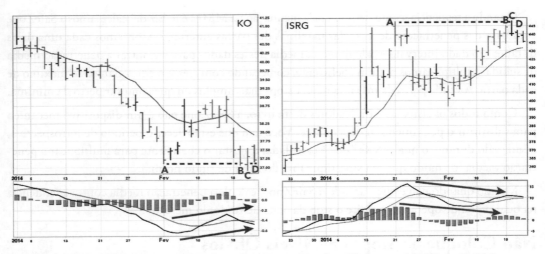

FIGURA 54.1 Gráficos diários com MME de 13 dias, sistema Impulse e Histograma MACD de 12-26-9.
(*Gráfico: Stockcharts.com*)

Stops do Nic — Compra de KO e Venda de ISRG

No gráfico da Coca-Cola Company (KO), vemos um falso rompimento de baixa com uma divergência de alta. O sistema Impulse mudou de vermelho para azul, permitindo a compra. Se comprarmos, onde devemos colocar o stop?

Barra A — A baixa foi de US$37,10

Barra B — A baixa foi de US$37,05

Barra C — A baixa foi de US$36,89 (um falso rompimento de baixa, excedeu a baixa A por US$0,21).

Barra D — A baixa foi de US$37,14

A multidão selecionou stops abaixo de 36,89, mas o stop do Nic chega a US$37,04 — um centavo abaixo da segunda mínima mais baixa, a parte inferior da barra B.

No gráfico da Intuitive Surgical, Inc. (ISRG), vemos um falso rompimento com uma divergência de baixa. O sistema Impulse mudou de verde para azul, permitindo o short. Se vendermos, onde devemos colocar o stop?

Barra A — O pico anterior atingiu US$447,50

Barra B — A alta foi de US$444,99

Barra C — A alta foi de US$447,75 (um falso rompimento de alta, excedeu o pico anterior por US$0,25).

Barra D — A alta foi de US$442,03

A multidão terá stops acima de US$447,75, mas o stop do Nic chegará a US$445,05 — alguns centavos acima da segunda maior alta recente, o topo da barra B.

Explore vários sistemas para colocar stops, como Parabolic, SafeZone e Volatilidade, descritos nos livros mencionados. Você pode escolher uma abordagem requintada ou simples, mas tenha em mente os princípios vitais: primeiro, use stops; e, segundo, não os coloque em níveis óbvios, visíveis para qualquer pessoa que olhe para o gráfico. Estreite ou amplie os stops um pouco mais do que a média — fique longe da multidão para não ser um trader mediano.

Pelo mesmo motivo, evite colocar stops em números redondos. Se comprar por US$80, não coloque um stop em US$78, mas em US$77,94. Se inserir um day trade a US$25,60, não coloque um stop em US$25,25 — mova-o para US$25,22 ou até mesmo para US$22,19. Números redondos atraem multidões — coloque seu stop um pouco mais longe. Deixe a multidão dar o primeiro passo, e talvez seu próprio stop permaneça intocado.

Outro método, popularizado por Kerry Lovvorn, é o **stop do Average True Range (ATR)** (veja a Seção 24 para a explicação do ATR). Quando entrar em uma barra de preço, coloque o stop pelo menos um ATR distante do extremo dela. Um stop de dois ATR é ainda mais seguro. Você pode usá-lo como stop móvel, movimentando-o em cada barra. O princípio é o mesmo — coloque seu stop fora da zona de ruído do mercado (Figura 54.2).

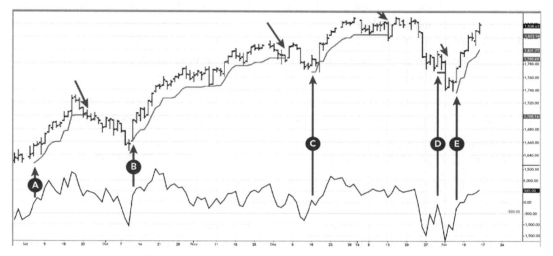

FIGURA 54.2 S&P 500 e Índice NH-NL de 20 dias. (*Gráfico: TradeStation, programado por Kerry Lovvorn*)

Trailing Stops da 2-ATR com um Sinal de Spike Bounce

Um sinal de Spike Bounce (Seção 34) ocorre quando o índice de NH–NL de 20 dias cai para -500, indicando um desequilíbrio de baixa, e então sobe acima desse nível, mostrando que os touros estão voltando. Os sinais de Spike Bounce são marcados por setas verdes verticais. As barras S&P ficam coloridas de verde enquanto o sinal Spike Bounce fica, na verdade, roxo após desaparecer. A linha vermelha segue dois ATRs abaixo dos máximos das barras do S&P 500.

O Spike Bounce dá sinais de compra para todo o mercado, e esse gráfico acompanha cada sinal de compra com um stop próximo de 2-ATR (os crossovers intradiários não contam — o mercado precisa fechar abaixo do stop para ativá-lo). Observe os sinais A, B e C. O sinal de compra E valia quando o livro foi escrito. O sinal D resulta em perda — não há sinais universais para o lucro.

Uma das vantagens de usar stops móveis é que eles reduzem a quantidade de dinheiro em risco. Discutimos o conceito na Seção 51. Como um trade seguido por um stop móvel a seu favor, ele gradualmente elimina o risco disponível, permitindo que você faça novos trades.

Mesmo se você não usar os stops SafeZone ou ATR, certifique-se de colocar stops a alguma distância dos preços recentes. Você não quer ser como os traders temerosos que aproximam tanto os stops dos preços atuais que o menor float os atinge.

DETALHES PRÁTICOS

O conceito de sinal e ruído não só ajuda a colocar stops estratégicos, mas também a encontrar boas entradas no trade. Se você vê uma ação em forte tendência, mas não gosta de perseguir preços, desça um time frame. Por exemplo, se a tendência semanal aumentar, mude para o gráfico diário e verá que, a cada poucas semanas, há um pullback abaixo da zona de valor. Meça as várias penetrações recentes abaixo da MME lenta para calcular uma penetração média (veja a Figura 39.3). Coloque uma ordem de compra para o dia seguinte a essa distância abaixo da MME e ajuste-o todos os dias. Você usará um toque desse ruído para obter uma boa entrada em um trade que segue tendências.

Não Deixe um Trade Certo Virar uma Perda

Nunca deixe um trade aberto que mostra um bom lucro se tornar uma perda! Antes de operar, comece a planejar em que nível você começará a proteger seus lucros. Se sua meta de lucro para esse trade for de cerca de US$1 mil, você pode decidir que um lucro de US$300 precisa ser protegido. Uma vez que seu lucro aberto aumente para US$300, você moverá seu stop de proteção para um nível de equilíbrio. Chamo esse movimento de "trancar o trade".

Após mudar seu stop para o ponto de equilíbrio, concentre-se em proteger uma parcela do seu lucro crescente com papel. Decida com antecedência qual porcentagem você protegerá.

Decida que, uma vez que o stop de equilíbrio esteja em vigor, você protegerá um terço do lucro aberto. Se ele subir para US$600, aumente seu stop, para que o lucro de US$200 seja protegido.

Esses níveis não são categóricos. Você pode escolher porcentagens diferentes, dependendo do seu nível de confiança em um trade e de sua tolerância ao risco.

À medida que um trade se move a seu favor, seu potencial restante de ganho começa a diminuir, enquanto o risco — a distância até o stop — continua aumentando. Operar é gerir o risco. Conforme a taxa risco/retorno dos bons trades se deteriora lentamente, é preciso reduzir o risco. Proteger uma parcela dos lucros do papel mantém a relação risco/retorno mais equilibrada.

Mova Seu Stop Somente em Prol do Trade

Você compra uma ação e, sendo um profissional disciplinado, coloca um stop logo abaixo. Essa ação sobe, gerando bons lucros em papel, mas depois fica estagnada. Em seguida, afunda um pouco, depois mais, e depois fica negativa, avançando para o stop. Conforme você estuda o gráfico, o piso parece bom, com uma divergência de alta capaz de suportar um forte rali. O que fazer?

Primeiro, aprenda com seu erro de não ter subido o stop. Ele deveria ter sido aumentado para o breakeven há um tempo. Como isso não foi feito, suas opções se estreitam: aceite uma pequena perda imediata e se prepare para reposicioná-lo mais tarde — ou continue com a posição. O problema é que você fica tentado a optar pela terceira e não planejada escolha — diminuir o stop, dando ao mercado perdedor "mais espaço".

Não faça isso!

Dar "mais espaço" ao trade é uma completa ilusão. É algo que o trader sério não faz.

Dar "mais espaço" a um trade ruim é como dizer a seu filho que você esconderá as chaves do carro se ele se comportar mal, mas não cumprir. É assim que você ensina a ele que regras não importam e encoraja um comportamento ainda pior. Ser firme garante bons resultados em longo prazo.

A atitude lógica a se tomar quando um trade se sai mal é aceitar uma pequena perda. Continue a monitorar essa ação e se prepare para comprá-la novamente se for preciso. A persistência vale a pena, as comissões são baratas e os traders profissionais costumam fazer várias tentativas rápidas antes de começarem a concorrer.

Stops Catastróficos: Colete Salva-vidas dos Profissionais

Logo depois de me mudar para uma casa perto de um lago, comprei um caiaque e um colete salva-vidas. Tudo o que eu tinha que fazer para estar dentro das normas era ter um colete no caiaque — qualquer pedaço barato de lixo seria suficiente. Ainda assim, gastei um bom dinheiro em um de qualidade que parecia confortável e não interferia no remo quando eu o vestia.

Tudo o que eu planejava fazer com aquele caiaque era remar pacificamente em um lago, longe da correnteza. Nunca achei que fosse realmente precisar do colete. Desperdicei meu dinheiro comprando isso? Bem, se algum barco a motor colidisse comigo, um colete de alta qualidade poderia fazer a diferença entre a vida e a morte.

O mesmo acontece com os stops. Eles são um incômodo e muitas vezes custam caro. Ainda assim, haverá um dia em que um stop salvará sua conta de uma colisão com risco de morte. Tenha em mente que um acidente é muito mais provável no mercado do que em um lago. É por isso que é essencial usar stops.

Um "hard stop" é uma ordem que você dá a seu corretor. Um "soft stop" é uma ordem que fica na sua cabeça, pronta para ser posicionada quando for necessário. Traders novatos e medianos devem usar hard stops. Um trader profissional, sentado em frente a uma tela ao vivo o dia inteiro, pode usar um soft stop se tiver a disciplina de sair quando o sistema lhe disser para fazê-lo.

Ainda assim, acidentes acontecem. Um amigo trader profissional descreveu como lutou contra uma reversão do mercado. Seu soft stop foi definido em um nível de perda de US\$2 mil, mas no momento em que ele jogou a toalha e saiu, sua perda tinha crescido para US\$40 mil — a pior de sua carreira. É por isso que, mesmo que você não use hard stops regularmente, deve pelo menos usar um "stop da catástrofe" para cada trade.

Para qualquer trade, de compra ou de venda, trace uma linha em seu gráfico para onde você absolutamente não espera que a ação vá. Coloque o hard stop nesse nível e torne-o BSC: "bom até ser cancelado". Esse será seu stop da catástrofe. Agora você pode se dar ao luxo dos soft stops. Pegue o caiaque a sério, sabendo que está vestindo um colete salva-vidas confiável.

Se meu amigo cujo rebaixamento de US\$2 mil lhe acarretou uma perda de US\$40 mil tivesse usado um stop "catastrófico", só teria sofrido uma perda relativamente pequena, contornando o desastre e evitando a pressão financeira e psicológica de ser mordido por um tubarão.

Stops e Gaps Overnight: Somente para Profissionais

O que você fará se sua ação for atingida por uma grande notícia ruim depois que o mercado fechar? Olhando as cotações de pré-abertura da manhã seguinte, você percebe que ele abrirá bem abaixo do seu stop, prometendo slippages maciças.

Essa é uma ocorrência rara, mas possível.

Se você é um trader novato ou mediano, não há muito o que fazer — cerrar os dentes e aceitar a perda. Apenas os profissionais friamente disciplinados têm uma opção adicional: fazer o day trade para sair dessa ação. Retire seu stop e, depois que a ação começar a ser operada, processe-a como se fosse um day trade que você comprou no primeiro tick daquela manhã.

Os gaps de abertura são seguidos por retomadas, dando aos traders ágeis a oportunidade de sair com uma perda menor. Isso nem sempre acontece — e é por isso que a maior parte dos traders nunca deve usar essa técnica. Você pode acabar intensificando sua perda em vez de reduzi-la.

Certifique-se de sair antes do fechamento. Sua ação danificada pode saltar hoje, mas amanhã mais vendedores estarão suscetíveis a entrar e jogá-la para baixo. Não deixe que uma reversão o leve a uma falsa esperança.

▨ 55. Isso É um Trade A?

Seu desempenho em qualquer área melhorará se você fizer testes. Classificá-los em graus o ajudará a reconhecer seus pontos fortes e fracos, para que trabalhe para reforçar o que é bom e corrigir o que não é.

Sempre que concluir um trade, o mercado lhe dará três graus para classificar a qualidade de sua entrada e de sua saída, e, o mais importante, o grau geral do trade.

Se você opera swing trade e usa uma combinação de gráficos semanais e diários, procure seus graus nos diários. Seu **grau de compra** se baseia na localização da sua entrada em relação à alta e à baixa da barra diária durante a qual você comprou.

$$\text{Grau de compra} = \frac{(\text{alta–ponto de compra})}{(\text{alta–baixa})}$$

Quanto mais próximo da barra de baixa e mais longe da de alta você estiver, melhor é seu grau de compra. Suponha que a alta do dia fosse de US$20, a baixa, de US$19, e você conseguisse comprar a US$19,25. Inserir esses números na fórmula dá a você um grau de compra de 75%. Se o grau de compra for 100%, você comprou na parte inferior do dia. Isso é brilhante, mas não conte com isso acontecendo toda hora. Se seu grau de compra for 0%, significa que comprou o grau mais alto do dia. Isso é terrível e deve servir como um lembrete para não perseguir os preços descontrolados. Calculo meu grau de compra para cada trade e considero o mínimo de 50% um resultado muito bom, o que significa que comprei na metade inferior da barra diária.

A seguinte fórmula define seu **grau de venda**:

$$\text{Grau de venda} = \frac{(\text{ponto de venda–baixa})}{(\text{alta–baixa})}$$

Quanto mais próximo da barra de alta e mais distante da de baixa você vender, melhor será o grau de venda. Suponha que a alta do dia seja US\$20, a baixa, US\$19, e você tenha vendido a US\$19,70. Inserir esses números na fórmula lhe confere um grau de venda de 70%. Se o grau de venda é de 100%, você vendeu no topo do dia. Se o grau é 0%, vendeu no último lance do dia. Esse péssimo grau serve como lembrete para vender mais cedo em vez de entrar em pânico. Calculo meu grau de venda para cada trade e considero o mínimo de 50% um resultado muito bom, o que significa que vendi na metade superior da barra diária.

Ao avaliar qualquer trade, a maioria das pessoas assume que a quantidade de dinheiro que ganham ou perdem nele reflete a sua qualidade. O dinheiro é importante para traçar a curva de capital, mas é uma medida pobre de um único trade. Faz mais sentido avaliar a qualidade comparando o que você tem com o que estava realisticamente disponível. Acho meu **grau de trade** comparando pontos ganhos ou perdidos com a altura do canal do gráfico diário medido no dia da entrada.

$$\text{Grau de trade} = \frac{(\text{venda–compra})}{(\text{alta do canal–baixa do canal})}$$

Um canal bem desenhado contém entre 90% e 95% dos preços das últimas 100 barras (veja a Seção 22). Você pode usar qualquer número de canais — paralelamente aos canais MME, Autoenvelope, Keltner ou ATR — desde que seja coerente. Um canal contém movimentos normais de preços, com apenas os altos e baixos extremos que se projetam para fora dele. A distância entre as linhas de canal superior e inferior no dia em que você entra em um trade representa uma máxima realista do que está disponível para um swing trader nesse mercado. Disparar até um máximo, no entanto, é um jogo muito perigoso. Considero qualquer trade que ganhe 30% ou mais da altura de seu canal como um trade A.[1] (Figura 55.1)

Um comentário de Kerry Lovvorn na reunião anual de 2012 da SpikeTrade chamou minha atenção: ele desafiou todos os participantes a definirem o que chamou de "trade A" — uma configuração que sinaliza a probabilidade de um excelente trade. "Você tem que definir esse padrão para si mesmo", disse ele. "Se não sabe qual é seu 'A', não ganha nada no mercado."

Eu sabia muito bem o que meus trades A eram — uma divergência associada a um falso rompimento ou um pullback de valor. Ainda assim, se eu não via nenhum A na tela, ia no B, e, em um dia muito lento, no C.

Voltando para casa daquela reunião, anexei uma nota de plástico a uma das minhas telas de trade com a pergunta: "Isso é um trade A?" Desde então, a vejo sempre que coloco uma ordem. Os resultados vieram rapidamente: à medida que o número de trades A não declinava acentuadamente, minha curva de capital subia de forma inversamente proporcional.

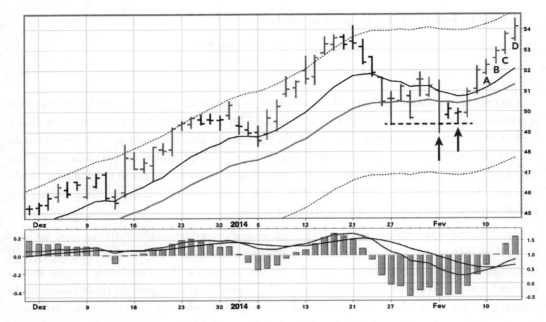

FIGURA 55.1 ADSK diário com MMEs de 13 e 26 dias e envelope de 7%. Sistema Impulse com Histograma MACD de 12-26-9. (*Gráfico: Stockcharts.com*)

Graus de Compra, de Venda e de Trade

Esse gráfico vem do meu diário de um trade na Autodesk, Inc. (ADSK), enquanto eu escrevia este livro (você viu meu plano para esse trade na Figura 38.1). Peguei carona em uma das escolhas do Spike, e minha estratégia era "pullback de valor". O ADSK havia recentemente encenado um pullback mais profundo do que a média — observe um falso rompimento marcado por uma seta vermelha, seguida por um novo teste bem-sucedido, marcado com uma seta verde.

- Dia A — 10 de fevereiro de 2014, segunda-feira: alta US$52,49; baixa US$51,75; linha superior do canal US$53,87; inferior US$47,61 (precisamos de valores de canal para calcular o grau do trade de saída). Compra US$51,77. Grau de compra = (52,49 − 51,77) / (52,49 − 51,75) = 97%;

- Dias B e C — Terça e quarta-feira: o rali continua, o stop começa a subir;

- Dia D — Quinta-feira: alta US$54,49; baixa US$53,39. Venda US$53,78. Grau de venda = (53,78 − 53,39) / (54,49 − 53,39) = 35%. Grau de trade = (venda − compra) dividido pela altura do canal = (53,78 − 51,77) / (53,87 − 47,61) = 32%.

Meu grau de compra nesse trade foi excepcionalmente alto, o grau de venda, abaixo da média, mas o geral do trade foi muito bom. Ocupado com o livro, operei apenas 200 ações, então meu lucro, após as comissões, foi inferior a US$400. Se eu tivesse classificado meus trades por lucros, esse seria fácil de ignorar, mas capturar 32% do canal me rendeu um A.

Você precisa ter uma ideia clara do que seria uma configuração perfeita para você, "um trade A". Perfeito não garante lucros — não há garantias no mercado —, mas significa uma configuração com uma forte expectativa positiva. Isso também significa algo que você já operou antes, com o qual está confortável. Depois de definir esse padrão, você pode começar a procurar ações que o exibam.

55. ISSO É UM TRADE A? **247**

Uma das poucas vantagens que um trader privado tem em detrimento de um institucional é poder escolher quando operar. Temos o luxo de ficar livres para esperar por excelentes oportunidades. Infelizmente, a maioria de nós, na gana de operar, joga fora essa incrível vantagem.

Adicionei a pergunta "Isso é um trade A?" ao meu Tradebill, o formulário de gestão de trade que discutiremos na próxima parte. Sempre que vejo um trade potencial, faço a mim mesmo essa pergunta. Se a resposta for "sim", começo a calcular a gestão de riscos, a dimensão das posições e o planejamento da entrada. Se a resposta for "não", viro a página e procuro outro (Figura 55.2).

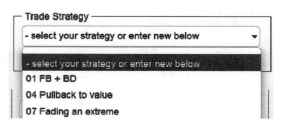

FIGURA 55.2 A caixa de estratégia no diário de trade. (*Fonte: SpikeTrade.com*)
Sempre que planejar um trade, especifique qual sistema usará. Pergunte a si mesmo se esse trade planejado está de acordo com seu sistema.

Uso as palavras "sistema" e "estratégia" intercambiavelmente — ambas significam um plano de trade. Como você vê nessa caixa de estratégia do meu diário, de setembro de 2013, opero atualmente em três sistemas. Meu principal é um "falso rompimento com divergência". Ocasionalmente, também opero retenções por valor — comprando pullbacks durante tendências de alta e vendendo subidas nas de baixa. Em raras ocasiões, opero contra os extremos, comprando ações severamente abatidas ou ações a descoberto cujos ralis selvagens se estagnam.

Não importa o quão boa seja uma ideia ou uma dica de ações, eu não a opero a menos que ela se encaixe em uma das minhas três estratégias. Ideias vêm e vão, voam ou fracassam —, mas as estratégias permanecem e crescem melhor com a idade, à medida que você aprende como se comportam sob várias condições de mercado.

Gradualmente, você pode desenvolver estratégias e eliminar outras. Pode ver que as que uso são numeradas 1, 4 e 7. O resto dos números eram estratégias que parei de usar.

Seu sistema pode ser muito mecânico ou bastante geral, com apenas alguns princípios-chave, como o meu Três Telas. De qualquer maneira, você deve saber como é seu "trade" antes de planejar seu próximo trade.

Vou orientá-lo em uma das minhas estratégias, mas lembre-se de que você não precisa copiá-la (Figura 55.3). A maneira como fazemos o trade é tão pessoal quanto a caligrafia. Defina uma estratégia que lhe pareça confortável, teste-a e encontre um gráfico que a represente perfeitamente. Imprima esse gráfico e coloque-o em uma parede perto de sua mesa. Agora você pode procurar por trades que tenham a aparência do gráfico no dia em que você entrou nesse trade.

248 DETALHES PRÁTICOS

Na próxima seção, sobre planejamento do trade, você verá como usar o Tradebill para tornar suas decisões mais objetivas. Todo trade tem vários parâmetros, e é fácil ignorar alguns no calor do momento. Assim como um piloto passa por uma lista de verificação de pré-voo, um trader precisa verificar sua lista antes de decidir colocar uma ordem.

FIGURA 55.3 SLB diário com MMEs de 13 e 26 dias e envelope de 6%. Sistema Impulse com Histograma MACD de 12-26-9. (*Gráfico: Stockcharts.com*)

Falso Rompimento de Baixa com Divergência de Alta

Esse gráfico, do meu diário de trade, mostra um exemplo quase perfeito de uma estratégia de swing trade abreviada como "01 FB + BD" — um falso rompimento com uma divergência de alta ou baixa. Schlumberger, Ltd. (SLB) estava em uma tendência de baixa bem estabelecida e, quando atingiu um novo mínimo em A, parecia apenas mais um fundo durante uma longa e dolorosa queda. Olho para toda a área circulada do Histograma MACD como um único fundo, porque nunca cruzou a linha zero. Na área B, a imagem ficou mais interessante: o Histograma MACD subiu acima de sua linha central, "quebrando o urso". O sistema semanal Impulse (não mostrado), que até então era vermelho, ficou azul, removendo sua proibição de compra. Na área C, o SLB caiu para uma nova baixa, mas o MACD caiu para uma baixa muito mais rasa, configurando uma divergência de alta.

Observe atentamente a primeira barra azul após várias barras vermelhas na área C. Foi aí que o Histograma MACD passou, completando uma divergência de alta. Além disso, essa barra subiu e se fechou acima do nível de rompimento de baixa, marcado por uma linha pontilhada roxa: ela marcou as barras anteriores como um falso rompimento de baixa.

Comprei durante aquela barra (marcada com uma seta verde vertical), sem esperar que se fechasse, passando de 2 mil ações a US$60,80, com um stop de US$59,12. Quatro dias depois, quando os preços se aproximaram da linha superior do canal, bem como o nível do top anterior, comecei a obter lucros. Vendi mil ações a US$66,55, e o restante no dia seguinte a US$67 (ambas marcadas com setas vermelhas). Registrei quase US$6 por ação, em um total de US$11.950 antes de comissões em 5 dias de trade. O sistema gerou um belo trade.

Esse é o gráfico que tenho em mente ao procurar ações e futuros para operar. Quero encontrar aquelas que completaram o piso A e o topo B e que estão declinando no que pode se tornar o piso C. No fundo, o sistema Impulse no gráfico semanal não pode ser vermelho, porque isso impediria a compra.

56. Avaliando Possíveis Trades

Há milhares de ações, e nos próximos dias e semanas, algumas subirão, outras cairão, e outras, ainda, andarão de lado. Cada ação fará dinheiro para os traders cujos sistemas estão em sintonia com ela e tirará do resto. O desenvolvimento do sistema, ou da estratégia, de trade é anterior à digitalização. Se você não tem uma estratégia claramente definida, o que procurará?

Comece desenvolvendo um sistema em que confie. Uma vez que o tenha, procurar candidatos a trade se torna lógico e objetivo. Olhando sua lista de candidatos, a primeira pergunta sobre qualquer escolha é: "Isso é um trade A?" Em outras palavras, essa escolha está próxima de seu ideal? Se a resposta for "sim", você pode começar a trabalhar nesse trade.

Avaliar significa revisar um grupo de veículos e ampliar os candidatos a trade. Sua análise pode ser visual ou digital: você pode folhear vários gráficos, dar uma rápida olhada em cada um, ou fazer com que seu computador faça isso e sinalize ações cujos padrões lhe interessem. Para repetir, definir um padrão em que confie deve ser o primeiro passo, a análise é o segundo, mais distante.

Certifique-se de ter expectativas realistas para a análise, nenhuma encontrará agulhas no palheiro — aquela oportunidade única. O que uma boa análise faz é mostrar um grupo de candidatos em que prestar atenção. Você pode tornar esse grupo maior ou menor por meio do ajuste dos parâmetros da análise. Uma análise significa uma economia de tempo que apresenta candidatos em potencial, não é uma mágica para libertá-lo da necessidade de trabalhar em suas escolhas.

Comece descrevendo quais ações deseja encontrar. Se você segue tendências, mas não gosta de buscar ações específicas, pode criar uma análise para encontrar ações cuja média móvel esteja subindo, mas o preço mais recente esteja só uma pequena porcentagem acima da média. Você mesmo pode elaborar a análise ou contratar alguém para fazê-la — alguns programadores oferecem esse serviço.

A lista de ações a serem analisadas pode ser pequena, como dezenas, ou grande, como as do S&P 500, ou mesmo do Russell 2.000. Gosto de procurar candidatos de trade nos finais de semana, e, dependendo de quanto tempo tenho, usar uma das duas abordagens — uma preguiçosa e outra trabalhosa. A preguiçosa, quando meu tempo é limitado, é rever as escolhas dos Spikers para a semana seguinte. Os Spikers são os membros de elite da SpikeTrade.com, e, entre algumas escolhas de traders muito experientes que competem pela melhor escolha da semana, vejo uma ou duas ações nas quais pegar carona. Analiso essas escolhas de forma crítica. Dependendo das minhas perspectivas, concentro-me principalmente em candidatos a compra ou a venda.

A forma trabalhosa consiste em baixar todos os 500 componentes do S&P 500 no meu software e analisar potenciais divergências de MACD. Já vi muitas análises de divergência, mas nunca uma confiável — todas geraram muitos falsos positivos e perderam muitas boas divergências. Então percebi que uma divergência era "um padrão analógico" — visível a olho nu, mas difícil de escolher com o processamento digital. Eu me voltei para John Bruns, que construiu um escâner de divergência MACD semiautomático para mim. Em vez de procurar por divergências, procura padrões que precedem as divergências e elenca candidatos a serem observados nos próximos dias. (Figura 56.1).

250 DETALHES PRÁTICOS

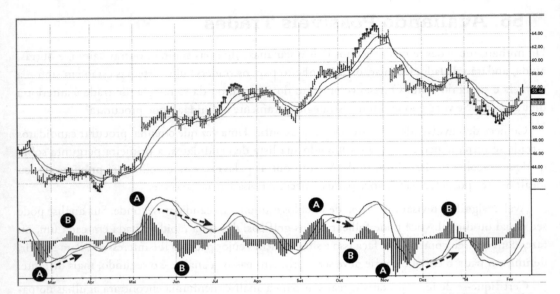

FIGURA 56.1 WFM diário com MMEs de 13 e 26 dias. Sistema Impulse com Histograma MACD de 12-26-9. Pontos vermelhos — divergências de baixa potenciais ou reais. Pontos verdes — divergências de alta potenciais ou reais. (*Gráfico: TradeStation, scanner by John Bruns/elder.com*)

Escâner de Divergência Semiautomática do Histograma MACD

Revimos o Histograma MACD e suas divergências na Seção 23 e retornamos a esse padrão repetidamente ao longo deste livro. Em vez de procurar divergências concluídas, essa análise semiautomática encontra ações que completaram as partes A e B de uma divergência potencial. À medida que a parte C (a segunda parte superior ou inferior) começa a emergir, a análise coloca pontos vermelhos acima ou pontos verdes abaixo da barra para alertar a possibilidade de uma divergência.

Esse gráfico da Whole Foods Market, Inc. (WFM) mostra que um escâner não é um localizador automático de trades. É um cão de guarda que o alerta para a possibilidade de que esse mercado esteja pronto para o trade — compra ou venda. Tendo recebido tal sinal, um trader precisa calcular essa ação para estabelecer o nível no qual a divergência seria concluída e anotar os níveis de entrada, o alvo e o stop.

Executar minha análise semiautomática de divergência MACD sobre os gráficos semanais e diários de todos os 500 componentes do S&P 500 leva apenas um minuto, mas o trabalho real começa quando reviso as listas de candidatos promissores e indesejados. Primeiro, comparo os tamanhos das listas de alta e baixa. Por exemplo, durante várias semanas antes de escrever este capítulo, minha análise de divergências de alta entre os componentes do S&P 500 produziu de 4 a 5 candidatos, enquanto a análise para possíveis divergências de baixa retornou entre 70 e 80 ações. Esse grande desequilíbrio indicava que o mercado estava empoleirado na beira de um penhasco, e eu precisava encontrar alguns shorts para aproveitar a queda seguinte. Limitei minha lista semanal de candidatos a trade para 5 ou 6 escolhas que mostram os padrões mais atraentes e a melhor recompensa para as taxas de risco. Essas são as ações que pretendo operar durante a semana. Tenho amigos que conseguem fazer malabarismos com 20 ações de uma vez — é possível, mas não para mim, e todo trader sério deve conhecer suas limitações.

56. AVALIANDO POSSÍVEIS TRADES   **251**

Outra "maneira trabalhosa" de encontrar candidatos envolve a análise de setores no mercado de ações. Se acho que o ouro está se aproximando de um piso importante, levanto a lista de todas as 52 ações de ouro e 14 ações de prata do momento e procuro candidatos para compra. Ao fazer isso, tenho em mente meu gráfico SLB, mostrado na Figura 55.3 — quero encontrar ações cujos padrões pareçam próximos ao ideal.

Se for analisar um grande número de ações, vale a pena adicionar algumas **regras negativas**. Você deve omitir ações cuja média de volume diário seja inferior a meio milhão ou até um milhão de ações. Seus gráficos tendem a ser mais irregulares e sua slippage, pior do que em ações mais ativamente operadas. Você deve excluir ações caras de suas análises para a compra e ações baratas para candidatos a short. A escolha de em quais níveis colocar seus filtros de preços é uma questão pessoal. É por isso que é melhor deixar a análise de muitas ações ao mesmo tempo para traders experientes. Primeiro aprenda a engatinhar, para depois correr a maratona.

CAPÍTULO 11

Manutenção de Registros

"Não existe almoço grátis. Como em tantas outras coisas, ou você paga antecipadamente ou você pagará na saída por ser desorganizado e, infelizmente, quando você paga na saída pela desorganização, é sempre mais caro..." escreveu Andrew J Mellon, em *Unstuff Your Life*.

O mercado é perversamente incoerente ao distribuir recompensas e punições. Há sempre uma chance de que um trade mal planejado gere lucros, enquanto um bem planejado e cuidadosamente executado acabe em perda. Esse reforço aleatório subverte nossa disciplina e incentiva um trade desleixado.

A boa manutenção de registros é a melhor ferramenta para desenvolver e manter a disciplina. Une psicologia, análise de mercado e gestão de risco. Sempre que leciono, eu digo: "Mostre-me um trader com bons registros e lhe mostrarei um bom trader."

Anotar seus planos de trade evita perder algum fator essencial do mercado. Uma boa manutenção de registros evita cair em operações impulsivas. A disciplina do trade é semelhante ao controle de peso, o que é muito difícil para a maioria das pessoas. Se você não sabe quanto pesa hoje nem se sua curva de peso está aumentando ou diminuindo, como a controlará? A perda de peso começa com a pesagem sem roupas pela manhã e a anotação do peso naquele dia.

Todos cometemos erros, mas, se você continuar revisitando seus registros e refletindo sobre os erros do passado, é improvável que os repita. A boa manutenção de registros o transformará em seu próprio professor e fará maravilhas para o patrimônio da sua conta.

Uma rápida leitura de um capítulo não fará de você um profissional disciplinado. Você terá que investir horas na lição de casa e aceitar a dor de ter os stops executados. O trabalho vem em primeiro lugar, as recompensas, mais tarde. Conforme sua conta cresce, você sentirá uma realização sem precedentes.

Vamos rever os três principais componentes da manutenção de registros:[1]

1. A disciplina começa com o dever de casa;
2. A disciplina é reforçada escrevendo seus planos de operação;
3. A disciplina culmina na execução desses planos e na conclusão dos registros das operações.

Fique à vontade para personalizar todos esses documentos. Os mercados são enormes e diversificados, e não há um sistema único de análise, de operação e de manutenção de registros. Os princípios básicos estão neste livro, mas a maneira de implementá-los é pessoal.

■ 57. Sua Lição de Casa Diária

Quando você acorda de manhã e sabe que precisa estar no escritório em uma hora, não passa o tempo planejando cada passo. Você segue uma rotina preestabelecida: sair da cama, tomar banho, vestir-se, tomar o café da manhã, entrar no carro etc. Essa rotina automatizada o prepara para o dia, deixando sua mente livre para o pensamento estratégico. No momento em que você chega ao escritório, você está pronto para enfrentar o dia.

Vale a pena ter uma rotina matinal para o mercado: uma sequência de etapas para averiguar os fatores-chave que podem influenciar o trade daquele dia. Essa rotina deve alinhá-lo com o mercado antes de sua abertura, deixando-o alerta e pronto para agir.

Uso uma planilha para o esboço da minha rotina. A pessoa que me deu essa ideia foi Max Larsen, gestor de carteiras em Ohio. Mudei a planilha dele: minha versão atual é numerada 3.7, refletindo duas grandes revisões e algumas menores. É baseada em como vejo os mercados, enquanto seus links incorporados me ajudam a acessar vários sites para obter as informações que quero.

Minha planilha de lição de casa (Figura 57.1) é um trabalho em andamento, pois continuo adicionando e excluindo linhas. Se começar a usá-la, tenho certeza de que a modificará para se adequar às suas preferências. Na minha empresa, elder.com, há minha planilha mais recente, completa, com o autoteste psicológico — basta escrever, em inglês, para info@elder.com e pedir.

Depois de preenchê-la, volto para meus trades em aberto. Reviso os stops e metas de lucro, fazendo quaisquer ajustes que forem necessários para o dia. Então, se planejo operar hoje, reviso minha pequena lista, concentrando-me em entradas planejadas, alvos e stops. Agora, estou em sintonia com o mercado, pronto para colocar ordens. Faço essa lição de casa mesmo se não puder operar durante o dia, por exemplo, quando viajo. Esse hábito disciplinado é como tomar banho e se vestir de manhã, mesmo nos dias em que não se planeja ir para o escritório.

---

1 NT: O conteúdo é atualizado com frequência e disponibilizado pela equipe do autor. Veja na seção correspondente como acessar esses materiais.

57. SUA LIÇÃO DE CASA DIÁRIA 255

1	Lição de Casa do Elder	quarta
2	v 3.7	19/02/14
3	Verificar os Mercados do Oriente	+ 2 + 1.1%
4	Verificar os Mercados da Europa	- 5%
5	Economic calendar Brienfing.com	Início, possível queda
6	Marketwatch	Crash de 2014
7	Euro	1.375 g/g
8	Yen	98.1 g/g
9	Petróleo	102 g/g
10	Ouro	1317 g/b
11	Títulos @us	133,23 g/b
12	índice Báltico Seco	1,146
13	NA-NL	1208 / 365
14	VIX	13.9 r/b
15	S&P500 cash	1841 g/g
16	D value	no canal superior
17	D 13 FI	pos
18	Expectativa de uma vela S&P	baixa
19	Modo: Agressivo, Conservador, Defensivo or day trade	def

FIGURA 57.1 Planilha do dever de casa diário. (*Fonte: elder.com*)

Começo examinando os mercados internacionais, depois as principais notícias, moedas, commodities e indicadores do mercado de ações. Com a prática, todo o processo leva cerca de 15 minutos. Vamos explorá-lo, passo a passo.

1. Verifique os mercados orientais — Esse link me leva a Finance.Yahoo.com. Escrevo as alterações percentuais overnight da Austrália e da China. A memória de cada pessoa funciona de maneira diferente, e a minha funciona melhor quando anoto;

2. Verifique os mercados da Europa — Escrevo as alterações percentuais para o DAX alemão e o FTSE do Reino Unido. Os mercados seguem o sol, e você tem uma ideia de como uma onda gerada nos EUA vai para a Ásia e para a Europa, antes de retornar;

3. Calendário Econômico — O link me leva para o Briefing.com, que lista os relatórios econômicos fundamentais programados para serem lançados todos os dias. Mostra o número anterior para cada lançamento e a previsão de consenso. Quando um relatório importante, como Desemprego ou Utilização da Capacidade, bate ou não atinge as estimativas, espere comemorações do mercado;

4. Marketwatch — Um site para as massas, olho para ver o que acontece a cada manhã. Às vezes, ele sugere operações inesperadas;

5. Euro — Anoto o preço atual do contrato de futuros mais ativo, seguido das iniciais do sistema Impulse — verde, azul ou vermelho — primeiro para o semanal, depois para o diário. É o formato que uso para todos os outros mercados mencionados abaixo. Olho os gráficos de futuros do euro por duas razões. Primeira, há períodos em que ele dança contra o mercado de ações dos EUA e, em outros, a favor. A outra razão é que às vezes os futuros do euro oferecem boas oportunidades de day trading;

6. Iene — A segunda das duas razões descritas acima se aplica aqui mais do que a primeira;

7. Petróleo — Força vital da economia, e os futuros do petróleo sobem e descem com seus altos e baixos. Os futuros do petróleo podem fazer parte das operações de trade;

8. Ouro — Um indicador de medo e expectativas inflacionárias, e um veículo popular de trading;

9. Títulos de dívida — As taxas de juros dos títulos de dívida, crescentes ou decrescentes, estão entre os principais impulsionadores das tendências do mercado de ações;

10. Índice Báltico Seco — Indicador da economia mundial. O BDI representa o custo do transporte de produtos secos, como tecidos do Vietnã à Europa ou madeira do Alasca ao Japão. O BDI é muito volátil, e a ausência de qualquer derivativo baseado nele faz com que reflita a atividade econômica real. É extremamente útil para operar no setor de transporte marítimo;

11. NH-NL — Considero este o melhor indicador adiantado (leading) do mercado de ações e gosto de escrever os últimos números semanais e diários todas as manhãs como uma atualização;

12. VIX — Índice de volatilidade, também chamado de "índice do medo". Há um ditado: "Quando o VIX é alto, é seguro comprar; quando é baixo, vá devagar." Um adendo: cuidado com os ETFs VIX, pois são conhecidos pelo trade fora de sincronia com VIX;

13. S&P 500 — Anoto o valor do fechamento de ontem para o índice e adiciono as iniciais do sistema Impulse para seus gráficos semanais e diários;

14. Valor diário — Alterno para o gráfico diário do S&P e verifico se a barra mais recente fechou acima ou abaixo do valor e também sua relação com as linhas do canal. Isso me mostra se o mercado está sobrecomprado ou sobrevendido;

15. Índice de força — Observo se a MME de 13 dias está acima ou abaixo da linha central (alta ou baixa), bem como as divergências;

16. Expectativa no gráfico de candles do S&P — Testo a precisão das minhas expectativas de mercado escrevendo se espero que o mercado feche acima ou abaixo da abertura do dia. Se não defino uma opinião, deixo a área em branco. No dia seguinte, pinto de verde ou vermelho, em referência a ter acertado ou errado em minhas suposições;

17. Na última linha da planilha, faço um resumo de como pretendo operar: de forma ativa, conservadora, defensiva (fechamento de negociações somente), day trade ou nenhum negócio.

Você Está Pronto para Operar Hoje?

Há momentos em que você se sente em sintonia com o mercado, mas há aqueles em que se sente deslocado. Seu humor, sua saúde e o tempo influenciam sua capacidade de operar. Imagine operar sofrendo de uma dor de dente. Você não se concentrará totalmente no mercado, e deveria ligar para o dentista, não para o corretor.

É por isso que, a cada manhã, faço um teste psicológico de 30 segundos comigo, para uma avaliação objetiva da minha disponibilidade para o trade. A primeira pessoa que vi usar um autoteste foi Bob Bleczinski, um ex-Spiker. Acho que ele divulgou seu teste online porque, em 2011, Erin Bruce, do SpikeTrade, apresentou seu autoteste na reunião daquele ano. As perguntas que ela se fazia eram diferentes, mas a estrutura se parecia com a do Bob.

Modifiquei o autoteste de Erin para ajustá-lo à minha personalidade e passei a fazê-lo todos os dias antes de o mercado abrir. Todo autoteste deve ser curto e focado. O meu só tem cinco perguntas, e cada uma só pode ter uma das três respostas: sim, não ou mais ou menos. Discuto a lógica de planejar tais testes na próxima seção. Se usar esse teste, modifique-o para se adequar à sua personalidade e fazer perguntas relevantes para você (Figura 57.2).

Fisicamente mal 0	Relativamente bem 1	Excelente 2		2
Perdi dinheiro 0	Dia confuso ou não operei 1	Ganhei dinheiro 2		1
Não preparei 0	Mal preparado 1	Bem preparado 2		1
Mau humor 0	Neutro: 1	Bom humor 2		1
Muito ocupado 0	Relativamente ocupado 1	Livre 2		1
1-2-3-4 NÃO opere	**5-6 E 9-10 Cuidado**	**7-8 Bom**		**6**

FIGURA 57.2 Autoteste "Estou pronto?". (*Fonte: elder.com*)

Faço este teste após a conclusão do meu dever de casa. Vamos revisá-lo linha por linha:

1. Como me sinto fisicamente?
    A. Mal = 0
    B. Razoável = 1
    C. Excelente = 2
2. Como foi meu trade de ontem?
    A. Perdi dinheiro = 0
    B. Ganhei e perdi, ou não operei = 1
    C. Ganhei dinheiro = 2
3. Como está meu planejamento?
    A. Não o fiz = 0
    B. Razoável = 1
    C. Bem preparado = 2
4. Como está meu humor?
    A. Péssimo = 0
    B. Razoável = 1
    C. Excelente = 2
5. Como está minha agenda hoje?
    A. Cheia = 0
    B. Como de costume = 1
    C. Livre = 2

A planilha adiciona pontuações para todas as cinco perguntas e usa a formatação condicional do Excel para colorir a célula de resumo. Se minha pontuação for quatro ou menor, a célula ficará vermelha. Com tantos negativos, me sinaliza para não operar. A pontuação de cinco ou seis fica com uma cor fraca — opere com muita cautela. Sete ou oito me dá uma luz verde, mas, se a pontuação subir para nove ou dez, a cor fica amarela novamente — com tudo tão perfeito, qualquer mudança está fadada a ser para pior. Não deixe o sucesso lhe subir à cabeça.

Uma classificação zero em algumas das questões também me avisa para não operar. Se eu não tiver feito meu planejamento de trade ou se minha agenda estiver lotada, seria um dia ruim para operar — melhor ficar de fora ou colocar apenas ordens de saída.

Você, sua mente, seu humor e sua personalidade são os elementos essenciais do trade. É por isso que um teste rápido consigo mesmo lhe mostra se você deve negociar em determinado dia.

58. Criando e Avaliando Planos de Trade

Todo plano, de qualquer trade, deve especificar a estratégia e solicitar que se verifiquem datas de divulgação de lucros e declaração de dividendos ou rolagens de contratos, para evitar que você seja surpreendido por notícias previsíveis. Deve indicar, ainda, entrada, alvo e stop planejados, e tamanho do trade.

Escrever um plano de trade o torna real. Uma vez que você entra em um trade, e seu equity (seu patrimônio) começa a flutuar, você pode ficar estressado e se esquecer de executar certas tarefas. O plano escrito antes de o trade começar se torna sua ilha de sanidade e de estabilidade no meio de uma tempestade; garante que você não acabe negligenciando nada essencial.

Um plano realmente bom incluirá uma escala para medir sua qualidade. Essa classificação objetiva, que discutiremos a seguir, leva menos de um minuto, mas o incentiva a implementar apenas os planos que têm maior probabilidade de sucesso, abandonar os planos marginais e desistir de ideias tangenciais.

Embora meus registros sejam eletrônicos, gosto de anotar meus planos em papel. Uso formulários pré-impressos que chamo de Tradebills, semelhantes às notas fiscais das compras online. Quando uma empresa envia um produto, ele vem com uma nota fiscal mostrando o nome do produto, a quantidade, o endereço de origem e o de destino, o modo de entrega, as regras para devoluções e outras informações básicas. Minhas operações são acompanhadas por Tradebills do planejamento ao fechamento.

Tenho dois Tradebills, um para cada sistema de trade, um para compra e outro para venda. Aqui, revisaremos um Tradebill voltado para uma das minhas estratégias favoritas. Você pode usá-lo como ponto de partida para o desenvolvimento do seu próprio Tradebill.

Sempre que um possível trade me chama a atenção, decido em qual sistema se encaixa e escolho o Tradebill apropriado. Se um trade aparentemente interessante não se encaixa em nenhum sistema, não há trade. Escolhido o sistema, anoto a data e o símbolo do ticker e marco o trade, como mostrado a seguir. Se a pontuação for alta o suficiente, prossigo para completar meu plano; caso contrário, descarto o papel e procuro outros trades.

Onde quer que eu vá, carrego meus Tradebills para trades abertos. Se estou na minha mesa, eles ficam ao lado do teclado. Se saio durante o dia e levo o notebook, coloco-os entre o teclado e a tela, para que sejam a primeira coisa que eu veja ao abri-lo.

Tendo escrito meus planos por anos, desenvolvi um método para dar notas a eles antes de tomar uma decisão. Meu hábito de formular planos foi reforçado quando li *Rápido e Devagar*, do professor Daniel Kahneman. Esse livro, que aborda a tomada de decisões por um economista comportamental e ganhador do Nobel, destacou o valor dos sistemas simples de anotações — tornam nossas decisões mais racionais e menos impulsivas.

Avaliando Planos de Trade (Trade Apgar)

Entre os exemplos do livro do Prof. Kahneman, encontra-se sua descrição do trabalho da Dra. Virgínia Apgar (1909–1974), médica anestesiologista pediátrica da Universidade de Columbia. Ela é amplamente creditada por salvar inúmeras vidas. Médicos e enfermeiros de todo o mundo usam a escala Apgar para decidir quais recém-nascidos necessitam de cuidados médicos imediatos.

A maioria dos bebês nasce normal; alguns têm complicações, outros correm risco de morte. Antes da Dra. Apgar, médicos e enfermeiros separavam esses grupos por meio do julgamento clínico, e seus erros contribuíam para a mortalidade infantil. O índice Apgar tornou as decisões objetivas.

O índice Apgar resume um diagnóstico a cinco perguntas simples. Cada recém-nascido tem avaliados pulso, respiração, tônus muscular, resposta a um beliscão e cor da pele. Uma boa resposta a qualquer item ganha dois pontos, uma ruim, zero, e uma meio-termo, um. O teste é feito em 1 e 5 minutos após o nascimento. Escores totais a partir de 7 são considerados normais, 4 a 6, bastante baixos e menos de 4, críticos. Bebês com um bom escore só precisam de cuidados gerais, enquanto aqueles com escores baixos requerem atenção médica imediata. Todo o processo de tomada de decisão, focando quem tratar de forma intensiva, é rápido e objetivo. O sistema simples da Dra. Apgar aumentou as taxas de sobrevivência infantil em todo o mundo.

Após ler o livro do Prof. Kahneman, renomeei meu sistema como "Trade Apgar". Ele me ajuda a decidir quais das minhas ideias são fortes e saudáveis e quais são frágeis e vulneráveis. Claro, como trader, minhas ações são opostas às de um pediatra. Um médico se concentra nas crianças mais doentes, para ajudá-las a sobreviver. Como trader, concentro-me nas ideias mais saudáveis e destruo o resto.

Antes de lhe mostrar meu Trade Apgar, um alerta: o método de pontuação que você está prestes a ver é projetado para um sistema — minha estratégia de "falso rompimento com divergência". Todos os outros sistemas exigirão um teste diferente. Use o Apgar como ponto de partida para desenvolver um teste específico para cada sistema em particular.

Recentemente, entreguei o arquivo do meu Trade Apgar a um operador de opções profissional que se consultou comigo. Ele adorava a ideia de um teste escrito, que reduzia a impulsividade, um de seus maiores problemas. Em semanas, ele me mostrou o próprio Trade Apgar, que diferia do meu. Substituiu um dos meus indicadores pelo RSI e pelo Estocástico, e adicionou perguntas relevantes à gravação de opções. Fiquei feliz em ver que ele estava operando de forma mais lucrativa.

O Trade Apgar exige respostas claras a cinco questões que são o coração de uma estratégia de trade. À medida que você o adapta à sua própria estratégia, sugiro manter o número de perguntas em cinco e classificá-las em uma escala de zero/um/dois pontos. A simplicidade torna esse teste mais objetivo, prático e rápido.

260 MANUTENÇÃO DE REGISTROS

Ao olhar para um trade em potencial, pego um Tradebill de uma pilha e circulo minhas respostas para suas cinco perguntas. Um círculo na coluna vermelha ganha um zero, na amarela, um, e na verde, dois. Anote cada número na caixa correspondente e some as cinco linhas. Da mesma forma, se eu circundar a coluna vermelha, posso escrever na caixa ao lado a que preço a resposta mudará para um amarelo ou verde mais favorável. Isso aumentará a pontuação do plano, permitindo que eu entre em um trade nesse nível. A Figura 58.1 mostra o Trade Apgar para decidir operar comprado; a Figura 58.2 para decidir operar vendido.

	zero	um	dois	pontos	nível
Imp Semanal	vermelho	verde	azul (depois do vermelho)		
Imp Diário	vermelho	verde	azul (depois do vermelho)		
Preço diário	acima do valor	na zona de valor	abaixo do valor		
Ropmto Falso	nenhum	no lugar	próximo		
Ideal	nenhum	um time frame	ambos time frames		

FIGURA 58.1 Trade Apgar para operar comprado, com a estratégia de "falso rompimento com divergência". (*Fonte: elder.com*)

Avalie suas respostas para cinco perguntas em uma escala de zero a dois:

1. Impulse semanal (descrito neste livro) — Zero para vermelho, um para verde, dois para azul no gráfico semanal.

    O Impulse vermelho proíbe a compra, o verde a permite, mas pode ser tarde demais, enquanto o azul (após o vermelho) mostra que os ursos estão perdendo força, o que é um bom momento para comprar;

2. Impulse diário — Mesmas perguntas e avaliações, mas para o gráfico diário;

3. Preço diário — Zero se o mais recente estiver acima do valor, um se estiver na zona do valor, dois se estiver abaixo.

    Preços acima do valor indicam que é tarde demais para comprar; na zona do valor, ok; abaixo pode ser uma barganha;

4. Falso rompimento — Zero se não houver, um se já aconteceu, dois se está prestes a acontecer;

5. Perfeição — Zero se nenhum dos time frames, um se apenas um, dois se ambos parecerem perfeitos.

    Sempre analiso mercados em dois prazos; um deles deve mostrar um padrão perfeito para qualquer estratégia para que eu entre em uma operação. Muito raramente os dois time frames são perfeitos — é bom que um seja perfeito e o outro, bom. Se nenhum é perfeito, não há trade A — elimine essa ação e passe para a outra.

Gerar um Trade Apgar, para qualquer ação, leva menos de um minuto. Quero operar apenas ideias saudáveis cuja pontuação seja igual ou superior a 7, e nenhuma linha classificada como 0. Se a pontuação for 7 ou superior, concluo meu plano. Estabeleço a entrada, o alvo e o stop, e decido em que proporção operar etc.

O Trade Apgar classifica possíveis trades de forma objetiva. Com milhares de opções de operação disponíveis, não é necessário desperdiçar energia com candidatos ruins. Use-o para ampliar as perspectivas.

	zero	um	dois	pontos	nível
Imp Semanal	verde	vermelho	azul (depois do verde)		
Imp Diário	verde	vermelho	azul (depois do verde)		
Preço Diário	abaixo do valor	na zona de valor	acima do valor		
Ropmto Falso	nenhum	no lugar	pos. c/divergência de baixa		
Ideal	nenhum	um time frame	ambos time frames		

FIGURA 58.2 Trade Apgar para operar vendido, usando uma estratégia de "divergência com falso rompimento". Essa é uma imagem espelhada do Trade Apgar para comprar usando a mesma estratégia.

Usando o Tradebill

Uma vez que se interessar por uma ação e um Trade Apgar confirmar sua ideia para um trade, concluir um Tradebill o ajudará a se concentrar nos aspectos-chave desse trade.

Vamos revisar um Tradebill para posições compradas (Figura 58.3).

Projetei meus Tradebills no PowerPoint, ajustando dois em uma página. Sempre mantenho alguns espaços em branco, mas não imprimo muitos porque sempre aprimoro esses formulários.

Meu Tradebill para operar vendido é o mesmo, exceto por um Trade Apgar diferente, como mostrado na Figura 58.2. Ao desenvolver seus Tradebills, copie as Seções 1, 3 e 4, mas desenvolva sua Seção 2 específica — o Trade Apgar para seu próprio sistema ou estratégia.

262 MANUTENÇÃO DE REGISTROS

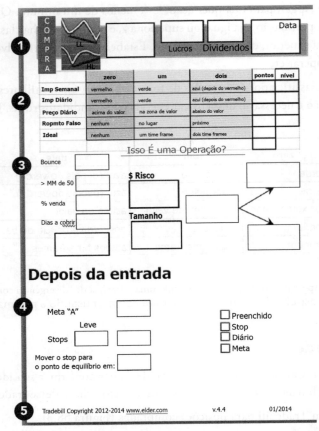

FIGURA 58.3 Tradebill para operar comprado com a estratégia "divergência com falso rompimento".
(*Fonte: elder.com*)
Parte 1: Identificação da operação.

- A faixa verde marca uma operação de compra;
- Um thumbnail de uma divergência de alta com um falso rompimento é um lembrete da estratégia;
- A primeira caixa é para o símbolo do ticker;
- A seguinte é para a próxima data em que haverá divulgação de resultados. Consulte-os em sites gratuitos como www.Briefing.com, www.earnings.com ou www.Finviz.com [conteúdo em inglês]. A maioria dos traders evita manter ações cujos lucros estão prestes a ser reportados. Uma surpresa desagradável prejudica sua posição. Anotar o obriga a se concentrar em evitar problemas;
- A próxima caixa é a data do dividendo, se houver. Costumo procurar em finance.yahoo.com [conteúdo em inglês]. Dividendos criam consequências fiscais para os comprados, enquanto os vendidos têm que os pagar, então deve-se evitar manter as posições nessas datas.
- A última caixa é para a data do plano.

58. CRIANDO E AVALIANDO PLANOS DE TRADE   **263**

Parte 2: Trade Apgar

- Meu Trade Apgar foi descrito anteriormente. Lembre que cada estratégia exige uma adaptação. Você é bem-vindo para substituir minhas perguntas pelas relevantes para o seu sistema. Você pode perguntar se o Estocástico está na zona de sobrecompra (zero), sobrevenda (um) ou sobrevenda com uma divergência de alta (dois);

- Após somar os números para o Trade Apgar, responda a esta questão-chave por escrito: Esse é um trade classe A? Se a pontuação total for inferior a 7, elimine a ação e procure outro trade.

Parte 3: Mercado, entrada, alvo, stop e controle de risco

- As cinco caixas ao longo da borda esquerda exigem que eu responda a perguntas sobre o estado geral do mercado. O sinal Spike Bounce está efetivo? O indicador que rastreia ações acima de suas MMs é otimista ou pessimista? Qual é o saldo de operações em aberto a curto prazo nesta ação e quantos dias serão precisos para cobrir? Todos esses estudos foram descritos neste livro. A última caixa é para algumas palavras do resumo;

- Três caixas ligadas por setas estão no centro do meu processo de tomada de decisão. Elas exigem três números essenciais para cada operação: a entrada, o alvo e o stop;

- Risco do dólar — Quanto dinheiro você está disposto a arriscar nesse negócio? Esse número nunca pode exceder 2% do patrimônio da sua conta. Eu o mantenho abaixo desse limite;

- Tamanho — Quantas ações ou contratos futuros você comprará com base no risco de dólar permitido e na distância da entrada até o stop. Isso é explicado em detalhes na Seção 50.

Parte 4: Após a entrada

- O alvo A corresponde a 30% da altura do canal diário adicionada ao preço de entrada;

- O stop suave é o que você pode ter em mente, enquanto o difícil ou catastrófico é a ordem real. Não pode ser inferior ao listado na Seção 3;

- Chegue ao nível de preço no qual você moverá seu stop para o ponto de equilíbrio;

- Marque as caixas à direita ao executar estas etapas essenciais: faça um stop, crie uma entrada diária e coloque uma ordem para realização de lucros.

Parte 5: A linha de direitos autorais

- Esta linha mostra quando o Tradebill foi atualizado. Como leitor deste livro, escreva, em inglês, para info@elder.com e solicite a versão mais recente, que enviamos aos operadores como um serviço de interesse público.

59. Diário do Trade

A memória é a pedra angular da civilização. Permite-nos aprender com o sucesso e ainda mais com os fracassos. Manter um diário de seus trades o ajuda a crescer e a se tornar um trader melhor.

Manter registros detalhados parece uma tarefa pesada —, mas é o que os bons traders fazem. Muitas pessoas me perguntaram depois que publiquei um livro de entrevistas com traders (*Entries & Exits*, 2006), o que eles tinham em comum. Eles viviam em diferentes países, negociavam mercados diferentes e usavam métodos diferentes —, mas todos mantinham excelentes registros.

O melhor exemplo veio da entrevista que está no primeiro capítulo do livro. Ao terminar o manuscrito, percebi que ela estava incompleta e eu precisava fazer perguntas adicionais sobre os trades da entrevistada. Um ano depois, em outra visita à Califórnia, onde ela morava, pedi para nos encontrarmos novamente. Presumi que me mostraria alguns trades recentes, mas ela foi até um arquivo e pegou uma pasta com todos os trades da semana da minha visita anterior. Concluímos a entrevista revisando seus gráficos de um ano antes, como se esses trades tivessem sido feitos no dia anterior. Um mercado em alta estava em pleno andamento, ela estava indo muito bem, mas ainda trabalhava para melhorar seu desempenho. Seu diário detalhado era sua ferramenta de aperfeiçoamento pessoal.

Deixe suas anotações no diário servirem como sua "memória extracraniana", uma ferramenta para construir a estrutura do sucesso.

Durante anos, lutei para desenvolver um sistema de manutenção de registros que fosse fácil de atualizar e analisar. No começo, mantinha o registro dos meus trades em um diário de papel, colando gráficos impressos e marcando-os — ainda mantenho um desses ticks ao lado da minha mesa de operações. Mais tarde, passei do papel para o Word e então para o Outlook. Finalmente, em 2012, Kerry Lovvorn e eu criamos um diário online de trade.[2]

É um grande prazer atualizar esse diário, e tanto Kerry quanto eu o usamos para todos os nossos trades diários. Ele está disponível para todos e seu uso é gratuito (até um limite). Ele é online, protegido por senha e absolutamente privado — embora os membros do SpikeTrade tenham a opção de compartilhar seus registros para trades selecionados.

Nosso diário é mostrado na Figura 59.1. Mesmo se preferir construir o seu próprio, analise-o para saber o que deve ser incluído em seu sistema de manutenção de registros.

O diário do trade foi projetado para tornar sua manutenção de registros simples e lógica, ajudando-o a planejar, a documentar e a aprender com seus trades. Já analisamos várias seções do diário. A Figura 38.1 mostra as três seções — Configuração, Risco e Parâmetros. A Figura 55.2 mostra sua caixa de estratégias.

A maioria das pessoas esquece rapidamente os negócios anteriores, mas o diário o faz retornar a eles. Os trades nos quais você entrou e dos quais saiu na borda direita do gráfico estão agora no meio do gráfico, para ajudá-lo, com a visualização, a reexaminar suas decisões e aprender a melhorá-las.

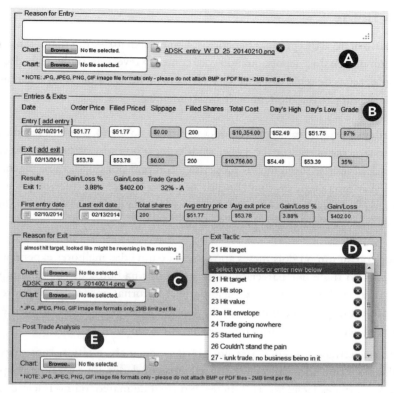

FIGURA 59.1 Diário do Trade (visão parcial). (*Fonte: Spiketrade.com*)

Seção A — O Diário do Trade pergunta por que decidi operar essa ação. Costumo deixar essa caixa em branco porque gosto de escrever esses comentários nos gráficos com o software SnagIt. No caso do ADSK, anexei um gráfico de combinação, gráficos semanais, diários e de 25 minutos;

Seção B — Documentação das datas e preços de entrada e saída; contabilizando a slippage e supervisionando compra, venda e graus de trades;

Seção C — Razões para sair com um gráfico de combinação anexado mostrando a entrada e a saída;

Seção D — A lista de táticas de saída é mais longa do que a de estratégias de operação. Posso sair porque meu negócio atingiu o alvo, o stop ou está atingindo a zona de valor ou o envelope. Posso sair se um trade não estiver indo a lugar nenhum ou se começar a reverter. Há também duas saídas negativas: não suporto o prejuízo ou reconheço um trade ruim após eu ter entrado;

Seção E — Análise pós-trade. Gosto de voltar a todos os negócios dois meses após a saída e revê-los com o benefício da retrospectiva. Crio um gráfico de acompanhamento, marco minha entrada e saio com as setas e, em seguida, escrevo um comentário sobre como meu trade ficou com o passar do tempo. Essa é a melhor maneira de aprender o que fiz de certo e de errado.

Três Benefícios

Manter um diário oferece três grandes benefícios. Um é imediato — um maior senso de ordem. O segundo vem um mês ou dois depois, quando você começa a rever seus trades fechados. Finalmente, após acumular dezenas de registros, você terá várias maneiras de analisá-los e aprender com suas curvas de variação do patrimônio (conta de investimentos).

O senso de ordem e estrutura decorre da documentação do plano, da entrada e da saída de cada trade. Onde exatamente entrar, qual é o alvo, onde colocar o stop? Definir e anotar esses números organiza os trades. Você se torna menos propenso a comprar por impulso, negligenciar um trade lucrativo ou deixar uma perda do tipo "bola de neve" continuar sem interrompê-la. O preenchimento dos números da gestão de riscos lhe dará uma ideia da dimensão do trade. Documentar as saídas fará com que você enfrente os graus do trade.

Rever cada operação um ou dois meses após a saída é uma das melhores experiências de aprendizado. Os sinais do trade que pareciam vagos e incertos na borda direita de um gráfico ficam cristalinos quando você os visualiza no meio da tela. Retornar aos trades anteriores e adicionar um gráfico "pós-trading" faz com que reavalie suas decisões, porque vê claramente o que fez de certo e de errado. Seu diário lhe ensinará lições inestimáveis.

Tomo decisões estratégicas com base nos gráficos semanais, e táticas, nos diários. Como os gráficos diários são formulados para exibir de 5 a 6 meses de dados, uma vez por mês, passo algumas horas revisando os trades fechados há 2 meses. No final de março, ou no início de abril, analiso todos os negócios que encerrei em janeiro. Uso os gráficos atuais, marco as minhas entradas e as saídas com setas e escrevo um comentário sobre cada trade. Compartilho dois exemplos com você (Figuras 59.2 e 59.3).

Essas análises ensinam o que está certo e o que precisa mudar em seus trades. Após fazer comentários "dois meses depois", percebi dois problemas. Meus stops eram estreitos e me fizeram descobrir que, aumentando ligeiramente o risco, eu reduzia substancialmente o número de whipsaws e poderia sair antecipadamente. Também notei que, embora meus swing trades de curto prazo fossem bons, muitas vezes eu perdia as tendências mais robustas que surgiam desses movimentos de curto prazo. Usei esse conhecimento para ajustar meus métodos dali para frente.

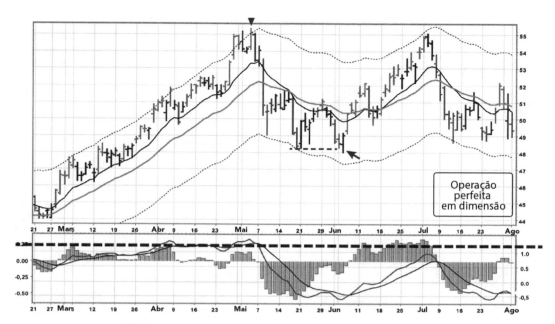

FIGURA 59.2 DISCA diário com MMEs de 13 e 26 dias e canais de 6%. Sistema Impulse com Histograma MACD de 12-26-9. (*Gráfico: Stockcharts.com*)

Análise de Acompanhamento (Venda de um Topo)

Minha estratégia de vender a Discovery Communications, Inc. (DISCA) a descoberto estava "desvanecendo-se em um extremo"; minha tática de saída "começou a se reverter". Entrada e saída são marcadas por setas. Uma revisão dois meses depois confirmou que ambas as decisões estavam corretas. Lição: da próxima vez que vir esse padrão, caia dentro.

Rever a curva de patrimônio é essencial porque apenas a alta dessa curva o posiciona como profissional bem-sucedido. Se sua curva estiver em tendência de baixa, seu sistema tem falhas ou sua gestão de risco ou disciplina é deficiente — seja qual for a questão, rastreie-a e resolva o problema.

Ainda assim, uma curva de patrimônio combinada para mostrar todos os trades e contas de investimento separadas é uma ferramenta muito crua. O Diário de Trade lhe permite ampliar e traçar curvas de patrimônio para mercados, estratégias e táticas de saída específicas. Posso executar curvas separadas para compra e para venda, para diferentes estratégias e saídas, e até mesmo para ideias de trade. Acredite: assim que vir uma curva de patrimônio para saídas marcada como "não aguento o prejuízo", você nunca fará um trade sem stop!

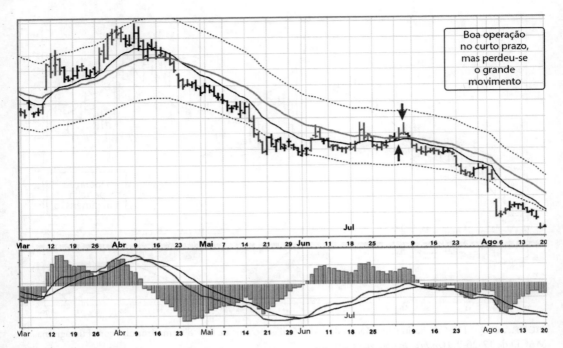

FIGURA 59.3 MCP diário com MMEs de 13 e 26 dias e canal de 16%. Sistema Impulse com Histograma MACD de 12-26-9. (*Gráfico: Stockcharts.com*)

Análise de Follow-Up (Comprando um Pullback)

Minha estratégia para comprar a Molycorp, Inc. (MCP) foi o "retorno ao valor" — pensei que uma nova tendência de alta havia começado. No dia seguinte, não tinha mais certeza e vendi realizando um pequeno lucro. Uma análise dois meses depois mostrou que perdi o timing correto da retomada da tendência de urso; minha decisão foi correta, mas desconsiderei um excelente trade. Lição: monitore trades fechados por uma semana ou mais e mantenha-se preparado para entrar novamente ou tomar o caminho contrário.

CONCLUSÃO

Uma Jornada sem Fim: Como Continuar Aprendendo

Admiro sua persistência e seu compromisso por ter chegado ao final do livro. Trabalhamos os tópicos essenciais do trading: psicologia, táticas, gestão de riscos e manutenção de registros. Ainda assim, tornar-se um trader bem-sucedido exigirá mais do que ler um único livro.

Quanto tempo você acha que pode demorar?

Talvez você conheça este número representativo — 10 mil. Segundo alguns autores, são as horas necessárias para se tornar especialista em uma profissão ou em um esporte. Se for verdade, e você gastar 40 horas por semana, 50 semanas por ano, levará 5 anos para se tornar profissional. Se puder investir apenas 20 horas por semana, levará 10. Assustador.

Se você, como muitas pessoas, chegou ao mercado depois de uma carreira de sucesso em outra área, como engenharia, agricultura ou negócios, pode ter investido muitas horas nisso. Você realmente quer gastar outras 10 mil horas em um novo projeto nesta fase da sua vida?

Antes de estremecer com essa perspectiva, deixe-me compartilhar um número muito diferente — 20 horas. Vem do livro *The First 20 Hours: How to Learn Anything... Fast!* O autor, Josh Kaufman, tem um bom argumento. Ele diz que, embora se tornar especialista de alto nível leve anos, você pode alcançar um nível básico de competência na maioria das áreas em um tempo muito menor.

"As primeiras horas praticando algo novo são sempre as mais frustrantes. É por isso que é difícil aprender a falar um novo idioma, a tocar um instrumento, a acertar uma bola no golfe ou fazer ótimas fotos. É muito mais fácil assistir à TV ou navegar na web...", escreve ele. Para aprender uma nova habilidade, você precisa encontrar os especialistas e obter seus materiais, criar um plano de ação e firmar um compromisso absoluto para estudar e praticar sem distrações.

Ao completar apenas 20 horas de prática focada e deliberada, você pode ir do zero a um desempenho razoável em muitas áreas. Kaufman descreve como levou 20 horas para aprender várias novas habilidades, incluindo surf e programação. Mesmo se for uma atividade mais complexa, como voar, 20 horas representarão ir ao curso e fazer as primeiras aulas com o instrutor. Isso não o tornará piloto, mas 50 horas de voo lhe renderão uma licença de piloto particular.

O número de horas para dominar as habilidades básicas do trading é ainda maior, mas passíveis de se consolidarem muito antes das 10 mil horas.

As demandas intelectuais das operações não são altas. Afinal, lidamos com apenas 5 números — preços de abertura, máximos, mínimos e de fechamento, além do volume. A principal dificuldade vem das nossas emoções. Operar provoca sentimentos poderosos, os mais fortes são a ganância e o medo.

Traders novatos se concentram no dinheiro, sonham com o que seus lucros comprarão e chutam a cautela ao vento. Compram tantas ações quanto podem e dobram a aposta usando suas margens. Cheios de bons presságios, não escrevem nenhum plano de trade. Quando uma operação se volta contra eles, suas emoções passam da ganância ao medo. É quando congelam, enquanto o mercado faz a limpa nas suas contas.

Tecnicamente, o trade não é difícil. Psicologicamente, é o jogo mais difícil do planeta.

Para reduzir o estresse da negociação, tenha em mente vários pontos essenciais. Sua vida como trader depende destas regras:

- Enquanto está aprendendo, faça operações de pequenas proporções;
- Não conte dinheiro enquanto estiver em uma operação;
- Use as regras de gestão de risco, principalmente a Regra dos 2%;
- Anote seus planos, especialmente os três números referentes a entrada, stop e alvo;
- Mantenha um diário de trade e revise-o pelo menos uma vez por mês.

A maioria dos traders fica terrivelmente isolada e nunca consegue ver como os outros praticam seu ofício. Esse isolamento contribui para operar impulsivamente. Um trader privado, que viola todas as regras e comete erros grosseiros, fica invisível para os outros. Ninguém o avisará para ficar longe de problemas nem o elogiará por um bom trade.

Antigamente, nossos corretores sabiam o que estávamos fazendo, mas agora fazemos ordens online. O único ser humano que entrará em contato sobre suas operações é o responsável por cobrar cobertura de margens de sua corretora. Um telefonema ou um e-mail dele nunca é uma boa notícia. Espero que você nunca receba uma chamada de margem, tendo que enviar um bom dinheiro depois de um problema.

Para encurtar essa distância, para ver o que os bons traders estão fazendo e para ser recompensado por seu desempenho, sugiro que analise participar do SpikeTrade.com — um site que administro com meu amigo Kerry Lovvorn. É onde os traders compartilham ideias e conselhos, participam de uma competição amistosa e comentam as operações uns dos outros. Com frequência, vemos pessoas entrarem em um nível básico, começarem a selecionar bem, ganharem bônus de desempenho e se tornarem traders excelentes.

Desejo que você tenha muito êxito. Operar é uma das atividades mais difíceis na Terra, mas é uma aventura infinitamente fascinante, que pode ser muito recompensadora. Estou nesta jornada há décadas, e ainda aguardo ansiosamente todas as segundas-feiras, quando os mercados reabrem. Embora o trade tenha me tornado livre, ainda me pego cometendo erros ocasionais e tenho que me concentrar para manter a disciplina. Eu me reservo o direito de ser mais inteligente amanhã do que sou hoje. É uma ótima jornada, e não vejo a hora de compartilhá-la com você.

Dr. Alexander Elder

Nova York — Vermont, 2014

Referências

Angell, George. *Winning in the Futures Market* (1979) (Chicago: Probus Publishing, 1990).

Appel, Gerald. *Day Trading with Gerald Appel* (vídeo) (Nova York: Financial Trading Seminars, Inc., 1989).

Ariely, Dan. *The Honest Truth about Dishonesty* (Nova York: HarperCollins, 2013).

Belveal, L. Dee. *Charting Commodity Market Price Behavior* (1969) (Homewood, IL: Dow Jones Irwin, 1989).

Bruce, Erin. Apresentação de reunião do SpikeTrade, 2011.

Cameron, Peter. Comunicação pessoal, 2012.

Davis, L. J. "Buffett Takes Stock", *The New York Times*, 1 de abril de 1990.

Douglas, Mark. *The Disciplined Trader* (Nova York: New York Institute of Finance, 1990).

Edwards, Robert d. e John Magee. *Technical Analysis of Stock Trends* (1948) (Nova York: New York Institute of Finance, 1992).

Ehlers, John. *MESA and Trading Market Cycles* (Hoboken, NJ: John Wiley & Sons, 1992).

Elder, Alexander, *Come into My Trading Room* (Hoboken, NJ: John Wiley & Sons, 2003).

_____, *Directional System* (vídeo) (Nova York: Financial Trading Seminars, Inc., 1988).

_____, *Entries & Exits* (Hoboken, NJ: John Wiley & Sons, 2006).

_____, *Force Index* (vídeo) (Nova York: Elder.com, Inc., 2010).

_____. *MACD & MACD-Histogram* (vídeo) (Nova York: Financial Trading Seminars, Inc., 1988).

_____, "Market Gurus", *Futures and Options World*, Londres, setembro de 1990.

_____ & Kerry Lovvorn, *The New High–New Low Index* (Alabama: SpikeTrade, 2012).

_____, *The New Sell & Sell Short: How to Take Profits, Cut Losses, and Benefit from Price Declines* (Hoboken, NJ: John Wiley & Sons, 2011).

_____, *Technical Analysis in Just 52 Minutes* (vídeo) (Nova York: Financial Trading Seminars, Inc., 1992).

274 COMO SE TRANSFORMAR EM UM OPERADOR E INVESTIDOR DE SUCESSO

_____, "Triple Screen Trading System", *Futures Magazine*, abril de 1986.

_____, *Triple Screen Trading System* (vídeo) (Nova York: Financial Trading Seminars, Inc., 1989).

_____, *Two Roads Diverged: Trading Divergences* (Nova York: Elder.com, 2012).

Elliott, Ralph Nelson, *Nature's Law* (1946) (Gainesville, GA: New Classics Library, 1980).

Engel, Louis, *How to Buy Stocks* (1953) (Nova York: Bantam Books, 1977).

Freud, Sigmund, *Group Psychology and the Analysis of the Ego* (1921) (Londres: Hogarth Press, 1974).

Friedman, Milton, *Essays in Positive Economics* (Chicago: The University of Chicago Press, 1953).

Frost, A. J. e R. R. Prechter, Jr., *Elliott Wave Principle* (Gainesville, GA: New Classics Library, 1978).

Gajowiy, Nils. Comunicação pessoal, 2012.

Gallacher, William, *Winner Takes All—A Privateer's Guide to Commodity Trading* (Toronto: Midway Publications, 1983).

Gann, W. D., *How to Make Profits in Commodities* (Chicago: W. D. Gann Holdings, 1951).

Gawande, Atul, *The Checklist Manifesto: How to Get Things Right* (Nova York: Henry Holt and Company, 2011)

Gleick, James, *Chaos: Making a New Science* (Nova York: Viking/Penguin, 1987).

Goepfert, Jason, SentimenTrader.com

Granville, Joseph, *New Strategy of Daily Stock Market Timing for Maximum Profit* (Englewood Cliffs, NJ: Prentice Hall, 1976).

Greenson, Ralph R., "On Gambling" (1947), in *Explorations in Psychoanalysis* (Nova York: International Universities Press, 1978).

Grove, Nic. Comunicação pessoal, 2004.

Gunter, Jock. Comunicação pessoal, 2013.

Havens, Leston, *Making Contact* (Cambridge, MM: Harvard University Press, 1986).

Hurst, J. M., *The Profit Magic of Stock Transaction Timing* (Englewood Cliffs, NJ: Prentice-Hall, 1970).

Investopedia.com.

Kahneman, Daniel, *Thinking, Fast and Slow* (Nova York: Farrar, Straus and Giroux, 2011).

Kaufman, Josh, *The First 20 Hours: How to Learn Anything... Fast!* (Nova York: Portfolio/Penguin, 2013).

Kaufman, Perry, *Trading Systems and Methods* (Hoboken, NJ: John Wiley & Sons, 2013)

Larsen, Max. Apresentação de reunião do SpikeTrade, 2007.

LeBon, Gustave, *The Crowd* (1897) (Atlanta, GA: Cherokee Publishing, 1982).

Lefevre, Edwin, *Reminiscences of a Stock Operator* (1923) (Greenville, SC: Traders Press, 1985).

REFERÊNCIAS 275

Mackay, Charles, *Extraordinary Popular Delusions and the Madness of Crowds* (1841) (Nova York: Crown Publishers, 1980).

McMillan, Lawrence G., *Options as a Strategic Investment* (Englewood Cliffs, NJ: Prentice Hall, 2012).

Mellon, Andrew J., *Unstuff Your Life* (Nova York: Avery/Penguin, 2010).

Murphy, John J., *Technical Analysis of the Financial Markets* (Nova York: New York Institute of Finance, 1999).

Neill, Humphrey B., *The Art of Contrary Thinking* (1954) (Caldwell, ID: Caxton Printers, 1985).

Nison, Steve, *Japanese Candlestick Charting Techniques* (Nova York: New York Institute of Finance, 1991).

Notis, Steve, "How to Gain an Edge with a Filtered Approach", *Futures Magazine*, setembro de 1989.

Paulos, John Allen, *Innumeracy. Mathematical Illiteracy and Its Consequences* (Nova York, Vintage Press, 1988).

Plummer, Tony, *Forecasting Financial Markets* (Londres: Kogan Page, 1989).

Pring, Martin J., *Technical Analysis Explained*, 5th ed. (Nova York: McGraw-Hill, 2013).

Rhea, Robert, *The Dow Theory* (Nova York: Barron's, 1932).

Shapiro, Roy, *Why Johnny Can't Sell Losers: Psychological Roots*, artigo não publicado, 1991.

Steidlmayer, J., Peter e Kevin Koy, *Markets & Market Logic* (Chicago: Porcupine Press, 1986).

Surowiecki, James, *The Wisdom of Crowds* (Anchor, 2005).

Stoller, Manning. Comunicação pessoal, 1988.

Teweles, Richard J. e Frank J. Jones, *The Futures Game*, 2a ed. (Nova York: McGraw-Hill, 1987).

Twelve Steps and Twelve Traditions (Nova York: Serviço Mundial dos Alcoólicos Anônimos, 1952).

Vince, Ralph, *Portfolio Management Formulas* (Hoboken, NJ: John Wiley & Sons, 1990).

Weissman, Richard L., *Mechanical Trading Systems: Pairing Trader Psychology with Technical Analysis* (Hoboken, NJ: John Wiley & Sons, 2004).

Wikipedia.com.

Wilder, J. Welles, Jr., *New Concepts in Technical Trading Systems* (Greensboro, SC: Trend Research, 1976).

Williams, Larry, *How I Made One Million Dollars* (Carmel Valley, CA: Conceptual Management, 1973).

_____, *The Secret of Selecting Stocks* (Carmel Valley, CA: Conceptual Management, 1972).

Yannidis, Nikos. Comunicação pessoal, 2011.

Sobre o Autor

Alexander Elder, MD, é trader profissional e professor de trade. É autor de vários best-sellers, considerados clássicos modernos entre os traders. Também escreveu livros sobre a Rússia e a Nova Zelândia.

O Dr. Elder nasceu em Leningrado e cresceu na Estônia, onde ingressou na faculdade de medicina com 16 anos. Aos 23 anos, enquanto trabalhava como médico embarcado, fugiu de um navio soviético na África e recebeu asilo político nos Estados Unidos. Trabalhou como psiquiatra em Nova York e lecionou na Universidade de Columbia. Sua experiência como psiquiatra forneceu-lhe uma visão única sobre a psicologia do trade.

O Dr. Elder é um trader ativo, mas continua lecionando e é um palestrante muito requisitado para dar conferências nos Estados Unidos e no exterior. O Dr. Elder é o criador dos Trader's Camps — aulas durante uma semana para traders. É fundador do grupo SpikeTrade, uma comunidade de traders cujos membros compartilham suas melhores escolhas de ações a cada semana na disputa por prêmios.

Sites [conteúdo em inglês]: www.elder.com

www.spiketrade.com

E-mail: info@elder.com

ÍNDICE

A

Acumulação/distribuição, 118–120
  regras, 119
ADX. *Consulte* Índice Direcional Médio
Análise
  clássica, 53–73
  de mercado
    essência da, 58
  fundamentalista, 49
  máxima de entropia espectral, 131
  técnica, 49
Analista
  fundamentalista, 86
  gráfico, 54
ATR. *Consulte* média de amplitude de
    variação
Autodestrutividade, 17
Autoenvelope, 181
Autorrealização, 10
Autossabotagem, 18

B

Bagagem mental, 28
Bandas de Bollinger. *Consulte* Canal de desvio
    padrão
Bid. *Consulte* preço proposto
Businessman risks, 25

C

CFD, 200–201
Charles Dow, 167
  Teoria de Dow, 167
Ciclos de preços, 131–132
  de curto prazo, 131
  de longo prazo, 131
Clusters de stops, 64
Commodity Futures Trading Commission
    (CFTC), 156, 207
  grandes especuladores, 156
  hedgers, 156
  pequenos traders, 156
Comportamento da multidão, 35–36
Compra de opções, 194
Comprometimento dos Traders (COT), 207
Consenso da massa, 34, 82–83
Convergência-Divergência de Média Móvel,
    88–102

D

Day trade, 141–142, 173–174
Definindo stops, 237–243
de Operação com Três Telas
  deTrês Telas, 106
Divergências, 109, 117
  de alta, 48, 109
  de baixa, 47, 109
  positiva, 140

E

Estocástico, 103–107, 170–174
  amplitude temporal do, 107
  divergências, 105
  Lento, 104
  Rápido, 104
  regras, 105
  sobrecompra e sobrevenda, 106
Exchange-Traded Fund (ETF), 190–192

F

Forex, 113, 209–211
Futuros, 202–209

G

Gerald Appel, 88, 183
Gestão de risco, 70, 148, 166, 213
Gráfico
  de barras, 55–57
  de candlestick, 57–58

H

Hedging, 204–205
Histograma MACD, 90, 132, 170, 224
  divergências, 93–96
  regras, 92

I

Indicador
  antecedente, 143
  Clímax, 118
  de Tendência de Campo Líquido, 118
  direcional médio, 99
Indicadores, 79–80
  direcionais, 98
  mistos, 80
  osciladores, 80
  rastreadores de tendência, 80

Índice
  de Força, 121–127, 171–175
  de Força Relativa (RSI), 107–108
  de NH-NL, 241
  de volatilidade, 191–195
  Direcional Médio, 69, 98
insider corporativo, 37
Insider trading, 37, 157
Inumerismo, 216
Investors Intelligence, 153

J

John Bruns, 178, 249
Joseph Granville, 111, 116
J. Welles Wilder Jr., 97, 107

K

Kerry Lovvorn, 20, 45, 101, 264, 270

L

Lançamento de opções, 195–196
Lições dos Alcoólicos Anônimos, 21
Linha
  de avanço/declínio, 151–152
  de sinal, 88
  do MACD, 88

M

Máxima da barra, 56
Média móvel, 80–87
mercados futuros
  e informações privilegiadas, 38
Mercados futuros
  posição nos, 156–157
MESA, 131
Metas de lucro, 234
Métodos e técnicas, 68
Milton Friedman, 58
Mínima da barra, 56
Mudança nos preços, 46

N

New High-New Low (NH-NL), 143–149

O

On-Balance Volume (OBV), 116–118
Opções, 193–201
  at-the-money, 193
  call, 193
  in-the-money, 193
  out-of-the-money, 193
  preço de exercício, 193
  put, 193
  valor
    de tempo, 193
    intrínseco, 193
Overtrading, 12, 198, 219, 229

P

Paper trading, 164–165
Período da média móvel, 83–84
Plano, 44
  de operação, 166
  de trade, 258–262
Preço, 34, 44
  de abertura, 56
  de fechamento, 56–57
  de fechamento da barra, 57
  proposto, 47
Profissionais vs amadores, 56

R

Rali, 46, 60
Rastreadores de tendência, 80
Regra
  do Cão dos Baskervilles, 96, 120
  dos 2%, 219–223
  dos 6%, 225–227

Regras do Trading

Regras do Trading, 83, 99, 108, 130, 145, 183
Resistência, 62, 179
  definição, 59
Risco calculado, 219–221
Rompimento
  falso, 64
  verdadeiro, 64
Rotina para o mercado, 254–257

S

Securities and Exchange Commission (SEC),
    37, 156
Sinais de Trading, 116
Sinal
  de compra do Histograma MACD, 93
  de Spike Bounce, 241
  de venda do Histograma MACD, 95
Sistema
  de operação automática, 12–13
  de Operação com Três Telas, 166
    frame de curto prazo, 168
    frame de longo prazo, 168
    frame intermediário, 168
  Direcional, 68, 69, 97, 100
  Impulse, 175–179
    força, 175–179
    inércia, 175–179
Slippage, 7, 35, 56, 57, 130
SpikeTrade, 45, 245
Stop, 102
  amplo, 66
  de SafeZone, 238
  do Average True Range, 241
  do Nic, 239
  mental, 199
Swing trader, 78, 179, 206

T

Tempo de decaimento, 194, 197
Tendência, 36, 65–70
  de alta, 65
  de baixa, 65
  geral do mercado, 143
Teoria
  da opinião contrária, 153
  do Caos, 58–59
  dos Mercados Eficientes, 58
Testando o sistema, 163
  backtesting, 163
  forward-testing, 163
  teste de uma barra por vez, 163
Tick, 34
  definição, 8, 56
Time frames, 59, 63, 136–142
  conflitantes, 70
Tipos de traders, 33
  compradores, 33
  indecisos, 33
  vendedores, 33
Toolboxes. *Consulte* Caixas de ferramentas
Trade Apgar, 259
Traders
  de forex, 113
  de posição, 78
  discricionário, 162
  individuais, 38
  institucionais, 39
  mecânico, 161

Três tipos de software, 40
  caixa-cinza, 41, 77
  caixa-preta, 40, 77
  caixas de ferramentas, 40, 76
Triângulo de Ferro do Controle de Risco, xx, 221
Triplas divergências de alta ou baixa, 96

V

Virgínia Apgar, 259
  escala Apgar, 259
Volatilidade, 101, 185, 188
  do mercado, 7
Volume das operações, 111–115
  alto, 115
  baixo, 115
  medindo o, 112

W

Wall Street, 33
  ovelhas, 33
  porcos, 33
  touros, 33, 46
  ursos, 33, 46
Warren Buffett, 58, 181, 189
Whipsaws, 83, 99

Z

Zona
  de congestão, 60, 62
  de valor, 85, 94, 139, 183, 235

CONHEÇA OUTROS LIVROS DA ALTA BOOKS

Todas as imagens são meramente ilustrativas.

+ CATEGORIAS

Negócios - Nacionais - Comunicação - Guias de Viagem - Interesse Geral - Informática - Idiomas

---

SEJA AUTOR DA ALTA BOOKS!

Envie a sua proposta para: autoria@altabooks.com.br

Visite também nosso site e nossas redes sociais para conhecer lançamentos e futuras publicações!

www.altabooks.com.br

ALTA BOOKS
EDITORA

/altabooks ▪ /altabooks ▪ /alta_books

ROTAPLAN
GRÁFICA E EDITORA LTDA
Rua Álvaro Seixas, 165
Engenho Novo - Rio de Janeiro
Tels.: (21) 2201-2089 / 8898
E-mail: rotaplanrio@gmail.com